高等学校法学案例百选系列教材

总 主 编 季卫东
执行总主编 蒋红珍

法理学
案例百选

主 编 杨 力

高等教育出版社·北京

内容简介

本书参照“马克思主义理论研究和建设工程重点教材”《法理学》以及其他同类教材的框架结构，主要涵盖如下板块：法的概念与本质；法的产生、发展与历史类型；法的价值；法的渊源与效力；法律关系；法律行为；法律责任；法律方法；中国社会主义法理学的历史文化基础；中国社会主义法的产生、本质和作用；中国社会主义法与民主政治；中国社会主义法与经济、科技、文化、社会及生态；中国社会主义立法和法律体系；中国社会主义法律实施；全面依法治国，建设法治中国。

本书收录了68个法律“柔性”较大的国内外典型判例或事例。为强化学生的批判性思维，对于每一个判例或事例，除进行“案情概要”或“事例概要”外，还从专业角度进行了“法理评析”，以最大程度地反映它们背后的法理、政策和利益关联。此外，还结合案例选列了参考文献。本书不仅适合法学专业学生使用，也适合其他专业辅修法学课程的学生以及对法理学感兴趣的社会人士选用，有助于读者进一步关注法律更深问题，增强思辨分析其他判例或事例的能力。

图书在版编目（CIP）数据

法理学案例百选 / 杨力主编；季卫东总主编. -- 北京：高等教育出版社，2022.3（2025.1重印）
ISBN 978-7-04-058331-1

Ⅰ.①法… Ⅱ.①杨… ②季… Ⅲ.①法理学-案例-高等学校-教材 Ⅳ.①D90

中国版本图书馆CIP数据核字（2022）第038489号

Falixue Anli Baixuan

策划编辑 姜 洁　责任编辑 姜 洁 袁阳阳　封面设计 杨立新　版式设计 杜微言
责任校对 窦丽娜　责任印制 刘弘远

出版发行 高等教育出版社
社 址 北京市西城区德外大街4号
邮政编码 100120
印 刷 唐山市润丰印务有限公司
开 本 787mm×1092mm 1/16
印 张 19.25
字 数 460千字
购书热线 010-58581118
咨询电话 400-810-0598
网 址 http://www.hep.edu.cn
http://www.hep.com.cn
网上订购 http://www.hepmall.com.cn
http://www.hepmall.com
http://www.hepmall.cn
版 次 2022年3月第1版
印 次 2025年1月第2次印刷
定 价 42.00元

物 料 号 58331-00

本书作者

（以姓氏笔画为序）

丁　琳　深圳证券交易所研究员
马金芳　华东政法大学法律学院教授
王　宁　美国科斯研究院教授
王禄生　东南大学法学院教授
边　城　荷兰鹿特丹伊拉斯姆斯大学法学院研究员
刘　忠　中山大学法学院教授
孙文恺　南京师范大学法学院教授
严行健　华东政法大学政治学研究院研究员
杜宴林　吉林大学法学院教授
杨　力　上海交通大学智慧法院研究院教授
杨　贝　对外经济贸易大学法学院副教授
杨永红　西南政法大学国际法学院教授
杨宇霄　华东政法大学政治学研究院研究员
何柏生　西北政法大学刑事法学院教授
陈咏梅　西南政法大学国际法学院教授
陈柏峰　中南财经政法大学法学院教授
林　彦　上海交通大学凯原法学院教授
周尚君　西南政法大学行政法学院教授
周　赟　厦门大学法学院教授
郑智航　山东大学法学院教授
泮伟江　北京航空航天大学法学院教授
赵　云　香港大学法律学系教授
柯　岚　华中科技大学法学院教授
侯　猛　中国人民大学法学院教授
夏立安　浙江大学光华法学院教授
翁小川　澳大利亚新南威尔士大学法学院研究员
凌　斌　北京大学法学院教授
唐冠虹　英国伦敦玛丽女王大学法学院高级研究员
宾　凯　上海交通大学凯原法学院副教授
桑本谦　中国海洋大学法学院教授
黄旭东　华南理工大学法学院教授
曹志勋　北京大学法学院助理教授

梁迎修 北京师范大学法学院教授
屠 凯 清华大学法学院副教授
彭 辉 上海社科院法学研究所研究员
程乃胜 南京审计大学法学院教授
焦宝乾 浙江大学光华法学院教授
曾 坚 上海财经大学法学院教授
赖骏楠 复旦大学法学院副教授
雷 磊 中国政法大学法学院教授
廖 奕 武汉大学法学院教授
熊丙万 中国人民大学法学院教授

总 序

法律秩序运作的基本模式有两种:一种是规则本位的,即成文法体系;另一种是法官本位的,即判例法体系。无论采取哪种模式,从法律面前人人平等的原则出发,实际上都会把同案同判作为司法公正的主要标准。这就势必最终导致尊重既有判例的倾向。

当然,先例拘束力的强弱程度会因国度、文化传统的不同而有所不同。例如在英国,作为最高审判机构的贵族院以及上诉法院的先例曾经具有绝对的拘束力,较高审级的先例对下级的审判也具有绝对的拘束力。直到20世纪后半叶,英国法院才开始有权修正自己的先例,从而使得其对后续判决的拘束力有所缓和、削弱。同属判例法体系的美国虽然也奉行遵循先例原则,但在适用上更有弹性,更注重通过审判进行规范创造和制度改革。而在采取成文法体系的欧陆各国,制度并没有明确法院援用判例的义务,下级法院也享有打破先例进行审判的自由,一切以抽象的法律条文为准绳。尽管如此,出于司法统一的考虑,参照既有判例审理案件也成为欧陆各国审判机构的普遍现象。

一般而言,先例或者既有的判例是指在解决具体纠纷时就法律问题所做的具体判断,也就是由法庭给出的法律结论,或者由法院系统宣示的法律定理。为了确保判断的正当性,防止主观造成偏颇,判例除了陈述结论和定理外,还必须通过论证提供判决理由。为了确保判断的可问责性,防止心证过程黑箱化,在判决理由之外还往往会列举法官的补充意见、少数意见乃至反对意见。因而在研究判决时,我们应该区别判决理由与法官意见,但同时又有必要把这两个方面都纳入视野之中,以便更准确地理解判例的内容以及预测其后的判决。如果说同案同判是正义的主要诉求,那么通过判例的拘束力来预测判决进而促成司法统一就是题中应有之义。因此,判例也就自然而然在事实上获得了某种程度的法源性。

判例具有因地制宜、因时制宜的灵活性,有利于在具体语境中权衡不同情节和利害进行法律适用,所以尽管中国采取的是成文法体系,但自古以来也颇重视以事例补充法律、以条例辅助法律的机制。在清代甚至还一度出现过轻律重例的倒置现象。在现代中国,自20世纪末叶开始,通过典型案例、参考案例、指导性案例等形式和实践经验的累积,逐步形成了具有鲜明特色的以案例指导司法的制度。2010年11月26日最高人民法院发布《关于案例指导工作的规定》,2015年6月2日又公布了该规定的实施细则,标志着案例指导制度的正式确立和定型。现在推广的这种案例指导制度显然与法学界通常所说的先例或者判例不同,是最高人民法院从各地报送和推荐的实例中筛选出来并进行加工处理后,由审判委员会审定并发布的。在中国,指导性案例不是裁判根据,而只能作为判决理由;可以参照适用,却没有规范的拘束力。的确,指导性案例也具有统一司法尺度的作用,但主要体现为精选样板、加工判文所发挥的示范意义。与之形成对照和互补的,是由最高人民法院审判委员会制定并发布的司法解释。按照规定,法官应该在判决中援引相关的司法解释作为裁判根据,并把司法解释的适用情况作为法官人事考勤的一项指标。如果说司法解释是作为裁判根据的法律的细则化,那么指导性案例就是判决理由的一般性参考框架,是在权衡不同事实、价值以及利害关系时适当增减调整的砝码。通过指导性案例,法律推理的话语空间可以保持适当规模,权利和规范的创造活动也被限定在一定范围之内,这就会增加司法的协调度和精确度。

无论先例、判例，还是指导性案例，都是值得进行研究和推敲的，因为它们都浓缩了事实与规范以及结论三者之间的互动关系。透过它们还可以观察办案法官或者最高人民法院怎样按照一定要件对事实进行选择和建构，也可以找到解释、议论、沟通与法理之间的对应关系及其各种不同的组合方式。在这里，存在着规范形成和续造的动态，不断推陈出新又环环相扣，促成法律体系的进化。在这里，书本上的法律与实践中的法律互相交错融合，呈现出多层多样的状况，法律解释也会在特定的语境里发生微妙变化。由此可见，如果不对具体案件中的事实进行细致的观察和分析，就很难理解现行制度的运作，也很难对法律的解释和判断进行适当的评价。如果不深入探讨判例、案例，就很难正确把握权利义务关系的实际构成，也很难对法学理论进行反思和创新。在这个意义上，也不妨把判例、案例理解为法律的一系列实验，是法学知识创新的重要渊源和取之不尽的素材。

由此可见，判例、案例的研究对于法学理论以及各种部门法的学习和知识创新具有非常重要的意义。无论是司法还是法学教育，进一步发展的关键均在于采取切实手段尽早形成和完善案例研究和评释的机制，因为日常化的案例研究和评释很容易让违法审判以及制裁畸轻畸重的问题显露，可以大幅度减少对审判人员和案件进行监督的制度成本，并形成司法者都各自审慎行事的良好氛围。为了不使案例指导流于肤浅甚至流于形式，必须使案例研究与大学等机构的学术活动和教育课程密切结合起来，把案例评释作为培养法科学生的基本内容，让他们的专业生涯从有深度的、规范化的案例研究起步。应该采取一些切实有效的措施鼓励研究生和青年学者发表案例的解说和批评，承认有关成果具备不逊于学术论文的价值，这样做下去对法学研究和司法实务的改观都会产生较深远的影响。

正是出于上述认识，上海交通大学凯原法学院高度重视和大力推动分学科或跨学科的判例研究会，在以“三三制”法科特班为抓手的课程设置改革和教学方法改革过程中也一直强调判例评释，并曾经策划编辑有关的课本和参考资料。很幸运的是，我们的努力以及从 2015 年年底开始酝酿的关于“高等学校法学案例百选系列教材”的构想获得了高等教育出版社的欣赏和支持。感谢陈建华副社长、于明主任和姜洁编辑等的鼎力支持，在 2017 年启动了与法学类权威教科书配套但又具有一定学术独立性的 16 种法学案例百选系列教材的编写出版计划，由学科负责人担任各卷主编，从本院以及全国组织案例评释撰稿人。在执行总主编蒋红珍副院长的积极推动和精心协调下，该系列教材编辑委员会多次开会商讨，形成了基本统一的体例和模板，但又给各卷主编们留下了一些自由裁量的空间。

通过各位主编和来自全国不同法学院校的撰稿者们的共同努力，现在这套“高等学校法学案例百选系列教材”终于陆续付梓。借此机会，向参与这项工程的所有专家学者、提供行政支撑的凯原法学院教务办公室、我们的战略合作伙伴高等教育出版社及相关责任编辑、慷慨提供研究资助的文宣基金表示由衷的感谢！但愿这套教材对法学教育内容和形式的改进、法理研究的深入以及庭审指向的司法改革都有所裨益。

于 2019 年晚春上海

前　言

从学术解释分析，"profession"意义上的职业人士，在西方传统上主要是指法律人、医生和牧师三类人，分别对应于大学早期的三大学科，即法学、医学和神学。法律职业人士应至少具有这样的特点：一方面，拥有崇尚公益的精神，其职业行为以为公众服务为宗旨，有别于只是单纯地追逐私利的商业活动；另一方面，学识、技术等胜任力并举，既拥有深厚的学识基础，又娴熟于专业技术并具有更多胜任力，区别于仅满足于实用技巧的工匠型专才。毋宁说，法理学这一学科的最高宗旨在于使法学教育培养出具有这两个方面特点的人才。

胜任力(competency)最早由哈佛大学教授麦克莱兰(David McClelland)提出，指的是"能够区分在特定的工作岗位和组织环境中绩效水平的个人特征"。后来斯宾塞(Lyle Spencer)等学者又将其定义为能将某一工作中有卓越成就者与绩效一般者区分开来的个人深层次特征。实际上，只是一味偏重于知识和技能的训练，不会决定性地影响法科生们未来绩效的高低。法学教育应该更多倾注引导或培育法科生们的学习动机、人格特质、自我概念、价值观、对职业角色担当的认知力、过程执行能力等，具备这些特质才会造就优秀法律人的胜任力。

养成这种胜任力的路线主要包括：一是概论式地讲法律概念、规则和原则，通史式地讲上千年的法制发展史，以及满堂灌式地讲法律制度的所有部类。诚然，这是法科生的必修之道，短时间内好像什么都知道了，但实际可能什么都没有真正掌握，甚至连如何进行法律思考这一起码思维都未能掌握。二是集中阅读少而精的经典判例或重要事例，并且进行深层次的法理解读，目的在于通过系统指导下的判例或事例深度阅读，培养学生自己去思辨地阅读其他判例或事例的能力，以此帮助学生树立一种法律思维的自觉。后者是不少过于"功利化"的法律职业教育易于忽视却极为核心的方面。它不再是惟专业主义和实用主义，而是藉此寻找和叩问法律职业原理的精髓，其中不少讨论会触及、思考法的本体乃至人类生存的基本命题。围绕这些命题的讨论，不会因时代的变迁而消失和褪色，改变的至多是它呈现出来的方式。

毫无疑问，中华法系不同于英美法系，但这并不意味法学教育与判例或事例研习的隔离。随着一度流行的"学徒制"因难以产生规模效应走向式微，由英国学者贝雷斯(John Byles)原创并由美国教授朗代尔(Christopher Langdell)力倡的"判例和事例研讨"，以其被誉为把法律"既作为科学又作为艺术"，以及让法科生们得以关注法律更深层次问题和成为成功职业实践者的独特优势，已被包括中国在内的绝大多数国家或地区的法学院校所采纳。

推出这本《法理学案例百选》的原旨，就是通过对判例或事例的法理研讨，以归纳性的思考，逆向弥补演绎分析式思考的不足。这一方式有助于改变传统法学教育中教师"独白"的弊端，强化法科生们的批判性思维。不仅如此，从训练疑难决策力的角度来说，判例或事例的研讨又多会选择法律"柔性"较大的国内外典型判例或事例，最大程度地反映它们背后的法理、政策和利益关联，而且把多个部门法以及实体和程序糅杂在一起，突出呈现为一种疑难的堆砌。

必须强调的是，这种判例或事例的研讨绝不应被误解为狭义的"例证"。例证只是对判例或事例的片段引用，而且可能会产生掩盖甚至曲解原意的判断，难以触及概念式分析的精髓。

同时,判例或事例的选择又应当原汁原味,吻合真实情况,富有聚焦于热点、难点和典范的意义,当然最好还能与法科生们熟悉的法律环境相一致。为此,本教材的作者们精心甄选出适合的判例或事例和附带的参考文献,并对判例或事例进行必要的释论,指出其中的关键问题。读者可以进一步梳理隐于判例或事例中的法律语义和涉及的知识点,并且做好预判断和分析,尤其注意复杂案件可能产生的学科知识冲突和歧义;在判例或事例的讨论过程中,对出现的多种备选方案要给予特别关注,特别是站在最合适的法律角度对核心问题加以识别,兼顾其他问题以寻找到最佳的解决路径;最后,还应予以正反两面或留待研究的恰当评论。期待这本集萃了国内外诸多中青年学者心力的"马工程"重点教材配套案例教材,能够促进中国法科生们的胜任力养成。

本书作者

2022 年 1 月

目　录

导　论

第一节　法理学的对象、性质和方法

1. 法理学的对象
——法理学是对法的目的性、合理性、正当性的判断和共识

洞 穴 案 件[①]

一、 案情概要

《哈佛法学评论》曾经虚拟过一个“洞穴案件”，引起了全世界法理学界的巨大争议。案情如下：4299年5月上旬，在纽卡斯国，五名洞穴探险者不幸遇到塌方，受困山洞，等待外部的救援。十多天后，他们通过携带的无线电与外界取得联络，得知尚需数日才能获救。眼看水尽粮绝，为了生存，大家约定通过投骰子确定牺牲一人，以救活其余四人。威特摩尔是这一方案的提议者，不过投骰子之前又收回了意见，其他四人却执意坚持。结果恰好是威特摩尔被选中，在受困的第23天被同伴杀掉吃了。在受困的第32天，剩下四人被救，随后他们以故意杀人罪被起诉。纽卡斯国《刑法典》规定：“任何故意剥夺他人生命的人都必须被判处死刑。”

在初审法院，被告被判处死刑。被告上诉到最高法院，五位大法官出具了五份不同的判决意见书。首席大法官特鲁派尼从法律实证主义的观点出发，认为法律是法律，道德是道德，同情心不会让法律人违反自己的职业判断去创造例外，所以他支持有罪判决。福斯特大法官则主张应该根据立法目的，对法律规则进行解释，联邦的法律不适用此案，被告无罪。唐丁大法官则认为这是一个两难的案件，选择回避退出此案。基恩大法官主张法官应当忠于自己的职责，不能滥用目的解释，特别是不能规避法律规则的适用，坚持被告有罪。汉迪大法官则主张抛开法律，用常识判案，通过常识来平衡道德与法律的冲突，坚持被告无罪。

最后，最高法院决定维持原判。这五位大法官在阐述判决意见的过程中，似乎每个人的论述都有道理，但又都不具有充分的说服力，无论如何判决都不能让人信服。无论支持或者反对，都可以列举出许多理由。

---

① 参见[美]萨伯：《洞穴奇案》，陈福勇、张世泰译，生活·读书·新知三联书店2009年版，第6页。

二、 法理评析

（一）罪与非罪、罪轻与罪重

该案无论是有罪、无罪或罪轻判决，都可以找到能够证立的支持理由，见表 0-1 所示。

表 0-1 判决理由

判决有罪理由	判决无罪或罪轻理由
符合形式理性的杀人罪犯罪构成	符合形式理性适用例外的免责条件
以道德寻求法外正义不能自我指涉	法律的适用仍应以合乎道德为支撑
难以评估“杀人为食求生”的拯救极限	杀人为食是当事人生存的唯一选择
杀人为食协议达成的不合法性	达成杀人为食协议乃“两难”绝境的突围之道
被害人撤回了协议约定	协议已达成，被害人不得随意撤销
面对共同危险的法外道德判断不能产生正效应	共同危险的不可预知
不构成紧急避险	接近紧急避险的责任减免
基于被害人撤回约定而未达成杀人为食的协议	基于被害人首倡而形成酌定的减轻情节
多数人暴政不能替代法律规则	绝境中的多数人道德优先至少不是最差选择
包括生命权在内的人权高于一切	多数人的生命权大于一人的生命权
剥夺他人生命的程序不合乎正义	剥夺生命的程序合乎正义
类似情况不能类似处理	类似情况亦可类似处理

该案件的不同观点交锋激烈，但都缺少一锤定音力量。这不由让人思考这样的问题：作为传统思维的那种“非黑即白”的司法裁判是否过于绝对？

比较常见的意见是，在多元社会中维护和平、安宁、正义的唯一手段就是守护法律，不能出于某一派别的道德或观点而置法律于不顾，毕竟人民是作为整体制定法律来表达意志，在法律之外寻找正义就是不正义的。然而上述观点需要一个前提，就是让所有的观点都能在立法程序中得到倾听，而建立在这个前提之上的理想社会根本不存在。于是，立法时并非所有公民的意见都被聆听，诸如金钱和特权等都会干扰选举和立法，多元化声音很难在立法中通过充分博弈达成一致，所以人们才需要在法律之外寻求正义。其实，该案件无非就是法学流派之间的观点差别。若仅根据现实的法律，则至少应在该案中追究杀人者有罪甚至罪重的法律责任；若根据“法律应当是什么”的立场，杀人者即可能被宣告无罪。

（二）法理学的三个论题

法理学研究要以“法理”为中心主题，以“法理”为核心对象。该案以极端方式展示了一个问题：究竟怎么在“法律是什么”和“法律应当是什么”两个核心主题之间进行法律思维？回答这一问题的核心，实际上是法理学上的三个论题：法律与以威胁为后盾的命令有何区别与联系；法律义务与道德义务有何区别与联系；什么是规则以及规则达到何种程度才成为法律。简而言之，如何正确对待法律、命令与道德这些既有区别又有联系的社会现象，它们构成了法理学的研究对象。

根据第一个论题,即过去那种以威胁为后盾的法律命令理论,并不能涵盖所有法律现象。有人认为,法律的存在意味着人们的行为不再随心所欲,而应体现一种义务性。换言之,就是当某人被迫依照他人的吩咐行事之时,并不是他受到了什么武力之类的物理意义上的强压,而是因为如果他拒绝,就会基于一定的义务产生对他不利的负担。但是,强制命令不一定是法律。比如,强盗用枪逼着银行职员,以开枪作为威胁抢钱,如果银行职员照做了,就是被强制做的。虽然法律体系中的刑事法规在有些方面颇为类似这种强盗情景,仍然不应把复杂的法律现象简化成单一要素,把法律视同为强制命令是错误的。

既然法律不能等同于强制命令,就产生了第二个论题,即法律与道德的关系。那种法律必然或多或少地反映该社会主流道德的观点,一般没有太多争议。问题在于当法律违背道德,是否就必然丧失掉作为法律的效力,也就是"恶法"还是不是法。围绕这一问题众说纷纭,尤其在"二战"后的两次国际军事法庭上,无论纽伦堡审判还是东京审判中的战犯们都这样为自己辩护:他们的所作所为是依据当时所在国的有效法律。面对战犯的狡辩,那种认为法律违背道德也不会丧失有效性的论点饱受质疑,人们开始认识到法律应符合道德公理。

法理学的前两个论题关注的是法律与命令、道德等的关系,第三个论题则是关于法律本身的结构和要素。如何理解规则?当人们被要求去做或不做某种行为,而不管其是否愿意,就构成了第一种意义的行为规则;如果规定人们可以通过做某种事情或表达某种意思,引入新规则、废除或修改旧规则,或者以各种方式决定它们的作用范围或控制其运作,就构成了第二种意义的立法规则。另外,即使法律规则具有一旦被违背就会使违反者受到惩罚的预测性,也不应把它视为法律规则的主要特征。因为国家在惩罚离轨行为时,并不是实现规则"预测"的惩罚,而是认为规则本身就是对违反者施加惩罚的理由。

事实上,涉及上述三个论题的讨论在法理学史上经久不绝,澄清和解释对它们的争议,不仅成为法理学的研究对象,也成为法律史上长盛不衰的话题。所谓法律的基本功能,就是使为数众多、种类纷繁、各不相同的行为和关系在合理性上被理顺,并通过颁布行为规则和标准,限制某些行为。

参考文献:

1. 公丕祥:《马克思法哲学思想论要》,载《中国社会科学》1990 年第 2 期。
2. 季卫东:《法治秩序的建构》,中国政法大学出版社 1999 年版。

上海交通大学智慧法院研究院
杨 力

2. 法理学的性质
——基于现实具体事例或案例进行法理学思考

A 公司土地使用权受让案[①]

一、 案情概要

1996 年,某市开发区管委会与 A 公司签订《国有土地使用权出让合同》,以每亩 13.5 万元价格分期出让该开发区解放南路西侧 424 亩土地,供住宅小区项目开发。之后,A 公司如约付款并取得第一期 60 亩土地证。1999 年,A 公司与该开发区管委会又重新签订《国有土地使用权出让合同》,该开发区的国土分局对此合同进行了见证。该合同约定出让面积缩小为 340 亩,除第一期外,其余第二、三期共约 280 亩以每亩 16.8 万元价格出让。后该公司又如约付款并取得第二期 100 亩土地证。2003 年管委会以 2002 年 7 月 1 日国土资源部要求土地必须以招拍挂出让为由,提出第三期 180 亩应挂牌出让。

该公司不服,就此争议诉至省高级法院,以开发区管委会、市国土局和开发区国土分局为共同被告,要求继续履行管委会与之签订的出让合同。另查明,管委会所签订的两次出让合同均具备出让主要条款;市国土局和开发区国土分局抗辩认为只有签订格式合同才能视为正式签约;市政府曾下文明确管委会既可行使市国土局职权,也可行使一级政府职权。

省高级法院一审判决认为,管委会不能作为出让主体,所签订的出让合同只能是预约而非本约,国土部门与 A 公司签订的出让格式合同才是本约。因土地挂牌出让政策出台,管委会合同不再具备履行条件。所以,因 A 公司尚未与国土部门就第三期土地签订出让格式合同,故应视为本约尚未签订,A 公司要求继续履行的诉请不能成立。

最高人民法院二审判决认为,依据《最高人民法院关于审理涉及国有土地使用权合同纠纷案件适用法律问题的解释》第 5 条第 1 款,管委会无权出让土地,所签订的出让合同无效。不过依据该条第 2 款,起诉前国土部门追认的出让合同可以视为有效。二审权衡后虽然维持了原判,但理由部分言明管委会对由此给 A 公司造成的损失,应当承担缔约过失责任,A 公司可以另案起诉。

二、 法理评析

(一) 双方观点对比

案件审理过程中,原被告存在以下争议:

1. 管委会与 A 公司签订的两次出让合同,是否有效?

A 公司认为,出让合同有效。A 公司与管委会签订的两次出让合同,均具备出让合同的主要条款,意思表示真实;管委会经市政府明文授权,有权签订出让合同。

管委会等认为,出让合同无效。《土地管理法》规定土地出让的法定主体只能是国土部门;

---

① 参见江苏省高级人民法院(2003)苏民初字第 007 号判决书。

根据2004年6月18日发布的《最高人民法院关于审理涉及国有土地使用权合同纠纷案件适用法律问题的解释》，管委会签订出让合同无效，除非诉讼前国土部门追认，可视为有效；市政府授权行为无效。

2. 管委会与A公司签订的两次出让合同，是本约还是预约？

A公司认为，合同系本约。从合同内容看，具备出让主要条款，不是定约意向；从合同履行看，双方据此出让、付款并实际履行了两期；从合同违约看，违约约定并非双方未来不订约之责任，而是双方不履行出让及付款义务的责任；国土部门所签订的出让合同，只是办理出让手续需要而已。

管委会等认为，合同系预约。国土部门与A公司签订的土地出让格式合同，方为本约，管委会与A公司签订的两份出让合同均为预约，系为签订本约而订；国土部门才是法定土地出让部门，所签订的出让合同才为本约。

3. 国土分局在管委会与A公司签订的第二份出让合同中的法律地位如何？

A公司认为，国土分局在该出让合同中既是见证方，也是合同相对一方。作为见证方，证明该出让合同的合法有效；作为合同一方，表明国土分局对该合同中与其相关的许多出让义务承诺履行。因此，该合同的出让主体，实际上也包括国土分局，也可印证该出让合同的有效性，并证明该合同系本约。

管委会等认为，国土分局只是签字见证方。国土分局只是见证合同签署的过程，并非合同主体，合同内容对见证人不产生约束力。

4. 国土资源部的招拍挂政策是否具有溯及力？

A公司认为，该政策不具有溯及力，可以继续协议出让。2002年才实施的挂牌政策属于行政规章，对此前依合同法协议出让的土地，不具有溯及力；国土资源部〔2003〕365号文也明确规定，允许本案所涉情形作为历史遗留问题，继续协议出让。

管委会等认为，政策变化属于情事变更，依法可以不继续协议出让。

（二）市场诚信与政府利益

该案的原被告分别代表了市场诚信与政府利益。A公司坚持继续履行与管委会签订的两份土地出让协议，其所期望实现的是市场诚信；管委会等认为只有国土部门签订的协议才是双方履行依据，由于土地市场价格迅速上涨，若仍按管委会签订的协议履行，会导致政府利益受到重大损失。

客观上讲，法官没有足够能力预知所有可能发生的冲突，预知这些冲突在什么样的生活场景中发生，预知每一种生活场景中的冲突涉及哪些价值目标，预知在这些价值目标相互抵触时如何取舍和平衡。司法判决尤其是具有重大意义的裁判，往往涉及价值之间的选择。此时，素质精良的法官所应做的是，从法理学角度，观察两种抉择的公正性和中立性，考虑一切将受影响的人的利益，以及列出一些可接受的原则作为判决的合理基础。显然，理性决策思维的关键往往是在冲突的价值目标中找到平衡点。因此，A公司土地使用权受让案，实质上就是一则在形式主义与规则怀疑之间，涉及市场诚信与政府利益之间的冲突与选择，从任一角度都能获得论证理由的案例。

（三）法理学的性质与功能

法理学不同于其他法学学科之处在于，它从宏观的、整体的角度来研究法律现象，而不是从微观、局域的角度研究法律问题。当然，这并不表明它不关注现实中的具体事例或案例，它往往是从具体中获得灵感或启迪。它提供的不是法的具体知识，而是法的抽象的、基础的理论及方法论等。因此，法理学是理论性、思想性最为突出的学科，是法学的智慧之学。

本案中，法理学在原理论证、填补漏洞、解决疑难方面的功能得到了充分体现。其实，法律不是封闭而是开放的，它意味着存在一些留给执法者裁量的间隙，让他们根据具体情况介于各种复杂的利益之间权衡，获得法理上的理性决策。本案中，最高人民法院二审维持原判，敲定了管委会不是国有土地使用权的出让主体，其所签订出让协议无效的基本规则；同时又在判决理由上阐释管委会等在该幅土地的出让协议签订、前两期土地的实际履行中让 A 公司认为其有出让权，存在缔约过失责任，A 公司可以选择另案处理，很好地为解决双方冲突指明了方向。

其实在现实更广泛的实践中，除了本案涉及的情形，执法者行使裁量权一般还受制于如下几种情况：

第一，法律语言上的修辞局限。一般而言，法律的用语在中心地带必定是明确的，往往是在边缘地带出现了模糊。以“照我做的样子去做”为例，即使这样的一般性口头指示，仍会留下一大堆的可能性。实际上即使再精确的法律规则语言，也存在所能提供的指引上的限度，这是语言本身所固有的。

第二，法律的滞后与统一解释难以穷尽的缺陷。现实中的法律滞后难以避免，弥补手段多以司法解释为主。解释的一般功能是使法律更少歧义、更好理解、更便于实施，不过经验表明，现实中的司法解释再清晰，待到运用于待决案件时仍可能存在歧义，需要“再解释”。因此，即使是不断更新的司法解释，也仍然概括不了每起案件在经过基本事实、背景材料、论证过程等细节铺垫后，臻于“精确化”的所有情境考量。所以，法律的生命就在于在实施中改变和优化解释。

第三，停留于法律元素常识性理解引起的偏差。现实中每个人都有一定的喜好偏向，面对权利、义务、推理、责任、程序这些法律的基本构成元素，人们也有各自的理解。法律不怕争议，而是担心陷入视为公理的常识误区，它往往会把决策的思路引向误区，甚至让人走入死角。

第四，法律中难以避免的悖论现象。简单说，悖论就是一种命题的集合，单个命题为真，但命题集合内各命题之间出现了不融贯。这个道理就好比落入泥潭中的人自行拽着头发，把自己从泥潭中拉出来，其中，“自行拽头发”和“从泥潭中出来”分开来都是合理的子命题，但放在一起就出现了不可能。

参考文献：

1. 舒国滢：《法哲学：立场与方法》，北京大学出版社 2010 年版。

2. 刘旺洪主编：《法律效益论》，中国商业出版社 1998 年版。

3. 公丕祥：《推动法理学与国家治理现代化同频共振》，载《人民日报》2020 年 3 月 9 日，第 9 版。

上海交通大学智慧法院研究院

杨　力

3. 学习法理学的意义

——法理思维是良法善治的思维

反抗家庭暴力故意杀人案①

一、 案情概要

被告人(妻子)与被害人(丈夫)系夫妻,婚后育有一女。婚后6年时间里,被害人好逸恶劳且经常酗酒,完全依赖被告人打工维持全家生计。长期以来,被害人酗酒后经常打骂被告人。被告人无法忍受,多次提出离婚,均遭拒绝,甚至被威胁报复其家人。某日,被害人酒后到被告人打工场所无端责骂,并当场施以暴力,甚至将汽油淋遍被告人全身,准备点火。被告人不得已趁隙报警,警方到场调处后方暂息事端。事后,包括被害人父母、亲友在内的多方规劝被害人,仍未能奏效,被告人黯然携女儿返回老家。可是不久被害人酒后回到老家,无故挑衅责骂被告人不应报警,并再次当场对被告人反复施暴,甚至扬言要烧掉房屋,并将被告人从楼上扔下,施虐完毕后便熟睡在床。被告人坐于床边,想及无数过往被施虐惨状及多次离婚不能,不由悲从心起,绝望之下当场勒死被害人,随后立即自首。

一审法院以故意杀人罪定罪,同时念及自首及反家暴等情节,判处被告人有期徒刑12年。被告人不服,提起上诉,二审法院基于被害人父母主动提出对被告人从轻处罚,并考虑到子女抚养等社会问题,改判被告人获刑3年、缓刑4年。

二、 法理评析

(一) 结果可接受性的分析

该案一审判决从“结果可接受性”的角度量刑12年,可以说已充分考虑本案的特殊性。一方面,任何公民的生命都受到法律保护,非经法院严格依照法定程序作出死刑判决,不得被剥夺,即法律不允许任何人以任何理由私自处死他人。具体到本案,被告人不堪忍受被长期施暴而“以暴制暴”剥夺他人生命,已构成故意杀人罪,应当受刑罚处罚。另一方面,《刑法》第232条关于故意杀人罪“情节较轻”的规定,包括了因受被害人长期迫害而杀人的情形。从本案起因上看,一审法院已经考虑到被害人有重大过错,被告人的主观恶性相对较轻,同时被告人能够主动自首。所以,一审法院从轻判处12年有期徒刑,并无不当。

然而,如果继续考察本案的具体语境,深入分析本案的特殊之处,二审法院进一步减轻量刑则具备更高程度的正当性。

第一,除了一般家庭暴力案件受害人以暴制暴的行为具有的被迫性之外,本案被告人曾经尝试民事离婚、行政治安报警、刑事追责三种途径,但都得不到有效解决,以暴制暴的方式似乎

① 参见湖南省长沙市中级人民法院(2006)长中刑一初字0135号判决书、湖南省高级人民法院(2007)湘高法刑终字43号判决书。

成为唯一选择。事实上，婚姻法规定作为离婚理由之一的家庭暴力，须由原告充分举证证明，导致了受虐方举证往往异常艰难；同时，警察通常认为干预家庭暴力非自身职责所在，经常怠于介入处理；相应地，家庭暴力产生的轻伤害案件，也往往很难得到警察的及时立案处理。本案中，被害人以妻子家人生命安全相威胁，强行拒绝离婚；甚至以更大程度的暴力威逼妻子放弃治安及刑事追究，致使事态日趋严重，妻子远走他乡仍无法幸免。显然，此时一味要求妻子继续寻求法律手段以摆脱暴力，实现的可能性较小。一旦无法继续忍耐下去，留给她的唯一选择，似乎只有以暴制暴。

第二，本案被告人选择趁被害人不备而将其杀死，是出于被害人与被告人之间的体力悬殊，应属无奈而并非刻意预谋，情有可原。被告人作为女性，与作为丈夫的被害人之间体力悬殊，且被害人生性又极端残忍。因此，被告人反对家庭暴力，根本无法通过正常的对抗展开，只能选择趁被害人不备或熟睡时为之。这种反抗模式，在北美被称为"家庭暴力受害人的正当防卫"。显然，要求作为家庭暴力受害人的妻子必须等待下一次受害时才能反抗，无异于判处她慢慢地被家庭暴力折磨而死。所以，被告人趁被害人不备而将其杀死，不能与普通的有准备的预谋杀人等同。

第三，许多国家将以暴制暴杀死施暴人的情形，视为正当防卫或类似正当防卫的行为。本案中的被告人长期经受被害人极端恐怖的威胁恐吓以及周期性施暴，显然已处于"习得性无助"的心理状态；后来发展到主动远离被害人，仍被追打上门继续施暴，足以认定她的心理已经达到忍耐极限，且极可能出现被告人因受虐而被打残或被伤害致死的情况。设身处地站在女性角度，根据案发当时的特殊情境及以往的受虐经历考虑，进一步从轻或减轻处罚具有相当的合理性。

此外，本案还存在一些其他特殊情况，比如：被告人的反抗暴力行为只是指向施暴的被害人，即人身危险性仅仅是针对施暴的被害人，一旦施暴力消失，被告人再次实施犯罪的可能性微乎其微；被害人的父母已经对于被告人给予谅解；需考虑今后子女教育抚养的社会问题等。综合以上理由，二审法院从实现个案的特殊正义考虑而进一步减轻量刑，改判被告人缓刑，具备更高程度的正当性。

（二）裁决结果可接受性的重要性

从法律思维上讲，正义实现要求的是形式公正优先。不过问题随之而来，既然法律是通过穿梭于规则与事件之间的互动过程渐进发展起来的，就难以避免遭遇形形色色的个案正义问题。从哲学意义的角度看，没有任何两个个案的事实是完全相同的，就像两只脚不能同时踏进同一条河流里。其实，个案的事实都有它的特殊之处。诚然当个案的结果公正与形式公正基本一致时，两者会被兼顾到。但当个案的结果公正与形式公正不一致，甚至有所抵触时，根据形式公正优先的法律思维，牺牲个案的结果公正，就应成为一个决定取舍的基本原则。

问题在于这一法律思维不是绝对的，毕竟一律把代表形式公正的一般性规则适用于带有特殊性的个案，现实生活里难免出现圆凿方枘的情况。于是，从良法善治的角度给出实现裁决结果可接受性的理由，就是一个法理学问题。

如果说形式公正是基于法律思维的语境，目的在于形成让人信服的法律规则，那么，裁决结果可接受性则是基于现实语境，更多强调具体问题具体分析，把何为公正的问题限定在特定的具体利害相关者之间予以考量，不再只是单纯从个案中的特殊性考虑特殊性，而是从社会整体正义角度来考虑特殊性。

从本质上讲，形式公正是为所有人提供相同的正义，依此分配正义，看上去是平等、统一的，而且也不是没有照顾结果公正。但是，只有形式公正是不够的，形式公正最多只能算是基本的、初步的、有时甚至是简陋的正义。法律思维的形式公正无力承担起那种万能钥匙的功能，它只是解决了作为底线的同样情况同样对待的均码问题，而没有在个案的结果可接受性需求上给予适度的关照。当然，形式公正和结果可接受性的标准在基本方向上是有所不同的，有利于实现个人之善的不一定有利于实现制度之善。所以，形式公正还会在某些场合限制结果可接受性的伸张，否则作为法律底线的形式公正就会难以维系。

所以，从整体意义上来看，法律思维仍然应是强调形式公正优先，即使需要牺牲个案的结果可接受性来保全形式公正，这种正义之善的减损也是立法者预料之中的事情，因为这属于制度理性计划内必须付出的成本。不过，如果对于个案的结果可接受性牺牲已经明显超出立法者预计的范围，特别是突破了制度理性的整合性所能够允许的善的底线，那么实现个案的结果可接受性的正当性就值得认真考虑。上述的反抗家庭暴力故意杀人案就是这样一个典范。

（三）法理学的意义

从以上案例可知，法律条文是抽象和普遍的，但每个案件都具有自身的独特性和丰富性，所以抽象条文往往不能包含个案中应该考量的所有因素，这就使得学习法理学具有了重要意义，它的目标是实现良法善治。

现代国家中成熟的法律制度已经变成一个专门而艰深的知识领域，不仅含义深奥，而且条文之间的关系错综复杂，普通人很难无师自通完全领悟其中的准确含义。此外，有些法律规定本身还可能模糊不清，不同的法律在规定同类事物时也可能互有抵触，甚至法律出现两种以上可供选择的条款，再加上部分法律对新出现的事物未作规定，以及出现通常所说的“合理与合法”之间的矛盾等，都在很大程度上增加了法律适用的风险，亟待法理学层面的深刻论证。

对法律适用结果的可接受性，往往取决于法理学意义上的论证质量。比如，司法过程的裁判活动恰当运用原理论证的说理技术，寻求正确的法律含义，使得案件的裁决结果对各类“听众”都有说服力，远比裁判结果本身更加重要。一个经常出现的现象是，疑难案件中的理由混杂在一起，难以辨明是非，此时，不管是进行必要的利益衡量，还是参考类似的指导性案例，就都显得尤为重要。事实上，无论是修正法律实证主义提出“自然法的最低限度内容”，还是在原理论证层面论述法律与道德的关系，关注的都是法律论证的内容及可接受性问题，强调法律对听众的说服力和有效性，强调基于法律的商谈合理性等，来强化借助于法律论证获得理由的重要性。

可见，法理学的性质及其在法学体系中的地位，不仅是获得处理法律问题的结论，更重要的是提供一个能够支持所获结论的理由。理由优于结论是法理学的核心力量。

那么，法理学的力量又是如何在论证方法上被体现出来的呢？以法律推理为例，法律推理是指法律领域内从某一或数个已知前提得出另一未知结论的过程。虽然原理论证的过程和方法繁复，但最基本也是最有争议的，是在形式推理和实质推理之间的临界论证。形式推理的重心在于实现可准确预测和计算的合理性；实质推理倾向于实现依赖基本常理、道德伦理和司法政策等加以衡量的另一种意义上的合理性。

参考文献：

1. 郑成良等:《司法推理与法官思维》,法律出版社 2010 年版。
2. 王泽鉴:《法律思维与民法实例》,中国政法大学出版社 2001 年版。
3. 陈瑞华:《法律人的思维方式》,法律出版社 2007 年版。

上海交通大学智慧法院研究院
杨　力

第二节 法理学的历史

4. 封建社会的法理学思想
——法国封建王朝代言人的高等法院

莫普改革

一、事例概要

（一）莫普改革的背景

在法国历史上，有一个机构的法语名称为“parlement”，意为“高等法院”，也有人翻译为“巴力门”。法国高等法院早在13世纪就已出现，先是成立了巴黎高等法院，后来外省也相继建立了高等法院，到18世纪外省高等法院已达12所之多。高等法院之所以引人注目，是因为它拥有两项重要权力：一是注册权，即国王的法令或诏书，须经高等法院注册方能生效；二是谏诤权，即如果高等法院对国王的法令有异议，不仅不予注册，而且可以法律守护者的名义，向国王递交抗议的谏诤书。可见，高等法院与国王一道，分享着立法权，因此二者争斗也就不足为奇了。不仅如此，在君主专制时代，高等法院还成为统治者与被统治者之间一个必不可少的中间机构。托克维尔(Tocqueville)这样称颂高等法院：“那个时代被压迫者使自己的呼声上达的唯一途径，就是司法机构。法国当时因其政治与行政制度已成为一个专制国家，但是由于它的司法制度，法国人民仍然是自由的人民。”

在“七年战争”(1756—1763年)中，经过战场上的较量，英国和普鲁士一方获胜，法国、奥地利和俄国一方战败。对战后法国而言，财政困难可想而知。路易十五(Louis XV)不时发布增税法令，从而引发了国王与巴黎高等法院之间的不断斗争。在18世纪50年代和60年代，高等法院给予国王的谏诤达40次之多，绝大多数是因财政引起的，莫普改革就是在这一背景下发生的。

（二）莫普改革的过程

莫普改革的导火索是布列塔尼事件。布列塔尼是法国边陲省份，这个省的法院是雷恩高等法院。围绕征税问题，该省总督达吉永(Aiguilion)与高等法院总检察官拉夏洛泰(La Chalotais)之间爆发了冲突。1765年5月，76名雷恩高等法院的法官集体辞职，以抗议征税法令，最终包括拉夏洛泰父子在内的六名法官被逮捕，新成立的法院取代了雷恩高等法院。布列塔尼事件引发了连锁反应，巴黎高等法院一马当先，不仅给予声援，还给国王发出了谏诤。为了回应谏诤，1766年，国王路易十五亲临巴黎高等法院，发布了著名的“鞭笞训辞”，强调高等法院的联合是不可容忍的，指出在法国代表民族的是国王，不是高等法院，最高权力归属国王，不属于高等法院。

在秉承“鞭笞训辞”基本精神的基础上，1770年12月，国王又发布法令。第1条限制高等法院之间的联系与交流;第 2 条禁止法官罢工;第 3 条承认高等法院的注册权,也承认其谏诤权,但是强调如果国王坚持自己的命令、法令、诏书,法院必须注册。这种削弱法官权力的命令自然引起法院的不满,法院拒绝注册,并向国王提出了自己的意见书。巴黎高等法院院长达利格赫(Dalighe)还向国王表示:"这项法令具有摧毁法律本身的可能性,王权的稳定性正是建立在这些法律之上的。"巴黎高等法院指出,先帝的法令有两种,一是王国的法令,二是国王的法令,前者是不可以违抗的,后者是可违抗的。国王再次以敕令回复,要求巴黎高等法院注册该法令。巴黎高等法院再次提出抗议书,并宣布罢工。

1771 年 1 月 20 日凌晨 1 点到 4 点,巴黎高等法院的全体 155 名法官被两个王室侍卫的敲门声唤醒,他们手持国王密札,要求法官们放弃罢工,恢复工作,并当场给予接受或拒绝的书面答复。在这些法官中,35 人直接予以拒绝,70 人给予了否定的答复,50 人表示接受(其中有 38 人明确回答"是",其他 12 人表示周一可以去法院上班)。结果,除了妥协的 38 名法官,其他法官都被流放到法国的偏远地带。当 38 名法官得知同事被流放之后,也都坚定起来,选择了一同流放,这样巴黎高等法院的全体法官全部被流放。在反抗国王的斗争中,法官被流放似已成为一个传统,被流放的情形在 1720、1732、1753 年都有发生。这次流放显得更为严厉,不仅被流放,而且法官职位也被褫夺。

国王的法令引发了法国司法界的大地震,外省的高等法院纷纷以决议、谏诤书等形式支持巴黎高等法院,甚至鲁昂高等法院要求召开三级会议,国王与高等法院的冲突愈演愈烈。作为国王司法大臣的莫普(Maupeou),为了捍卫王权,在国王的支持下,发起了一场针对高等法院的改革,这就是历史上著名的"莫普改革"。

莫普改革包括如下主要内容:一是重建巴黎高等法院。由于巴黎高等法院的大多数法官处于流放之中,莫普只得解散了原来的大法院和间接税法院,将支持改革的法官拼凑起来,组合了一个规模较小的新巴黎高等法院——莫普高等法院,保留了其注册权和谏诤权。二是限缩巴黎高等法院的管辖范围,在巴黎高等法院退出的地区设置 6 个新法庭,以方便老百姓诉讼;同时规定这些法庭只负责民事和刑事案件。三是改组外省高等法院,有些法院的权限受到了限制,也有些法院保留了过去的权限。四是废除法官职位终身制,法官待遇改为公务薪俸制。五是改革律师界。过去律师执业要先有 3—7 年的实习期,之后才有资格做辩护人。莫普废除了这一规定,创立了 100 个兼有律师与检察官职能的职位,出售给一些初出茅庐的年轻律师。旧制度之下,没有出版自由,但是律师的辩护状是可以印刷与发行的,因此辩护状成了法国社会言论自由的一个重要出口。莫普改革规定,律师辩护须口头进行,不得印制辩护词。

1774 年 5 月,路易十五去世,路易十六(Louis XVI)登基。新国王解除了莫普的职务,重建了巴黎高等法院,恢复了被撤销的大法院和间接税法院,召回了流放的法官。拉夏洛泰结束了 9 年的流放生涯回到故地,受到民众的热烈欢迎,迎接他的队伍长达 16 公里,由法学院学生组成的 200 名骑马青年为他入城开路。在外省的波尔多高等法院院长勒贝尔东(Leberdon)也从流放地归来,为了迎接他,当地人还专门修建了一座宏伟壮丽的凯旋门,庆祝波尔多高等法院重建的活动在整个城市持续了一个星期。

作为法国旧制度末年最重要的一次改革,莫普改革最终被路易十六宣告结束,王权与司法权度过了十余年的平静时光。1789 年,大革命到来,国王与高等法院一起被革命的洪流冲走。

二、 法理评析

莫普改革提供了法国封建王朝代言人的所谓法治,在法理学上,这场改革是旧制度末年的一次短暂的改革,是为了缓和封建王权引起的巨大冲突,而作出的局部性、改良性的“法治努力”,但没有彻底地击碎旧的国家机器,最终证明这种改革只会无疾而终。在封建君主专制时代,第三等级还没有登上历史舞台,也没有代表民意的政党制度,不仅立法权与行政权不分,而且司法权与立法权也不分。国王与巴黎高等法院之争,表面上看是围绕立法权的斗争,其实背后的本质就是封建王权与新兴贵族权力之争。

从行政权的角度看,“七年战争”耗尽了法国财力,因此增税是政府正常运行的前提条件,也是确保社会秩序的前提条件。为了维持封建王权秩序,国王颁布了增税法令。但是法国高等法院的法官长期把自己视为国王与人民之间的中间团体,在国王面前代表人民,在人民面前代表国王。甚至,在托克维尔看来,这些法官还是贵族与人民之间不可或缺的“环子”,“他们是人民和贵族之间的天然锁链,是把人民和贵族套在一起的环子”。对他们而言,增税法令是苛政于人民,因此高等法院拒绝给国王法令注册,冲突在所难免。

面对这样的冲突,封建王朝中有的国家实现了妥协,如英国国王与贵族妥协产生了大宪章。而法国没有形成妥协达成契约,最终路易十五改组了高等法院,流放了数以百计的法官,削弱了司法权。之后,国王的税收法令失去了制约,获得法院的注册变得轻松起来,法国专制主义因此顺利走向峰巅,这也为法国大革命埋下了种子。封建王朝下法国未竟的法治事业留给了法国民众,一场血雨腥风的民众革命最终变成现实。

此外值得一提的是,莫普改革还提供了近代资本主义法治发展的雏形。高等法院的法官是人民与国王之间的中间团体,其中介作用不可否认。但是在社会下层真正登上法国历史舞台之前,当时真正扮演人民代表的不是法官,而是律师。法国律师是同法国高等法院一起成长起来的,他们不仅与冉森教派联袂反对法国天主教会的思想垄断,还与巴黎高等法院一起参加了反对专制王权的斗争。1774 年,巴黎律师甚至声称律师职业给予了其成为人民代表的无价权利。在莫普改革之前,由于律师可以印制辩护状,这个群体反对强权与伸张正义的思想得以传播,推动了启蒙运动的进程。莫普改革之后,禁止律师印制辩护状,只允许律师口头辩护。这一规定无意中锻炼了这个群体的口才,扩大了他们在民众中的影响力。当老法官们被流放之时,律师成了人民的喉舌。大革命前夕,正是律师们在第三等级的选举中大显身手,在第三等级的代表中占了近乎一半。在大革命中,这些律师也成了革命的骨干与先锋,成为那个时代的标志。

参考文献:

1. 庞冠群:《司法与王权:法国绝对君主制下的高等法院》,人民出版社 2020 年版。
2. 夏立安、聂原:《法国律师与政治自由主义的产生》,载《浙江社会科学》2003 年第 5 期。

浙江大学光华法学院
夏立安

第三节　马克思主义法理学的形成及其意义

5. 马克思主义法理学的立场、观点和方法
——“均码正义”未必就是正义

周国平诉华鹏公司拒发工龄补偿金劳动争议案[①]
尹建文等诉友好公司出租车承包经营案[②]

一、 案情概要

（一）周国平诉华鹏公司拒发工龄补偿金劳动争议案

原告周国平原系某厂职工，该厂改制后，继续留在改制后的被告华鹏公司上班。华鹏公司与他签订了劳动合同，约定改制前的工龄补偿金等到解除或终止劳动合同时支付。此后，周国平辞职，华鹏公司以其自动离职为由拒付改制前的工龄补偿金。法院认为，企业改制时应以补偿金的形式对原职工进行身份置换，且该补偿金为劳动者在改制时就应依法取得的正当利益。所以，判决认定双方所签劳动合同约定的限制性支付条款无效，原告周国平要求一次性支付改制前补偿金的诉讼请求应予支持。

此案涉及的是企业改制时，是否应以补偿金形式对原职工进行身份置换的问题。对此，法律没有明确规定。然而，通常改制都是由企业发起，劳动者处于被动的不利地位，所以一般应作出有利于劳动者的解释。法院参照当时劳动法的补偿金条款，作出“改制即应补偿”的解释，就是一种倾向于劳动者的特殊正义实现。

（二）尹建文等诉友好公司出租车承包经营案

原告尹建文等 19 人与被告友好公司签订出租车承包经营合同，约定尹建文等一次性缴纳所有承包经营费用，且已实际缴付。此后，尹建文等认为双方的约定违反了市物价局文件的规定，遂诉请返还多收的承包经营费用。法院认为，市物价局文件并非负担性行政行为，无须有法律法规依据，且是出于矫正出租车经营企业片面追求利益最大化的公共利益考虑而制定的。因此依据文件规定，判决友好公司返还多收取的经营费用。

该案中，围绕市物价局文件的效力这一争议焦点，法院认为，该文件只是对出租车经营企业与驾驶员之间利益的调整，并未向企业征收额外费用，企业不应无视驾驶员风险而稳收渔利。因此，行政机关制定的合法合理的规定性文件，无条件对当事人双方签订并履行的合同产

---

① 参见江苏省溧阳市人民法院（2004）溧民一初字第 1348 号、江苏省常州市中级人民法院（2005）常民一终字第 145 号。

② 参见江苏省常州市中级人民法院（2001）常民初字第 13 号、江苏省高级人民法院（2002）苏民终字第 35 号、江苏省高级人民法院（2005）苏民一审监字第 009 号驳回再审申请通知书。

生拘束力。然而，本案的关键在于：无论市物价局的文件是否合法合理，只要双方签订的合同不违反国家法律、行政法规的禁止性规定，就不应当确认无效。应该说，特殊正义的实现不过是说法律需要不断回应社会变迁而已，法官介于利益之间作出的裁决，并不像用天平称重那样是单纯意义上的衡量，在本质上仍是受到法律系统控制的“决断”。

二、法理评析

（一）粗糙的平等不是正义

马克思认为，“社会生活在本质上是实践的”①，个体正是通过自己的实践活动不断改变客观条件，从而成为历史的主体，这是个体由必然向自由的转化。上述两起案件中的权衡与裁决，就是在合法性边界内不断反思而作出的更高质量的合理性裁判。在这个意义上，根据马克思主义法理学立场，其实涉及正义与否的判断，本身就是一种在结构性语境里的判断。

均码正义，就是对所有人都秉持同一标准的正义，即坚持同一尺码的法律平等。但是，在坚持法律面前人人平等的均码正义同时，是否会出现一些同样情况得不到同样对待的现象呢？

毕竟法律难以达到尽善尽美的程度，也不可能把所有的合理性要求都完全地表现出来。所以，同样情况同样对待难免会出现不合理的情况。因此，在现实情境中具体情况下特殊正义的实现，反而会成为处理个案时优先被考虑的因素。毕竟在某些特殊的场合里，一个待决案件究竟应当如何裁判，虽然法律上可能已经相当明确，似乎只要严格地把法律适用于该案，就完全可以得出十分确定的处理结论，但一旦依此处理待决案件，可能会导致裁决结果的合法不合理。

法律上的公平意义，本质上需要对法律规定的内在涵义和案件的具体语境作深入分析，特别是一些疑难复杂或特定场景中的案件，不仅要考虑按照法律标准合法地去判断，同时还要将有关利益的计算作为判断的基础。正是在这个意义上，真正的正义实现往往不是粗糙的“平等”，而是更加强调分配的正义，即所谓“公平”。平等与公平的最大区别在于，后者强调不要让刘翔与一名残疾人站在同一起跑线上进行百米冲刺。

（二）法政策学的转向

伴随着现实发生的深刻变化，当代中国正在出现从“法政策学”出发的转向，也就是并非完全简单依据符合主要群体利益的规范来解决矛盾纠纷，而是考虑关系到更多数人利害的、现在和将来的、政策性和公共性的问题。

这种转向表现为：法的正义分配，正在走出传统的常态司法对待所有人一视同仁的“均码正义”供给模式，开始关注到不同群体的特殊正义，考虑针对不同对象缓解和消除他们的不公正感。说到底，就是将公平正义放在现实关系之中，把它作为一种公共产品，这样每一项法律制度甚至每一个案件审判，都有改进的余地。换句话说，特殊正义的寻求从某种程度上已颠覆了那种要么正义、要么不正义的“非黑即白”的二分式简单思维，是尝试将特殊正义作为高质量公平正义的实现。

比如，我国法院推出的司法救助政策，目的在于充分关注社会困难群体的特殊司法需求。对于追索抚养费、赡养费、人身伤害赔偿金、劳动报酬且经济上确有困难的当事人，以及农民

---

① 《马克思恩格斯全集》第1卷，人民出版社2012年版，第139页。

工、下岗职工、孤寡老人、残疾人等特殊困难群体，允许其缓交、减交、免交诉讼费，彰显出司法的人文关怀。值得关注的是，这种基于政策考虑的追求特殊正义的转向，逐步扩展到更为精细、更为广泛的层面。例如，从保险合同案件必须考虑保险业与其他行业不同的运行规律，到出台“宽严相济”的刑事政策、多元化纠纷解决机制等，从不同角度反映出我国的司法政策开始对于特殊对象给予“个性化关照”的转向。其实，除了司法救助制度，我国司法政策偏向于特殊正义的情况越来越多，也更加多元，尤其对于事关“民生”的城市拆迁问题、劳工待遇问题、流动人口问题、土地承包问题等群体性问题相对集中的纠纷领域，司法的作业流程更多地融入了社会治理的色彩，形成了一套独特的矛盾纠纷源头治理机制。

参考文献：

1. 林进平：《马克思的“正义”解读》，社会科学文献出版社 2009 年版。
2. 蒋惠岭：《“均码”正义》，载《法制日报》2007 年 8 月 12 日。
3. 杨力：《司法特殊正义及其运作机制研究》，载《法学家》2008 年第 4 期。

上海交通大学智慧法院研究院

杨　力

第四节　马克思主义法理学的中国化

6. 毛泽东思想的法治理论
——毛泽东思想中的生存权与发展权

毛泽东对艾奇逊的驳斥①

一、事例概要

《毛泽东选集》第四卷收录了《唯心历史观的破产》一文，批判了时任美国国务卿艾奇逊（Dean Acheson）在看待中国革命史上的历史唯心主义，提出了中国人民的生存权与发展权问题。

1949 年，蒋介石政府败走台湾后，中国人民在中国共产党的领导下着手筹备成立新中国。1949 年 8 月 5 日，美国发表《美国与中国关系》白皮书。时任美国国务卿艾奇逊为此给杜鲁门（Harry S.Truman）总统的《附信》也和白皮书一起发表。在《附信》中艾奇逊说，中国人口在 18、19 两个世纪里增加了一倍，因此使土地受到不堪负担的压力。人民的吃饭问题是每个中国政府必然碰到的第一个问题，一直到现在没有一个政府使这个问题得到解决。国民党在法典里写上了许多土地改革法令，想解决这个问题，这些法令有的失败了，有的被忽视。国民政府之所以有今天的窘况，很大的一个原因是它没有使中国人民有足够的东西吃。中共宣传的内容，一大部分是他们决心解决土地问题的诺言。

对此毛泽东反问道，革命的发生是由于人口太多的缘故吗？古今中外有过很多的革命，都是由于人口太多吗？中国几千年以来的很多次的革命，也是由于人口太多吗？美国 174 年以前的反英革命，也是由于人口太多吗？毛泽东认为中国人民历次推翻自己的封建朝廷，是因为这些封建朝廷压迫和剥削人民，而不是什么人口过剩。辛亥革命为什么没有成功，没有解决吃饭问题呢？是因为辛亥革命只推翻一个清朝政府，而没有推翻帝国主义和封建主义的压迫和剥削。北伐战争为什么没有成功，没有解决吃饭问题呢？是因为蒋介石背叛革命，投降帝国主义，成了压迫和剥削中国人的反革命首领。

然后，毛泽东揭露了艾奇逊言论背后的潜台词，按照艾奇逊的说法中国是毫无出路的，他鼓吹的是所谓中国共产党解决不了自己经济问题，只有靠美国的面粉或者说变为美国的殖民地，才有出路。在此基础上，毛泽东反驳艾奇逊的荒谬推理，提出并不是没有一个政府使这个问题得到解决。西北、华北、东北、华东各个解决了土地问题的老解放区，已解决了艾奇逊所说的吃饭问题。上海等处的失业问题即吃饭问题，完全是帝国主义、封建主义、官僚资本主义和国民党反动政府残酷无情的压迫和剥削的结果。在人民政府下只消几年工夫，就可以和华北、东北等处一样完全地解决失业即吃饭的问题。

---

① 参见《毛泽东选集》第 4 卷，人民出版社 1991 年版，第 1509—1517 页。

最后，毛泽东以新民主主义革命时期的事实为例，给出了中国人民解决问题的方式：实行土地革命、让人民当家作主、保护妇女合法权益、发展文教卫生事业。

二、法理评析

(一) 毛泽东批判艾奇逊的历史意义

在批评艾奇逊的这篇著名政治檄文中，毛泽东主要使用了人民权利概念，强调了实现人民权利的两个基本维度：一个是民族独立，这是保障人民权利的基本条件；另一个是生存发展，这是人民权利的具体内容。

为了驳斥艾奇逊以及艾奇逊所代表的西方国家对中国历史过程和近代革命运动所持有的偏见，尤其是艾奇逊认为中国人口太多是引发中国革命的原因的荒谬观点，毛泽东强调了中国人民对生存权与发展权的追求，并回顾了新民主主义革命时期中国共产党保护人民生存权与发展权的法治实践。主要包括：第一，在土地革命方面，颁布并实施土地法，让农民在政治上翻身，在经济上分到田地，获得基本生存权利；又实行"减租减息"，进一步制定《中国土地法大纲》，组织生产运动，鼓励发展私营工商业，出台社会优抚制度和政策。第二，在让人民当家作主方面，在中央苏区、陕甘宁地区实行普选制度，给长期受到压迫的人民以参政议政的权利；抗战时期又在抗日根据地实施"三三制"，建立抗日民主政权。第三，在保护妇女合法权益方面，制定适用于全苏区的婚姻法和婚姻条例，废除封建包办买卖婚姻，禁止蓄婢纳妾，确立一夫一妻的婚姻制度，实行婚姻自由，婚后所得财产为夫妻共同财产等。第四，在发展文教卫生事业方面，在中央苏区颁布《中华苏维埃共和国宪法大纲》，明确劳苦大众有平等的受教育权，并采取夜校、读报组、讲习班等方式扫除文盲，并因陋就简开设中小学校，创办鲁迅艺术学院、延安自然科学院等高校与研究机构，设立中央防疫委员会，建设工农医院、贫民诊所和公共卫生所，组织群众性防疫卫生运动等。

正是在毛泽东对人民权利这一表述的基础上，中国后来概括总结出了属于第三世界国家人民所共同享有的生存权与发展权。围绕生存权与发展权的权利观，也成为毛泽东思想的法治理论的鲜明特征。

(二) 毛泽东权利观的历史基础

毛泽东的一生经历了旧民主主义革命时期、新民主主义革命时期、社会主义革命时期和社会主义建设时期。在这些时期的探索实践为毛泽东权利观的形成奠定了历史基础。

近代中国人民遭遇了全方位生存危机：物质上匮乏，当时全国有 80% 的人长期处于饥饿、半饥饿状态；饱受病疫折磨，几乎无省不疫、无年不疫，旧中国人均寿命仅有 35 岁；精神上贫瘠，新中国成立时，全国 5.4 亿人口中，文盲率高达 80%，小学实际入学率不到 20%，高等教育在校生仅有 11.7 万人。毛泽东曾指出，"中国人民的贫困和不自自由程度，是世界所少见的"，生存权都得不到保障，更遑论其他基本权利。

正因如此，新中国成立后，中国共产党确立了社会主义基本制度，完成了中国历史上最为广泛而深刻的社会变革，以更为具体的探索和实践不断丰富了毛泽东思想的法治理论中的生存权与发展权的权利观。例如，制定中国第一部社会主义类型的宪法，确立人民代表大会制度，完成土地改革，对农业、手工业和资本主义工商业进行社会主义改造，颁布实施婚姻法，建立三级医疗预防保健网，建立劳动保险和社会救济制度，实行民族区域自治制度等。

(三) 毛泽东权利观的历史影响

在毛泽东思想的法治理论中，围绕生存权与发展权的权利观深刻影响了中国共产党的政治理念和政治实践，是马克思主义法理学中国化的典范，并最终促使中国政府把人权写进了各种重要政治文献。

党的历代中央领导集体均强调以经济发展为中心，特别是为生活艰难的农民减轻贫困。例如，改革开放初期在农村地区推行家庭联产承包责任制，大大解放和发展了农村生产力。今天，中国已经跻身世界经济总量第二位，以习近平同志为核心的党中央带领全党全国各族人民，在中华大地上全面建成了小康社会，历史性地解决了绝对贫困问题，堪称毛泽东权利观在当代的接力。

1956年，党的八大报告指出，中国国内的主要矛盾，已经是人民对于建立先进的工业国的要求同落后的农业国的现实之间的矛盾，已经是人民对于经济文化迅速发展的需要同当前经济文化不能满足人民需要的状况之间的矛盾。

2000年，国务院新闻办公室发布《中国人权发展50年》，总结道：真正完全的国家独立的取得，为中国人民按照自己的意愿自主地选择社会政治制度和发展道路，为后来国家的对外开放和稳定健康地发展，进而为人权的不断改善创造了根本的条件。

2004年，宪法修正案中增加了尊重和保障人权的条款。

2005年，国务院新闻办公室发布《2004年中国人权事业的进展》白皮书，表明中国政府高度重视和保障人权，将采取有力措施，不断推动中国人权事业的发展，将保障和推进人民的生存权和发展权放在首位。

2012年，党的十八大将"人权得到切实尊重和保障"写入大会报告，并提升为全面建成小康社会和全面深化改革开放的重要战略目标之一。

2014年，党的十八届四中全会通过《中共中央关于全面推进依法治国若干重大问题的决定》，强调"加强人权司法保障""增强全社会尊重和保障人权意识"，明确提出加强人权司法保障和重点领域立法，依法保障公民权利，加强完善体现权利公平、机会公平、规则公平的法律制度。

2015年，党的十八届五中全会更是明确提出，人权得到切实保障是整个"十三五"期间法治建设的一个主要目标。

2021年，国务院新闻办公室发布了《中国共产党尊重和保障人权的伟大实践》白皮书，写道：100年来，中国共产党坚持人民至上，坚持将人权的普遍性原则与中国实际相结合，坚持生存权、发展权是首要的基本人权，坚持人民幸福生活是最大的人权，坚持促进人的全面发展，不断增强人民群众的获得感、幸福感、安全感，成功走出了一条中国特色社会主义人权发展道路。这正是对毛泽东思想的法治理论的最生动写照和总结。

参考文献：

1.《毛泽东选集》第4卷，人民出版社1991年版。

2. 俞荣根：《毛泽东的人民本位法律观》，载《中外法学》1994年第1期。

3. 林育川：《人民权利：人权的一种替代方案——从毛泽东的权利思维看》，载《现代哲学》2007年第1期。

上海交通大学凯原法学院

宾　凯

第一章 法的概念与本质

第一节 法的概念

7. 法的概念
——法律义务还是道德义务

“常回家看看”入法后首案判决①

一、 案情概要

2013 年 7 月 1 日起，新修订的《老年人权益保障法》正式实施。第 18 条规定：“家庭成员应当关心老年人的精神需求，不得忽视、冷落老年人。与老年人分开居住的家庭成员，应当经常看望或者问候老年人。用人单位应当按照国家有关规定保障赡养人探亲休假的权利。”这一规定的出台，被广泛解释为“常回家看看”入法。

2013 年 7 月 1 日，江苏省无锡市北塘区人民法院对一起赡养案件开庭审理并当庭宣判，成为《老年人权益保障法》施行后对“常回家看看”诉请的全国首例判决。原告储某是 77 岁高龄的老人。2012 年 8 月，因为与女儿一家不和，储某搬离女儿家。2013 年 4 月 3 日，储某将女儿和女婿起诉到北塘法院，要求女儿、女婿安排其居住并定期看望，并支付其在外租房的租金以及生病住院时的医疗费。储某夫妻于 2009 年 3 月将老房子卖掉的钱给了女儿，当时写下协议，今后的居所由女儿、女婿安排。法院判决支持了原告诉请，规定储某的子女至少要保证两个月看望一次老人。此外，每年的重大传统节日如元旦、端午、重阳、中秋等必须至少看望两次，除夕至元宵节之间必须至少看望一次。判决要求，如果子女不履行看望义务，权利人可申请强制执行，执行过程中将根据情节轻重对其予以罚款甚至拘留。

针对“常回家看看”入法，法学界产生了不少争议。一种意见认为从立法初衷上讲，该条款对精神赡养作出比较完整的规定，目的是突出老年人精神需求的重要性，突出其与经济需求、生活需求的并列地位，针对的是老年人精神需求越来越强烈，而家庭和社会对老年人的精神需求越来越忽视之间的实在矛盾，也有面对社会道德不足而希望用法律支撑道德的考量。② 另一种意见认为，敬老爱老是中国的传统美德，颁布这样的一个法令，对每个公民而言，并不是要求

---

① 参见《“常回家看看”入法后首案判决》，载《人民日报》2013 年 7 月 2 日，第 4 版。

② 参见胡建淼：《对“常回家看看”写进法律的质疑》，载《法制日报》2016 年 4 月 6 日，第 7 版。

公民害怕法律的制裁才去敬老和爱老,它只是作为一个法律来提倡我们去关注老人。法律的颁布为敬老爱老提供了法律的指引,同时也为老年人合法权利的保障提供了渠道。① 也有学者提出了质疑,认为真要讲孝,就不要给父母"脸色看"。大凡真心孝敬的,平时会见缝插针探望父母,倘若远在外地没有休假,也会想方设法找机会探望,见面时更会让父母如沐春风。如此"血浓于水"的情感自然流露,岂是法律规定能够强制执行的?此外还有学者认为,"常回家看看"是将道德和法律混为一谈,混淆了法的概念和本质。法律约束的是最低限度的道德义务,因此将道德义务立法应特别慎重,法律道德化不妥,道德法律化同样不妥,法律过于侵蚀或干涉道德只会适得其反,将导致"法将不法,德将不德"的不利后果。"常回家看看"值得提倡,但子女对老人的精神慰藉义务是否已经需要从道德转化为法律,由法律予以强制性规定,尚需要立法者对相应法的价值进行判断、对社会效果作出审慎的评估论证后作出选择。②

二、法理评析

该事例主要涉及法的概念、法的本质和法的基本特征的相关争议。从法律上要求与老年人分开居住的家庭成员经常看望或者问候老年人,于是,道德与法律在内容上似乎发生了交叉重叠。道德和法律都是一定社会调整人与人之间和人与社会之间关系的行为规范的总称。法律以公共利益为指针,道德以尊崇圣贤为理想;法律讲求底线正义,道德追求高尚人格。法律虽不等同于道德良知,但能培育和激发人们的道德良知。实践证明,法律和道德从各自角度规范人类行为、调节人际关系、维护社会秩序。法律以规范性、可预期性和他律性规范社会成员的行为;道德以教化性、劝导性、自律性规范社会成员的心灵。③当然,法律体系本身就是由价值体系、规范体系和程序体系构成的,蕴含着国家治理和社会秩序的道德准则。良法才能善治。什么样的法是良法呢?良法是能更好体现国家的价值目标、社会的价值取向、公民的价值准则的法;是能充分体现权利公平、机会公平、规则公平的法;是能实现保护产权、维护契约、统一市场、平等交换、公平竞争、有效监管,促进社会诚信的法。

(一)法的概念及其争议

当前,中国的法律体系包括宪法统领下的宪法相关法、民商法、行政法、经济法、社会法、刑法、程序法等七个部分和法律、行政法规、地方性法规三个层次。因此,广义的"法律"指的是法律的整体,包括宪法、全国人民代表大会及其常务委员会制定的法律、国务院制定的行政法规、地方国家权力机关制定的地方性法规、民族自治地方的人民代表大会制定的自治条例和单行条例等。狭义的法律仅指全国人民代表大会及其常务委员会制定的法律。为了加以区别,学者们有时把广义的法律称为法,把狭义的法律称为法律。④

西方法理学也区分了法和法律。如拉丁文的 Jus 和 Lex、德文的 Recht 和 Gesetz、法文的 Droit 和 Loi、意大利文的 Diritto 和 Lgeeg、西班牙文的 Derecho 和 Ley,均可译为"法"和"法律"。前者除有"法"的含义外,还兼有"权利""公平""正义"或"正当""规律""法则"之意,因此常被

---

① 参见《"常回家看看"入法是否见孝》,载央视网新闻,http://news.cntv.cn。

② 参见《"常回家看看"入法将沦为一纸空文》,载凤凰网资讯,http://news.ifeng.com。

③ 参见周尚君:《厚植法治的道德根基》,载《光明日报》2017 年 2 月 24 日,第 11 版。

④ 参见《法理学》编写组:《法理学》,人民出版社、高等教育出版社 2010 年版,第 26 页。

人们理解为“客观法”“理想法”或“应然法”；后者则主要被人们理解为依主观意志和认识而制定的法律，即“主观法”“现实法”或“实然法”。在西方法文化传统中，自然法是与人定法相对应的概念，西方法律文化凭借自然法理论将“法”（自然法）与“法律”（人定法）明确地区分开来。自然法（法）与人定法（法律）之间的关系引发了有关法的概念的争论。

关于法的概念的争论持续了两千多年。围绕着“法与道德之间有没有概念上的必然关联”这一核心争点，形成了两个始终相互对立的基本立场：实证主义与非实证主义。实证主义理论主张分离命题，认为法的定义中不包含道德要素，法和道德之间、法所命令的和正义所要求的之间、法是什么和法应该是什么之间，没有必然关联。非实证主义理论主张联结命题，认为法的定义中可以包含道德要素。实证主义者以权威性制定和社会实效来界定法的概念。其中，分析实证主义法学将权威性制定作为首要定义要素来界定法的概念，法社会学以社会实效为首要定义要素来界定法的概念。非实证主义者将内容的正确性作为法概念的必要因素，并没有排斥权威性制定和社会实效，认为三要素可以进行不同程度的联结。

马克思主义经典作家从本质角度对法的概念进行了界定。马克思和恩格斯在《德意志意识形态》中指出：“个人的完全不依他们的单纯‘意志’为转移的物质生活，即他们的相互制约的生产方式和交往形式，是国家的现实基础，而且在分工和私有制还是必要的一切阶段上都是这样，这是完全不依个人的意志为转移的。这些现实的关系决不是国家权力创造出来的，相反地，它们是创造国家权力的力量。在这种关系中占统治地位的个人，除了必须把自己的力量构建成国家外，还必须使他们的由这些特定关系所决定的意志具有国家意志即法律这种一般表现形式，其内容总是由这个阶级的关系决定的，像私法和刑法最清楚地证明的那样。”①“因为国家是统治阶级的各个人借以实现其共同利益的形式，是该时代的整个市民阶级获得集中表现的形式，所以可以得出结论：一切共同的规章都是以国家为中介的，都获得了政治形式。”②在《共产党宣言》中，马克思和恩格斯指出，资产阶级用他们自己“关于自由、教育、法等的观念来衡量废除资产阶级所有制的主张”，因而“不过是被奉为法律的你们这个阶级的意志”，“而这种意志的内容是由你们这个阶级的物质生活条件来决定的”。③ 因此，马克思主义经典作家深刻揭示了法本质的三层关系：一是法与统治阶级的内在关系；二是法与国家的必然关系；三是法与社会生产方式的因果关系。法是统治阶级意志的体现，在社会主义社会中，法则是由工人阶级及其同盟军所构成的人民的意志的体现。

（二）法的基本特征

法是调整社会关系的行为规范。它反映一定的社会关系，通过对人们的行为进行规范而达到调整社会关系的目的。“常回家看看”入法，就是以法的形式规定人们应该做什么或不应该做什么，为孝亲敬老行为提供一个法的模式和方向。法作为社会规范的一种，同其他社会规范如道德规范、伦理规范、政治规范、宗教规范及纪律规范等相比较，又存在区别。

法是由国家制定或认可的行为规范。同其他社会规范相比，法具有国家意志性，并由此还具有统一性、普遍适用性和特殊的权威性。而且，法律的效力一般高于所有其他社会规范。国

---

① 马克思、恩格斯：《德意志意识形态（节选本）》，人民出版社 2003 年版，第 108 页。

② 《马克思恩格斯选集》第 1 卷，人民出版社 2012 年版，第 212 页。

③ 《马克思恩格斯选集》第 1 卷，人民出版社 2012 年版，第 417 页。

家制定的法通常是“成文法”。国家认可的法一般是指“习惯法”。习惯法是根据调整社会关系的需要,由国家立法机关或司法机关赋予社会上既存的某些习惯、教义、礼仪等以法律效力而形成的法规范。① “常回家看看”既然已经入法,那么它就成为具备国家法效力的法规范。

法是规定权利和义务的社会规范。法通过规定各主体的权利与义务,影响人们的行为动机、指引人们的行为方式、规范人们的行为过程,以达到调整各种社会关系、塑造社会生活秩序的目的。法的这种调整和指导方式使它与道德、宗教和习惯相区别。道德和宗教一般说来是以规定人对人的义务或人对神的义务来调整社会关系的。在具体法律关系中,一方主体有权利,对方主体就必须承担相应的义务,反之亦然。“常回家看看”入法后,家庭成员关心老年人精神需求的义务,与老年人分开居住的赡养人所承担的看望或者问候老年人的义务,与老年人享有的精神需求与被赡养权利之间就形成这样一对关系。具体而言,“常回家看看”条款是亲属法规范,规范的是近亲属之间卑亲属对老年尊亲属的探望义务。该义务具有法律的强制性和拘束力,卑亲属不履行该义务,老年尊亲属享有身份权请求权和侵权请求权,有权请求不履行义务的卑亲属承担民事责任。②

法是由国家强制力保证实施的社会规范。任何一种社会规范都有保证其实施的社会力量,都有一定的强制性。然而,不同社会规范的强制性在性质、范围、程度和方式等方面是不尽相同的。法规范由国家强制力保证实施,法要想发挥其社会功能就必须以国家的强制力为后盾,由国家对违法甚至犯罪的行为实施限制或制裁。在德国法学家耶林(Rudolph von Jhering)看来,没有强制力的法是不燃烧的火,不发亮的光。国际法的强制力量很弱,耶林因此而认为它是不完善的法。如果没有国家强制力作为其后盾,法就会成为一叠废纸,就不可能在现实生活中发生作用,也就丧失了其独立存在的意义。“常回家看看”入法以后,社会各界评价不一。有人叫好,有人不看好,关键的问题是该条规范的可操作性和实效性。

参考文献:

1. 白建军:《论法的确定性与公正的可检验性》,载《中国法学》2008 年第 2 期。
2. 杨立新:《“常回家看看”条款的亲属法基础及具体适用》,载《法学论坛》2013 年第 6 期。
3. 牟成文:《人民意志:马克思法哲学的思想特质》,载《中国社会科学》2020 年第 3 期。

西南政法大学行政法学院
周尚君

① 参见《法理学》编写组:《法理学》,人民出版社、高等教育出版社 2010 年版,第 35 页。

② 参见杨立新:《“常回家看看”条款的亲属法基础及具体适用》,载《法学论坛》2013 年第 6 期。

第二节　法的本质

8. 法的本质是由特定社会的物质生活条件决定的
——互联网的市场竞争法治观

国家发改委对兰州、泉州网约车管理办法的公平竞争审查案

一、事例概要

互联网新业态监管的基本法理要求是包容审慎、公平竞争。网络预约出租汽车业(以下简称"网约车业")作为"互联网+"政策下快速发展的平台经济代表,便利了人民生活,也冲击了传统行业和既有社会观念。对于法律管制而言,如何做到鼓励行业创新发展和保障公平竞争,监管刚柔兼济、行之有效,尤为考验监管者的智慧。

从网约车合法化准入到行业公平竞争审查,从中央到地方,监管部门进行了一系列的管制探索。在中央层面,交通运输部等部门于 2016 年发布《网络预约出租汽车经营服务管理暂行办法》(以下简称"《暂行办法》")进行了总体规范。在地方层面,各地陆续根据《暂行办法》制定本地区的暂行办法实施细则。其中,兰州市、泉州市的网约车管理细则因在车辆、驾驶员和平台公司的准入条件等管理政策上限制过于严苛,涉嫌滥用行政权力限制竞争,违反公平竞争审查制度,国家发改委价格监督检查与反垄断局于 2017 年根据《国务院关于在市场体系建设中建立公平竞争审查制度的意见》(国发〔2016〕34 号)和《公平竞争审查制度实施细则(暂行)》[1],对兰州市和泉州市的暂行办法实施细则展开了相关调查,并通过内部程序督促两市完成了整改。

二、法理评析

在大多数表面现象的背后都存在一个深层的社会结构,它可以概括为能够创造多种多样的经验现象的一系列生成性规则,这些规则就构成法律秩序的原初状态。当这些原初状态的规则遵循"词典式序列"时,就达成社会结构所必需的制度协议,形成社会结构的要素法权关系。从法的本质上讲,这种法权关系"是从根本上反映着经济关系的意志关系,这种法权关系或意志关系的内容是由这种经济关系本身决定的"[2]。这样,就通过法所展示的法权关系这一中介揭示了物质生活关系相对于社会结构而具有的因果优先性:任何一种生产方式内部都蕴含着其特有的社会结构模式,该社会结构模式决定了社会主体在社会生产和生活中的地位、利

① 本细则由国家发展改革委员会、财政部、商务部、国家工商行政管理总局和国务院法制办会同有关部门研究制定,于 2017 年 10 月发布。

② 《马克思恩格斯全集》第 23 卷,人民出版社 1972 年版,第 102 页。

益要求和行为模式。

互联网业态的出现,使得传统的社会结构变得更加复杂,法的功能在于缩减这种复杂性,主要是通过不断地在个体的实践中选择可能实现的部分而牺牲其他要求,来实现这种新业态的社会结构化。正如马克思所说,“社会生活在本质上是实践的”①,个体正是通过自己的实践活动改变客观条件,从而成为历史的主体。本案涉及互联网的市场竞争法治观,正是法的本质在新时代的一种体现,同时也是人们以法的方式创造性地反映的存在,而不是简单复制社会经济关系。

(一)网约车业的合法化问题

网约车是通过网络约车服务平台进行线上招揽的城市出租汽车。区别于传统的线下巡游出租车,网约车通过打车软件提供实时叫车服务,包括自营式(如首汽约车)和非自营式(如滴滴)两种方式。自2014年以来,网约车业出现并快速发展,成为中国近年来快速发展的“互联网+”经济的代表性经济形态。所谓“互联网+”经济,是指借助移动互联网和第三方交易平台的流量基础,调动各种可交易的经济资源,并通过动态价格的调节机制与大数据驱动,快速完成交易撮合的经济运营模式。作为一种新的社会经济组织形式,网约车业的市场运行机理与传统的出租车业区别明显,其交易模式并非私人间的自主交易,也非企业的科层式管理,而是借助“互联网+”,由平台组织开展私人运输资源和乘客需求的匹配,并抽取服务费和开展配套管理的模式。

作为“互联网+”经济的新业态,网约车业一开始就面临着是否可以准入的难题。一方面,高效的资源调配打破了出租车业政府管制的垄断局面,解决了大量城市公共交通长期运力不足导致的“出行难”问题。另一方面,网约车规模化地进入出租车市场,稀释了用户需求,加剧了行业竞争,压缩了传统出租车业的订单和利润,甚至导致部分出租车驾驶员面临失业等困境。对于这类新的经济模式,监管立法存在滞后性,执法也面临法律依据不足的困境。与此同时,在网约车运营实践中,因交通安全风险、损害赔偿机制不完善以及平台垄断和不正当竞争等问题所引发的社会矛盾突出。在此背景下,要求加强网约车业法律监管的社会呼声强烈。

在这种背景下,监管部门的态度是允许网约车业的发展,但是监管需要更加包容审慎,既不能放任自流,任平台经济野蛮生长,也不可过于强制,抑制新兴产业的发展。管制需要更加审慎,更加促进公平竞争,特别是重视管控过程中的软法政策,配合规章制定规范性文件,并保持适度的弹性空间,从而及时有效地回应社会治理需要,使监管规制更加科学合理。交通运输部曾于2015年10月发布《暂行办法(征求意见稿)》,拟采用类似于传统上对出租车的管理模式来监管网约车。经过一段时间的公共讨论,交通运输部放弃了这一计划。最终,2016年7月26日,国务院办公厅印发《关于深化改革推进出租汽车行业健康发展的指导意见》(以下简称“《指导意见》”),同年7月27日,交通运输部等七部委发布《暂行办法》,二者分别以文件和规章的形式明确了网约车的合法地位,并对网约车业的许可条件和程序作出了原则性规定。此后,各地陆续制定实施了地方性的网约车管理实施细则。

(二)网约车业的行业治理规则

中国目前的网约车业监管规范体系,以《指导意见》《暂行办法》为总体规范,以各地监管

---

① 《马克思恩格斯全集》第1卷,人民出版社2012年版,第139页。

细则为具体规范。从内容来看,地方管制细则主要从行业准入限制、服务定价、运力规模等方面进行了规范管理。对网约车加强地方执法,有利于厘清行业监管秩序,减少网约车业的“副作用”,更高效地发挥网约车业作为分享经济的价值。但问题在于,哪些管制措施是有助于促进网约车行业健康发展的,哪些是钳制这一新兴交通运输经济形态的健康成长的。下面做简要评述。

第一,对网约车业的准入限制。《暂行办法》对网约车平台、车辆、驾驶员三方面的准入设定了基础要求。其中,第 5 条规定网约车平台应当具备线上线下的服务能力;第 6 条规定了平台准入的具体许可程序;第 12 条规定了车辆的基础营运标准;第 14 条规定了驾驶员的基础资质条件等。相关条件均是规章层面的最低要求,但大量地市在《暂行办法》的基础上设定了更为具体和严格的准入标准。

在网约车平台准入方面,由于《暂行办法》规定平台负有承运人责任,而在交易实践中平台也事实上掌握着对驾驶员、车辆的准入筛选、培训管理、服务定价、收益分配等权力,远远超越了一般意义上第三方网络交易平台的居间服务功能,对平台进行有效监管有利于从基础层面强化网约车运营安全,保障乘客合法权益。自 2016 年《暂行办法》颁布以来,全国已有上百个网约车平台获得地方网约车经营牌照,包括万顺叫车、滴滴打车、神州约车、美团打车等。

在对网约车驾驶员的准入方面,《暂行办法》第 14 条对驾驶员具有三年以上驾驶经历、无犯罪和违章记录等方面进行了规定,通过驾驶员职业资质的准入要求,排除掉驾驶技术明显不足或存在犯罪记录的危险驾驶员。在此之前,网约车驾驶员注册网约车平台只需要提交驾驶证、行驶证、车辆照片、信用卡信息等,缺乏必要的审核和培训,也导致了网约车安全事故频发,例如超速、违规并线超车、抢道、逆行和在行进中打电话、查看手机订单、取拿物品、抽烟等,以及性骚扰、抢劫、强奸等侵害乘客人身和财产安全行为。而《暂行办法》的出台有助于规制前述不法行为。

在车辆的准入方面,《暂行办法》第 12 条要求车辆符合营运安全标准,具有车辆卫星定位装置、应急报警装置等安全设置,为乘客提供更充分的实时安全监测和保障。对驾驶员和车辆设定必要的准入审核要求,有利于降低事故发生概率,充分保障乘客安全。

第二,对网约车定价的限制。《暂行办法》第 20 条仅规定网约车平台公司应当合理定价,明码标价,并向乘客提供相应的出租汽车发票。交通运输部、国家发展改革委《关于深化道路运输价格改革的意见》(交运规〔2019〕17 号)第 2 条第 4 项进一步对定价方式进行了规定,要求对网约车实行市场调节价,仅地方人民政府认为确有必要的可实行政府指导价,同时要求网约车平台公司主动公开定价机制和动态加价机制,保持加价标准合理且相对稳定,并接受社会监督。

第三,对网约车运力规模的调整。作为公共交通的组成部分,中国出租车行业长期实行特许经营制,由政府为有资质的出租车管理公司或个人限量颁发运营牌照,以此来调整出租车业的运力规模。对于网约车,一方面,通过准入的规则限制调整了行业的整体运力规模;另一方面,通过平台动态定价机制和大数据匹配,根据供需情况调整具体时段、地点的运力规模,例如在高峰期乘车需求上升时,设置排队和调度费程序缓解供需矛盾。

(三) 网约车业的公平竞争审查问题

公平竞争问题是网约车业在地方发展中的突出问题,对此不少地方采取了与客运服务的品质和安全不相关的管制措施，特别是对网约车的车价、车龄、排量、轴距等进行了严格限制。例如，泉州市于 2016 年 10 月实施的细则要求当地网约车价格在巡游车（即出租车）1.5 倍、厂方销售指导价 15 万元以上。然而，泉州市的网约车中只有 1.46%的车辆价款在 10 万元以上。在这样的“严格”监管要求下，大量网约车被排除在市场之外，许多地区重现“打车难”“打车贵”的问题。

这些措施事实上产生了阻碍网约车这一新兴行业的健康成长、影响网约车业与传统出租车业之间公平竞争的消极作用。为了减少行政垄断，鼓励分享经济等新业态的发展，促进行业公平竞争，2016 年 6 月《国务院关于在市场体系建设中建立公平竞争审查制度的意见》发布，要求自 2017 年开始在全国范围内全面推行公平竞争审查制度。2017 年 7 月，国家发改委等部门又发布了《关于促进分享经济发展的指导性意见》，强调地方对分享经济要“审慎出台新的市场准入政策”。而国家发改委价格监督检查与反垄断局启动内部督促程序，对兰州市和泉州市的暂行办法实施细则展开公平竞争执法，不仅是促进网约车业与传统出租车业之间公平竞争的代表性举措，也可以在一定程度上被视为对整个数字经济产业与传统产业公平竞争秩序的维护举措。下面具体到网约车业的地方管制政策，重点评述其中比较容易涉及违反公平竞争的规则。

第一，网约车司机可以同时接入的网约车平台数量。关于网约车可以同时接入服务的平台数量，曾有一些地方规定“不得同时接入两个或两个以上的网络服务平台”。这显然不利于车主和乘客在不同平台之间进行低成本甚至无成本的切换。车主和乘客对平台的自由选择权和灵活退出能力，有助于激励平台合理设定与平台用户（包括车主和乘客）之间的权利义务关系，改进平台的服务水平，以应对其他平台的竞争压力或者平台用户的退出风险。当然，如果平台出现较高程度的经营者集中问题，且平台用户已经对平台形成了较强的职业依赖或者消费依赖，这方面的竞争激励效应就会相应递减。

第二，网约车的运力规模控制。城市出租车辆（包括巡游出租车和网约出租车）的运力规模不能过小，也不能过大。问题在于，出租车的运力规模应当通过何种机制来确定。受制于长期以来的管制思维积习，不少人理所当然地认为应通过政府计划来确定运力规模。但从 20 多年的实践看，政府计划的运力规模具有浓厚的保守主义倾向。这在北京等一线城市尤为明显，导致运力规模远不能满足乘客的实际需求。地方政府作出保守运力控制的原因较为复杂，计划失误、饥饿营销甚至许可寻租都可能成为背后原因。但可以确定的是，政府计划模式深刻地反映了监管部门长期以来对市场的不信任思维惯性，未曾主动地考虑和比较过市场的调节能力。

的确，自由市场模式下可能出现一定程度的供给过剩，但这种担忧不宜被过度夸大。因为，出租车司机的日均营业额以及其反映的市场饱和度是一个较为容易获取的商业决策数据，出租车投资人盲目冒进的概率不大。在这个意义上，《暂行办法》强调从运力规模的地方政府计划模式“逐步实现市场调节”，是与网约车业乃至整个出租车业的市场运行原理相符合的。但这一规定尚未满月就面临保育障碍。例如，兰州市交通委运管处曾拟定诸如“每千人拥有 3 辆—4 辆出租车”的运力规模计划。据此，扣除既存的巡游出租车运力，留给网约车的运力规模相当有限。这不仅影响网约车业的健康发展，而且阻碍巡游出租车业的市场化改革，违背了网约车新规的基本政策取向。

第三,网约车的价格管制措施的合理性。不少地方的暂行办法实施细则作出了诸如“网约车运价实行市场调节价,城市人民政府认为有必要实行政府指导价的除外”的规定。对“何为必要”,也有不少地方明确规定,只有当出现“为排挤竞争对手或者独占市场,以低于成本的价格运营扰乱正常市场秩序,损害国家利益或者其他经营者合法权益等不正当价格行为”时,政府才有实行指导价的必要。例如,大型网约车平台曾经发起与传统出租人的“价格战”,即通过高额补贴吸引乘客,以达到在瞬间击垮传统出租车业的效果,构成不公平竞争。为此,大量地方城市对于此种补贴价格战采取了坚决的执法措施,防止对传统出租车业的不公平竞争。

不过,不少地方的暂行办法实施细则对网约车业设定了不公平的价格要求。除了前述泉州市对购车价格和车费的不合理要求之外,兰州市曾经拟定的暂行办法实施细则以《暂行办法》第3条关于“按照高品质服务、差异化经营的原则,有序发展网约车”的规定为由,要求“网约车价格必须高于巡游车,以达到为乘客提供差异化服务的效果”。这是对《暂行办法》所确定的价格形成机制的严重扭曲,违背了整个出租车行业的市场化改革方向。

(四)网约车业公平竞争执法的意义

信息技术网络化社会中,平台经济等新业态的创新发展提高了资源配置效率,推动了产业变革往更加信息化、数字化、智能化的方向发展,与此相适应,政府的行业监管也应当更加精细化、科学化,满足包容审慎、公平竞争的基本要求,促进市场主体依法依规经营,真正服务于经济高质量发展的需要。可以说,本事例中国家发改委价格监督检查与反垄断局对兰州市、泉州市的暂行办法实施细则的公平竞争执法活动,对网约车业所代表的整个数字经济产业的公平竞争秩序的维护都有重要启示,对于推动国务院建立的公平竞争审查制度的实施具有代表意义。特别是,被执法的对象不是企业的反竞争行为,而是地方政府的监管政策,这对于未来打破关于数字经济的政策性壁垒具有重要启示。当然,本次公平竞争执法能否以及能够在多大程度上得以延续,还取决于并入国家市场监管总局的公平竞争执法部门的执法勇气、能力和智慧。

参考文献:

1. 熊丙万:《专业拼车管制新探》,载《清华法学》2016年第2期。
2. 熊丙万:《网约车监管新规的顺产与保育》,载《中国经济报告》2016年第9期。
3. 杨东:《论反垄断法的重构:应对数字经济的挑战》,载《中国法学》2020年第3期。

中国人民大学法学院
熊丙万
深圳证券交易所
丁　琳

第三节　法的基本特征

9. 法是规定权利和义务的社会规范
——拟制秩序与自由秩序的法定权利和义务

《中华人民共和国立法法》评析

一、 事例概要

2000年九届全国人大三次会议通过的《立法法》，被专家认为是仅次于宪法的一部基本法。它是规范立法机关活动的法律，同时给了普通人对“法”本身的合法性提出质疑的权利。比如，如果你认为法规、条例同宪法或者法律相抵触，可以向全国人大常委会提出审查的建议。如果说《行政诉讼法》的实施使公民认识到政府也存在违法的可能，那么《立法法》确立的对违法法规的审查制度告诉人们，立法也有违法或不合理的时候。其实，李慧娟宣告抽象法无效的司法审查案、王海“知假买假”的打假同案不同判案、郝劲松三诉铁路部门票证案等，就引发了对立法内容的挑战。

《立法法》为解决法律冲突设计了三种解决机制：一是明确了五个法律适用规则，即上位法优于下位法、同位阶的法律规范具有同等效力并在制定机关各自权限范围内实施、特别规定优于一般规定、新法优于旧法以及法律不溯及既往；二是规定了备案审查制度；三是规定了对冲突法规的裁决和改变与撤销制度，其中规定了有关国家机关和公民、社会组织在认为法规、规章与法律相抵触时，可以向全国人大常委会提出审查的要求和建议。也就是说，《立法法》直接规定了立法者本身也必须接受《立法法》的调整。

二、 法理评析

（一）拟制秩序和自由秩序的定义

秩序作为一种系统、结构、体系的代名词，包括拟制秩序和自由秩序两大类。前者是指人们通过把一系列要素各置其位，且指导或控制其运动而确立起来的秩序。这种“人造的秩序”就是拟制秩序。

随着社会科学方法的转向，尤其是行为学的核心概念被引入经济学后，人们开始对拟制秩序这种基于“完美理性”的建构方式提出挑战。其实从知识论的角度看，人们掌握的知识是分散的，任何人都无法掌握所有的知识，也就无法完美拟制针对所有人的行为规则，无法对社会秩序加以全部设计和改造。所以，社会秩序在事实上不是理性建构出来的，而是自生自发的，也就是所谓的自由秩序。

（二）拟制秩序的权利和义务

区别于威胁命令他人做事，法律拟制作为依赖于立法法等的拟制秩序，不仅包括对他人设定权利义务,而且包括对法律的制定者设定权利义务。因此,立法区别于专制的根本点在于,从本质上立法不是一个只针对他人的制度,而是也存在对立法者的自我约束性。换言之,立法者像一个约定的发出者,行使由立法法等授予的制定规则的权力,但作为立约人的立法者自己,也必须置身于其所制定的规则效力范围之内。

从不少国家的情况看,立法机关主要是在法律生效以前把关,法律公布以后所发现的法律冲突则通过司法途径加以解决。我国 2021 年修正的《全国人民代表大会组织法》赋予了全国人大宪法与法律委员会在立法上的合宪性审查权,所以对立法冲突的解决主要是依靠立法机关内部协调。有关国家机关和公民、社会组织,如果认为法规、条例同宪法或者法律相抵触,可以把问题提交全国人大常委会进行审查。

显然,法律拟制是以抽象和概括的规范形式,表达了自己在时间上、空间上和对人的效力,以权利义务的一般规定表达了国家的行为要求。而这种行为要求使得立法者从定义上也处于其所制定的法律效力范围之内。

法律是通过立法拟制的法定程序,实现实体权利和义务的分配,进而影响主体权利义务的实际享有和承担。其具体的表现包括:(1) 通过法定程序的时间、空间要素,克服和防止立法行为的随意性和随机性。比如,制定部门规章的行政听证程序,旨在让行政相对人直接参加到行政决定程序中,听取行政主体制定规章的理由并发表不同的意见,以程序提供外在标准而限制恣意,从而保证了政府颁布部门规章的合法性和合理性,这也为参与人今后更好地接受规章的约束提供了良好基础。(2) 通过法定程序引导立法者按照一定的指向和标准在时间和空间上进行。换言之,就是为颁布法律的行为提供统一化、标准化的模式,克服强制命令或指令的个别化及非规范化,使得立法者本身不再是一个凌驾于法律之上的个性主体,而是必须接受其所制定和颁布的法律的权利义务担当者。(3) 通过法定程序形成一个解决纠纷的相对独立的空间,把社会关系简化为程式化的权利义务关系。法律之所以有别于强制命令或指令,就在于把复杂的关系纳入法律设定的社会隔离机制,排斥利益主体原有的社会角色,排斥其他非程序的因素以及其他处置方式,使得包括立法者本人在内的所有社会主体,潜移默化地接受法律之内的行为模式。

(三) 自由秩序的权利和义务

法律的拟制秩序预设的是,所有的法律来源于审慎的符合法定程序的立法活动。换言之,法律必然表征为明文规定的权利义务。然而,隐形的权利义务在数量上远远超过明文规定的权利义务,因为即使再发达的立法技术,也无法做到把所有的权利义务列入一个清单,更何况权利义务背后的利益关系始终处于流动和发展之中,难免有所疏漏。

尽管法律的颁布在某些方面近似于指令的下达,但某些法律规则起源于习惯,而习惯之所以成为法律的渊源之一,是由民族连续性发展进程中的法律发达史所决定的。而习惯法化约为法律上的权利义务,要么是直接依据法律明文规定的简单推定,要么是凭借高超技艺从法律原则和常理中推定而来,显然有别于有意识的立法活动。可见,法律的概念具有融汇不同种类规则的显著特征。

法律拟制的权利义务所标识的,只是权利义务之冰山露出海面的一角,而更多隐形的自由秩序所依赖的法律则深潜于海面以下。自由秩序的法律不仅指向义务性规范,而且包括授权规则等权利性规范;不仅让法律通过实体性规范调控普通民众,而且要求设立诸如立法等程序性规范，使立法者也要平等地接受法律调控；不仅要求国家公民外在地接受将国家法作为法律的渊源，而且要求深扎于斯的民众本能且必然地把习惯法列入法律的渊源。

参考文献：

1. 刘旺洪：《国家与社会：法哲学研究范式的批判与重建》，载《法学研究》2002 年第 6 期。
2. 邓正来：《自由主义社会理论：解读哈耶克〈自由秩序原理〉》，山东人民出版社 2003 年版。

上海交通大学智慧法院研究院
杨　力

第四节　法的要素

10. 法律概念
——“公共机构”与“双重救济”的认定

中国诉美国标准钢管、非公路用轮胎、薄壁矩形钢管、复合编织袋四种商品反倾销与反补贴案①

一、案情概要

2007—2008年,美国先后对来自中国的标准钢管、非公路用轮胎、薄壁矩形钢管和复合编织袋等四种产品征收反倾销税和反补贴税。根据世界贸易组织(WTO)《争端解决规则与程序的谅解》(DSU)第4条、1994年《关税及贸易总协定》(GATT 1994)第23.1条,2008年9月19日,中国请求与美国进行磋商(DS379),双方磋商未果。2008年12月9日,中国根据DSU第4.7条、第6条、GATT 1994第23.2条、《补贴和反补贴措施协定》(SCM协定)第30条和《反倾销协定》第17条请求成立专家组。双方争议涉及两个主要问题:一是“公共机构”问题,即接受反补贴调查的公司,其产品原材料购买于国有企业,获得的贷款来源于国有商业银行,在此情况下,这些国有企业和国有商业银行是否属于SCM协定第1条所指的“公共机构”? 二是使用非市场经济方法对某种产品同时征收反补贴税和反倾销税,当出现“双重救济”时,是否违反WTO规则? 2009年1月20日,专家组成立。2010年10月22日,WTO发布专家组报告。

专家组报告处理了中国就美国商务部关于财政资助、利益、专向性、“双重救济”以及调查程序问题提出的诉求。(1) 关于财政资助,中国质疑美国商务部将某些向被调查的生产企业提供投资的国有企业和提供贷款的国有商业银行定义为“公共机构”的裁定,专家组未支持中国这一诉求。(2) 关于对利益的裁定,中国质疑美国在调查中拒绝将中国国内私人价格作为决定政府提供的投入和土地使用权的存在和金额基准的裁定,专家组仍然未支持中国的诉求。(3) 关于专向性,美国商务部认定国有商业银行向非公路用轮胎行业提供的贷款在法律上具有专向性,中国反对这一调查结果,专家组再次驳回了中国的诉求;对于中国反对美国商务部认为政府向被调查生产商提供土地使用权的行为具有区域专向性的诉求,专家组予以支持。(4) 关于“双重救济”,专家组认为中国未能证明“双重救济”与SCM协定不一致。(5) 关于程序问题,中国认为美国商务部未能为中国政府以及被调查生产商提供至少30天的时间以回应关于新补贴指控的问题,专家组驳回了中国的诉求。(6) 除此之外,中国质疑美国商务部利用“现有事实”确定被调查生产商在两项有争议的调查中从国有企业的贸易公司购买热轧钢材的

① See *United States — Definitive Anti-Dumping and Countervailing Duties on Certain Products from China* (*DS379*), at https://www.wto.org.

数量,针对该项质疑,专家组支持了中国的诉求。

中国认为专家组裁决中对“公共机构”和“双重救济”的判定有误,于是提起上诉。经过审理,上诉机构推翻了专家组的相关裁决。第一,关于“公共机构”,专家组报告第8.94段认为,SCM协定第1.1条规定的“公共机构”是指“所有由政府控制的实体”。上诉机构认为,“公共机构”是指拥有、行使或被赋予政府权力的实体,据此推翻了专家组报告第17.1(a)(1)段裁决。第二,关于“双重救济”,上诉机构推翻了专家组认为SCM协定第19.3条未处理“双重救济”的裁决,推翻了专家组关于中国未能证实基于非市场经济计算方法征收反倾销税的同时对同一产品征收反补贴税的行为与SCM协定第19.3条不符的裁决。上诉机构认为,本案中的“双重救济”措施不符合SCM协定第19.3条,并且与SCM协定第10条和第32.1条不符。

二、法理评析

法以法的要素存在为前提条件,法律概念就是其中之一。也就是说,法之所以不同于其他社会规则,关键在于其以一整套严密的、特殊的概念等要素体系作为前提。从根本上讲,法是通过规定社会关系参加者的权利、义务,来确认、保护和发展社会关系和社会秩序的。本案涉及的争议就需要依据对“公共机构”“双重救济”的概念判定作出裁决。

(一)判决的意义

上诉机构就“公共机构”和“双重救济”概念作出了有利于中方的认定。

“公共机构”一词出现在SCM协定对“补贴”的定义中。根据SCM协定,确认一项补贴是否成立的先决要件是判断该补贴是否由一国政府或公共机构提供。因此,对补贴主体“公共机构”的认定尤为重要。然而,无论是WTO还是其他国家或国际组织均没有对这一概念作出明确解释。本案中,对于“公共机构”的定义,专家组和上诉机构有着不同的理解。如何认定这一术语对中国国有企业是否被认定为SCM协定中的“公共机构”至关重要。

“双重救济”也称为“双重计算”,其构成要素包括两个方面,一是具有对同一产品同时征收反倾销税和反补贴税的事实,二是上述事实导致了同一补贴在某种程度上被抵消了不止一次。在使用非市场经济(NME)方法计算倾销幅度的情况下,“双重救济”是可能发生的。美国自2006年11月开始多次对中国产品同时发起反倾销调查和反补贴调查,并在多起调查中同时征收反倾销税和反补贴税。本案中,中国对“双重救济”问题的申诉首次获得了上诉机构的支持,在近年中国频遭欧美“双反”调查的形势下,对该争议点加以剖析显得尤为必要,可以从中得到有益启示,具有现实意义。

(二)关于“公共机构”

本案中,各方根据《维也纳条约法公约》第31条的规定及WTO争端解决实践,结合词典、上下文以及SCM协定的目标和宗旨对“公共机构”的含义进行界定。中国认为:(1)在没有证据表明某实体被赋予并行使政府权力的情况下,从法律上讲,这些实体的行为应被视为私人机构的行为,而不是公共机构的行为。(2)作为“公共机构”的实体,其行使的政府或公共机构性质的职能,必须由国家法律明确授权,并且有关行为必须在行使这种授权时实施。(3)区分公共机构和私人机构的关键是其拥有和行使权力的来源和性质,而不是政府所有权的程度。美国认为:(1)“公共”一词的普遍含义包括“属于国家或为国家所有”。如果一个实体为国家所有,那么这个实体即可构成SCM协定项下的“公共机构”。(2)“公共机构”是指由政府控制的任何实体,若一实体的多数股份由该国政府持有,那么该实体可以被视为 SCM 协定项下的公共机构。(3) 从 SCM 协定的目标和宗旨来看,为了防止规避 SCM 协定实施的行为,在对"公共机构"进行解释时,不能使政府享有所有权的公司成为提供补贴的政府的保护壳,从而逃避 SCM 协定的约束。

专家组将"公共机构"定义为"任何为政府控制的实体",认为政府所有权与政府控制高度相关,是认定"公共机构"的潜在性决定证据。在此基础上,专家组支持美国商务部认定的中国国有企业和国有商业银行构成公共机构的调查结果。

上诉机构认为,"公共机构"的概念与"政府"的概念具有某些共同特征。SCM 协定第 1.1 条下的"公共机构"必须是拥有、行使或者被授予政府职权的实体。上诉机构同时指出,公共机构的准确界限和特点在不同国家、不同实体、不同案例中有着不同的表现。在面临确定某些属于 SCM 协定第 1.1 条的行为是否属于公共机构的行为时,专家组或调查机关应评估相关实体的核心特点,明确其与狭义政府的关系,并在此基础上作出判定。

上诉机构还认为,若政府正在对某一实体及其行为进行有意义的控制,在某些情况下或许能够证明相关实体拥有并行使政府职能。然而,上诉机构指出,在无法律明确授权的情况下,若该实体与狭义的政府之间仅有正式联系,并不能认定该实体行为为政府行为。例如政府对某实体持有多数股权的事实不足以证明政府对该实体的行为实施了有意义的控制,也不能证明政府对其授予了职权。然而,在某些情况下,若存在关于政府控制的多重指标以及政府已有意义地实施了此类控制的证据,也许能够推定该实体正在行使政府授予的职权。

(三) 关于"双重救济"

1. "双重救济"所包含的行为

"双重救济"的产生涉及调查当局的两个行为,即对相同产品同时征收反倾销税和反补贴税。一方面,就征收反倾销税而言,根据美国反倾销法 19USCA § 1671(a)(1998)的规定,如果行政部门认定某类或某种外国货物正在或即将在美国以低于正常价值销售,同时认定,这种销售造成美国产业的实质性损害或实质性损害威胁,或这种销售实质性地妨碍了美国产业的建立,则应在其他征税以外对该进口货物征收反倾销税,数额相当于该货物国外市场价值与其在美国价格的差额。由此可以看出,征收反倾销税的前提是"低于正常价值销售""对美国产业造成实质性损害或实质性损害威胁或妨碍了美国产业的建立"。

另一方面,就征收反补贴税而言,根据美国反补贴法 19USCA § 1671(a)(1998)的规定,如果美国管理当局确定一国政府或一国境内的公共机构直接或间接地对出口到美国的商品提供可诉性补贴,或是对出口至美国的商品的加工提供补贴,并且,由于该商品的出口致使美国的产业受到实质损害或实质损害威胁,或对美国国内产业的建立造成实质阻碍,则主管机构可以对该商品征收反补贴税,其数额等同于可诉性补贴额。

与美国反倾销法不同的是,在本案发生时,美国反补贴法并未对非市场经济国家出口到美国的商品是否适用反补贴法作出明确规定。支持对非市场经济国家出口到美国商品征收反补贴税的主张认为,补贴定义中"一国"这一用词表明,美国的反补贴法适用于任何国家,不管其为市场经济国家还是非市场经济国家。反对这一主张的则认为,反补贴法的宗旨和目标是规制由于政府补贴而导致的扭曲市场和破坏市场秩序的行为。在非市场经济国家,政府干预行为普遍存在,价格和资源配置由中央政府而不是市场决定,因而此类国家本身不存在市场秩序,也就谈不上扭曲市场资源配置。除此之外,联邦上诉法院在以往案例中支持了不对非市场经济国家适用反补贴法的主张。因此在本案发生时,美国对中国发起反补贴调查的国内法适用问题依然模糊。但是,值得注意的是,2012 年美国对《1930 年关税法》进行了修订,以颁布法律的形式授权商务部对中国等美国未承认市场经济地位的国家征收反补贴税,为其贸易保护主义披上了合法的外衣。

2. "双重救济"的合规性

在专家组程序中,美国已经接受在基于非市场经济方法计算并征收反倾销税的同时对相同产品征收反补贴税可能导致"双重救济"的观点。因此,本案上诉的主要争议在于,WTO 法律是否禁止"双重救济"。上诉机构重点分析了 SCM 协定第 19.3 条。该条规定:"如对任何产品征收反补贴税,则应对已被认定接受补贴和造成损害的所有来源的此种进口产品根据每一案件的情况在非歧视基础上收取适当金额的反补贴税。"专家组认为:(1) 只要征收的金额未超过"认定存在"的补贴金额,反补贴税的征收即是在"适当的金额"范围内;(2) 征收基于非市场经济方法计算的反倾销税对同时征收反补贴税的金额"是否恰当"没有影响;(3) 根据起草者的意图,SCM 协定第 19.3 条未处理"双重救济"问题。在解释这一条款时,上诉机构将重点放在分析"在每一案件的情况下以适当金额征收"这一条文上,认为以"适当金额"征收意味着根据具体情况对金额进行一定的调整。上诉机构认为,SCM 协定第 19.4 条规定了反补贴税的数量上限,要求该上限不得超过补贴金额。因此,如果任何不超过补贴金额的反补贴税即为第 19.3 条意义上的"适当"金额,那么第 19.3 条将变得多余,因为第 19.4 条已经规定了征收的关税不得超过被认定存在的补贴金额。

专家组认为,第 19.3 条和第 19.4 条均未涉及"双重救济"问题。上诉机构认为,尽管第 19.4 条有助于解释第 19.3 条,但这并不意味着第 19.4 条穷尽了衡量"适当性"的所有标准。第 19.4 条明确了"适当"金额不能超过补贴金额,但既未要求反补贴税等同于认定存在的补贴的全部金额,也未涉及是否可能存在反补贴税的"适当金额"少于认定存在的补贴的全部金额的情况。对此,上诉机构认为,第 19.2 条似乎与第 19.3 条更为相关。该条明确了应由进口成员的调查机关决定征收的反补贴税应等于或小于补贴金额,但同时表示,如反补贴税小于补贴金额即足以消除对国内产业的损害,则"宜"收取"小于补贴金额的反补贴税"。因此,第 19.2 条鼓励调查机关将实际征收的反补贴税与需要被消除的损害相联系。上诉机构认为,《反倾销协定》和 SCM 协定的条款应以连贯一致的方式进行解读,以避免任何可能的对该两项协定中各自关于反倾销税和反补贴税规定的规避。因此,上诉机构不同意专家组的观点,认为解释 SCM 协定第 19.4 条和 GATT 1994 第 6.3 条对解决本纠纷并非必要,专家组对这些条款的解释不具法律效力。

本案的另一个主要法律适用条款是 GATT 1994 第 6.5 条。该条规定:"在任何缔约方领土的产品进口至任何其他缔约方领土时,不得同时征收反倾销税和反补贴税以补偿倾销或出口补贴所造成的相同情况。"在解释这一条款时,专家组将重点放在"出口补贴"上,认为 GATT 1994 第 6.5 条中的明确禁止仅限于出口补贴带来的潜在的"双重救济",但未对"国内补贴"作出规定。上诉机构不同意专家组的观点,认为专家组的解释拘泥于条款的字面意思,同时认为对该条的分析应将重点放在"相同情况"一词上。上诉机构认为,对于市场经济国家,出口补贴将导致产品出口价格按比例下降,但不会影响该产品的国内销售价格。出口价格下降将导致倾销发生,在此情形下,补贴的情况和倾销的情况是“相同情况”,同时征收反倾销税和反补贴税相当于采用“双重救济”来补偿或抵消这种情况,其为 GATT 1994 第 6.5 条所禁止。相比之下,国内补贴会以同样的方式和程度影响生产者在国内市场和出口市场销售商品的价格,此时国内补贴既反映在产品的正常价值上,也反映在出口价格上,因而在计算倾销幅度时总体倾销幅度不会受到补贴的影响。在这种情况下,同时征收反倾销税和反补贴税不会补偿同样的情况,因为只有反补贴税才能抵消补贴的影响。然而,在对非市场经济国家采用特殊方法(替代国价格)计算正常价值时,在国内补贴的情况下,对同一产品同时征收反倾销税和反补贴税则可能导致“双重救济”,因为对来自非市场经济的产品计算倾销幅度时,正常价值由替代成本或来自第三国的价格计算,此时计算得出的倾销幅度不仅反映了因倾销导致的价格歧视,还会反映该产品生产者接受的具体补贴,即在补贴导致出口价格降低的情况下,根据非市场经济方法计算的反倾销税可以(至少部分)“补救”或“抵消”此种补贴。因此,同时征收基于非市场经济方法计算的反倾销税和反补贴税可能导致补贴被抵消不止一次,从而产生“双重救济”问题。

(四) 以往裁判事例中的情况

1. 公共机构

在以往案例中,对“公共机构”的认定,专家组和上诉机构有着不同的理解和解释。在“美国—电动随机存储器半导体反补贴税调查案”(DS296)中,上诉机构将国有公司实体初步判定为私有机构。私有机构是指“私有的或不受国家控制的商业组织等”,是与公共机构相对的概念。在“加拿大—奶制品案”(DS103)中,上诉机构将“公共机构”定义为“由政府授权的、为政府目的执行政府职能的实体”。在“韩国—商船案”(DS273)中,专家组认为判断一个实体是否为“公共机构”的关键在于该实体是否受到政府或其他公共机构的控制,并认为应从政府所有权、高层人事任免权和经营决策权三方面来判断某一实体是否受政府或其他公共机构控制。

2. 双重救济

本案(DS379)是 WTO 争端解决机构对美国“双反”措施作出裁决的第一案。美国经历了从对其未承认市场经济地位的国家不征收反补贴税到征收反补贴税,并实施“双反”措施的过程。2006 年“铜版纸案”(DS368)是美国对中国进行“双反”调查第一案,正式结束了美国对其未承认市场经济地位的国家不采取反补贴措施的历史。在该案中,中国政府就美方对铜版纸反补贴暨反倾销措施提起了 WTO 磋商请求,案件最终以美国国际贸易委员会认为“不存在实质损害”而终止。2009 年“非公路用轮胎案”[*GPX Intern. Tire Corp. v. U.S.*, 2009 WL 2996511 (CIT)]中,美国国际贸易法院裁决认为,美国对来自中国的某些产品同时征收反倾销和反补贴税,并采用替代国价格计算倾销幅度的行为,构成了“双重救济”,美国联邦巡回上诉法院也认为美国不宜对中国等美国未承认市场经济地位的国家适用反补贴法。在该案之前,美国对中国进行了十多次“双反”调查,该案的裁决可谓是对美国“双反”调查的否定。但本案(DS379)之前,WTO 争端解决机构尚未对“双重救济”问题作出判定。

(五) 判例的射程

本案阐明了“公共机构”和“双重救济”两个概念的法理释义。

关于“公共机构”的认定标准,在理论界和实践中主要有三种:政府行为说、政府控制说和政府职能说。政府行为说认为,SCM 协定并未限定补贴提供者,对补贴提供者的判定应着眼于“政府”“公共机构”“筹资机制”或“私营机构”等组织机构的行为,而这些机构的行为构成“补贴”的前提条件是该行为必须属于“政府行为”而非“私人行为”。政府控制说认为，如果某一实体受政府或其他公共机构控制，即构成“公共机构”，本案专家组对“公共机构”的判定即以此理论为基础。政府职能说认为，应当从某实体是否拥有或行使政府职能来判断某一实体是否构成公共机构，本案上诉机构对“公共机构”的认定即以此理论为基础。上诉机构认为，判定一实体行使政府职能包括三种情形：(1) 若法律或其他法律文件明确授权特定实体行使政府职能，则可以直接认定该实体为公共机构；(2) 若没有法律上的明确授权，但某实体在事实上已行使政府职能，特别是在其连续地、系统地行使政府职能的情况下，可以认定该实体拥有或被授予政府职能；(3) 如有证据证明政府对某一实体及其行为进行了有意义的控制，则在某些情形下也可以认定该实体拥有并行使政府职能。值得注意的是，上诉机构没有明确“有意义的控制”的具体含义，也未明确认定某实体拥有并行使政府职能的具体情形，故此，模糊性还可能引发进一步的争端。对于中国而言，在今后制定和实施法律、法规及补贴政策的过程中，应当注意语言表述，尽量避免明确将某项政府职能授予某一国有企业；另一方面，在应对反补贴调查过程中也应注意证明国有企业在事实上没有拥有或行使政府职能以及政府没有对其进行“有意义的控制”，以便消除或减少中国国有企业在反补贴调查中被认定为“公共机构”的概率。

从上诉机构关于“双重救济”的认定中可以得出以下判断：(1)“双重救济”实质上是指重复计算，并不仅仅指对同一产品同时征收反倾销税和反补贴税的事实，还需要满足在某种程度上两次抵消同一补贴的条件；(2) 在使用非市场经济方法计算倾销幅度时，有可能发生“双重救济”；(3)“双重救济”中的反补贴税税额超过 SCM 协定第 19.3 条规定的“适当数额”；(4)“双重救济”中的反补贴措施针对的补贴既包括出口补贴也包括国内补贴。中国在本案的上述法律争端点中取得胜利，树立了避免“双重救济”的先例。但是，WTO 成员对中国出口产品实施“双反”措施的行为在今后仍有可能发生，中国应密切关注 WTO 其他成员尤其是中国的主要贸易伙伴的国内产业政策和法规导向，认真研究 WTO 各项协定和 WTO 判例，同时在制定和实施各类法律法规和补贴政策时，避免将国有控股商业银行以及其他国有企业作为国家政策的直接执行工具，以此避免 WTO 成员将中国的国有企业视为 SCM 协定的“公共机构”。

本案争议的核心是对“公共机构”和“双重救济”这两个法律概念的理解。法律概念是法律的基本构成要素，是法律的“砖石”。从法律适用的角度来看，法律概念又是对具体案件进行司法归类并在此基础上适用法律规定，进而通过法律推理得出裁决或判决的支柱。

参考文献：

1. 杨国华编：《WTO 中国案例精选(二)》，厦门大学出版社 2012 年版。

2. 时业伟：《WTO 补贴协定中“公共机构”认定标准研究——以 DS379 案为例》，载《比较法研究》2016 年第 6 期。

3. 莫世健：《同时适用“双反”的合法性和重复计算的违法性辨析(上)》，载《法学杂志》2011 年第 6 期。

4. 莫世健：《同时适用“双反”的合法性和重复计算的违法性辨析(下)》，载《法学杂志》2011 年第 7 期。

5. 张目强：《中美双反措施案中“公共机构”的认定及评析》，载《山东社会科学》2013 年第

7 期。

6. 胡晓红:《论“双反税”合法性边际——WTO 上诉机构“379 号报告”解析及启示》,载《现代经济探讨》2012 年第 8 期。

7. 龚柏华:《中美“双反措施”WTO 争端案上诉机构有关双重救济裁决述评》,载《国际商务研究》2011 年第 3 期。

西南政法大学国际法学院
陈咏梅

第二章　法的产生、发展与历史类型

第一节　两种对立的法的起源观

11. 唯物史观的法的起源理论
——习惯法

榔规与走婚①

一、事例概要

贵州省雷山县永乐镇北一公里处的干南桥，有青石碑一座，记载了原来丹江、八寨两县联界的各保甲长及父老等集会议定的被苗族称为“榔规”的习惯法，内容是确定苗族婚姻财礼金。其碑文是：“万古不朽。兹将丹、八两县联界邀集各甲长及父老等改造进行决议规定，财礼钱不得多取。所有婚嫁自由，不得强迫子女成婚，稍有违当议决规定条例，多取及强迫者，均以碑章证明，否则天诛地灭，永不发达，仰望各界父老须知。此碑万古不配，所议各条开例于后。”

云南省宁蒗彝族自治县永宁地区的泸沽湖纳西族，至今保留着一种叫“走婚”的婚姻习惯法。只要男女双方愿意，男女双方平时各自生活、劳动在母家，到了夜晚，男子到女子家过夜。清早，男子又回到自己的母家。男不娶，女不嫁。过夜的男女对象是不稳定的，时间的长短视双方的感情，短的仅几天，长的可几年。

二、法理评析

（一）唯物史观的法的起源

为何习惯是法的重要起源之一？恩格斯对这个问题给予了科学解释。在《论住宅问题》中，恩格斯深刻地剖析蒲鲁东主义者解决住宅问题的方案的理论基础——“永恒公平”论，指出在资本主义社会中住宅问题的解决总是有利于资产者，资产阶级法律不可能解决住宅问题，并从正面科学地揭示了法、法学与社会经济条件的内在联系，对法律起源问题作了历史唯物主义的分析阐述。之后，在《家庭、私有制和国家的起源》中，恩格斯又在吸取摩尔根（Lewis Henry Morgan）的研究成果的基础上，撰写关于国家和法的问题的完整论证，被视为是马克思主义关于法律起源问题的定型之作。

在恩格斯看来，与国家起源相一致，法的起源问题是唯物主义和唯心主义两种历史观根本

---

① 参见吴大华：《民族法律文化散论》，民族出版社2004年版，第69—70页。

对立的、最具有代表性的理论。他指出："唯物史观是以一定的历史时期的物质经济生活条件来说明一切历史事实和观念，一切政治、哲学和宗教的。"①但是，这个研究的基本点很容易被忽略，"人们往往忘记他们的法权起源于他们的经济生活条件，正如他们忘记了他们自己起源于动物界一样。"②

当然，经济决定论不代表说经济因素是唯一的决定性因素，法的起源实际还受到无数经验事实的存在、法律观念与经济形态的错位以及法律秩序发展与物质生产不平衡性等因素的影响，同时其作用机制也并非直接决定一切，即使"决定"，也常常需要经过或依赖这个结构中的各种政治、宗教、文化等因素相配合或作为中介，习惯及其形成的习惯法就是其中的重要因素之一。

从法的起源轨迹来看，先是以血缘关系为基础的蒙昧和野蛮时代，氏族内部为维持生存建立了一套社会调整系统，他们主要依赖道德、宗教和习惯等维持秩序；后来随着社会分工导致的利益对立的局面出现，人们进行经济活动所形成的规范和秩序日益取得法权意义，转变为由国家公权保障的习惯法，这时形成的法律就是习惯法；当氏族制度解体步入文明社会时，出现了狭隘的依赖专制公权力维持的政治国家法律秩序。

（二）中国传统社会的习惯法及遵从

习惯法是一种经过长期的历史积淀而形成的，为人们自觉遵守的行为模式。它既有以文字形式记载和表现出来的，比如"榔规"；也有不以文字形式却被默认遵守的，比如"走婚"。一般来说，习惯法以后者居多。概括而言，中国传统的乡规民约之类的习惯法具有以下特点：浓郁的以地缘、血缘为主线的熟人社会村落精神，成为乡土秩序依附的文化基础；地方性司法知识充斥于"大词"式的法治共识之外，在微观意义上占有竞胜地位；自治组织（包括村委会、家族、宗教团体等）形成了极其精微的民间秩序，与国家法律有序互动；以纠纷解决为中心，司法复归到其原初的功能；"送法下乡""送法上门"成为在边缘地带建立法律秩序的典范，产生了"司法剧场化"效应。

从这个角度分析，法的起源理论以习惯为例，印证了法律作为强制指令预设的脆弱性。"尽管一个法律的颁布在某些方面近似于一个命令的下达，但某些法律规则起源于习惯，不能将它们的法律地位归于任何有意识的立法行为。"③

参考文献：

1. 吴大华：《民族法律文化散论》，民族出版社 2004 年版。

2. [英]哈特：《法律的概念》，张文显等译，中国大百科全书出版社 1996 年版。

3. [德]弗里德里希·卡尔·冯·萨维尼：《论立法与法学的当代使命》，许章润译，中国法制出版社 2001 年版。

上海交通大学智慧法院研究院

杨 力

---

① 《马克思恩格斯选集》第 3 卷，人民出版社 2012 年版，第 259 页。

② 《马克思恩格斯全集》第 18 卷，人民出版社 1964 年版，第 309 页。

③ [英]哈特：《法律的概念》，张文显等译，中国大百科全书出版社 1996 年版，第 50 页。

第二节　法的起源

12. 法产生的一般过程和基本规律
——从裁判规则的个别调整到规范性调整

张柏芝诉远东公司侵犯肖像权案①

一、案情概要

被告远东公司擅自在其护肤产品的外包装上使用原告张柏芝的肖像，原告张柏芝以侵害肖像权为由提出 200 万元的“天价”精神损害赔偿数额。在本案审理中，法官参照张柏芝就同期类似产品曾有 200 余万元的许可使用费标准，并考虑到作为营利企业的远东公司明知侵犯演艺明星张柏芝肖像权会造成较大社会影响的主观过错，再结合张柏芝的知名度及其肖像本身与侵权护肤产品的紧密性，综合权衡该案证据仅证明侵权行为在无锡地域、使用方式只是平面广告等因素，最终判决张柏芝获赔 100 万元。目前最高人民法院有关精神损害赔偿的司法解释过于原则，具体到如何确定肖像权损害的赔偿数额，没有法定的赔偿标准和明确的确定因素。本案焦点就在于确立肖像权有关精神损害赔偿数额的细节标准和尺度。

与过去类似案件中失之笼统的自由心证不同，本案对上述各种因素进行了精细化考量，不再是毫无标准的任意裁量，以及发号施令般给出一个赔偿数额。从常理上说，任何精神损害赔偿如果缺乏具体的裁量标准，都难以产生足够的说服力，不仅不会让被告甘心接受，甚至多只是根据裁判结果被迫接受即便是数额不大的赔偿结果；也会让案件判决成为法官从个人立场出发的武断裁量，难以对今后法官办理类似案件产生示范效应。本案中，法官主要以受害人属于知名人士、侵权人是生产企业为基准进行权衡，认为知名度越大，受害人因此付出的代价也越大；而且营利性的生产企业的侵权行为所造成的损害后果，比非营利性的、个别性的侵权行为更为严重；同时，结合受害人就同类产品的较高许可使用标准、原告肖像本身的独特性等拉升赔偿数额的要素；此外，也考虑到侵权地域的有限性、侵权方式的单一性等降低赔偿数额的因素，综合相应权重，作出了相对高额的赔偿裁决。可以说，该案所确定的一系列细化考量指标合情入理，全面周全，操作性很强，不仅可以为类似案件的当事人提供参考，而且借助这些细化的指标形成的裁判规则，也有助于初步推动构建法官处理类似案件的共同标准体系，至少可以为类似案件的法官提供参照，防止出现过度的偏差判断。事实上，本案中法官裁判所确立的肖像侵权精神损害赔偿的细节标准和尺度，是对法律规则漏洞的补充，本质上是一种对承认规则的归纳。

---

①　参见最高人民法院中国应用法学研究所编：《人民法院案例选》（2006 年第 4 辑），人民法院出版社 2007 年版，第 92 页。

二、法理评析

法产生的一般过程和基本规律,除了从习惯到习惯法,再由习惯法到制定法的发展过程,以及从法与宗教规范、道德规范的浑然一体,到法与宗教规范、道德规范的分化,再到法的相对独立的发展过程以外,还包括从个别调整到规范性调整、一般规范性调整到法的调解的发展过程。其中,法院以个案的裁判规则填补立法漏洞就是重要路径之一,这一路径的基本规律往往是从个案裁判规则中提炼出承认规则,再逐步上升为法律规则。

事实上,"每个法律制度中都必然包含着用以评价构成这一制度的效力标准,这个标准被称为承认规则"。[①] 承认规则所要解决的是,法律适用过程中当法律规则被提出质疑或存在漏洞时,如何以适当方式加以应对。

本案所形成的承认规则意义上的裁判规则,其实就是被组织起来的一套识别义务规则效力的标准,它为未来立法的法律规则产生提供了基础。不过,承认规则与自然法不同,它是以所施加的社会压力为后盾的规则。比如,在现代社会的发达法律体系中,作为识别一条义务规则是否有效的承认规则,表达方式可以是成文的宪法、立法机构的法律(比如上位法、特殊法、准据法等)以及司法裁判的先例等。从根本上讲,承认规则提供了衡量法律体系内义务规则效力的标准,所以它具有终极性;同时,它的识别标准不止一个,当不同的识别标准产生冲突时,承认规则还存在谁先谁后的顺序性(比如下位法服从上位法、一般法服从特殊法、冲突法服从准据法)。另需说明的是,这种终极性和顺序性,不代表法律体系背后一定有一个不受制约的主权者存在,因为承认规则是一种社会规则,来源于社会事实而非主权者。

可见,承认规则实际广泛存在于社会实践中。不过,一旦抛弃了法律体系的基础在于习惯性服从在法律上不受限制的主权者的观点,代之以一个为法律体系提供效力标准的承认规则概念,会带来一连串的新问题:承认规则的分类问题,以及它本身是否存在的问题,等等。

第一个要解决的新的问题是:承认规则究竟是什么?事实上,最终用来识别义务规则效力的承认规则,已超越了用来描述法律制度的传统范畴。比如,"女王议会制定的就是法"是英国的承认规则,它不是习惯,因为法院用它来识别法律;它也不是制定法,因为后者要靠它被识别。显然,上述的承认规则不能归入这两个范畴中的任何一个。承认规则之所以被称为法律,在于它毕竟是一个衡量其他规则是否有效的确认规则,具有法的确定性特征;同时,承认规则来源于事实,提供了规则为何有效的社会事实。所以究其本质,承认规则是法律和事实的复合体。

第二个要解决的新的问题是:承认规则怎么才能够存在?法律的存在起码应符合两个条件:作为义务被普遍地服从;作为权力或权利被国家作为标准认可。现实生活中,虽然绝大多数公民不知道法律的效力为何物,他们或许出于各种理由,服从所知仅仅是"法律"的东西,甚至只是简单相信这样做对他最为有利,否则就要被扔进监狱或付出财产代价。但是,局限于这种认识是远远不够的。因为从公民角度来说,他仍是外在地被压迫而服从,而不是发自内心的真正服膺;从国家角度来说,立法者或裁判者也只是从自己的立场单纯服从某种东西,而不会严肃对待背离标准的偏差行为。对此,需要从富有特色的规则的内在方面出发,提出公民对立

---

① 参见[英]哈特:《法律的概念》,张文显等译,中国大百科全书出版社 1996 年版,第五、六、七章。

法规则的普遍服从，要么是“独善其身”，要么是真诚接受立法规则作为个人行为的共同标准；而立法者或裁判者也是把作为裁判规则核心的承认规则，作为公务行为的共同标准，批评性地评价他们自己的和相互间的偏差行为。

参考文献：

1. [英]哈特：《法律的概念》，张文显等译，中国大百科全书出版社 1996 年版。

2. 杨力：《法律思维与法学经典阅读——以哈特〈法律的概念〉为样本》，上海交通大学出版社、北京大学出版社 2012 年版。

上海交通大学智慧法院研究院

杨　力

第三节　法的历史类型

13. 奴隶社会的法
——奴隶买卖中交付前奴隶死亡问题

保罗虚拟的奴隶死亡案

一、案情概要

古罗马著名法学家保罗(Julius Paulus)虚拟了一个案例。在一个允诺交付一名奴隶的要式口约中,在没有发生交付延迟问题的情况下,这个奴隶死亡了。如果确实是允诺人自己杀死了奴隶,那么口约仍然有效。然而,如果是允诺人忽视了奴隶生病,那么允诺人的责任问题尚有待讨论之处。在原物返还之诉中,奴隶占有者在对奴隶有忽视时,应就其过错承担责任。一个在要式口约中允诺交付奴隶的人,是否也应承担类似责任?还是说在要式口约的情形中,需要承担责任的过错应被限制在不履行积极作为方面,而不应包含疏忽?后一种看法是更好的,因为一个允诺交付的人仅就不交付承担责任。

本案呈现的核心问题是:在履行由要式口约确定的、交付一名奴隶之债务的过程中(背后的更大背景可能是奴隶买卖),如果允诺人没有延迟交付的行为,但奴隶仍然在交付之前死亡,此时允诺人要承担何种责任?保罗文字中出现的"要式口约"(*stipulatio*),是罗马法上最为常见的一种形式化的给付允诺,因而被广泛运用于各类交易之中。"原物返还之诉"(*vindicatio*),是指失去对某物(包括奴隶)占有的所有权人对正在实施占有的非所有权人提起的诉讼,以便确认原告的所有权,并使被告返还该物及承担其他责任。

保罗在讨论该问题时区分了两种情形,并分别提供了自己意见。首先,如果是允诺人自己杀死了这名奴隶,那么原来的承诺交付奴隶的要式口约仍然有效,允诺人必须赔偿该奴隶的市场价值。其次,如果允诺人对奴隶生病的情形有所忽视,从而导致奴隶在交付前死亡,那么允诺人不应承担责任,亦即无须对债权人提供赔偿。与之相对的,是在原物返还之诉中,占有一名奴隶的非所有权人若因疏忽导致奴隶死亡,则须就其疏忽承担责任。但保罗认为,本案所讨论的针对奴隶的要式口约情形与针对奴隶的原物返还之诉不同。在前一情形中,允诺人的责任范围较轻,仅就其不履行交付义务(杀死奴隶便属于不履行交付义务的情形)承担责任,而无须就其他疏忽承担责任。

二、法理评析

无论是在共和国时期,还是帝制时期,古罗马社会经济中都大量存在奴隶制。奴隶(servi)最初来源于战俘和因特定重罪而丧失自由之人,而奴隶的后代——尤其奴隶母亲所生子女——也是奴隶。如同亚里士多德(Aristotle)将奴隶定义为"会说话的工具"那样,在罗马人的观念和实践中,最为重要的"物"或"财产"类型,除了土地,便是奴隶。在《学说汇纂》中所摘录的罗马法学家学说中,尤其是在有关财产及交易纠纷的讨论文字中,系争标的物的例子经常是奴隶。奴隶是法律和社会经济生活中的平常之"物"(res)。考虑到这一背景,罗马法学家能够毫无道德"负罪感"地、从法律技术角度出发,讨论奴隶买卖问题,也就不足为奇了。

本案例出现于《学说汇纂》第 45 卷第 1 部分"口头契约"中。很显然,奴隶在此处被视为"债法"学说的讨论对象。作为买卖的标的物,奴隶也是诸如罗马市民这样的自权人之所有权和限制物权的作用对象,因而也与"物法"高度相连。在罗马法对"人法"的讨论中,尽管奴隶也占据了一席之地,但他们更多是作为一种与自由的、拥有权利能力和行为能力的更完整的"人"的对照物而得以呈现。

在保罗所处的罗马法上古典法时期(约公元 1、2 世纪),奴隶被承认是生物意义上的人(personae),但在法律上主要被认定为物(res)或他权人(persona alienis iuris)。奴隶没有权利能力(也就没有行为能力),作为要式物(res mancipi)处于主人的所有权支配之下。他们的婚姻和家庭只具有事实意义,而得不到法律承认。女奴所生子女是该女奴主人的奴隶,与其生父并无任何法律联系。奴隶不具有自己的财产。尽管主人可通过设立特别产(peculium)的形式,让奴隶相对独立地经营管理主人的一部分财产,但特别产在法律上仍属于主人,而且主人可以随时将全部或部分特别产收回。奴隶取得的财产,被认为属于主人。奴隶对主人财产的处分,如出让和设定负担,需要获得主人的同意。正是由于奴隶是物,所以他们的主人即所有权人可以依自己的意志处分奴隶,包括出卖、赠予或出租,以及在极端情况下杀死奴隶。而这一切也就构成了保罗以形式性的私法技术方式,来讨论奴隶买卖中"标的物灭失"风险分配的前提。

参考文献:

1. Allan Watson, ed., *The Digest of Justinian*, Volume 1, University of Pennsylvania Press, 2009.

2. [德]马克斯·卡泽尔、罗尔夫·克努特尔:《罗马私法》,田士永译,法律出版社 2018 年版。

复旦大学法学院
赖骏楠

14. 资本主义社会的法
——契约自由与劳动者保护

洛克纳诉纽约州案①

一、 案情概要

1895 年,有鉴于媒体和调查报告所揭露的纽约州部分面包师——尤其是在地下室面包房工作的面包师(他们有时就住在同一地下室中)——肮脏和过度劳累的工作状态,纽约州立法机关通过了一部旨在对面包师施加劳动保护的法案,并得到州长签署。该法律有一个条款,将面包师的工作时长限制为每天不超过 10 小时,以及每周不超过 60 小时。1902 年,奥奈达县一名面包店主约瑟夫·洛克纳(Joseph Lochner)因要求一名店员每周工作 60 小时而被捕,并于 1903 年被县法院判定有罪,且被处以 50 美元罚款和 50 天监禁。在纽约州面包店主协会的资助下,洛克纳决定提起上诉。在经历了纽约州上诉分院和纽约州上诉法院对洛克纳上诉请求的否决后,该案终于得以提交联邦最高法院。该院最终以 5∶4 的微弱投票优势,判决支持洛克纳请求,并宣布纽约州法律的相关条款违宪。

美国联邦最高法院大法官佩克汉姆(Peckham)在判决中指出:

……这项法律必然干涉了雇主和雇员之间订立合同的权利,这项权利涉及雇员在雇主面包店里的工作时间。对于自己的事务签订合同的普遍权利,是由联邦宪法第 14 条修正案所保护的个人自由的一部分。根据该修正案,任何州非经正当法律程序,都不能剥夺任何人的生命、自由和财产。购买或出卖劳动力的权利是该修正案所保护之自由的一部分,除非存在排除这一权利的情形。然而,在联邦各州的主权之中,存在某些也许可模糊地称为治安权的权力。各级法院尚未试图对这些权力予以确切的描述和限定。这些得到宽泛陈述的权力,目前未获得任何更具体的限定,它们主要涉及安全、健康、道德以及公众的一般福利。财产权和自由就受到上述合理条件的限制,因而州在行使这些治安权时,就可借助自己的统治权强加这些限制,而联邦宪法第 14 条修正案也不是用来干预这些限制条件的。

因此,州有权阻止个人签订某类合同,并且联邦宪法并未对签订这类合同提供保护。如果对于一个合同,州有权通过治安权的合法行使而予以禁止,那么联邦宪法第 14 条修正案并不阻止对其予以禁止。如果合同违反联邦或州的制定法,或者一项合同是为了让某人去实现不道德的目的,或者去做其他违法行为,那么这些合同就无法归入个人自由或契约自由,从而获得联邦宪法的保护。基于上述理由,州如果在行使其治安权的过程中,以立法的方式通过一项法案,而该法案严格限制作为自权人(包含雇主和雇员)之生计手段的劳动权或契约权,那么此时决定哪项权利优先就变得极为重要——是个人选择劳动时间的劳动权,还是州限制个人劳动或限制个人签订超过州定劳动时间之合同的权利。

---

① 参见[美]保罗·布莱斯特等编著:《宪法决策的过程:案例与材料》,张千帆等译,中国政法大学出版社 2002 年版。

在诸多完全可看作是在上述权利和权力间进行选择的案件中，本院已经承认了州的治安权的存在并支持其运作。在确定这类法律是否有效这一问题时，本院都是以得到联邦宪法保护之权利是否受到侵犯为核心标准，并受到带有相当宽和之性质的规则的引导，对这些规则的适用导致许多案件中受攻击之法案的有效性得到支持。本院支持州法的最近案例之一，便是 *Holden v. Hardy*, 169 U. S. 366, 42 L. ed. 780。在该案中，犹他州立法机关通过了一个法案，对所有地下煤矿或者地下作业中工人的工作时间限制在每日八小时，"除非是在生命或财产处于迫在眉睫危险的情况下（才可以不执行工作时长限制）"。

当然，必须承认的是，对州治安权的有效行使应当有所限制。对于这个一般命题是没有争议的，否则第 14 条修正案就没有效力了，而州立法机关就将拥有不受控制的权力……因此，在每一个提交给本院的涉及此类立法且寻求联邦宪法（对个人权利予以）保护的案件中，都必然会产生如下问题：这是该州治安权的公正、合理和正当的运用，还是对个人自由权利或个人签订劳动合同权利的一种不合理的、非必要的和任意性的干涉（而这份劳动合同也许对维持他本人及他家庭的生活是适当或必需的）？当然签订劳动合同的自由包括合同当事人双方，这种合同给予了劳动的购买方和出卖方同等的权利。

这并不是一个以法院判决代替立法意见的问题。如果一项法律在该州的权力之内，它就是有效的，即使本院的意见可能是完全反对颁布这样的法律。但是问题仍然存在：它是否在该州的治安权之内？而这个问题必须由本院予以回答。

该法案纯粹作为劳动法是否有效这一问题，也许三言两语就可以讨论清楚。在面包师这一职业中，并不存在任何合理的理由，以支持借限定工作时间的方式来干涉个人自由或契约自由的权利。我们都不主张，面包师作为一个阶级在智力及能力上，会低于从事其他行业或体力劳动的人，或者说如果没有州的保护（而这种保护又会妨碍他们的判断和行动上的独立性），他们将无法主张自己的权利并无法照料自己。他们决不是州的被监护人……如果真的要维持该法律的效力，那么只能把它当作仅涉及面包师行业的个人健康问题的法律。（我们只能假定）除了会影响到这一职业群体本身，该法律不会影响公共生活的其他任何部分。干净而卫生的面包并不取决于面包师是每天仅工作 10 小时，还是每周工作 60 小时。出于这一理由，对劳动时间的限制并不在治安权的权限之内。

问题在于，在州权力和个人权利之间——州制定该项法律的权力和个人自由或契约自由的权利——何者应当优先？仅仅是主张该法案（以一种较为牵强的方式）涉及公共卫生，并不一定能使该法案生效。该法案必须拥有一种更为直接的联系，因为一项干预个人人身自由和劳动契约权这类一般权利的法案要生效，手段与目的的联系以及目的本身都必须是适当且正当的……

我们认为，在本案中治安权的行使已经超出其权限。并不存在任何合理的理由让我们认为，作为保护公共卫生或面包师行业个人健康的卫生法是必要和正当的。如果这项法律真是有效的，而且如果一个合适的案子被判决出来，以否定个人签订劳动合同的权利（而且这一权利也受到联邦宪法条款的保护），那么这种性质的法律简直就可以毫无限制了。

毫无疑问，面包师这一行业就其本身而言，并不是一个危险性会达到如此程度的行业，以致需要授权立法机关去干涉无论是雇主还是雇员的个人劳动权利和契约自由权利。根据对所有行业和职业的统计数据的考察，或许面包师这一行业并不像一些行业那样有益健康，但它仍然比另一些行业要有益健康。通常的观念并不认为面包师是一个有害健康的行业。同样地，医生几乎不可能将从事这种或其他任何行业推荐为治病的方法。一些职业的确比其他职业更有益健康。但是，如果因为一个职业不是绝对的健康，就将从事该职业的权利委托给政府的立法部门（来规制），那么就不会有任何职业不处于立法权力对工作时长的监督和控制之下了……但是，我们真的要基于此种考虑，从而任凭立法机构多数派的控制吗？……

目前处于审查之下的这种法律，限制了已经成熟且有智力之人运用自己的劳动以维持生活的工作时间，它们对个人权利的干预纯属多管闲事。即使声称这种法律的通过是基于治安权的行使和对相关个人健康的关注，它们也无法免于责难。除非就这些立法本身而言，存在一些公平且合理的理由，以说明如果不缩减工作时间，就会对公共卫生或雇员健康造成实质危险。如果不是这样，那么很明显对于那些权利受到立法干预的个人而言，他们的契约自由如同个人自由一样要受到联邦宪法的保护，并且州立法机关无权像该法律所提议的那样去限制他们的权利……

有人进一步提出，在面包师的情形下对工作时间的限制是有根据的，原因在于这能够让工人保持清洁，因为一个人在不超时工作的情况下更易于保持清洁，并且如果工人是清洁的，则其"产品"也更可能是卫生的……在我们的判断之中，要在实际中去发现面包师在面包店中的工作时间与由其生产的面包卫生质量间的关系是不可能的。即使存在这样的关系，它也是如此的模糊和微弱，以致无法成为立法机关干预权利的理由。如果一个人工作 10 个小时是可行的，但是如果工作 10 个半或 11 个小时，他的健康就会有危险，他的面包就会不卫生，并且因此就需要禁止他这样做，对于这一点，我们认为是毫无理由和完全专断的……

很明显，该法律的这一条款规定的对劳动时长的限制——对原告相关指控之依据正是该条款，而原告也确实被错误地定罪——并不与雇员的健康存在直接的联系，且不会对其产生实质性影响，所以我们不认为该款规定是一个卫生法规定。在我们看来，这一条款的真正目标和意图，仅在于规制私人事务中雇主及其雇员（他们都是自权人）间的劳动时长安排，而这种安排对道德不会有任何程度的危害，也不会对雇员健康有任何真正或实质的危害。在此种情形之下，雇主和雇员之间签订雇佣合同的自由，以及界定该合同内容的自由，在不违反联邦宪法的情况下不能被禁止或干涉。

纽约州上诉法院、纽约州最高法院和奥奈达县法院的判决，均被撤销，且本案须发回奥奈达县法院，以便根据本判决意见予以重审。

二、 法理评析

（一）本案时代背景

19 世纪末、20 世纪初是美国资本主义经济飞速发展的时代。该时期的经济高度崇尚市场竞争与自由放任，在法律领域，财产权自由、契约自由等理念得到高度弘扬。而美国联邦宪法第 14 条修正案中正当程序条款——"无论何州未经正当法律程序，均不得剥夺任何人的生命、自由或财产"——便经常成为法律界捍卫财产权与契约自由的一个有利依据。

然而，在当时的语境下，绝对的契约自由却又与劳动者基本的生存、健康和安全保障形成张力。而且这一张力在当时几乎所有的欧美资本主义国家都得以呈现，也受到了具有进步倾向的思想家和社会观察人士的质疑和批判。即使是身处资产阶级阵营的德国社会学家马克斯·韦伯(Max Weber),也描绘了契约自由导致的劳工“不自由”这一悖论式结局。尽管在理论层面上,劳动者可以和任何企业主签订任何内容的劳动合同,但在劳动力供大于求的现实世界中,面临紧迫生计需求、在市场上处于劣势的工人,是不具备同企业主对等协商的筹码的。因此,“契约自由的结果首先是:放开机会使得善于利用在市场上所拥有的财产的人,在不受法律限制的情形下,以此作为取得对他人权力的手段”。本案所处的时代背景,便是这种对劳动者缺乏完善保障的自由资本主义经济。

(二) 判决分析

判决正文由多数派的佩克汉姆法官起草。该判决开篇即提出本案涉及两个核心面向之间的衡量:一方面是美国联邦宪法第 14 条修正案保护的面包房雇主和雇员的契约“自由”权利(包括雇员“自由”选择每日超过 10 小时或每周超过 60 小时的工作时长的权利),另一方面是州政府出于“安全、健康、道德和公众一般福利”等理由行使治安权,以立法方式对前述契约自由的干预。在本案中,究竟何者具有优先地位?

在佩克汉姆的思路中,第 14 条修正案保护的个人自由是普遍性的规则,而州以治安权名义对契约自由的限制是例外规则。这一例外规则要有效,州对治安权的行使就必须是“公正、合理而正当的”。因此,佩克汉姆分别从面包师的缔约能力、面包师工作对健康的危害程度、超时工作所产生的面包是否卫生等几个方面出发,分析了州是否有必要对面包师行业的契约自由予以干预这一问题。

首先,佩克汉姆认为,面包师群体在智力和能力上并不低于其他行业,因此不需要州立法予以特殊照顾。在当时的观念中,妇女、儿童或贫困矿工,由于缺少足够的智力或议价能力,所以无法以自己的意志行使自己的自由权利,包括无法以自己的意志签订对自己有利的契约。因而这些群体也就成为州的被监护人,处于州治安权的保护之下,其契约自由要受到限制。而面包师有能力主张自己的权利并照料自己,“他们决不是州的被监护人”,所以不在州治安权的保护或干预之下。

其次,针对主张面包师工作本身危害健康,所以需要特殊保护的观点,佩克汉姆认为面包师行业的危险程度不足以引发州立法机关的干预。佩克汉姆这方面的判断,主要参考了洛克纳代理律师所提供的数据。根据该数据,面包师的死亡率指数略低于所有职业的平均死亡率指数,面包师死亡率与家具工人、砖瓦匠、铁匠、文员和其他普通职业非常接近。因此,尽管面包房的粉尘可能会对面包师健康构成威胁,但这种威胁程度并不足以令面包师成为一个有害健康的行业,从而也就无须受到州的立法规制。

最后,针对主张超时工作的面包师无法保持自己和工作环境的清洁,所以会影响生产出来面包卫生质量的观点,佩克汉姆认为,面包师的工作时间与其产品卫生状况之间的关系是“模糊和微弱”的,所以州立法机关无权干预。

因此,判决认为纽约州法律中限制面包师每日或每周工作时长的条款,并不属于州治安权的公正、合理而正当的行使,而是对美国联邦宪法第 14 条修正案正当程序条款所规定自由权的侵犯。

(三) 反对意见

著名法学家、美国联邦最高法院大法官霍姆斯(Oliver Wendell Holmes)单独发表了一份异议。他直截了当地宣称,本案判决“基于一个大部分人尚未接受的经济学理论”。霍姆斯主张,

第 14 条修正案“并没有体现赫伯特·斯宾塞先生的社会静力学理论……一部宪法并不意图实践一种特定的经济学理论——无论该理论是主张父权主义，还是主张公民与国家间有着有机联系，抑或主张自由放任”。第 14 条修正案中的“自由”概念不能被滥用，以便“阻止多数人的观点形成法律”，除非“一个理性且公正的人会承认该项制定法违反了已经为我们公民的传统和法律所理解的基本原则”。而纽约州限制面包师工作时长的法律并未违反这些基本原则。

大法官哈兰(John Marshall Harlan)代表剩余三位持反对意见的大法官，撰写了另外一份异议。哈兰认为，纽约州相关法律处于州治安权的正当行使范围之内。首先，面包店雇主与雇员之间存在事实上的不平等关系，后者的生活急需会“迫使他们屈从于对他们体力的不正当榨取”。因此，面包师签订的劳动合同就需要州立法予以干预和保护。其次，哈兰认为面包师工作的确严重危及面包师本人的健康，因而需要州立法机构对其工作时长予以限制。在其引用的学术作品中，面包师需要在“过热的作坊中进行过长时间的体力劳动”，需要面对“公众反复无常的需求量”，而且“大多在晚上进行工作”，所以其健康长期受到威胁。哈兰甚至认为，面包房的粉尘会导致“肺炎及支气管炎”(当代医学不支持这一看法)。因此，过长的工作时间必然会危害工人的健康，“并缩短他们的寿命”。最后，哈兰呼吁联邦最高法院更加尊重州治安权：“让各州独自处理纯属其本州的事务吧，只要这样做并不违反联邦宪法”。

(四) 本案历史定位

洛克纳案的判决，是自由资本主义时代经济和伦理观念与形式主义法律思维相结合的产物。在本案中，联邦最高法院的判决意见，借助对第 14 条修正案正当程序条款中的“自由”概念所做的抽象性、形式性解释，否决了州立法机关在提升劳工地位、改善劳动条件上的努力。根据一般说法，该案开启了美国司法史上大约从 1905 年持续到 1937 年的“洛克纳时代”。在该时期，无论联邦最高法院的多数派大法官们是否主观上存在阶级偏见，但他们的形式主义法律思维，尤其是对正当程序条款的抽象性、绝对性理解，的确与自由放任的经济理念和现实产生了契合，从而在客观上削弱了美国工人阶级寻求以政府规制方式改善自身地位与福利的种种尝试。洛克纳案甚至成为联邦最高法院史上几个最著名的“错误裁判”案例之一，并成为美国法学界部分人士(尤其自由派)长期挞伐的对象。

参考文献：

1. 北京大学法学院司法研究中心编:《宪法的精神:美国联邦最高法院 200 年经典判例选读》,中国方正出版社 2003 年版。

2. [美]迈克尔·C.道夫主编:《宪法故事》(第二版),李志强、牟效波译,中国人民大学出版社 2012 年版。

3. 阎天:《美国劳动法学的诞生》,中国民主法制出版社 2018 年版。

复旦大学法学院

赖骏楠

15. 社会主义社会的法

——革命根据地的司法和立法

黄克功杀人案[1]

一、案情概要

1937年10月,延安发生了轰动一时的黄克功杀人案。被害人刘茜为16岁女性,山西定襄人,初在太原求学,1937年8月初突破困阻至延安城,编入抗日军政大学,为黄克功担任队长的第15队学员。黄刘相识后,通信来往,渐涉恋爱。9月初,陕北公学成立,所有15队人员拨归公学。但不多日,黄克功被调回抗大,两人关系开始疏离。但黄克功对刘茜继续追求,送钱赠物,要求结婚。刘曾予拒绝,并劝诫批评。黄失望之余,听信传言,以为刘在公学另有爱人,去信责备,更迫切要求结婚。刘不愿意,未予答复。10月5日傍晚,黄暗携勃朗宁手枪,与抗大训练部干事一同外出,恰与刘及其同学董某某等数人相遇。黄克功支开旁人,招刘走向河边,与之谈判。黄再次要求公开宣布结婚,刘予以严厉抗拒。约7点半左右,黄拔出手枪威胁恫吓。刘亦不屈服,遂遭毒手,肋下头部各中一枪毙命。近8点,黄由小东门进城,回抗大后有销毁伪造证据行为。翌日,陕北公学董某某等因刘一夜未归,即到黄处询问,黄假装不知。当日,群众在河边发现刘尸,向陕北公学当局报告,又由董某某到抗大报告,抗大政治部速将此事向边区司令部报告。随即各项调查取证工作展开,包括现场检验勘验、证人调查、嫌疑人询问、被害人情况调查及其信件分析。经讯问,黄承认犯罪事实,旋被转到高等法院监押,复经检察机关侦查起诉。

案发后,边区高等法院组成以雷经天为审判长的合议庭,根据边区法令和案件事实,拟判处黄克功死刑,呈边区政府审核。由于黄在羁押期间提出申诉,党中央和军委对该案进行了专门研究。10月11日,数千人参加的公审大会在陕北公学召开。公审法庭由审判长雷经天和陪审员李培南、周一明、王惠之、沈新发组成。公诉人为胡耀邦(代表抗大政治部)、徐世奎(为边区法院检察官)、黄倬超(代表边区保安处),书记官为任扶中和袁平。审判长雷经天先对案件作简单说明,继由胡耀邦宣读公诉书,证人陈述证词。随后审判长对嫌疑人进行询问,内容包括个人情况、对公诉书证据有何意见等。黄对公诉书所陈两点事实提出异议,并叙述了他与刘茜的恋爱经过及杀人理由,辩称“刘先允结婚,后反悔并拒绝结婚是玩弄革命军人”。其后,各单位代表和群众代表发言。发言者12人,代表单位包括陕北公学、抗日军政大学、党校等机关与社会团体。短暂休庭后,法庭当即宣判黄克功死刑,并由雷经天宣读了毛泽东写于10月10日的复信。当日,黄克功被执行死刑。

在黄克功逼婚不成遂杀害刘茜一案中,法庭除了说明事实,还阐释了五项裁判理由,以支持死刑判决:(1) 蓄意杀害刘茜的犯罪行为,黄克功已直供不讳,更有检察机关所提出的各种

---

① 参见艾绍润、高海深编:《陕甘宁边区判例案例选》,陕西人民出版社2007年版。

确凿证据证明,罪案成立,已无疑义。(2) 值国难当头,凡属中国人民均要认清日本帝国主义及其走狗——汉奸——才是国家民族的死敌。用血肉换来的枪弹应用来杀敌人,用来争取国家民族的自由独立解放。但凶犯黄克功竟丧心病狂,枪杀自己的革命青年同志,破坏革命纪律和革命团结,无异帮助了敌人。无论他是否汉奸,但客观事实确是汉奸的行为。(3) 刘茜当年才 16 岁,根据边区《婚姻法》,未达到结婚年龄。黄克功是革命干部,要求与未到婚龄的幼女刘茜结婚,已属违法,更因逼婚不成以致枪杀泄愤。这完全是丧失人性的行为,罪无可赦。无论刘茜对黄克功过去产生过如何好的感情,甚至口头允诺将来结婚,其后因不同意而拒绝亦属正当,绝不能因此被伤害。(4) 男女婚姻应完全出于自愿,条件或不适宜亦可正式分离,绝不许任何的强迫。黄克功与刘茜的关系,最高限度只不过是朋友相恋,即使结婚,各人仍有个人的自由。黄克功绝不能强制干涉刘茜的行为,更不能借口刘茜另找爱人而枪杀她。(5) 黄克功对刘茜实施杀害行为以后,清洗衣鞋、擦拭手枪,湮没罪证,复在刘茜信上假造时日捏造反证,更在学校法庭询问时,狡赖推卸责任。这些足以证明黄克功故意杀人及对于革命的不忠诚,这些表现证明黄确实为革命队伍中的败类。

二、 法理评析

(一) 司法制度运行的初试之功

黄克功案发生时,陕甘宁边区高等法院成立不久,尚待累积经验。最初雷经天对黄克功案存有较大的忧虑,因为他本人没有司法经验,刚成立 3 个月的高等法院也缺少配套的制度和人员,但本案处置恰为这个新生的机构提供了疑难素材及检验之机。边区高等法院在相关部门配合下仅用 6 天时间便完成了从案件的侦破、起诉到审理判决和执行的所有程序,为陕甘宁边区的司法体制从公正与效率、民主与人权保护等方面确立了标准。边区司法体系不仅在流程上是顺畅的,而且在实质上平衡了政治与法律、军事与民事、内部民意与外部舆论、民国法和边区法、旧法和新法等矛盾和冲突,凸显了人性(人权)在法律公正中的核心地位,表达了中共倡导的法律平等原则,以及从严治党治军的决心,为之后的党法党规实践开了先河。

1937 年 10 月 10 日,毛泽东在黄克功案的复信中指出:“共产党与红军,对于自己的党员和红军成员,不能不执行此比较一般平民更加严格的纪律,当此国家危急革命紧张之时,黄克功卑鄙无耻残忍自私至如此程度,他之处死,是他的自己行为决定的,一切共产党员,一切红军指战员,一切革命分子,都要以黄克功为前车之鉴。”1938 年 10 月,毛泽东在党的六届六中全会所作的政治报告中提出,“还须制定一种较详细的党内法规,以统一各级领导机关的行动”。1939 年和 1940 年,毛泽东先后发表了《〈共产党人〉发刊词》《中国革命与中国共产党》《新民主主义论》等著作,科学地分析了中国社会和中国革命的性质及特点,全面地总结了中国共产党领导中国革命的经验,创立了关于新民主主义革命的理论。1941 年,中共中央西北局在提出的新的施政纲领中,根据毛泽东的建议,增加了“共产党员有犯法者从重治罪”的条文。

(二) 革命情感缔造的法律原则

从结构、推理和修辞上看,本案刑事判决书采用民国时期“主文—事实—理由”的倒三段论结构,语言简练庄重,叙事清楚明白,逻辑明确充分,批驳有据,证立有力,富有法律、政治和道义的叠加感染力。更重要的是,本案的司法推理体现了鲜明的革命情感导向,由此缔造的法律原则可以匡正机械法条主义的不足。对其未引用正式法条的批评,亦可理解为特殊情境下为适用新的法律原则所必须。

1934 年颁布的《中华苏维埃共和国惩治反革命条例》第 35 条规定："凡对苏维埃有功绩的人，其犯罪行为得按照本条例各该条文的规定减轻处罚。"主张对黄克功从轻判处的人，甚至包括黄克功本人在内，都希望法庭适用这一规定。但实际上，1937 年 8 月中国共产党提出的《抗日救国十大纲领》第 3 条已规定，"废除一切束缚人民爱国运动的旧法令，颁布革命的新法令"。1937 年 9 月，陕甘宁边区政府成立后，其推行的抗日民族统一战线，更是需要通过全民族的情感团结救国图存，打倒日本帝国主义。对于此种革命情感及与之紧密关联的法律原则，毛泽东在给雷经天的信中作出了深刻的说明："黄克功过去斗争历史是光荣的，今天处以极刑，我及党中央的同志都是为之惋惜的。但他犯了不容赦免的大罪，以一个共产党员、红军干部而有如此卑鄙的，残忍的，失掉党的立场的，失掉革命立场的，失掉人的立场的行为，如为赦免，便无以教育党，无以教育红军，无以教育革命者，并无以教育做一个普通的人，因此中央与军委便不得不根据他的罪恶行为，根据党与红军的纪律，处他以极刑。"在信的末尾，毛泽东专门写道："对刘茜同志之家属，应给以安慰与抚恤。"

（三）社会主义法治的早期样本

本案的后继影响和作用力表明，它在当时的确创设了一个先例和标杆。黄克功案发生后，国民党报刊大肆渲染"发生在延安的桃色事件"，说什么边区"封建割据""无法无天""蹂躏人权"。黄克功案的判决，有力地粉碎了这些诬蔑和攻击，极大提高了边区司法的权威。1938 年 12 月 15 日，著名的民主战士李公朴参观边区后，称赞边区司法工作"为将来的新中国建立法律的好榜样"，表示"尽我的一份责任，将边区的司法精神和司法程序报告给国内同胞"。1940 年，肖玉璧因贪污被依法判处死刑。他以功臣自居，写信向毛泽东求情。毛泽东没有看信，对林伯渠说："你还记得我怎样对待黄克功吧？"林说："忘不了！"毛泽东接着说："那么这次和那次一样，我完全同意法院的判决。"

从法的价值、规范和实践的整合表现观察，黄克功案比较接近于一种新民主主义的法系统范式，虽然新民主主义思想在 1939 年才正式被毛泽东提出。黄克功案反映的法价值（目的），包括一系列法律或与法律有密切关系的原则，如天理国法人情贯通、杀人偿命的底线正义、婚姻和情感自由原则、革命道德、大局政治要求等。需要注意的是，黄克功案整体反映出法理情的均衡，已经有别于传统的情理观，但又不与之根本相违。杀人偿命，这是国人的思维习惯。黄克功案的争议，主要在于他以何种方式"偿命"。当时一种有影响的意见认为，让他戴罪立功，用生命去赎罪。这与特定革命形势有关，也符合当时不少干部群众对"情理"的认识。但很显然，这种替代性刑罚不仅于法无据，也不符合严明的革命法纪。因此，除了受到传统法文化价值因素的影响，黄克功案更多展现了新的革命法制观，区别于早期苏维埃法的某些观念，亦有别于国民党政权倡导的法律形式正义。这种新的革命纲纪神圣不可侵犯的观念，可以被视为社会主义法律权威的早期形态。

在此种新的综合性法价值构造中，法律规范的作用需要在多种渊源中识别选择。黄克功案的判决，通过党纪、军法、"特区"（边区）法等多重适用，完成了对政治性的党纪军法和指导意见的精准贯彻，创造了一个重要的革命根据地的法治先例，直接影响之后的相关制度变革和类案处理。虽然判决没有引用明确的法律条文，但是并不意味着"无法可依"，或是单纯凭借政策或民意。鉴于黄克功的特殊身份，从管辖上应优先考虑党纪军法，又因受害人是来自国统区的知识青年，代表了一类极重要的革命群体，故而需要通过公开审判方能实现最为充分的正义。在程序上，审判体现了党的领导原则，通过向党中央和军委请示的方式，实现政治指导和法律审理的协调。在实体上，边区高等法院引用边区《婚姻法》，专用两条判决理由说明情感和婚姻自由的原则，由此解释黄克功逼婚杀人罪行之严重。同时，根据检察机关的起诉意见，对其杀人行为造成的破坏革命后果，予以重点强调，引出对革命纪律的严格遵从和一体执行。此种司法规范逻辑，在黄克功案的布告中得到了更为凝练的表达："此种罪恶行为，本院认为，该凶犯黄克功，为着个人的恋爱不达目的，竟忘却自己过去为革命艰苦斗争的光荣历史，不顾目前抗日救国的重大任务，破坏红军铁的纪律，违犯革命政府的法令，自私自利，以最残忍的手段杀害的革命青年同志，当兹暴日侵凌，国家危急，民族的革命战争正在紧张地时候，对于此种革命在营垒中的败类应给以严厉的制裁，以维革命的纪纲。本院根据该凶犯黄克功犯罪的事实，特判处死刑，当即验明正身，执行枪决。"①

法价值和规范的协调，使得黄克功案达成了法律效果和社会效果的统一，出现了"人民司法"的崭新格局。为达到最大正面效果，通过公开审理，边区法院创设了人民群众民主参与刑事案件的陪审制度和公审制度、边区高等法院对重大刑事案件一审终审的诉讼程序制度、法律适用主体的平等原则等重要制度，体现了陕甘宁边区在特定历史条件和战争环境下实现司法公正的独特方式，对革命法制以及后来的社会主义法治的产生和发展产生了巨大而深远的影响。以黄克功案为界碑，陕甘宁边区司法裁判对干部和民众开始发挥思想引导、政治教育、法令宣传、风纪塑造等重要作用。这为新民主主义法制建设奠定了基石，也为社会主义法治时代的"法律权威"提供了较早样板。

2014 年 12 月 4 日，在中国首个国家宪法日，电影《黄克功案件》首度公映，这绝不是偶然。革命根据地的法，是中国社会主义法的雏形，也是其产生和发展的基础。黄克功案不仅对陕甘宁边区法制的成熟具有重大意义，对于当下中国特色社会主义法治体系建设，也是重要的思想遗产。

参考文献：

1.《雷经天传》编写组编：《雷经天传》，中央文献出版社 2011 年版。

2. 上海社会科学院院史办公室编著：《重拾历史的记忆：走近雷经天》，上海社会科学院出版社 2015 年版。

3. 汪世荣等：《新中国司法制度的基石：陕甘宁边区高等法院（1937—1949）》，商务印书馆 2011 年版。

4. 汪世荣、刘全娥：《黄克功杀人案与陕甘宁边区的司法公正》，载《政法论坛》2007 年第 3 期。

武汉大学法学院
廖　奕

① 储建中：《关于判决黄克功极刑的那张布告》，载《老年世界》2015 年第 1 期。

第四节　法　系

16. 法系的概念
——告密者困境中的英美法系与大陆法系争议

告 密 者 案①

一、案情概要

1951年,《哈佛法律评论》摘要报道了一个德国法院裁决的告密者案:被告决定摆脱她的丈夫——一个长期服役的德国士兵,其在探亲期间向她表达了对希特勒的不满。1944年,被告向当局告发了丈夫的言论,并出庭作证。军事法庭根据纳粹政府1934年和1938年发布的两部法令,判定该士兵犯有发表煽动性言论罪和危害帝国国防力量罪,处以死刑。经过短时期的囚禁后,他未被处死,又被送往前线。二战后,被告和军事法庭的法官被交付审判,检察官根据1871年《德国刑法典》第239条,起诉二人犯有非法剥夺他人自由罪。1949年班贝格(Bamberg)地区上诉法院在二审中判定涉案法官无罪,但被告罪名成立,因为她通过自由选择,利用纳粹法律导致了她丈夫的死亡和监禁,而这些法律"违背了所有正派人士所持的健全良知与正义感"。

报道最后提到了德国法学家拉德布鲁赫(Gustav Radbruch)1946年著名的文章《法律的不法与超法律的法》,在文中拉德布鲁赫提出了一个类似"恶法非法"的拉德布鲁赫公式:通常情况下法的安定性应居于首位,即便法律不善也不能动摇其安定性,但如果安定性与正义的冲突达到了"不能容忍"的程度,法律已经沦为"非正当法"(false law, unrichtiges Recht),法律就必须向正义屈服。该文被法律实证主义者解释为标志着拉德布鲁赫从实证主义向自然法的转向。这篇报道引发了英国法律实证主义领袖哈特(H.L.A.Hart)和美国新自然法学的代表人物富勒(Lon L.Fuller)的激烈争论。

1958年,哈特在《哈佛法律评论》上发表了《实证主义和法律与道德的分离》一文,对这个判决提出了尖锐的批评,认为班贝格上诉法院受到了拉德布鲁赫的影响,否决了纳粹法院据以判决的法律的合法性。从法律实证主义的立场出发,他认为班贝格法院的判决逾越了法院本来的权限,宣称"恶法非法"是一种逻辑上的自相矛盾。相应地,哈特提出了实证主义的解决方案:要么不处罚这种行为,要么发布一个溯及既往的法令来惩治告密者。这就是哈特提出的所谓"告密者困境"。

富勒则对拉德布鲁赫的自然法转向表示了赞赏,他认为纳粹法院在该案中据以裁判的法

---

① See "Oberlandesgericht Bamberg OLG Bamberg Provincial High Court and Court of Appeal", July 27, 1949, in *5 Suddeutsche Juristen-Zeitung SJZ 207 (207-10)*, 1950.

律是用于惩治言论的战时特别立法，这些立法过度惩治言论，不具备普遍性和公开性，违背了他所提出的程序自然法原则，因而认为它们不再是法律制度并不是不能接受的。至于告密者案应该怎么裁决，富勒提出了另一种裁判方案——正当程序考察，即对纳粹法院判决军人死刑的裁判进行比例原则的考察，纳粹法院对一种危害性最轻的言论（配偶之间私隐的言论）判处了最高的刑罚，这违背了量刑的比例原则。

哈特在提出对该判决的批评时并没有去查阅判决原文，只是依据了《哈佛法律评论》的间接报道。后来的研究表明，《哈佛法律评论》的这篇报道弄错了。真实的情形是，班贝格上诉法院并没有援引拉德布鲁赫公式或者类似的论证宣告纳粹法律不再是法律。

该案中被告为自己提出了抗辩，她在纳粹统治下这样做是依据当时的法律，是在尽一个守法公民的义务。她的抗辩涉及两部纳粹统治时期的有效法律：

一个是 1934 年 12 月 20 日通过的《禁止恶意攻击国家与党及保护党的统一法》。其中，第二节规定："(1) 任何公开发表恶意或煽动性言论反对民族及民族社会主义德国工人党领导人物，或者发表之言论透露他们府邸之位置或针对他们采取之措施与建立之制度，及其他性质上削弱人民对其政治领袖人物之信任者，应判处监禁。(2) 虽未公开发表恶意言论，但当其意识到或应当意识到这些言论有可能公开时，以公开言论论处。"

另一个则是 1938 年 8 月 17 日通过的战时特别刑法。其中，第五节相关部分规定："下列人当因破坏国家抵抗力量构成犯罪而处死刑：公开设法拉拢或煽动他人拒绝在德国及其盟军中服兵役者；公开寻求伤害或动摇德国人民及其盟国人民坚决抗敌之意志者。"

被告和涉案的法官一审都被判无罪，班贝格上诉法院二审维持法官无罪，但被告非法剥夺他人自由罪成立，因为"(a) 她没有告密的义务；(b) 她实施告密行为是为了满足自己的个人动机；(c) 她应该已经预见到在当时的情形下告密（会不可避免地导致与受害人行为极不相称的严重后果）'违背了所有正派人士所持的健全良知与正义感'"。法院还强调当时德国的民众普遍认为这类行为是"违背良俗与道德"的，以此确证判决。法院认为此案中导致受害人丧失自由的纳粹法律是不道德的，"她故意利用了那些绝大多数德国人都知道是意图对人民进行恐怖统治的法律，这些法律即便在纳粹统治最兴盛的时期都为大多数人所知是不道德的"。但法院并没有做出结论说这些法律是违背自然法的因而是无效的，因为这些法律尽管是非常不公正的，但并没有要求人们做出任何"本身为神的法律或任何文明国家的人定法律所禁止的"积极的行为，只是惩罚公开发表反纳粹言论这种行为。

法院认为军事法庭那位判处被告丈夫死刑的法官"是在其法律职责范围以内行事"，因而可以免责，但判定被告非法剥夺了他人自由。法院的判决依据是魏玛共和国时期制定的 1871 年《德国刑法典》。

二、 法理评析

（一）判决的推理

告密者案不是一个"一般意义的疑难案件"，而是一个"根本性的疑难案件"，它触动了法律体系一个最为根本的合法性问题，因此在裁决中必须对涉案的旧有法律进行合法性审查。而更为根本的是，对该案的处理方式体现了典型的大陆法系与英美法系之争。大陆法系以德国、法国等的法律传统和司法传统为代表，其特点是在漫长的历史长河中通过无数的司法实践和法学精进，逐步制定并完善成文法，法官断案完全依法而行。但在英美法系中，法官断案主要不是依法而行，而是依据判例或直接创造判例。从某一角度来看，告密者案遇到的问题体现了两大法系不同的司法裁判立场。

告密者案涉及的两部纳粹法律都是惩处公开言论的，只是很不公正地惩罚危害性很小的言论，并没有公然要求人们实施合法的犯罪。据此班贝格上诉法院认定了这两条纳粹法律的合法性。

作为大陆法系的法院，班贝格上诉法院判定被告实施的是间接犯罪。在德国刑法中，间接犯罪是指罪犯利用一个工具来达到犯罪目的（剥夺他人的生命或自由）。比如说，被告发现某处有一条恶狗或猛兽，或发现某处有一陷阱，将受害人引至该处，间接达到了危害受害人的目的。在此案中，法院判定被告利用法院这个特殊的工具达到了剥夺受害人自由的目的。纳粹法院及其适用的纳粹法律在此案中就变成了一个和恶狗、猛兽或陷阱类似的东西，这些东西本身是无所谓合法不合法的，只是客观存在的危险。在德国刑法理论中，关于间接犯罪的一般观点认为当直接的侵害是合法行为时，间接导致这一侵害的行为就不应该受到惩罚。为了确证判决，法院援引德国刑法学家埃贝梅耶·罗森伯格（Ebermeyer Rosenberg）的观点，作了非常独特的推理，即间接犯罪在直接的侵害是合法行为时也可能成立。

乍看上去，班贝格上诉法院的判决在推理上显得有些做作和不自然，如果这个判决能够成为一个先例的话，在一个非纳粹的正常统治下的告密是不是也可能构成间接犯罪呢？比如说，一个人因为不道德的私人动机告发另一个人的犯罪行为（杀人、盗窃之类）。显然，这个判决是不可能成为一个正常的先例的，因为告密者案件是一个特殊时期的特殊疑难案件，一个触及旧有法律合法性的疑难案件。

班贝格上诉法院的判决中隐含的法理前提是：合法性和道德存在必然关系，合法性的丧失取决于法律本身不道德的程度。在这个判决中，法官的行为被笼统性地宽免了，没有受到细致的审查。也就是说，法院不问法官是否滥用了自由裁量权的问题，法院推定适用那两条纳粹法律的判决是必然不公正的。即便法官谨慎地自由裁量，也不能改变判决不公的事实，但是这种不公正并没有达到使判决丧失合法性的程度。

（二）三种可能的裁决方式

“二战”以后，在德国境内爆发了很多对告密者的追诉，班贝格上诉法院裁决的只是其中一起。法院受理这些案件是为了修复当时德国近乎崩溃的原本极为严谨的大陆法系法律秩序，以避免民间泛滥的私刑。哈特、拉德布鲁赫和富勒，这三位来自英、德、美的顶尖法理学学者对于告密者案分别提出了不同的裁决方式——适用溯及既往新法、适用前纳粹德国法和进行正当程序考察，他们的争议核心无非就是英美法系惯用的法官裁夺之权与大陆法系专业法官们奉为圭臬的法统。

一些被美苏控制的法院适用了战后盟军四国管制委员会于 1945 年 12 月 20 日发布的《关于惩办犯有战争罪、反和平罪和反人道罪的罪犯》第 10 号法令，以反人道罪惩治告密者被告。这就是哈特所主张的裁决方式。但是很多德国法官不能接受用溯及既往的新法来裁决这类案件，德国 1871 年刑法典（纳粹期间仍然有效）、魏玛共和国 1919 年宪法和德意志联邦共和国 1949 年基本法均明确禁止溯及既往的立法。

拉德布鲁赫在《法律的不法与超法律的法》一文中也提到了一个已经裁决的告密者案，是适用管制委员会的第 10 号法令判决的。但拉德布鲁赫不赞同运用溯及既往的新法来裁决这类案件，在文末提出的具体裁决意见中，拉德布鲁赫的基本思路是和班贝格上诉法院一致的，即适用纳粹以前魏玛共和国的有效法律来裁决这类案件。德国是有深厚法治传统的，拉德布鲁赫和班贝格上诉法院的裁决方案表明，在纳粹期间蒙受了深重耻辱的德国法律人，希望用尽可能不破坏法治的方式来裁决这类案件，回归到纳粹以前健康的法律体系，而在司法推理允许的范围内，这样的裁决是可以用充分的法律理由得到的。而且，一个高级法院具有约束力的先例，不仅可以起到和溯及既往立法同样的作用，还可以避免溯及既往立法的弊端。班贝格上诉法院的判决尽量在既有法律体系之内通过内部论证来达致判决结果，对法的安定性更少破坏，比起哈特的方案，这个判决更合于忠于法律的法治宗旨。

富勒提出了正当程序考察方案，即只是通过量刑幅度的考察来论证纳粹法院的判决是不合法的。这种裁决方式固然也可以不去破坏法的安定性，但是却回避了纳粹法的合法性这个根本的问题。假如在告密者告密之后，纳粹法院对受害人的量刑遵循了比例原则，那么按照富勒的方案，是不是就可以不用再追诉告密者的行为呢？

在哈特、拉德布鲁赫、富勒之间发生的系列论争深刻地反映了不同国家法律文化的差异。在英国，普通法法院是没有权力审查立法效力的，法官也往往奉行严格的遵循先例原则，法官对法律解释的空间是有限的。所以哈特认为，要否决立法的效力，只能由立法机关承担这个任务，虽然溯及既往的立法是恶法，但为了避免让战争罪犯逍遥法外这个更大的恶，只有两害相权取其轻。而在德国和美国，法官往往会对法律采取比较宽松的解释原则，美国联邦最高法院还有对立法合宪性进行司法审查的权力，"二战"后德国也部分仿效了美国的这一制度，设立宪法法院。所以在一个美国和德国的法律人看来，司法机关要审查甚至否决一部法律的效力，并不是非常不可思议的事，只有英国人才会觉得这不可思议。就法律文化传统来说，德国法律人觉得不可思议的不是司法否决立法效力，而是溯及既往的立法，那才是对法治更大的破坏。

参考文献：

1. [德]古斯塔夫·拉德布鲁赫：《法律的不法与超法律的法》，载[德]古斯塔夫·拉德布鲁赫：《法律智慧警句集》，舒国滢译，中国法制出版社 2020 年版。

2. 强世功：《法律的现代性剧场：哈特与富勒论战》，法律出版社 2006 年版。

3. David Dyzenhaus, "The Hart-Fuller Debate at Fifty: the Grudge Informer Case Revisited", *New York University Law Review*, 83(2008).

华中科技大学法学院

柯 岚

第三章 法的价值

第一节 法的价值的概念

17. 法的价值的基本特征
——法理与情理

冷冻胚胎继承案[1]

一、 案情概要

沈某与刘某于2010年10月13日登记结婚，随后于2012年8月要求在鼓楼医院施行胚胎移植助孕手术。2012年9月3日，沈某、刘某与鼓楼医院签订配子、胚胎去向知情同意书，胚胎和囊胚冷冻、解冻及移植知情同意书。2013年3月20日23时20分许，沈某驾车途中在道路左侧侧翻，撞到路边树木，刘某当日死亡，沈某于同年3月25日死亡。

沈某系沈某某、邵某某夫妻之子；刘某系刘某某、胡某某夫妻之女。沈某某、邵某某于2013年11月25日将刘某某、胡某某起诉至江苏省无锡市某区人民法院（以下简称"一审法院"）。一审中，因涉案胚胎保存于鼓楼医院，与本案审理结果存在关联性，故一审法院追加该院作为第三人参加诉讼。原告认为，根据法律规定和风俗习惯，死者双方遗留的冷冻胚胎处置权作为原告生命延续的标志，应当由原告来监管和处置，要求判令沈某与刘某存放于鼓楼医院生殖医学中心的受精胚胎归原告监管处置，即将胚胎从医院取出，由原告保管。鼓楼医院辩称，冷冻胚胎的性质尚存在争议，不具有财产的属性，原被告双方都无法继承；沈某夫妻生前已签署手术同意书，同意将过期胚胎丢弃；胚胎的作用为生育，现沈某夫妻已去世，在原被告双方都不具备处置和监管胚胎条件的情况下，胚胎被取出后，唯一能使其存活的方式就是代孕，但该行为违法，原被告双方也无权行使死者的生育权，故要求驳回原告的诉讼请求。

一审法院认为，现夫妻双方已死亡，作为双方父母的原被告均遭受了巨大的痛苦。施行体外受精—胚胎移植手术过程中产生的受精胚胎为具有发展为生命的潜能、含有未来生命特征的特殊之物，不能像一般之物一样任意转让或继承，故其不能成为继承的标的。同时，夫妻双方对其权利的行使应受到限制，即必须符合中国人口和计划生育法律法规，不得违背社会伦理和道德，必须以生育为目的，不能买卖胚胎等。本案中沈某与刘某夫妻均已死亡，通过手术达

---

① 参见江苏省无锡市中级人民法院（2014）锡民终字第01235号民事判决书。

到生育的目的已无法实现，故其夫妻两人对手术过程中留下的胚胎所享有的受限制的权利不能被继承。

一审宣判后，沈某某、邵某某不服判决，向江苏省无锡市中级人民法院（以下简称“二审法院”）提起上诉。二审法院根据上诉人在原审中的诉请以及当事人之间法律关系的性质，将本案案由由继承纠纷变更为监管权和处置权纠纷，并于2014年9月17日改判上诉人和被上诉人对涉案胚胎共同享有监管权和处置权。法院认为，第一，沈某与刘某生前与鼓楼医院签订相关知情同意书，约定胚胎冷冻保存期为一年，超过保存期同意将胚胎丢弃。现二人意外死亡，合同因发生了当事人不可预见且非其所愿的情况而不能继续履行，鼓楼医院不能根据知情同意书中的相关条款单方面处置涉案胚胎。第二，在中国现行法律对胚胎的法律属性没有明确规定的情况下，结合本案实际，应考虑以下因素以确定涉案胚胎的相关权利归属：一是伦理，二是情感，三是特殊利益保护。当然，权利主体在行使监管权和处置权时，应当遵守法律且不得违背公序良俗和损害他人之利益。至于鼓楼医院在诉讼中提出的根据卫生部的相关规定，胚胎不能买卖、赠送，禁止实施代孕，法院认为这些规定并未否定权利人对胚胎享有的相关权利，且它们只是卫生行政管理部门对相关医疗机构和人员在从事人工生殖辅助技术时的管理规定，南京鼓楼医院不得基于部门规章的行政管理规定对抗当事人基于私法所享有的正当权利。

据媒体报道，2017年底案涉胚胎经过境外代孕，最终发育成一个健康婴儿。

二、 法理评析

（一）判决的意义

此判决针对新型民事权利产生的新情况，体现了民事实体法和程序法中的一系列问题，包括：(1) 冷冻胚胎具有何种法律性质，能否作为继承的对象；(2) 就冷冻胚胎的知情同意书具有何种法律效果；(3) 案件中第三人的诉讼地位如何确定；(4) 部分支持原告诉讼请求的确认判决是否具有执行力，什么是案件中的执行标的；(5) 二审法院变更案由的做法，是否符合我国《民事案件案由规定》和主流司法实践。下文仅选取实体法与程序法上核心问题——冷冻胚胎在实体法上的权利属性与第三人在程序法上的应然地位，作简要讨论。

整体来看，实体法上的法律定性决定了整个案件的规范基础，当事人权利是否存在及其价值选择是法理认识的权利起点；程序法上的诉讼地位决定了此类案件寻求司法救济的具体形式，当事人在诉讼实践中的身份认定与诉讼权利是法理分析的具体载体。尤其是对于此类新型民事权利的案件来说，这里涉及新型权利的论证方式，法院也面临诸多裁判技术上的困难和情理与法理之间可能冲突的挑战。由于法官既不能拒绝裁判，又应当尽可能达到“案结事了”的效果，法官不仅需要探讨民事案件在形式上的正确处理，而且需要考虑民事纠纷在实质上的解决。就本案而言，需要处理各方当事人之间的“人之常情”与我国现行法律制度的刚性规定和政策倾向之间的张力，同时考虑到既往的计划生育政策与判决内容得到执行后可能的后续发展。具体来看，需要思考案件中涉及的几方当事人之间的关系究竟为何，原告通过诉讼所欲达成的目标为何，其他可能的、但是当事人并未选择的诉讼方案的缺点为何，以及从法院角度看，民事裁判应当如何融合“法”“情”“理”，这都对司法和法官提出了较高要求。而法官如何在现行实体法与程序法的框架下将这里的“法”“情”“理”，或者说进一步把社会主义核心价值观融入法治建设和融入裁判文书释法说理，又需要回到具体的实体法与程序法中的裁判技术上。对于其裁判规则可能对具有类似但不完全相同的案情的案件所产生的影响，也是法官在解决个案中需要深入考虑的内容。

（二）实体法：冷冻胚胎的性质及其继承

在本案审理和相关探讨中，冷冻胚胎的法律性质引发了较大争议。目前国内外关于冷冻胚胎法律性质的学说，主要有主体说（法律上的人）、客体说（物权或人格权）、分阶段单独判断说和折中说四种观点。我国现行法律并未对冷冻胚胎的法律性质作出明确规定。冷冻胚胎具有发展为自然人的潜能，与处于胎儿形态的自然人较为接近。但是，由冷冻胚胎到胎儿，尚需要经过胚胎植入、发育的阶段，因此能否将现行法上关于胎儿的保护规定类推适用于胚胎的保护，尚有疑问。同时，冷冻胚胎与人体器官均属人体的一部分。我国现行法律法规将人体器官作为“物”来处理，对人体器官的使用也设有诸多限制。

在关注冷冻胚胎的民事法律性质之后，需要进一步思考的是其在继承法上的具体体现。参考前述原告提出的法律理由，讨论冷冻胚胎是否属于继承法规定的继承标的，其本质问题是对冷冻胚胎的处分限制是否包括对继承行为的限制。本案二审法院未采取遗产继承的思路。虽然原卫生部于 2001 年发布的《人类辅助生殖技术管理办法》第 3 条禁止医疗机构和医务人员实施代孕技术，但是法院认为这类规定是卫生行政管理部门对相关医疗机构和人员在从事人工生殖辅助技术时的管理规定，不能用来否认当事人基于私法享有的正当权利。二审法院所言的“正当权利”，是指对胚胎的监管权和处置权，这两项权利由夫妻双方各自的父母共同享有，符合伦理、情感和胚胎的特殊利益保护。二审法院是从权利归属即确权的角度进行阐释与认定，这不同于继承的思路，并未适用民法中关于继承的基本规定。而且我国尚未形成关于代孕问题的法律共识，对此问题应当进一步基于我国国情和现行法律规范体系加以综合考量和讨论。对比来看，其他国家法律对于人工胚胎的处理方式各有不同，法律如何规制人工胚胎，是各国都普遍面临的法律难题。采取何种方式不仅受到某个法律系统中具体规则的限制，而且取决于社会民众的价值共识。在是否放开代孕等重要关联问题并未达成共识之前，二审法院回避胚胎继承权问题，赋予四位当事人监管权和处置权，不失为一种照顾伦理、情感和胚胎特殊利益的选择。

（三）诉讼法：案件中第三人的诉讼地位

这里需要明确的程序性问题是，鼓楼医院究竟是以《民事诉讼法》中何种第三人的身份参加诉讼。法院依职权追加当事人参加诉讼的做法，依据的是《民事诉讼法》第 56 条第 2 款关于无独立请求权第三人的规定。与此不同，《民事诉讼法》第 56 条第 1 款规定的有独立请求权的第三人，可以自行选择要不要行使以及如何行使自己的诉讼权利，并非由法院主动追加或是由其他当事人申请追加。但是，实务中不排除法院在审理过程中通过当事人提供的证据和辩论，发现真正权利人为第三人或者本诉结果会侵害第三人的实体权利时，第三人不知道本诉正在进行的情况。此时法院是否可以依职权通知此类第三人参加本诉，值得思考。

在本案的诉讼场景中，鼓楼医院在一审中并未主动提起对原告和被告的诉讼，而是由法院追加为无独立请求权的第三人参加诉讼。无独立请求权第三人的相关问题在中国司法实践中面临较多争议，一些学者尝试通过类型化的方式提高分析的准确性，并且由于类型化标准和路径的不同形成了不同的主张。其中，较具代表性的观点将无独立请求权第三人区分为“被告型第三人(义务型第三人)”和“辅助型第三人”两种类型。[①] 被告型第三人有可能被判决承担责任,辅助型第三人虽不会被判决承担责任,但如果其辅助的被告在本诉中败诉,辅助型第三人仍面临被被告起诉的风险。

不过,鼓楼医院在本案中能否作为无独立请求权第三人,也应当结合案件中涉及的实体法律争议来判断。一审中鼓楼医院的主张表明,其既不同意将胚胎判决给原告,又不同意判决给被告,而是主张自己拥有对胚胎的处置权。实际上,鼓楼医院提出的是独立的请求权,而不是作为原告或者被告的辅助型第三人。此外,基于当事人的诉讼目的也可以发现,原告的诉讼请求实际上同时针对本案被告和第三人,即确认其对冷冻胚胎具有监管权和处置权,而另两方无权声索和占有,并为进一步可能的权利处分扫清障碍。在这种理解下,也可以认为本案构成《民事诉讼法》第 52 条第 1 款规定的、共同诉讼标的下的必要共同诉讼,此时刘某某夫妇和鼓楼医院在诉讼构造上也可能处于共同被告的地位。至于更进一步,本案的原告与被告的安排本身是否符合诉讼法理,同样有追问考究的余地。易言之,鼓楼医院应否作为单独的适格被告出现在诉讼中,既与前述对实体法上监管权和处置权的认识有关,也取决于可能的新型权利在程序法上的实现方式,更受到当事人在个案中的诉讼策略的影响。

值得注意的是,二审法院在判决书中也说明,“原审在本案的诉讼主体结构安排方面存在一定的瑕疵,本应予以纠正。但考虑本次诉讼安排和诉讼目的指向恒定,不会对诉讼主体的程序和实体权利义务的承担造成紊乱,本院不再作调整”。这表明二审法院意识到了一审法院将鼓楼医院列为无独立请求权第三人存在问题,只不过在结果上未予直接变更。这里可能需要注意的是,当裁判技术上的瑕疵不影响案件结果与当事人的程序性权利,而仅影响程序法规范的适用本身时,二审法院可以对“无害错误”采取更为宽松的审查标准。问题的核心,仍然在新型权利的证成本身。

(四) 判例的射程

本案作为冷冻胚胎继承第一案,率先从监管权和处置权角度解决纠纷,正是由于其新颖性受到各界广泛关注。据相关新闻报道,此前出现过未通过裁判解决的争议。2004 年,王霞(化名)与丈夫在广东省妇幼保健院的集爱中心培育胚胎,准备通过胚胎移植生育儿女。在首次移植失败后,王霞的丈夫因为车祸身亡,医院则以违反当时的行业内规范为由,终止了其第二次胚胎移植。随后,王霞多次向省卫生厅、卫生部发出申请函,最终获得卫生部特批,再次进行胚胎移植。这被认为是国内首例胚胎移植案例。

从以下两点出发,可以进一步思考本案裁判规则可涵盖的范围(射程)。

其一,本案可以对类似案情下处置冷冻胚胎提供直接的裁判规则。例如,2018 年 7 月 16 日,江苏省南京市中级人民法院在夫妻一方去世的案件中支持了本案的判决思路。[②] 在该案中,高某与汪某于 2015 年 3 月 11 日与鼓楼医院签订胚胎和囊胚冷冻、解冻及移植知情同意书一份,该知情同意书约定二人将实施试管手术后剩余的 2 枚胚胎交由鼓楼医院冷冻保存,后因

---

① 参见张卫平:《民事诉讼法》(第五版),法律出版社 2019 年版,第 163—169 页。也有观点基于实体性权利义务的分类,将其分为“权利—义务型”“义务型”“权利型”这三种类型,参见王亚新等:《中国民事诉讼法重点讲义》(第二版),高等教育出版社 2021 年版,第 221—225 页。

② 参见江苏省南京市中级人民法院(2018)苏 01 民终 5641 号民事判决书。

汪某意外死亡，发生了当事人不可预见且非其所愿的情况，故高某与汪某父母要求返还案涉冷冻胚胎。二审法院认为，首先，高某本人系案涉医疗服务合同的订立者，其依据该合同享有相应权利，且汪某死亡后，其父母及配偶高某作为汪某的法定继承人对胚胎享有合法民事权益，其返还胚胎的诉讼请求不违反法律禁止性规定。其次，虽然根据相关规定，胚胎不能买卖、赠送，禁止实施代孕，鼓楼医院在上诉中提出的胚胎返还后可能存在法律和道德风险的主张涉及对胚胎的后续合理利用问题，但该风险并不能成为鼓楼医院不予返还胚胎的理由。此外，二审法院指出，鼓楼医院返还案涉冷冻胚胎后，原告在利用该胚胎时应当遵守法律且不得违背公序良俗和损害他人之利益。

其二，本案对于冷冻胚胎的后续处理有间接的参考作用。在实践中，还可能出现其他类型的案件，本案确定的冷冻胚胎的民法属性以及从程序法上灵活处理的基本思路，也能够对相关案件产生实质说服力。这可能直接涉及代孕合同，比如委托人与介绍代孕妇女的第三人达成试管婴儿代孕合同，后合同被法院确认无效并判令返还财产的案件；[①]原告与代孕被告签订的代孕协议被法院认为同时违反法律、行政法规的强制性规定和违背公序良俗因而无效，并判令返还财产的案件；[②]男女双方共同协商以国外代孕的方式满足其生育需要，法院以男方此时仍处于婚姻关系存续期间、其代孕约定有违公序良俗而确认合同无效并判令返还财产的案件。[③]

特别是关于医院是否有义务在原告配偶死亡的情况下，继续为原告实施人类辅助生殖技术的问题，实务中仍然存在一定的裁判冲突。对此，本案也能发挥相当的参照作用。比如，在云南省昆明市两个不同基层法院于2019年第四季度作出的判决中就出现了针锋相对的观点。西山区人民法院认为，个人与医院签订的体外受精—胚胎移植术医疗服务合同的内容不包括将冷冻的胚胎解冻后进行新的胚胎移植术，两者涉及的胚胎移植术的治疗过程并不相同，因此医院并没有实施新的胚胎移植术的合同义务，因而驳回原告相应诉讼请求。[④] 盘龙区人民法院则认为，原告单独要求被告继续履行合同并不违反其配偶可以推定的真实意思表示，亦不存在履行上的障碍，医院也不得基于部门规章的行政管理规定对抗当事人基于私法所享有的正当权利。[⑤] 此前，山东省济南市市中区人民法院则认为，原告在其配偶去世后无法证明其同意继续实施手术的意思表示，且原告属于《人类辅助生殖技术规范》所禁止实施人类辅助生殖技术的单身妇女，辅助生育子女也不利于社会关系稳定及孩子成长，因而拒绝判令被告继续完成体外受精—胚胎移植手术。[⑥]

另外，本案二审宣判之后，关于是否禁止代孕的问题在中国也有了新的法律发展。2015年底，全国人民代表大会常务委员会修改了《人口与计划生育法》，其表决稿删除了此前草案中的“禁止以任何形式实施代孕”相关条款。2021年开始施行的《民法典》第1009条规定，从事与人体基因、人体胚胎等有关的医学和科研活动，应当遵守法律、行政法规和国家有关规定，不得危害人体健康，不得违背伦理道德，不得损害公共利益。

---

① 参见广东省清远市中级人民法院(2017)粤18民终2766号民事判决书。

② 参见江西省上饶县人民法院(2018)赣1121民初3180号民事判决书。

③ 参见北京市第二中级人民法院(2019)京02民终13918号民事判决书。

④ 参见云南省昆明市西山区人民法院(2019)云0112民初9370号民事判决书。

⑤ 参见云南省昆明市盘龙区人民法院(2019)云0103民初6897号民事判决书。

⑥ 参见山东省济南市市中区人民法院(2017)鲁0103民初7541号民事判决书。

参考文献：

1. 时永才、张圣斌、庄绪龙：《父母对子女遗留冷冻胚胎享有监管、处置权》，载《人民司法》2014年第22期。

2. 杨立新：《适当放开代孕禁止与满足合法代孕正当要求——对“全国首例人体冷冻胚胎权属纠纷案”后续法律问题的探讨》，载《法律适用》2016年第7期。

3. 严仁群：《程序性事项释明之探析——以首例冷冻胚胎案为例》，载《江苏行政学院学报》2016年第5期。

北京大学法学院
曹志勋

第二节 法与安全

18. 法的安全价值
——数字化转型的促进与规制

数据分析与禁令条款

一、事例概要

2019 年 3 月 23 日,法国颁布了 2019-222 号法律,该法可以被看作对法国已有多部法律的修订说明,形式上类似修正案。

其中,该法第 33 条备受争议,其核心内容包括:强调法国所有法院的判决原则上都要电子化,且向社会公众免费提供;在文书充分公开基础上,对特定自然人姓名和身份信息进行必要的保密;以及国内外法律科技界热议的司法大数据"禁令条款"。

结合法国刑法可以发现,上述"禁令条款"的处罚颇为严厉,违反者最高可以被判处 5 年有期徒刑以及 30 万欧元的罚金。仅从字面含义看,"禁令条款"可以涵盖所有从事法律文本大数据挖掘,甚至是小数据分析的个人、研究机构和技术公司。但按照立法原意,"禁令条款"主要针对的是大数据应用。

在该法颁布前,法国的司法裁判文书并未完全电子化公开,法律科技企业无法获得足够的数据,无法对所有法官和书记官进行精准的大数据分析。而在该法出台后,科技企业理论上可以获得接近全国法院判决全样本的数据集,获得了大数据应用的数据基础。因此,"禁令条款"实际是在裁判文书全面网上公开后,对可能引发的评价、分析、比较、预测等司法大数据应用的直接限制。

但"禁令条款"有非常明确的指向性,即不得基于"法官和书记官处成员的身份"进行"评价、分析、比较或预测"。可见,如果相关的应用不是基于法官和书记官的身份展开,则是完全合法的,比如分析特定法院案件的处理效率、预测特定法院对具体案件的支持度等。在这个意义上,法国立法并没有禁止判决预测,也没有禁止裁判文书的大数据分析,而只是禁止基于身份的定向挖掘。

二、法理评析

(一)"禁令条款"出台的背景

在"禁令条款"出台之前,法国对此进行过深入讨论。

1. 是否影响司法权威

在法国对法官判决预测并非是一个新鲜事物。在该技术应用的过程中,曾引发了法律界与科技界的论战。其中,一篇有关法国法官审理庇护案件的大数据挖掘报告是重要导火索。

2016 年,一位律师和机器学习专家迈克尔·贝内斯蒂(Michaël Benesty)通过大数据挖掘,分析法国的庇护案件。数据显示,法官在审理此类案件时存在显著的司法偏见。一些法官倾向于拒绝所有的庇护申请,而其他法官只有相当低的拒绝比例。然而,由于挖掘算法的专业性和不可解释性,司法系统往往无法进行有针对性的回应,这种现象加深了国家对于大数据挖掘可能影响司法权威的担忧。

2. 是否影响司法独立

“禁令条款”的另一个有力支撑在于基于法官身份的判决预测,很可能会对法官判决造成不当干预,进而影响司法独立。按照法律大数据的应用逻辑,理论上通过对海量判决书的深度学习,可以形成对具备特定情节案件的判决预测模型。该模型不但可以对未决案件进行智能辅助,同样还可以对已决案件进行偏离度的测算。司法大数据分析的应用使得法官可能为了塑造良好的记录而有意识地向公众偏好倾斜,以便在管辖权竞合的诉讼案件中争取更多的案源,从而给法官判决形成不当的诱导。因此,法国立法者在解释“禁令条款”时就强调,基于法官“画像”的数据分析,将会给法官履职带来压力并影响司法的正常运作。

3. 是否影响司法公正

“禁令条款”还有避免诉讼投机行为、保障司法公正的考量。法国宪法委员会第 2019-778 号决定中明确提及法官大数据画像的应用,可能会加剧策略性的管辖权选择行为,也就是“择地诉讼”和“挑选法官”的诉讼投机行为。在管辖权相对弹性的诉讼制度中,律师可以根据对不同法官的了解而灵活选择管辖法院,以获得有利的判决。然而,随着大数据技术的普及和法官大数据画像的广泛应用,“择地诉讼”的成本和难度将大幅度下降。传统诉讼中少数人可以享受的“特权”可能走向普及。由此,小范围的“诉讼策略”也就可能潜在地转变为普遍性的“诉讼投机”,进而影响司法公正。

(二)数字化促进与安全规制之间的平衡

法国“禁令条款”的出台从本质上是基于“安全”的出发点,采取必要的规制手段,同时又不以过度牺牲数字应用为代价,体现了一种基于法的安全的折中与平衡。

其一,司法权威与言论自由的价值平衡。在欧盟法上对法官进行大数据画像、行为分析、判决预测,进而对法官、法院、司法体制进行批评,也是言论自由范畴。因此,需要进一步讨论“禁令条款”对言论自由(基于法官大数据画像的评估、分析、批判)施加的限制是否具有“合法目的”。正如前述,“禁令条款”出台的背景之一就包括基于大数据挖掘而对法官判决随意性、不连贯性、不一致性的批判,认为法国的法官判决常常是“瞬间判断”,存在自己都没有意识到的“偏见”等。上述批判以智能技术为“外衣”,获得了极大的关注和影响力。有些批判甚至已经可以在一定程度上被视为“人身攻击”。因此,法国“禁令条款”实际上是针对言论自由与司法权威之间张力的立法选择,旨在避免不实人身攻击,维护司法权威。

其二,司法独立与技术主义的价值平衡。在全球范围内,大数据与人工智能技术已经开始广泛影响政治、经济与文化生活。然而,不同国家对于智能技术的态度截然不同。美国采用了相对宽松的管理制度,对于大数据与人工智能技术在司法领域的应用也并不反对。Lex Machina、Premonition、Ravel Law 等知名的司法大数据挖掘平台都是基于海量裁判文书对法官进行画像,进而实现风险评估与结果预测。与美国形成鲜明对比,欧洲层面对于司法公开,尤其是判决书网上公开之后可能给司法系统带来的影响充满担忧,对于科技企业以市场为导向大规模使用上述数据更是心怀警惕。可以说，法国“禁令条款”的出台与欧盟地区各国对大数据技术司法应用的警惕一脉相承，所不同的只是法国政府更进一步，由“谨慎”到部分“禁止”。

其三，法官个人与法院整体的价值平衡。众所周知，英美法系的法官以个人名义作出判决，法官个人构成司法判决的核心。而在法国，法理上认为法官并非以个人名义作出判决，而是以“法国人民”的名义。一般而言，法国法院判决由三名法官组成的合议庭在评议之后作出，而评议过程是保密的，没有人知悉合议庭中特定法官对判决的意见。尤其是对判决持否定意见的法官也因为合议庭所呈现的“整体”面目而失去可辨识性。但是，在法国的司法实践中，法官署名属法律强制。因此，在判决向社会全面公开的过程中就应该隐去法官的姓名。尽管立法者最终没有采纳这种稍显激进的建议，但也作出了一定的妥协，也就是在公开法官姓名的同时，禁止针对法官个人的大数据挖掘。

参考文献：

1. 刘艳红：《大数据时代审判体系和审判能力现代化的理论基础与实践展开》，载《安徽大学学报（哲学社会科学版）》2019 年第 3 期。

2. 施鹏鹏：《法国缘何禁止人工智能指引裁判》，载《检察日报》2019 年 10 月 30 日，第 3 版。

3. 王禄生：《司法大数据应用的法理冲突与价值平衡——从法国司法大数据禁令展开》，载《比较法研究》2020 年第 2 期。

4. 王禄生：《司法大数据与人工智能技术应用的风险及伦理规制》，载《法商研究》2019 年第 2 期。

5. 王禄生：《大数据与人工智能司法应用的话语冲突及其理论解读》，载《法学论坛》2018 年第 5 期。

东南大学法学院
王禄生

第三节　法与秩序

19. 法的秩序价值
——法的秩序内在性来源于降低不道德

蒲连升、王明成安乐死案[①]

一、案情概要

陕西汉中妇女夏素文被诊断为肝硬化，之后病情加重至反复发作昏迷。1986 年，夏因病危被送往医院，该院主治医生蒲连升诊断后发出病危通知。虽经常规治疗症状略有缓解，但夏仍感到疼痛难忍，神志清醒时多次试图自杀。夏的儿女向蒲连升询问病情，均被告知医治无望。此后，夏病情继续加重，烦躁不安，时有惊叫，需注射 10 毫克安定后方能入睡。随后，院长查房时被再次问及是否有救，当被告知无望后，家属提出安乐死，遭到院长拒绝。于是，家属转而央求主治医生蒲连升实施安乐死。蒲起先不同意，在经家属一再要求并表示愿承担一切责任后，就给夏办了出院手续（实际未出院），并给夏开了 100 毫克冬眠灵处方，注明“家属要求安乐死”。夏的儿子王明成在处方上签有“儿子王明成”字样并表示对该行为负责。在护士长拒绝执行医嘱后，蒲令在该院的实习生给夏注射。蒲下班后嘱咐接班医生可适时再打一针冬眠灵。当日，夏的子女见母未死，两次去医院办公室找值班医生李某。后李某又开出 100 毫克复方冬眠灵，经值班护士注射后夏死亡。案发后，蒲连升、李某、王明成及其妹四人一并被以故意杀人罪逮捕。医疗鉴定机构认为，夏的死因与病情本身和冬眠灵的作用二者兼有关系，其中冬眠灵更快促进了病人的死亡。之后，蒲连升、王明成以故意杀人罪被提起公诉，另两人被免予起诉。

在审判过程中，两被告的数位辩护律师均为之作了无罪辩护。1991 年汉中市中级人民法院作出一审判决，依法宣告两被告无罪。一审判决认定“两被告人的行为显属剥夺公民生命权利的故意行为”，只是因为“情节显著轻微，危害不大”才“不构成犯罪”。这引起了公诉机关的抗诉和两名被告人的上诉。二审法院经过一年审理后，维持原判。轰动全国的首例对簿公堂的安乐死杀人案，历经长达 6 年马拉松式的艰难诉讼后，终于画上句号。虽然此案的判决论证理由是情节显著轻微、危害不大而不构成犯罪，但引起广泛关注的，则是作为法庭争论焦点的安乐死中有关生命处分权的问题。

2002 年，作为该案被告之一的王明成因胃癌晚期，再次请求医院对其实施安乐死。遭到拒绝后，他不再接受癌症治疗，办理出院手续回家后不久去世。

迄今，虽然只有荷兰等极少数国家承认安乐死的合法性，但安乐死不是一个新话题。这里不讨论安乐死的纯粹伦理一面，而要弄清安乐死背后的法的秩序价值问题：作为一个争议行

---

① 参见王锲夫：《追忆中国安乐死第一案》，载《公民导刊》2010 年第 2 期。

为,即使遭到伦理的否定,安乐死是否应该受到法的秩序调整?

区别于经济、安全等公共领域,备受病痛蹂躏的病人,他们临死的惨状让亲人无法接受。为了避免病人在剧痛中坐以待毙,节约有限的医疗资源,在极其严格的条件下通过实施安乐死,换回正面良性的回报,这与堕胎、同性恋等问题一样,颇受争议。其中,更有思维碰撞力的是,如果安乐死压根就被所在社会主流所否定,那么它是否就一定要受到法律的调整呢?回答“是”,就是期待借助于法的秩序维持主流价值的水准不被降低,以保持社会不崩溃;回答“不是”,就是认为对于安乐死这样处分他人生命、同性恋中的纵情和狂欢等,法律都无权过问。

二、 法理评析

法的秩序外的道德只是作为理想,不应接受法律的调整,也不构成形式意义上的法的秩序效力来源。但是,这不代表法的秩序外的道德完全没有意义,它实质上被包含在法的秩序价值范围之内。

上面这起中国首例安乐死案中,法官对生命处分权的判断证明了这一点。其实哪怕是私人道德的范畴,有时与法的秩序也只有一步之遥。即使对安乐死持默认态度的不少国家,也都以各种方式划定了适用的严格前提。比如,一般需以两名以上的执业医师共同签字确认患有不可治愈的绝症,至少需要得到医院伦理道德委员会的集体讨论批准,以及具有法定效力的本人真实意思表示确认等。作出这种边界的划定,目的在于告知人们,不受法律强制的私人道德,是以不造成他人损害为前提的。

什么叫不造成他人损害?通常的理解也许限于反社会的举动,但对反社会背后的原因缺乏更为清晰的思考。据说有些孩子对别人做出残忍的举动,是因为他们不能充分理解他人痛苦的本质和强度。所以,法的秩序价值边界确定与不能清晰的思考之间存在密切关联。

一般而言,获得法的秩序价值有两种方式:一种是把价值理想视为一种完美主义,就像卢梭(Jean-Jacques Rousseau)的社会契约论、罗尔斯(John Bordley Rawls)假设的“无知之幕”下的两个自由原则等,所以,他们更像超验的制度主义者;另一种是不问什么是完美价值,而是追问消除什么样的不道德,因为完美主义的道德在现实中不必要也不可能。现实中不同的人确实会从不同角度对完美道德提出自己认为正确的看法,就像一位笃信上帝造人的牧师,肯定会把人从猿进化而来的观点当作大错特错。因此,事实上没有一套让所有人都信服的完美道德理想。法律之外的道德边界划定,应以降低不道德为宗旨。

在法的秩序降低不道德的奋斗过程中,判定贴近或远离不道德目标的标准是什么?通常我们会立即想到幸福指数、权利状况、资源利用以及自由程度等。但需要提醒的是,不要忽略能力上的平等。从某种意义上说,社会公正、道德与否的判断就在于每个人拥有平等的能力,因为它代表了所能获得的公平的起点、均等的机遇和正当的过程等。如果说一个人拥有的能力来源于天赋,那么一个人拥有的能力平等与否,则来源于国家和社会的安排。比如有可能人们的收入提高了,但他们选择自己想过的生活的能力却没有提高。此时如果处于法的秩序价值的临界思维处境中展开价值主导的论证,那么判定这种法的秩序外的哪个道德更贴近理想道德的目标,就不是单纯考虑资源的合理分配,而是更加应当把资源分配跟个人转化这些资源的能力结合起来。这是价值理性思维论证中一条极其重要而又极易被忽视的真谛。

参考文献：

1. H.L.A. Hart, *Law, Liberty and Morality*, Stanford University Press, 1963.
2. Patrick Devlin, *The Enforcement of Morals*, Oxford University Press, 1968.
3. [印度]阿马蒂亚·森:《伦理学与经济学》,王宇、王文玉译,商务印书馆2017年版。

上海交通大学智慧法院研究院
杨 力

第四节　法与自由

20. 法的自由价值
——法与自由、秩序、正义的冲突与协调

《沈阳市行人与机动车道路交通事故处理办法》评析

一、事例概要

1999 年 8 月 30 日，沈阳市政府颁布了《沈阳市行人与机动车道路交通事故处理办法》（第 41 号政府令，以下简称“《办法》”）。《办法》共 16 条，其中第 8—13 条明确规定了行人在与机动车发生交通事故时要承担“全部”或“主要”责任，而规定机动车驾驶人承担“全部”或“主要”责任的条款仅有 4 条。例如第 8 条规定：“行人通过有人行信号控制或没有人行信号控制，但有路口交通信号控制的人行横道时，须遵守信号的规定，因行人违反信号规定与机动车发生交通事故，机动车方无违章行为的，行人负全部责任。”

《办法》的目标在于“根据当事人的违章行为与交通事故之间的因果关系，以及违章行为在交通事故中的作用”，来认定当事人在交通事故中的责任，并以此建立“人”“车”各行其道的交通秩序。很多城市予以效仿，上海、天津、重庆、深圳、鞍山、抚顺、郑州、乌鲁木齐、济南、海口等 20 多个大中城市陆续跟进，亦作出类似规定；北京、上海、深圳等城市甚至还用地方法规的形式，规定了在机动车驾驶员尽避让义务后仍无法避免违章行人、非机动车受损的情况下，机动车驾驶员可不负任何法律责任。

2001 年 12 月 24 日，全国人大常委会首次提请审议《道路交通安全法（草案）》。草案第 48 条规定：机动车交通事故造成人身伤亡的损失……超过第三者责任强制保险金额的部分，由有过错的一方承担；双方都有过错的，按照各自过错的比例分担……根据“过错”进行责任划分是该法律草案的原则。这部法律草案历经四次审议、修改，2003 年底正式提交全国人大常委会审议并获得通过。

2004 年 5 月 1 日开始实施的《道路交通安全法》第 76 条第 2 项规定：“机动车与非机动车驾驶人、行人之间发生交通事故，非机动车驾驶人、行人没有过错的，由机动车一方承担赔偿责任；有证据证明非机动车驾驶人、行人有过错的，根据过错程度适当减轻机动车一方的赔偿责任；机动车一方没有过错的，承担不超过百分之十的赔偿责任。”新的上位法采取了完全不同于《办法》的立法策略与制度设计，此后《道路交通安全法》尽管在 2007 年和 2011 年分别作过两次修订，但并不影响本书讨论内中蕴含的法的价值冲突问题。

二、法理评析

《办法》不仅涉及面广人众，还激发了理论与实务界的争议，较为全面反映了法与自由、秩序、正义的冲突与协调。

（一）考察《办法》的多维视角

1. “撞了白撞”是一种误读

《办法》及随后各大中城市公布的一系列法律法规，塑造了“撞了白撞”这个新名词。“撞了白撞”是指机动车与非机动车、行人之间发生交通事故时，如果能有效证明后者违章导致事故发生，且在机动车驾驶人已采取了必要处置措施的情况下，机动车一方不承担赔偿责任。“撞了白撞”是对以过错责任认定机动车与非机动车、行人间发生的交通事故而作出的“媒体”表述；背后蕴含着严格法律形式主义的价值追求。这种形式上通俗、实质上错误的“媒体”表述，向人们揭示了《办法》等系列法律法规背后蕴藏的不同价值选择。

2. 不同法律责任认定的视角

在《道路交通安全法》实施前，关于非机动车、行人与机动车发生交通事故责任的认定思路、方式，理论界有很多不同的观点。择其要者，大体有如下三种：(1) 过错责任，规定有违章行为的一方负责，无违章方不负责任。(2) 过错推定，规定由机动车承担责任，但机动车能够证明自己没有过错的，可以减轻或者免除责任。(3) 严格责任，机动车作为高速运输工具，对非机动车、行人的生命财产安全具有一定危险性，即机动车与非机动车、行人发生交通事故，由机动车承担民事责任；受害人有过错的，可以减轻加害人的责任；因不可抗力、受害人故意或第三人的原因造成的损害，可以免除无过错加害方的责任。2004 年《道路交通安全法》确立了严格责任，争论归于平静。

（二）法的自由价值体系观点

如果从法的价值及其冲突的视角研究本例，就会开启一些永远的学术话题：法律能够确认哪些价值？在衡量不同的法的价值并必须进行取舍时，法律能做什么？该怎么做？就本例而言，行人、非机动车与机动车发生交通事故时，法律制度保护的重心应该是行人、非机动车，还是机动车？保护重心的不同设定需要根据什么标准，采取怎样的限度？在交通秩序和行为自由间如何寻找动态平衡？这一系列理论问题都涉及法律理论的核心，它们不会因为现行法律制度采行了何种责任制度而被人们忽视。

根据马克思主义的法的价值理论，法的价值是作为“主体”的人与作为“客体”的法律之间的实践—认识关系。它是指人对于法律的需要和实践过程中体现出来的法的积极意义和有用性；它是阶级性与社会性、主观性与客观性、统一性与多样性的统一。

在此基础上，学界进一步对法的自由价值构成存在许多不同观点。有学者认为，法的自由价值表现为自由、秩序、正义等；①有学者认为，法的自由价值由法的目的价值、评价标准和形式价值组成，具体表现为人权、秩序、自由、正义和效率等；②还有学者认为，法的自由价值包括准则结构和状态结构，目标上包括生命、自由、平等、人权、秩序、公正和人的全面发展等。③ 在当代中国，不同学者对法的自由价值体系及其表现形态的理解存在巨大差异。

为什么存在这种现象？对人和法律之间“实践—认识”关系的不同理解，是造成关于法的

① 参见《法理学》编写组：《法理学》，人民出版社、高等教育出版社 2010 年版。

② 参见张文显主编：《法理学》（第五版），高等教育出版社、北京大学出版社 2018 年版。

③ 参见卓泽渊：《法的价值论》（第二版），法律出版社 2006 年版。

自由价值观点众说纷纭的根源。从学理上看，根据人们对法律的“实践—认识”关系，将对法律的“认识”关系厘定为哲学意义上的静态法的价值系统，将对法律的“实践”关系定位在社会学意义上的动态法的价值协调与实现系统。循此思路，结合马克思的价值理论，或许能够更清晰地分析法的自由价值。

（三）静态的法的自由价值系统

根据马克思的商品价值理论，商品对于作为主体的“人”而言具有价值、使用价值和交换价值。虽然在实践上不可能明确区分“人”的自然属性和社会属性，但“自然人”和“社会人”仍在学理上构成了人的整体。如果用“法律”替代“商品”，自然人/社会人认为法律具有价值、使用价值和交换价值就在“认识”的意义上构成了静态的法的价值系统。

法律客观上具有价值和“人”主观地认为法律有怎样的价值，构成了整个法的自由价值系统。在人类社会，法律自身具有“正义”的价值——就像货币本身具有价值一样——构成了法的价值系统的逻辑起点。在自然人/社会人（人的自然属性占上风时，仍含有必要社会属性的状态）看来，“正义”的法律更侧重保护人的“自由”，因为“自由”更符合自然人的属性；但“人”在自然属性占支配地位之时仍存有的社会属性，要求作为个体的“人”同样重视他人的自由。对他人自由的尊重则构成“秩序”。也就是说，自由/秩序是自然人/社会人眼中的法的价值。在社会人/自然人（人的社会属性占上风时，仍存有必要自然属性的状态）看来，“正义”的法律更侧重保护人的“平等”，因为“平等”使社会合作成为可能，从而更符合社会人的属性；但“人”在社会属性主导时所具有的自然属性，要求作为群体的社会“人”同样重视自己的“平等”。这种对自己“平等”的主观要求实则体现为“自尊”，因此平等/自尊成为社会人/自然人眼中的法的价值。作为主体的“人”无论认为法律具有自由/秩序还是平等/自尊的法的价值，其目的只有一个：使“正义”的法律能够为“人”像“人”一样生活时发挥积极作用。因此，“人权”构成了静态法的价值系统的终点。

概括地说，静态的法的价值系统以“正义”为起点，经过自然人/社会人的综合从而赋予法律以自由/秩序、平等/自尊的使用价值，并最终到达“人权”的目标。

（四）动态的法的自由价值协调

动态的法的价值协调与实现更强调“人”与法律之间的“实践”关系：它一方面构成法的自由价值的组成部分，另一方面也是法的自由价值分析的目的。在现实生活中，自由/秩序、平等/自尊之间在不同层面总是发生不同程度的冲突，协调并推动法的自由价值实现成为法学理论研究的重要议题。

协调法的自由价值冲突有很多的原则。位阶原则认为，法的自由价值之间存在从高到低的位阶，当一种法的价值与另一种法的价值发生冲突时，按照优选次序界定应该让位的法的价值。个案平衡原则认为，任何一种法的价值都有可能处于优位，只是在确定何种法的价值应该处于主导地位时，要充分考虑个案的现实。比例原则更为灵活，认为在必须通过损害一种法的价值而保护另外一种法的价值时，不能超过必要的限度。还有很多不同的协调法的价值冲突的观点、理论，均旨在推动法的价值系统稳定性的同时，还能够照顾到法的价值在个案中的实现。

法的自由价值的协调、取舍和实现，是一个基于特定社会现实的动态调整过程。以中国为例，改革开放之初法的价值取向是“效益优先、兼顾公平”，经过几十年的发展，中国法的价值重心已经开始向“推进社会的公平正义”倾斜。无论法的价值的重心如何位移,“正义”都是衡量法的价值调整正当性的基本标尺。

再回到《办法》及后来很多城市跟进通过的法规规章,它们在推动交通秩序的进一步规范化,甚至在减少交通事故方面发挥了积极作用。但《道路交通安全法》设定严格责任是基于中国特殊的现实:中国机动车数量飞速增长;道路上机动车多、自行车多、行人多;中国道路通行条件不完备,道路通行设施不完善;机动车驾驶员和行人的交通法律意识淡薄……因此,《道路交通安全法》采行严格责任,更重视保护行人的生命和健康权利而作出了新的制度设计。当然,时间的推移、社会的发展,可能会不断推动乃至改变这种制度设计。毕竟,法治的精髓就是以法律手段在不断变动的社会正义中寻找各种不同法的自由价值之间的新平衡。

(五)法的自由价值冲突的广泛性

不同法的自由价值之间的冲突在现实生活中俯拾即是,尤其在改革开放带来天翻地覆变化的中国社会十分普遍。客观地说,中国社会的发展在很大程度上表现为特定法的自由价值的变迁与进步:社会主义市场经济体制、人权等一系列法的价值写入宪法就是最好例证。

房屋拆迁、地摊整顿等日常城市管理活动背后,广泛涉及法的自由价值之间冲突的问题。例如 2003 年国家司法考试曾考案例如下:某市交通管理部门为加强道路交通管理、规范日益混乱的交通秩序,向市民发布通告,凡自行摄录下机动车辆违章行驶、停放的照片、录像资料,经交通管理部门确认、采用并在当地电视台播出的,奖励一定数额的人民币。此举使许多市民积极举报违章车辆,当地的交通秩序明显好转。但同时也发生了一些意外之事,如有违章驾车者去往不愿被别人知道的地方,电视台将车辆及背景播出后,引起家庭关系、同事关系紧张;有乘车人以肖像权、名誉权受到侵害为由把电视台、交通管理部门告上法庭……社会的发展极大提升了隐私权、人格权的权利位阶,使这些权利的保护与维护秩序之间形成价值张力,而这种张力在早些时候或许无法被感知。

参考文献:

1. 邹慧:《关于“撞了白撞”——议沈阳、上海交通事故处理新办法》,载北京大学法学院北大法律评论编委会编:《北大法律评论》(2001 年第 1 辑),法律出版社 2001 年版。

2. 刘黎明、陈升华:《行人违章交通事故归责原则异议》,载《西南政法大学学报》2003 年第 6 期。

3. 胡玉鸿:《人的尊严的法律属性辨析》,载《中国社会科学》2016 年第 5 期。

南京师范大学法学院

孙文恺

第五节 法与平等

21. 法的平等价值
——平等权的法律保障

布朗诉托皮卡教育委员会案[①]

一、案情概要

20世纪50年代,黑人牧师奥利弗·布朗(Oliver Brown)一家居住在美国堪萨斯州一个名为托皮卡的小镇上。当时该州仍保留着种族隔离制度,州法中规定在公立学校中实行黑白分校,黑人只能上黑人的学校,这导致布朗牧师的女儿琳达(Linda Brown)无法在离家较近的白人学校萨姆小学就读,只能到交通不便而且路途遥远的黑人学校门罗小学上学。为了让女儿能够就近入学,布朗在全国有色人种促进会(以下简称"促进会")的支持下,联合其他家长提起集体诉讼,将当地公立学校主管机关——托皮卡教育委员会——告上法庭,要求禁止在托皮卡公立学校中实行种族隔离。1951年6月,堪萨斯州联邦地区法院开庭审理此案。原告方认为,隔离制度严重危害了黑人学童的身心健康,而且在白人学童占90%的堪萨斯州,隔离制度事实上剥夺了黑人学童与主流儿童社会的交流,因此违反了美国宪法第14条中规定的法律平等保护原则。地区法院尽管承认黑白分校的种族隔离制度导致黑人学生产生自卑感,影响孩子学习热情,但仍然遵循在普莱西诉弗格森案[Plessy v. Ferguson, 163 U.S. 537(1896)]中确定的"隔离但平等"原则,拒绝支持原告方主张。原告方遂上诉至联邦最高法院。1951年12月,联邦最高法院决定将该案与其他4个分别来自南卡罗来纳州、弗吉尼亚州、特拉华州和首都华盛顿的涉及中小学黑白分校的类似案件合并审理,因为布朗按姓氏排在第一,被统称为布朗案。

布朗案在最高法院经历了曲折的审理过程。1952年12月9日,最高法院开庭审理此案,原被告双方进行了3天的辩论。原告方的首席律师是后来成为美国历史上第一位联邦最高法院黑人大法官的瑟古德·马歇尔(Thurgood Marshall)。他大胆运用布兰代斯摘要法进行辩论,使用了30多位社会学者和心理学者对种族隔离问题所作的社会调查成果,雄辩地证明了种族隔离制度对黑人学生的自信心造成了严重伤害并导致了他们的自卑感,因此,种族隔离从根本上造成了不平等,违反了美国联邦宪法第14条修正案。但被告方律师团持不同观点。如为南卡罗莱纳州辩护的约翰·戴维斯(John Davis)律师就质疑黑人家庭是否真愿意黑白混校以及混校是否就好。他认为马歇尔所运用的社会调查结果,大部分是以社会科学的名义来为自己的偏见寻找遁词的把戏。他还强调,如果强行结束黑白分校的种族隔离制度,必然会造成南方种族关系紧张和社会动荡。鉴于审理案件的9位大法官对于是否保留种族隔离同样存在严重

① See *Brown v. Board of Education of Topeka*, 347 U. S. 483(1954).

分歧，最高法院接受大法官弗兰克福特(Felix Frankfurter)的建议，于1953年5月宣布推迟判决，决定在同年秋天进行第二次庭辩，并要求双方围绕三个问题做好准备：第一，用历史证据说明，宪法第14条修正案的制定者是否打算在公立学校中明确禁止种族隔离；第二，用历史证据说明，国会的其他法律里是否有过明确禁止种族隔离教育的内容；第三，如果缺少历史证据，能否说明为什么必须要由最高法院来推翻种族隔离教育制度。

1953年9月在第二次庭辩举行前夕，首席大法官弗雷德里克·文森(Frederick Moore Vinson)因突发心脏病去世，厄尔·沃伦(Earl Warren)接替担任首席大法官，并于同年12月8日再次开庭审理布朗案。此次审理一如既往，不仅原被告双方存在严重分歧，最高法院内部起初也未能形成共识。但经过沃伦首席大法官长达数月与其他大法官的耐心沟通，最终9位大法官形成了一致意见，推翻了此前在普莱西诉弗格森案中确定的"隔离但平等"原则，判决公立学校中的种族隔离违反了宪法第14条修正案中的法律平等保护原则。尽管判决中确认公立学校中种族隔离行为的违宪性，但考虑到结束隔离制度的复杂性，判决最后一段没有提出具体的履行判决措施，而是计划在来年秋天进行再辩论，讨论具体的推行措施。1955年4月11日至14日，最高法院开庭讨论结束黑白分校的具体方式，并于5月31日作出判决，将消除公立学校种族隔离制度的权力交给联邦地区法院，并允许其依据各州具体情况，以"最稳重的步伐"逐步结束公立学校的种族隔离。①

二、 法理评析

(一) 判决的意义

布朗案是美国司法史上的一个标志性案件，判决公立教育中的种族隔离制度违宪，撕开了美国南方种族隔离制度的缺口，吹响了废除种族隔离制度的号角，成为黑人民权运动和结束种族隔离制度斗争的里程碑。②

美国南北战争结束后，为了巩固战争胜利结果，美国于1865—1870年间出台宪法第13、14、15条修正案，废除奴隶制、承认黑人联邦公民地位并确立法律平等保护原则、赋予黑人以选举权。但实际上美国南方州的大部分黑人根本无法享受这些权利，对黑人的歧视在社会上依旧随处可见。战后重建时期结束后，白人种族主义占主导的南方立法机关逐步将对黑人的种族歧视合法化，建立起种族隔离制度。1896年普莱西诉弗格森案进一步确认了种族隔离的合法性，裁定在列车上隔离黑人与白人的法律并不违宪，由此确立了臭名昭著的"隔离但平等"原则。此后，立法机关在此原则的指导下，制定了全方位的种族歧视法律，统称"吉姆·克劳"法，不仅在公共交通上实施种族隔离，而且扩展到教堂、学校、图书馆、候车室、旅馆、餐馆、公园等各个角落，对黑人的歧视几乎已经成为南方各州社会生活的一部分。

为了维护自己的权益，黑人以法院为战场，借助于宪法进行了不屈不挠的斗争。在布朗案之前，促进会在斯威特案[*Sweatt v. Painter*, 339 U.S. 629(1950)]和麦克劳林案[*Mclaurin v.*

---

① 美国最高法院就布朗案在1953年和1955年的两次判决分别被称为布朗第一案(Brown Ⅰ)和布朗第二案(Brown Ⅱ)。

② 任东来:《吹响结束种族隔离制度的号角——布朗诉托皮卡教育管理委员会案》，载张仁善主编:《南京大学法律评论》(2003年春季号)，法律出版社2003年版。

Oklahoma State Regents for Higher Education, 339 U.S. 637(1950)]中,已经为争取黑人在高等教育领域享有平等教育权取得了一些初步胜利,如在斯威特案中最高法院裁定,得克萨斯州必须允许黑人学生进入白人大学的法学院学习。最高法院在这些案件中已经承认,教育中的平等不仅限于教育设施的平等,还包括学生之间的平等、无障碍的交流,指出种族隔离制度阻碍了黑人与白人学生之间的交流,也阻碍了黑人学生的发展。尽管这些判决已经开始瓦解普莱西案中确认的"隔离但平等"原则的法律基础,但仍然存在局限性,其只是强调黑人学生应该享有"平等"待遇,而确认种族隔离本身违反宪法一直等到布朗案判决才得以实现。

从法律层面上来看,布朗案推翻了先前确立的合法歧视的先例,直接宣告了"隔离但平等"原则在公立教育领域内构成违宪,重新界定了联邦宪法第 14 条修正案中关于"平等保护"的内涵,为消除种族歧视奠定了宪法基础,也为有色人种争取教育平等权树立了新的标杆。从社会层面来看,布朗案胜利拉开了美国公立教育领域中小学黑白种族合校的序幕,并从教育领域延伸至其他社会领域,加速了美国种族隔离政策的全面瓦解,在消除种族歧视之路上迈出了关键一步。

(二) 法律对平等的确认与保障

尽管平等在现代社会已成为法律的重要价值,平等理念也深入人心,但从历史上来看,追求平等实现的历程相当艰难曲折,从布朗案可见一斑。古代社会尽管有不少思想家倡导平等理念,如我国春秋时期的墨家曾经提出"兼相爱""交相利",要求"富不辱贫""贵不傲贱",主张人格上的平等,但总体上看,古代社会的法律制度以公开确认和维护等级特权为主要特征。到了近现代社会,平等才得以成为法律的价值目标和法律原则,并被明确规定在许多重要法律文件中。如美国《独立宣言》第二段规定:"我们认为这些真理是不言而喻的:人人生而平等……"法国《人权和公民权宣言》第 1 条和第 6 条分别规定:"在权利方面,人们生来是而且始终是自由平等的","在法律面前,所有的公民都是平等的"。

现代社会中平等价值的实现离不开法律制度的保障,大多数文明国家将平等上升为基本原则和制度,使平等首先表现为法律原则和具体的法律制度。之所以如此,是因为法律是由国家强制力保证实施的,具有普遍的效力。与其他社会规范(如道德、政策)相比,它具有更强的约束性、权威性和有效性。平等上升为法律原则和法律制度,能够使人们更易于遵守和执行,从而增强了平等实现的可能性。由此看出,从法律上保护平等,具有其他保障条件(如道德保障)不可替代的优越性。美国内战结束之后为了废除奴隶制和保障黑人平等享有权利,通过了宪法第 13、14 和 15 条修正案,尤其是第 14 条修正案中规定的法律平等保护原则,为平等的实现提供了宪法保障。尽管宪法规定比较概括和抽象,但毕竟为黑人群体提供了斗争的宪法武器,使得黑人群体可以通过宪法诉讼来维护自己的权利。宪法上关于法律平等保护原则的规定使得黑人的抗争行为具有了正当性和合法性,而且通过法律途径争取权利更为和平文明,可以避免危及社会秩序。尽管通过法律途径维权从程序上更为烦琐,但其有利于获得更多的社会支持,由于国家强制力的保障,其效果也更为持久。当沃伦法院在布朗案中宣布公立学校中的种族隔离制度违宪之后,尽管判决的执行遇到了南方多州白人的抵制行为,但毕竟最高法院的判决具有极高的权威性和法律约束力,为了确保布朗案判决能够得到严格执行,甚至在遭遇小石城骚乱时,美国总统艾森豪威尔(Dwight David Eisenhower)不惜动用美国陆军 101 空降师到"小石城"维持秩序。为了更好地落实宪法条款,美国国会先后在 1964、1965 和 1968 年通过了三个被统称为“第二次解放黑奴宣言”的民权法案，从法律上彻底结束了种族隔离和种族歧视制度；一些美国联邦地方法院也下令采取强制措施，如推行“强送强并”的校车计划来推进黑白混校。正是借助于法律所具有的国家强制力的保障，布朗案判决才得以被严格执行，法律的平等价值才得以维护。

当然也必须承认，法律上的平等仍然只是一种可能的平等、形式上的平等，而且也是一种有限的平等。法律上的平等要真正转化为事实上的平等，还需要其他社会条件如社会观念、经济状况的支撑。在布朗案中，虽然最高法院明确指出公立学校中的种族隔离制度违宪，但由于南方各州中的种族歧视由来已久，种族隔离已经成为一种生活方式，因此尽管有国家强制力作为后盾，布朗案判决的执行仍遭到了变相抵制和规避，实施效果不尽人意，直到 1964 年，南方 11 州中仍只有 2%的黑人学生真正进入黑白合校的学校学习。

（三）平等的内涵

很少有人会反对抽象意义上的平等原则，但是在涉及具体问题时人们往往又会对是否符合平等原则产生分歧，这是因为平等的内涵非常丰富，不同的人和群体对于平等有不同的理解。有人主张的平等指的是机会平等，但也有人认为平等应当是结果平等；有人强调平等仅指法律适用上的平等，但也有人主张平等还应包括法律内容上的平等。布朗案中种族隔离制度之所以违宪，就是因为其违反了法律内容上的平等而非法律适用上的平等。无论如何理解平等，平等的核心含义是指相同情况相同对待。平等的反面是特权和歧视，如果说特权是权利的不当膨胀的话，歧视则是对权利的不当剥夺，两者都是对平等的违反。布朗案中反对的就是在公立教育领域白人对于黑人的种族歧视。

平等并不等同于平均。平均是没有差别，是在机会的占有和财富的分配上无视能力和特殊需要的存在而简单地按份分摊。平均在本质上是与平等背道而驰的，也不符合正义的要求。平等并不排斥合理的差别。适当的区别对待甚至为维护或实现平等所必需，是平等的表现。因此法律并不禁止合理的差别，而是更多地为合理的差别对待提供标准和界限，以更好地保障平等。布朗案中，南方各州实行的种族隔离制度要求黑白分校，白人与黑人学生只能在不同的学校就读，这就是以种族为标准进行区别对待，这样的差别对待缺乏正当性，属于不合理的区别，就是一种不平等和歧视。

平等是历史的范畴。平等的内涵会随着时代变迁而改变，不同的历史时期会对平等有不同的认识。在奴隶制被废除前，黑人不是法律意义上的人，而只是一种特殊的财产，因此谈不上对黑人的歧视。尽管在通过宪法第 13、14 条修正案后，奴隶制被废除并承认黑人的联邦公民地位，但南方州却实行种族隔离制度，而按照普莱西案中确立的“隔离但平等”原则，种族隔离制度并不违反平等原则，所以种族隔离制度不构成歧视。布朗案中，沃伦法院秉持一种司法能动主义立场，认为不应再纠缠于宪法第 14 条修正案的“立法原意”，也不应再拘泥于司法先例的条条框框，而必须着眼于社会现实，判断种族隔离制度是否使黑人处于不平等的法律地位。基于公共教育已经成为政府提供的最重要的一项服务并转化为所有人应该平等享有的权利，而根据社会科学调查研究提供的数据，教育设施的隔离对黑人学童造成了心理伤害，因此公共教育事业绝不容许“隔离但平等”原则的存在；隔离的教育设施，就是一种不平等。我们可以发现，在布朗案判决中，最高法院推翻了普莱西案对平等的理解，赋予了平等新的内涵，而且适应了社会需求，推动了宪法价值的更新，提升了宪法的道德感召力。

参考文献：

1. 任东来：《吹响结束种族隔离制度的号角——布朗诉托皮卡教育管理委员会案》，载《南京大学法律评论》2003年春季号。

2. 张冉：《布朗诉教育委员会案的微观分析》，载《全球教育展望》2012年第3期。

3. 祝贺：《最高法院的判决是否错误——布朗诉教育委员会案（1954）》，载《教育科学研究》2017年第9期。

北京师范大学法学院
梁迎修

第六节　法与公平正义

22. 正义的概念
——法律与正义的关系及正义的复杂性

骆驼遗产继承案[①]

一、 案情概要

一个贝都因富人立下遗嘱分配遗产，遗产主要是骆驼，分给他的三个儿子。根据遗嘱，大儿子艾哈迈德(Achmed)可以分得一半的骆驼，二儿子阿里(Ali)可以分得四分之一骆驼，三儿子便雅悯(Benjamin)可以分得六分之一骆驼。当老父亲死去时，因为某种原因，骆驼数量急剧下降，只剩下 11 只。这时遗产分配的难题就产生了。大儿子要求分 6 只，但这超过了二分之一，因此二儿子和小儿子都反对。但是如果分给大儿子 5 只，大儿子又不同意，也不符合遗嘱的规定。于是围绕如何分配这 11 只骆驼，三个儿子产生了争议，最终他们决定通过诉诸伊斯兰的法官卡迪(Qadi)来解决他们的争议与纠纷。

最终，充满智慧的卡迪想出了一个巧妙的方法，圆满解决了这个遗产继承的纠纷。卡迪的方案是这样的：卡迪将自己的一只骆驼给三兄弟，作为刚去世老父亲的遗产一部分，参与分配，从而使得遗产变成了 12 只骆驼。最终，老大继承了 6 只骆驼，老二继承了 3 只骆驼，老三继承了 2 只骆驼，刚好是 11 只骆驼。三兄弟都很满意，觉得卡迪的裁决很公正。

二、 法理评析

(一) 法律与公平正义的关系

公平正义是人类社会永恒的追求，因此也是法律追求的基本价值。广为流传的骆驼遗产继承案，就典型地体现了法律与公平正义关系，以及正义问题的复杂性。

公平正义问题是人类社会自出现以来最基础、也是永恒不变的主题。柏拉图(Plato)的《理想国》讨论的主题就是正义问题，因此该书的副标题被正确地标定为《论正义》。虽然柏拉图用“各得其所”对正义的内涵做了界定，但通常公认亚里士多德是正义理论的奠基人，因为柏拉图仅仅抽象地将正义等同于守法，而亚里士多德进一步在守法的正义之外，系统地探讨了专门的正义问题，即分配的正义与矫正的正义问题，从而开启了围绕正义问题探讨的法哲学传统。

第一，正义起源于政治共同体的建立。骆驼遗产继承案非常典型地体现了正义的起源是

---

① 参见泮伟江：《论法社会学对法学的贡献——一个古老遗产分配案引发的法哲学反思》，载《暨南学报(哲学社会科学版)》2019 年第 2 期。

与政治共同体的建立紧密相连的。在该案中,三兄弟围绕着遗产继承的问题争执不下,象征着家庭血亲原则已经无法成为纠纷解决的有效手段。血亲之爱解决纠纷的主要原则就是家长的权威和兄弟的互敬互爱。中国传统文化中孔融让梨的故事是家庭内部解决纠纷的典范。在家庭与家庭,家族与家族之间的关系中,则主要通过血亲复仇的方式来解决彼此之间的纠纷。这个时候,正义问题并未显现。

只有在出现了超越家族秩序的、更大规模的政治共同体时,正义问题才显现出来。这个时候,家长的权威隐退,血腥的血亲复仇则让位于中立第三方的审判。古希腊埃斯库罗斯(Aeschylus)的《阿瑞斯特斯》三部曲中第三部《复仇女神》的故事,就象征性地呈现了这个过程。阿瑞斯特斯是古希腊万王之王阿伽门农的儿子。阿伽门农率领希腊联军打赢特洛伊战争,班师回朝之后,被王后克吕泰涅斯特拉伙同情夫阴谋害死。阿瑞斯特斯为父报仇,杀死了自己的母亲和她的情夫,却因此触犯人伦的底线,导致了复仇女神的追杀。阿瑞斯特斯最后不得不逃避到雅典娜神庙,寻求雅典娜庇护。最终雅典娜举行了一场公开审判,陪审团支持阿瑞斯特斯有罪和无罪的数量刚好是一半对一半。最后雅典娜投下自己的一票,支持阿瑞斯特斯被赦免无罪。《复仇女神》的故事非常典型地呈现出以司法裁判为核心特征的法律正义如何取代以血还血、以牙还牙为核心内涵的血亲复仇意义下的古老正义观。这种转化的一个核心内涵,就是“言辞战胜了暴力”,从而法庭之内,围绕合法性问题的论证取代了战场上血腥的战斗。这既是对政治共同体秩序的承认,也是对以法律为代表的政治秩序共同体权威的承认。

骆驼遗产继承案中老父亲的去世和不在场,三兄弟围绕老父亲遗产所展开的争夺,以及血亲谦让友爱原则的失败,到最后三兄弟走出家庭,寻求司法裁决的权威,这一切都象征着家庭共同体血亲原则的失败,在秩序层面上作为家庭共同体之替代的政治共同体的建立。这个时候我们就可以明白,正义必然是法律的正义,因为法律就是政治共同体的象征。遵守正义,首先就是服务法律的权威,也就是遵守法律的裁决。这是任何审判和裁决的前提与基础。

第二,正义的核心内涵就是“各得其所”,或者说,就是“得到该得的”。柏拉图在《理想国》中,通过人的灵魂结构与城邦结构的类比,指出无论是城邦政治秩序的阶层结构还是人类灵魂中的理性、激情与欲望之间的结构,每个阶层或者灵魂中的每个成分,各安其位,各得其所,就能够实现正义。亚里士多德的正义理论中,无论是分配正义还是矫正正义,也都以“各得其所”“得到该得的”为正义的最核心内涵。关于正义的这个定义被罗马法继承和发扬,从而变成了法学的基础。查士丁尼(Justinianus)的《法学总论》中第一段第一句话就是关于正义的定义:“正义是给予每个人他应得的部分的这种坚定而恒久的愿望。”在此基础上,《法学总论》展开对法学的定义和内涵的界定:“法学是关于神和人的事物的知识;是关于正义和非正义的科学。”

本案中,三兄弟虽然围绕遗产继承问题展开争夺,但都没有要求多占多得,他们虽然互不相让,争吵不休,但他们彼此的诉求又是高度一致的,那就是根据老父亲遗嘱的规定,得到他们“应得的”。这一点非常鲜明地体现出了正义的本质内涵,那就是“各得其所”。因此,亚里士多德才把“贪得的人”或者说“所取过多的人”称作是不公正的人。古今中西,无论是柏拉图的《理想国》还是罗尔斯的《正义论》,虽然在不同的历史语境中,人们对正义的具体含义的理解存在着各种各样的差异,但是将正义理解成“各得其所”,也就是每个人得到他所应得的那部分,这一点却从来没有变化。

(二) 公平正义不是抽象的一般性陈述,而是个案中具体可见的个案正义

"公正与公道是一回事,两者都是善,公道更好些。困难的根源在于,公道虽然公正,却不属于法律的公正,而是对法律公正的一种纠正。这里的原因在于,法律是一般的陈述,但有些事情不可能只靠一般陈述解决问题。所以,在需要用普遍性的语言说话但是又不可能解决问题的地方,法律就要考虑通常的情况,尽管它不是意识不到可能发生的错误。法律这样做并没有什么不对。因为,错误不在于法律,不在于立法者,而在于人的行为的性质。人的行为的内容是无法精确地说明的。"①亚里士多德关于正义的一般性规范与个案之间的这种关系的说法堪称经典。如果说,关于正义的形式定义争议不大,那么关于正义的实质定义,却充满了各种争议。究其根本原因,乃是由于"各得其所"的含义是非常抽象的。因此,亚里士多德说,所有人都同意每个人都应该得到他所应得的,但问题却在于,关于什么是某人应得的,什么是某人不应得的,人们却争议不休,无法取得一致的意见。

本案中,这尤其体现在三兄弟对"各得其所"的内涵并未发生争议,反而是对各得其所的真实内涵在个案细节中的具体含义发生了争执。最终这种争执是通过司法裁判的方式得到了解决。这一点特别地体现了亚里士多德关于分配正义和矫正正义的关系和内涵。

在《尼各马可伦理学》中,亚里士多德把正义分成两类:"一类是表现于荣誉、钱物或其他可析分的公共财富的分配上(这些东西一个人可能分到同等的或不同等的一份)的正义。另一类则是在私人交易中起矫正作用的正义。"②通常我们将前者称作分配正义或者比例正义,而将后者称作矫正正义或者算数正义。分配正义的标准并非是平均主义,而是以每个人的"应得"为标准,来衡量是"多得"或者"少得"。而每个人的"应得"实质上就是"配得",相互之间未必总是平等的,更多时候反而是成"比例关系"的,因此在分配时,也相应地应该按照比例关系进行分配:

"所以,正义有四个比例项。前两项的比率与后两项的相同。因为两个人之比与两份物之比要相同。第一、二项之比是多少,第三、四项之比就是多少。所以,第一、三项之比是多少,第二、四项之比就是多少。同时,第一、二项之比是多少,第一、三项之和与第二、四项之和之比也就是多少。分配所要达到的就是这种组合。如果把第一、三项组合,第二、四项组合,分配就是正义的。所以这种组合就是分配的正义。"③

而所谓矫正的正义,就是诉诸司法对不正义进行补偿后,最后所形成的正义。这又具体可以分成两种,一种是民事的正义,一种是刑事的正义。骆驼遗产继承案应该属于民事的正义,而阿瑞斯特斯的例子属于刑事的正义。在骆驼遗产分配方案中,无论是按照老大的方案,还是按照老三的方案,双方都认为对方所得过多,因此最后诉诸司法,希望法官能够主持正义,从所得过多的那一方,取回多占的部分,用来弥补所得过少的那一方,最后取得正义的平衡。因此亚里士多德在解释矫正的正义时,才会如此说:"这就是人们在有纷争时要去找法官的原因。去找法官也就是去找正义。因为人们认为,法官就是正义的化身。其次,找法官也就是找中间,人们的确有时把法官叫作中间人,因为找到了中间也就找到了正义。所以正义也就是某种

① [古希腊]亚里士多德:《尼各马可伦理学》,廖申白译,商务印书馆 2003 年版,第 161 页。
② [古希腊]亚里士多德:《尼各马可伦理学》,廖申白译,商务印书馆 2003 年版,第 134 页。
③ [古希腊]亚里士多德:《尼各马可伦理学》,廖申白译,商务印书馆 2003 年版,第 136 页。

中间，因为法官就是一个中间人。法官要的是平等。这就好像如果一条线段被分成两个不等的部分，法官就要把较长线段的超过一半的部分拿掉，把它加到较短的线段上去。"①

在英语中，经常把法官或者法院叫作 Justice，就渊源于亚里士多德对矫正正义的此种理解。当我们理解法律与正义之间的关系时，亚里士多德对于分配正义和矫正正义的划分所作的基本定义，基本上仍然规定了后世之人对正义的基本理解。

（三）公平正义的具体含义受到文化语境的影响

本案的文化语境是阿拉伯草原游牧民族的文化语境，因此具体呈现出来的正义内涵，与草原游牧民族的生活和文化传统是息息相关的。对于以农耕为基本生产和生活方式的中华文化来说，在理解本案的正义问题时，可能会有一些文化隔阂和障碍存在。

例如，为什么三兄弟对老父亲遗嘱的安排都心悦诚服，没有提出任何挑战，这一点尤其让人感到难以理解。孔子尝言："不患寡而患不均，不患贫而患不安。"②因此，国人在理解正义时，更多地将正义理解成是"平均主义"的正义。许多人在听完这个案例之后，都会觉得老父亲的遗嘱不公平，太偏心，给大儿子的份额太多，而给小儿子的份额又太少。但是如果我们认真研读亚里士多德关于分配正义的讨论，同时补充一些关于草原游牧民族的生产和生活方式，就能够理解这种分配。关于分配正义，先举一个简单例子。假如三个人一起成功地做好了一件事。其中，A 的贡献最大，B 的贡献其次，C 的贡献最小。那么，最后论功行赏的时候，如果 A、B、C 三人得到的奖励一样多，大家是否觉得公平呢？显然，多数人都不会觉得这个时候平均主义是公平的，反而差异化的奖赏更符合公平的原则。因此，在讨论公平与否的问题时，平均主义并非是唯一的标准和方案，公平与否，关键还是要看如何定义和理解"应得"这个概念的含义，而这又是高度依赖于语境的。

在本案老父亲所立下的遗产分配方案中，虽然我们并没有看出大儿子在哪些方面作出了比二儿子和小儿子大得多的贡献，但当老父亲分配给大儿子一半的财产时，二儿子和小儿子并没有表示明显的异议，其中一个很大的原因是，老父亲分配遗产时，不但分配给了大儿子更大的财产，同时也分配给了大儿子更大的家庭责任。反过来说，大儿子虽然继承了更大份额的家产，但他同时也继承了更大的家庭责任——也许此后家庭的兴旺发达，主要系于大儿子。按照中国的传统来说，此后父亲这一支宗庙和香火的维系，责任可能主要就在于大儿子。同时，作为家庭的正宗，大儿子或许还负有适当的维持家族声誉，保护、管教和约束二儿子或者小儿子的责任。

虽然在阿拉伯贝都因人的文化中，游牧民族的宗庙和香火意识相对来说并没有农耕民族这么强，但考察世界不同的历史文化传统，长子继承制是一种普遍现象。在欧洲日耳曼民族中，这一点尤其极端。例如，渊源于日耳曼传统的德国和英国这两个民族，长子继承制就源远流长，并且相对来说也比较彻底，所有的家产基本上都由长子继承，而幼子几乎没有任何实质性的遗产。因此家族的幼子在成年后，往往不得不离开家乡，到远方去自谋生路。有历史学家指出，德国的荣克（Yunker）贵族，就是由无遗产继承权而不得不自谋生路的小儿子（Jünger）演化而来，因此它们的生存危机感更强，也更有奋斗精神。也有人指出，英格兰资产阶级的冒险

① ［古希腊］亚里士多德：《尼各马可伦理学》，廖申白译，商务印书馆 2003 年版，第 138 页。

② 《论语·季氏》。

和奋斗精神,在很大程度上与英格兰家庭长子继承制下小儿子不得不离乡奋斗的精神有关系。由此可见,小儿子虽然少分了遗产,但也获得了更大的个人自由奋斗的空间。就此而言,老父亲的这一份遗嘱,很难说就一定是不公平的。

(四)司法的个案正义依赖于充满智慧的法律适用方法

本案判决最终被三兄弟接受,实现了法律效果与社会效果的统一,与法官深谙草原游牧民族的生产和生活方式,巧妙地使用了法律适用的方法有很大关系。许多不熟悉和了解草原游牧民族生产和生活方式的人,或许对本案的判决会产生一个疑问。如果按照一个现代大都市中的法官的思维,他也许会这样裁判本案:把 11 只骆驼直接按比例分割,大儿子得到 5.5 只骆驼,然后二儿子和三儿子按照相应比例再分割剩余的 5.5 只骆驼。但是,如果把本案放到草原游牧民族的生产生活语境中,作为本案的一个合格法官,他必须拥有如下基本知识:骆驼对生活在沙漠中的人来说,其价值不啻农耕民族的土地和房产,是游牧民族最根本的财产。对游牧民族的生产生活而言,如果没有骆驼作为主要的交通工具和生产生活工具,他们在沙漠中不但寸步难行,甚至都无法正常生活下去。而骆驼要发挥这种工具作用,首先必须保证是存活的、健康的。这一点是理解这个案子疑难之处的一个关键的条件:遗嘱必须被严格地执行,而遗产价值的实现必须要保证被分配的是活骆驼。要保证这两个条件都实现,这个案子几乎是无解的。

这个案子的难办,恰恰折射出法官的智慧和司法的价值。本案法官因案制宜,采用了一种特殊的法律适用方法和技巧,从而实现了个案正义。卡迪法官的裁判充满了智慧,判决成功的关键,就是卡迪所借出来的第 12 只骆驼。由于有了第 12 只骆驼,原来看似不可能解决的难题,都迎刃而解了。由于作为遗产的骆驼总数变成了 12 只,因此,老大艾哈迈德就得到了 6 只骆驼,老二阿里得到了 3 只骆驼,三儿子便雅悯得到了 2 只骆驼。这样,整个遗嘱得到了完美的执行,每个儿子都得到了他们该得的部分,正义得到了完美的实现。那么,第 12 只骆驼在这个遗产分配方案的执行过程中,究竟发挥了何种神奇的作用,从而使得这一切能够实现呢?

本疑难案件能够被解决的关键在于,案件事实发生了神奇的变化——作为遗产被分配的 11 只骆驼,如今变成了 12 只。从技术的角度看,如果是 11 只骆驼,这个遗产分配方案就是不可执行的。但骆驼数量一旦变成 12 只,遗产分配方案就可以得到完美的执行。同时,按照卡迪所提出的解决方案,三兄弟各自所得的骆驼加起来,还是 11 只。

本案中卡迪成功的关键,恰恰就是卡迪拥有的那“第 12 只骆驼”。也许每一个伟大的法官,在裁判中,都有一只专属于它自己的第 12 只骆驼,这第 12 只骆驼象征着他所掌握的法理思维、法理技能、法理理性。

参考文献:

1. [古希腊]亚里士多德:《尼各马可伦理学》,廖申白译,商务印书馆 2003 年版。

2. 泮伟江:《论法社会学对法学的贡献——一个古老遗产分配案引发的法哲学反思》,载《暨南学报(哲学社会科学版)》2019 年第 2 期。

北京航空航天大学法学院

泮伟江

第七节 法与人权

23. 法的人权价值

——隐私权：私主体未经授权对个人信息实施拦截

扎哈罗夫诉三家移动网络运营商侵犯隐私权案

一、 案情概要

原告罗曼·扎哈罗夫（Roman Zakharov）是居住在圣彼得堡的俄罗斯公民，是一出版公司及航空杂志主编，也是格拉斯诺斯特国防基金会——一家监督俄罗斯地区媒体自由状况的非政府组织——圣彼得堡分部的主席。

2003年12月23日，原告对俄罗斯三家移动网络运营商提起诉讼，称被告侵犯了自己的隐私权，请求法院下达禁令移除被告安装的所有设备，并确保被告将电话通信隐私保护的权利下放给授权用户自身。被告辩称，根据俄罗斯国家通信和信息技术委员会第70号令，俄罗斯移动网络运营商可以安装设备，其目的是使俄罗斯联邦安全局在需要时可不经事先司法授权拦截用户所有信息。俄罗斯通信部与俄罗斯联邦安全局圣彼得堡和列宁格勒地区分局作为第三人参与了本次诉讼。

2005年12月5日，一审法院驳回了原告的诉求，认为原告没有证据证明三家移动网络运营商曾向未授权用户传送过任何保密信息，亦未证明三家移动网络运营商曾在不受限制、未获授权的情况下拦截用户的电话通信等数据。一审法院还认为原告所提到安装的设备是执法机构按照法定程序进行业务搜查活动时使用的，这类设备安装本身并不会侵犯原告的隐私权，原告也没有证据证明其隐私权受到了侵犯。

一审法院宣判后，原告不服，提出上诉。上诉人特别强调，一审法院拒绝接受的几份证据文件可以证明三家移动网络运营商在未获得事先司法授权的情况下拦截用户所有的电话通信，而且这样未经授权的通信拦截频繁发生。

2006年4月26日，二审法院维持一审判决认为，要证明这种非法侵犯危险的存在，上诉人必须有证据证明被上诉人的行为是非法的。然而，被上诉人是在遵循法律要求基础上安装这些能够使执法机构开展业务搜查活动的设备的，这些设备的存在并不会干扰申请人的通信隐私。二审法院还审查了移动网络运营服务协议的增编，认为其中没有任何资料值得重新审议。

原告不服二审法院的判决，于2006年10月20日向欧洲人权法院提起申诉，认为根据《欧洲保护人权和基本自由公约》的规定，俄罗斯联邦对俄罗斯公民移动电话通信进行秘密拦截侵犯了自己私人生活和通信的权利，并且他本人对此没有任何救济手段。原告的申诉于2009年10月19日送达俄罗斯联邦政府，于2014年3月11日由欧洲人权法院审理。

在2014年9月24日举行公开听证会后，欧洲人权法院大法庭于2015年12月4日作出六项最终判决，其中包括“一致认为俄罗斯联邦政府违反了《欧洲保护人权和基本自由公约》（以下简称《公约》）第8条规定，驳回俄罗斯联邦政府对此的反对意见”，即认定俄罗斯三家移动网络运营商未经许可安装可拦截个人数据设备的行为侵犯了罗曼·扎哈罗夫的隐私权。

二、法理评析

本案是欧洲人权法院关于移动网络用户隐私权保护的重要案例之一，其核心法律问题有两点：第一，俄罗斯三家移动网络运营商未经许可收集个人数据的行为是否合法？第二，该行为是否侵犯了罗曼·扎哈罗夫的隐私权？欧洲人权法院从俄罗斯国内法、欧盟法两方面对以上争议点进行了分析。

国内法方面，欧洲人权法院指出：《俄罗斯宪法》第23条规定“公民的私人生活、个人及家庭秘密受法律保护”“公民享有通信、电话、邮政、电报和其他通信的自由，该自由仅可根据法院命令加以限制”，第24条规定“未经个人同意，不得收集、储存、使用或传播有关其私人生活的相关信息”；同时，《俄罗斯通信法》第63条规定“通过电信网络或邮件服务传送的邮政、电报和其他通信形式的隐私受法律保护，对通信隐私的限制只有在联邦法律规定的情况下才允许”“截取通信须经事先司法授权，但联邦法律规定的情况除外”。此外，大法庭引用了2003年10月俄罗斯宪法法院第345-O号判决，指出电话通信的隐私权涵盖“通过电话设备传送、储存或发现的所有数据，包括非基于内容的数据，比如关于特定用户的输入和输出连接的信息”“对这类数据的监测也须事先获得司法授权”。

欧盟法方面，欧洲人权法院引用联合国第68/167号关于数字时代隐私权保护的决议指出：俄罗斯作为成员国应当“审查其涉及通信监控和截获以及个人数据收集的程序、做法和立法，包括大规模监控、截获和收集方面的程序、做法和立法，以确保充分而有效地履行其按照国际人权法承担的全部义务，维护隐私权”“设立或维护现有的独立有效的国内监督机制，使其能够确保国家通信监控、通信截获以及个人数据收集工作具备适当的透明度并接受问责”；此外，作为欧洲委员会颁布的《关于自动处理个人数据的个人保护公约》的正式签署国，俄罗斯需要遵循公约规定的公共和私营部门自动处理个人数据领域的数据保护标准。

尤为重要的是，《公约》第8条规定：“（1）人人有权享有使自己的私人和家庭生活、住所和通信得到尊重的权利。（2）公共机构不得干预上述权利的行使，但是，依照法律规定的干预以及基于在民主社会中为了国家安全、公共安全或者国家的经济福利的利益考虑，为了防止混乱或者犯罪，为了保护健康或者道德，为了保护他人的权利与自由而有必要进行干预的，不受此限。”即每个人的私人及家庭生活、住所和通信隐私的权利与自由必须受到尊重，这是《公约》下的法定基本人权之一；任何对此作出限制的行为，必须符合“法律规定”并为“民主社会”所必需。

显然，俄罗斯三家移动网络运营商的做法是违反《公约》第8条第2款的。因为这种拦截既没有用户个人授权也没有得到法院的批准，并且用户个人无法预见该通信数据将被运营商如何处理，而且这些处理也未能被确保符合保障国家安全的合法目的。此外，法院在以下方面认为俄罗斯关于移动网络运营商监听或拦截用户数据的规定存在缺陷：监听的有效监督；此类措施的持续时间，特别是在何种情况下应停止采取这些措施；何种主体在何种情况下有权采取秘密监视措施；授权截取以及存储和销毁截取的数据的过程；质疑通信被截获的补救措施。因此，欧洲人权法院判定俄罗斯三家移动网络运营商在未获司法授权许可下安装收集数据设备的拦截行为违法，侵犯了原告罗曼·扎哈罗夫的隐私权。

(一) 判决的意义

人权保护一直是一个复杂的法律问题。除了人权保护的客体内容广泛、人权保护的路径多样，飞速发展的科技也使得在数字时代平衡人权保护和公共利益的复杂性尤其突出。欧洲人权法院详细评估了本案中移动网络运营商对于罗曼·扎哈罗夫个人数据的拦截是否出于合法目的，并且在民主社会中是否必要，不仅确定了个人数据的人权保护客体地位和个体对个人数据的支配地位，而且对于个人数据隐私权保护和公共利益平衡作出了指导性裁决。

一方面，法院认为数据收集行为必须符合合法目的。必须在依法行事的基础上，使个人权利和公共利益之间的平衡得以保障。个人数据收集应该能够被充分审查，以防滥用。为了确保这一点，法院强调“可预见性”的概念应在数据收集的背景下加以解释，即法律必须明确规定何种主体在何种条件下可以采取秘密监视措施、对个人数据进行收集。同时，实施者应向有关部门报告，并且法律必须明确规定行使这一权力的限制。

另一方面，法院指出应当从以下方面论证任何收集个人数据的行为具有必要性：法律的可及性；法律的适用范围；检查、使用、存储、交流、删除和销毁通信录音的程序；授权程序；监督措施执行的规则；国内法律是否规定了通知程序和补救措施。

法院在以上两方面的分析、说理和总结对于之后类似案件的裁判具有很强的实践指导意义。

(二) 干预的一般性原则

如上所言，该判决对隐私权干预的一般性原则作了进一步阐述和归纳。任何干预只有符合《公约》第 8 条第 2 款所指的合法目的并为在民主社会中实现此类目的所必需时，才能被证明为合理。

基于其公认的判例法，法院指出“合法”一词要求受到指责的措施既要在国内法中有一定基础，又要与法治相适应。《公约》序言中明确提及法治，其也属于《公约》第 8 条的内在目的和宗旨。因此，秘密监视等措施的相关法律必须达到质量要求。简而言之，即有关人员可以查阅法律，并可预见其效果。

同时，法院认为在截取通信数据方面提及的“可预见性”与许多其他领域是不同的。在秘密监视措施（例如拦截通信）的特殊情况下，可预见性并不意味着个人应当能够预见权力机关何时可能截获其通信，以便其相应地调整自己的行为。但是，当赋予干预主体的权力被秘密行使时，措施存在任意性的风险是显而易见的，而且可用于秘密监视的技术正在变得越来越复杂。因此，必须制定关于窃听电话交谈的明确、详细的规则。国内法必须足够明确，以向公众充分说明公共权力机关有权采取此类措施的情况和条件。

此外，由于在实践中秘密监视通信的措施不受有关个人或广大公众的监督，赋予行政部门或法官不受约束的自由裁量权是违反法治的。所以，法律必须清楚说明赋予主管部门的任何此类自由裁量权的范围及其行使方式，以便充分保护个人权利，防止其遭受任意干涉。在关于秘密监视措施的判例法中，法院确立了国内法应规定的最低限度保障措施，以避免权力滥用，包括：可能引起截取命令的罪行的性质；应受到电话监听的人群的定义；电话窃听时间的限制；检查、使用和储存所获数据应遵循的程序；向其他各方传送数据时应采取的预防措施；以及可能必须删除或销毁录音的情况。

关于为实现合法目标而进行的干预是否是“民主社会中所必需的”问题，法院承认，在平衡被请求国通过秘密监视措施保护国家安全的利益和防止严重干扰申请人、尊重其私人生活权利的利益的过程中，国内权力机关在选择实现保护国家安全的合法目标的手段时，享有一定的国家裁量权。但是，此国家裁量权理应受到欧洲的监督约束，无论是国内立法还是适用该国家裁量权的决定。鉴于为保护国家安全而建立的秘密监视制度有可能在捍卫民主的外表下削减甚至破坏民主，法院认为成员国的秘密监视措施必须受到充分和有效的保障，以防止其被滥用。法院对此的评估取决于案件的所有具体情况，如可能采取的措施的性质、范围和持续时间，命令采取这些措施的理由，有权授权执行和监督这些措施的机构以及国内法提供的补救手段的种类。据此，法院必须确定监督限制性措施的命令和执行的程序是否使“干预”对“民主社会有所必要”。

对秘密监视措施的审查和监督可分三个阶段进行：首次下达监视命令时、进行监视时和终止监视之后。关于前两个阶段，根据秘密监视的性质和逻辑，监视本身和伴随的审查都应在个人不知情的情况下进行。由于被干预的个人不能自行寻求有效的补救或直接参与任何审查监督程序，因此，秘密监视措施的审查和监督程序本身必须对个人权利提供充分和同等的保障。此外，在没有超出《公约》第 8 条第 2 款的“必要性”界限的前提下，民主社会的价值观必须在监督程序中被尽可能忠实地遵循。在个别情况下，滥用行为可能很容易发生，并可能对整个民主社会产生有害后果。所以，原则上最好将前述监督控制权交给法官，因为司法控制是独立性、公正性和程序正当的最佳保障。关于第三阶段，在监视终止之后，对监视措施的事后通知关乎法院能否提供有效的补救措施，因而也和防止滥用监视权力的有效保障密切相关。一般来说，有关个人应当（在事后）被告知其在不知情的情况下被采取的措施，并因此能够追溯性地质疑措施的合法性，否则其几乎没有诉诸法院的余地。除非采取另一种方法，允许任何人在怀疑自己的通信正在被或已经被截获时都可以向法院提出申请，以使法院的管辖权不受限于拦截对象已被通知其通信曾被拦截的情况。

（三）以往裁判事例中的情况

从以往裁判来看，欧洲人权法院在平衡个人数据隐私权保护和基于公共利益对隐私权的干预方面，所持观点总体较为一致。例如，其在 2007 年 4 月判决在律师的计算机系统上搜索和扣押电子数据时未遵守程序保障措施违反《公约》第 8 条（74336/01），在同年 10 月判决在没有法定依据的情况下监视州雇员的电话、电子邮件和互联网浏览违反《公约》第 8 条（62617/00），在 2009 年 6 月判决监视囚犯与医疗专家的信件违反《公约》第 8 条（36936/05），在 2010 年 9 月裁定通过 GPS 监视嫌疑恐怖分子的行为不违反《公约》第 8 条（35623/05）。

（四）判例的射程

首先，欧洲人权法院是在《公约》下建立的超国家国际法庭，审理《公约》缔约国被指控违反《公约》的人权案件。案件申请方可以是单个人，也可以是一群人，还可以是一个或者多个《公约》缔约国。欧洲人权法院所作的判决对于欧洲 47 个成员国具有约束力。因此，罗曼·扎哈罗夫一案判决不仅被俄罗斯执行，也作为判例法被其他《公约》缔约国所引用。

其次，此案也可作为欧洲隐私权保护的典型案例与中国个人数据隐私保护的规则进行比较。简而言之，中国对于个人数据隐私的保护从不同层次作出了规定，包括《宪法》第 40 条、

《电信条例》第66条、工信部《电信和互联网用户个人信息保护规定》第8—12条、《网络安全法》第40—42条等。2020年5月15日，工信部依据《网络安全法》《电信条例》《电信和互联网用户个人信息保护规定》等法律法规，组织第三方检测机构对手机应用软件进行检查，发现了存在问题未完成整改的16家企业，这些企业涉及私自收集个人信息、将个人信息共享给第三方或过度收集个人信息等违规行为。随后工信部发布了《关于侵害用户权益行为的APP通报（2020年第一批）》，要求上述APP在2020年5月25日前完成整改落实工作，逾期不整改的，工信部将依法依规组织开展相关处置工作。工信部的这一举措反映了中国对于保护公民个人数据隐私的重视，而这一基调也由《民法典》之公民基本权利第111条所明确。

参考文献：

1. Copland v. the United Kingdom, ECHR No.62617/00.
2. Convention for the Protection of Human Rights and Fundamental Freedoms.
3. Convention for the Protection of Individuals with regard to Automatic Processing of Personal Data.
4. Huvig v. France, ECtHR No.11105/84.
5. Kvasnica v. Slovakia, ECtHR No.72094/01.
6. Leander v. Sweden, EUROPEAN CT No.9248/81.
7. Marper v. The United Kingdom, ECtHR No.30562/04.
8. Roman Zakharov v. Russia, ECtHR No.47143/06.
9. Rotaru v. Romania, ECtHR No.28341/95.
10. Szuluk v. the United Kingdom, ECtHR No.36936/05.
11. The Communications Act (No. 126-FZ).
12. The Constitutional Court Decision No. 345-O.
13. UN Resolution 68/167: The right to privacy in the digital age .
14. Uzun v. Germany, ECtHR No.35623/05.
15.《关于侵害用户权益行为的APP通报(2020年第一批)》。

英国伦敦玛丽女王大学法学院

唐冠虹

第四章　法的渊源与效力

第一节　法 的 渊 源

24. 法的渊源的概念
——指导性案例的法源地位

瑞士嘉吉国际公司诉福建金石制油有限公司等确认合同无效纠纷案①

一、 案情概要

瑞士嘉吉国际公司(Cargill International SA,以下简称“嘉吉公司”)与福建金石制油有限公司(以下简称“福建金石公司”)及其他五家中国公司组成的金石集团存在商业往来。嘉吉公司与金石集团因大豆买卖合同产生争议,双方将争议提交至国际油类、种子和脂类联合会仲裁。2005 年 10 月,国际油类、种子和脂类联合会作出仲裁裁决,确认金石集团应在 5 年内分期向嘉吉公司偿还 1 337 万美元债务,同时应将福建金石公司的全部资产抵押给嘉吉公司作为偿还债务的担保。但直至 2006 年 5 月,金石集团未履行任何裁决事项。

2006 年 5 月,福建金石公司与福建田源生物蛋白科技有限公司(以下简称“田源公司”)签订了《国有土地使用权及资产买卖合同》,将福建金石公司的国有土地使用权以及其他全部固定资产转让给了田源公司,作价 2 569 万元人民币。

漳州开发区汇丰源贸易有限公司(以下简称“汇丰源公司”)成立于 2008 年 2 月,成立后并未实际经营。2008 年 2 月,田源公司又与汇丰源公司签订了《国有土地使用权及资产买卖合同》,约定汇丰源公司购买田源公司上述土地使用权及地上建筑物、设备等,总价款为 2 669 万元人民币。汇丰源公司向田源公司支付了头款 569 万元之后,未支付其余任何价款。汇丰源公司于 2008 年 3 月取得国有土地使用权证。

2009 年 9 月,中纺粮油进出口有限责任公司(以下简称“中纺粮油公司”)与汇丰源公司仅有的两名股东签订《股权转让协议》,购买了汇丰源公司 80%的股权。同时,双方还签订了一份《股权质押协议》,约定:汇丰源的两名股东以其所剩余的 20%的汇丰源股权质押给中纺粮油公司,作为其履行质押合同义务的担保。而所谓的“质押合同义务”的履行即指嘉吉公司与金石集团就大豆买卖而引发的任何诉讼和仲裁的全部审理及执行完毕,且汇丰源公司未因此遭受

① 参见最高人民法院指导案例 33 号。

任何财产损失之日。

至此，由于福建金石公司的全部财产已转移至汇丰源公司，导致无财产可供执行，嘉吉公司向福建省高级人民法院提起诉讼。债权人嘉吉公司认为债务人福建金石公司与田源公司、田源公司与汇丰源公司之间的两份土地使用权以及资产买卖合同，因属于《合同法》第 52 条第 2 项①"恶意串通，损害国家、集体或者第三人利益"的情形而应当被认定为无效合同。据此，嘉吉公司请求：确认福建金石公司与田源公司签订的《国有土地使用权及资产买卖合同》无效；确认田源公司与汇丰源公司签订的《国有土地使用权及资产买卖合同》无效。

福建省高级人民法院于 2011 年 10 月作出(2007)闽民初字第 37 号民事判决，确认福建金石公司与田源公司之间的《国有土地使用权及资产买卖合同》，以及田源公司与汇丰源公司之间的《国有土地使用权及资产买卖合同》无效。福建金石公司、田源公司、汇丰源公司提出上诉。最高人民法院于 2012 年 8 月作出(2012)民四终字第 1 号民事判决，驳回上诉，维持原判。

二、法理评析

(一) 裁判要点

本案的争议焦点之一在于法院如何认定福建金石公司、田源公司、汇丰源公司之间订立的两份买卖合同构成原《合同法》第 52 条"恶意串通，损害第三人利益"的情形而应认定为无效合同。在福建金石公司与田源公司签订的《国有土地使用权及资产买卖合同》的无效确认中，法院认为：首先，福建金石公司和田源公司的法定代表人是夫妻关系，买卖合同也由该夫妇签署。因此可以确认两个公司属于关联公司且田源公司明知福建金石公司对嘉吉公司的债务事实。其次，根据福建金石公司的资产负债表，福建金石公司的固定资产原价为 4 400 多万元人民币，但在与田源公司的买卖合同中仅作价 2 569 万元人民币。据此，债务人福建金石公司将主要财产以明显不合理低价转让给其关联公司田源公司，且关联公司明知债务人福建金石公司欠债权人嘉吉公司巨额债务，足以证明债务人与其关联公司恶意串通。债务人与关联公司签订的财产转让合同客观上也侵犯了第三人即债权人嘉吉公司的利益，应当认定为无效。

在田源公司与汇丰源公司之间签订的《国有土地使用权及资产买卖合同》的无效确认中，法院认为，从汇丰源公司股东与中纺粮油公司签订的《股权质押协议》可以看出，汇丰源公司对田源公司的待转让资产来源以及对福建金石公司和嘉吉公司的债务纠纷是明知的。同时汇丰源公司也未向田源公司支付买卖合同约定的大部分款项。据此，汇丰源公司明知债务人金石公司欠债的事实，且未实际支付买卖合同对价，可以认定为主观上与田源公司恶意串通并在客观上损害了第三人即债权人嘉吉公司的利益，其财产转让合同也应当被认定为无效。

本案明确了原《合同法》第 52 条第 2 项"恶意串通"的认定标准，即债务人将主要财产以明显不合理低价转让给其关联公司，关联公司在明知债务人欠债的情况下，未实际支付对价的，可以认定债务人与其关联公司恶意串通、损害债权人利益，与此相关的财产转让合同应当被认定为无效。

(二) 指导案例 33 号对下级法院后续裁判的指导实践

法律渊源，是指法律的直接形式渊源，亦即由权威立法机关按照法定程序制定的规范性法

① 该规定现已失效。《民法典》第 154 条规定："行为人与相对人恶意串通，损害他人合法权益的民事法律行为无效。"

律文件。我国的法律渊源包括宪法、法律、行政法规、部委规章、地方性法规、自治条例和单行条例、经济特区的经济法规,以及中国与外国缔结、参加、签订、加入、承认的双边或多边的条约、协定和其他具有条约性质的文件。

除上述直接法律渊源外,指导性案例能否被视为我国法律渊源体系的组成部分一直颇具争议。作为一个遵从大陆法系传统的国家,先例并不能被视为中国特色社会主义法律体系的正式渊源之一,不具备如英美法系之中判例法的地位与拘束力。然而,随着我国案例指导制度的建立,指导性案例能否被视为我国正式法律渊源之一在学界引起了广泛讨论。案例指导制度是指由最高人民法院、最高人民检察院按照法定程序确认并定期发布的案例编纂,对全国的审判和检察工作具有指导作用。2010 年 7 月 29 日颁布的《最高人民检察院关于案例指导工作的规定》和 2010 年 11 月 26 日颁布的《最高人民法院关于案例指导工作的规定》,标志着我国案例指导制度的正式设立和运行。尽管在案例指导制度的功能价值、必要性和重要性等问题上,学界已达成一定共识,但对于指导性案例在法源意义上的性质及效力定位仍具歧见。

关于指导性案例在司法实践中到底应当如何适用,最高人民法院于 2015 年 6 月 2 日发布了《〈最高人民法院关于案例指导工作的规定〉实施细则》,其中第 9 条规定:"各级人民法院正在审理的案件,在基本案情和法律适用方面,与最高人民法院发布的指导性案例相类似的,应当参照相关指导性案例的裁判要点作出裁判。"第 10 条规定:"各级人民法院审理类似案件参照指导性案例的,应当将指导性案例作为裁判理由引述,但不作为裁判依据引用。"第 11 条规定:"……公诉机关、案件当事人及其辩护人、诉讼代理人引述指导性案例作为控(诉)辩理由的,案件承办人员应当在裁判理由中回应是否参照了该指导性案例并说明理由。"据此,各级法院有义务(应当)在正在审理的案件中参照并引述在基本案情和法律适用方面与正在审理的案件相类似的指导性案例。法院没有引述的,当事人也可以向法院提出,法院有义务(应当)回应当事人的请求并说明理由。

本案是为数不多的被全国下级法院在后续司法实践中多次援引的指导案例之一。美国斯坦福大学法学院创立的中国指导性案例项目于 2019 年 12 月发布的一项实证研究显示,从 2014 年 12 月本案例发布之时起,至 2019 年 9 月 30 日止,全国共有 26 个明确提及本案例的后续裁判。"提及"表明本案例在裁判文书中的任意部分至少出现一次。在这 26 个后续裁判中,2 个出现于 2015 年,1 个出现于 2016 年,2017 年大幅增加至 9 个,2018 年 10 个,2019 年 4 个。从提及本案例的法院级别分布看,最高人民法院在 2 个裁判中提及,全国高院在 4 个裁判中提及,全国中院在 9 个裁判中提及,全国基层法院在 11 个裁判中提及。这表明绝大部分对该案例的提及都集中在基层和中级法院审理的案件。从裁判程序阶段分布看,该案例在后续的一审判决中提及了 12 次,在二审判决中提及了 11 次,在再审程序中提及了 2 次,在执行程序中提及了 1 次。这表明指导性案例的引用已经不仅限于一、二审程序。

此外,在 26 个后续裁判中,22 个(84.6%)是由当事人或其律师向法院提出引述,剩余 4 个(15.4%)则由法院主动提出引述。但是,在 22 个当事人要求引述的后续裁判中,只有 6 个得到了审理法院在裁判理由中的回应,在剩余 16 个后续裁判中审理法院则对当事人的请求未置可否。

对于在裁判理由中提及了本案例的后续裁判,全国各级法院对本案例的裁判要点也作出了不同的扩大解释。例如,在(2016)浙 1102 民初 5246 号占海松与王建设、林常蔚确认合同无效纠纷一审民事判决中，浙江省丽水市莲都区人民法院在判决说理部分主动引述了本案例，并对其中的“关联公司”一词作出了扩大解释。虽然本案例的裁判要点将债务人恶意转让财产的对象界定为“公司”，但在该民事判决中，法院将财产转让的对象扩大至包括自然人在内的利益相关方。在该案中，债务人向自己的妻儿转让公司股份，法院认为“股权转让发生在近亲属之间，根据日常经验法则，三(自然人)被告(即股份受让人)应属利益相关方”。[①] 据此，法院认为本案例的裁判要点应当在该案中予以援引并遵守，因此认定因恶意串通、损害债权人利益而导致丈夫向妻儿转让股份的协议无效。由此可见，下级法院对指导性案例的扩大适用实际上是对指导案例背后的法理与原则的适用，而不是对指导案例机械地生搬硬套。这一现象充分表明了指导性案例制度存在的初衷，即充分发挥裁判要点对后续审判的指导性功能。

(三) 指导性案例在法源意义上的性质界定

首先，根据《〈最高人民法院关于案例指导工作的规定〉实施细则》第 9 条的规定，如果各级人民法院正在审理的案件，在基本案情和法律适用方面，与最高人民法院发布的指导性案例相类似，则应当参照相关指导性案例的裁判要点作出裁判。“应当”一词表明，法官在司法审判活动中有对指导性案例进行参照的法定义务。

但是，“参照”一词表明，中国的指导性案例制度不同于英美法系判例法中的“遵循先例”(*stare decisis*)原则。该原则是指下级法院在审理案件时，必须将同级或上级法院的在先判例作为审理和裁决的法律依据，如果正在审理的案件与判例相同或相似，在没有新的事实出现和更加充分的理由被提出的情况下，就不得作出与过去判决不一致的判决，直到作出该判例法院的上级法院在另外一个同类案件中推翻该判例为止。而中国的指导性“案例”不是“判例”，下级法院只需“参照”而不是“遵循”。最高院的《关于案例指导工作的规定》及其实施细则只规定了“应当参照”的法律义务，却未规定违反该义务，即“应当参照却未参照”的法律后果。换言之，法官有权对指导性案例是否适用于正在审理的案件作出判断，如果法官认为指导性案例不必被援引，则不必主动参照或援引。法官更没有义务对未主动参照或援引指导性案例这一事实的原因作出解释。一种例外情形是，如果当事人主动提出参照某一指导性案例，案件承办人员则有义务在裁判理由中回应是否参照了该指导性案例，并说明理由。但是这种义务不具有法律约束力。在前述 26 个提及了该指导案例的后续裁判中，有 16 个裁判是由当事人提出法院应当参照该指导案例，但法院并未在裁判理由中引述，也未说明理由。这表明指导性案例不是正式的法律渊源，即使在司法裁判中应当引用而未被引用，也不属于法律适用错误，不能作为上诉、重审或再审的理由。

此外，不同于英美法系中的“法官造法”，指导性案例不是司法解释，更不是法律，不具有“立法”的性质与功能。指导性案例只针对具体个案作出裁判，并通过裁判要点和裁判理由来使抽象的法律条文的立法宗旨和精神具体化。

综上所述，从指导性案例制度在设计之初的功能定位以及在司法实践中的实际运用情况来看，中国的指导性案例制度不属于正式法律渊源或直接法律渊源。因此，将其归类为非正式法律渊源，或间接法律渊源更为恰当。当然，应当承认的是，与其他非正式法律渊源，例如国际习惯法或法理学说相比，指导性案例在司法审判实践中具有高于其他非正式法律渊源的地位

---

① 参见浙江省丽水市莲都区人民法院(2016)浙 1102 民初 5246 号民事判决书。

与效力。例如，在前述占海松与王建设、林常蔚确认合同无效纠纷案中对该指导案例的引用与解释表明，指导性案例对下级法院审判指导的积极意义不容忽视。因此，也有学者将指导性案例界定为“准直接法律渊源（准法源）”“本土先例”或“具有中国特色的判例制度”。

参考文献：

1. 张建军：《刑法中不明确概念类型化研究》，法律出版社 2016 年版。
2. 雷磊：《指导性案例法源地位再反思》，载《中国法学》2015 年第 1 期。

荷兰鹿特丹伊拉斯姆斯大学法学院
边 城

第二节　法 的 分 类

25. 国内法与国际法
——专属经济区沿海国执法权的合法性

《联合国海洋法公约》附件七的仲裁程序①

一、 案情概要

北极日出号(Arctic Sunrise)是绿色和平组织的一艘破冰船,悬挂荷兰国旗。绿色和平组织的成员多次乘坐该船从事海洋环境保护和防止气候变暖的抗议活动。2013 年 9 月 18 日,绿色和平组织的成员 30 人(来自包括俄罗斯、荷兰在内的 18 个不同国家)乘北极日出号在俄罗斯位于北极区域的专属经济区进行抗议活动,试图阻止俄罗斯天然气工业股份公司(Gazprom)对北极地区石油的开采,船上人员尝试乘小艇登上位于巴伦支海的某钻井平台。俄罗斯海岸警卫队乘军舰拉戈达(Lagoda)号对北极日出号进行追逐,并在次日对北极日出号进行了登临、搜查,拘捕了船上人员,其后将该船拖至摩尔曼斯克州的科拉港扣押。俄罗斯当局在摩尔曼斯克州的列宁斯基(Leninsky)地方法院对船上 30 人提起"海盗罪"(后变更为"流氓罪")的指控。

作为北极日出号的船旗国,荷兰随即与俄罗斯进行了交涉,同年 10 月 4 日荷兰启动《联合国海洋法公约》(以下简称"《海洋法公约》")附件七下的仲裁程序,10 月 21 日向国际海洋法法庭申请采取临时措施,要求法庭裁定俄罗斯迅即释放北极日出号船与船上的 30 人。俄罗斯以其对《海洋法公约》下的法庭对专属经济区的主权权利及管辖权争端的强制管辖权提出了保留为由,否认国际仲裁庭及国际海洋法法庭对争端的管辖权,并拒绝参加诉讼。国际海洋法法庭在 2013 年 11 月 22 日发布临时措施命令,要求俄罗斯在荷兰提交360 万欧元的担保金后,立即释放北极日出号及船上人员,并且确保该船和船员顺利离开俄罗斯领土和海域。2013 年 12 月底,俄罗斯进行"全面大赦",撤销了对北极日出号船上 30 人的指控并释放了他们。但在荷兰提交保证金后,俄罗斯并未随即解除对北极日出号的扣押,直到 2014 年 6 月该船才获准离开,同年 8 月驶离俄罗斯回到荷兰。2015 年 2 月,仲裁庭裁定其对此案具有管辖权,仲裁庭于同年 8 月作出实体裁决。

二、 法理评析

(一) 判决的意义

专属经济区的制度从其创立到现在一直是最富争议的制度之一。根据《海洋法公约》定

---

① See The Arctic Sunrise(*The Netherlands v. The Russian Federation*), PCA Case No.2014-2, Award(Merits) of 14 August 2015, para.235.

义，专属经济区为沿海国在其领海以外邻接其领海的海域所设立的一种特殊区域，即非领海又不是公海，因此被称为自成一类的区域或称第三类区域。① 它是最好的深刻认识国内法和国际法之间关系的重要范畴之一。

在此区域内，沿海国为勘探、开发、养护和管理海床和底土及其上覆水域的自然资源的目的拥有相应的主权权利及管辖权。同时，其他国家在该区域也享有包括航行自由、飞行自由、铺设海底电缆和管道等在内的权利。当出现权利分享的时候就必然会出现冲突，因此，《海洋法公约》也规定沿海国为保护自己特定的权益不受侵犯，可采取登临、检查、逮捕和进行司法程序等措施的执法权。但是，由于相关规定较为笼统，而且对于保护非生物资源的主权权利的执法权亦不明确，导致了沿海国与其他国家在沿海国执法权的内容与如何依法执法上争议极大。特别是沿海国在此区域如何按《海洋法公约》规定的方式行使执法权，并顾及其他国家的权益，更是各执一词。自《海洋法公约》生效以来，沿海国与非沿海国在此领域内屡屡发生冲突，如在中国的专属经济区内发生的中美撞机事件、“无暇号”船舶事件、中美黄海对峙事件，中国船舶在阿根廷、帕劳、韩国等外国专属经济区产生的争端。国际海洋法法庭从成立至今共受理了29个诉讼案件，而涉及专属经济区内争议的有22个之多，其中迅速释放案9个，临时措施案7个，表明专属经济区冲突发生的频繁。②

到目前为止，北极日出号案的实体裁决③，是第一个对专属经济区内沿海国的执法权进行系统而明确解释的案例，特别是弥补了《海洋法公约》对沿海国为保护其对专属经济区与大陆架的非生物资源的主权权利所应拥有的执法权缺乏明确规定的漏洞，无疑是专属经济区争端里程碑式的案件。该裁决以沿海国为保护其在专属经济区的主权权利及利益所享有的执法权与如何合法行使这些执法权为主线，检查了沿海国在专属经济区进行执法的法律依据，将《海洋法公约》中规定沿海国根据《海洋法公约》和其国内法，在专属经济区为制止与处罚船舶违法活动而采取紧追、登临、逮捕、扣押与提起司法程序等措施的权力，视为严格意义上的执法权，而把沿海国有权为预防侵犯其在专属经济区的权利与利益活动而采取适当措施，称为广义上的执法权。④ 基于《海洋法公约》所规定的沿海国在专属经济区的执法权，结合北极日出号案实体裁决的相关解释，系统分析沿海国的执法权⑤，对于中国作为沿海国在中国南海、东海等区域的专属经济区的海洋权益的保障，以及中国作为非沿海国在别国专属经济区的权利行使，具有重要的指导意义。

（二）《联合国海洋法公约》规定的沿海国在专属经济区享有的狭义执法权

沿海国在专属经济区内有以勘探和开发、养护和管理海床上覆水域和海床及其底土的自然资源（不论为生物或非生物资源）为目的的主权权利，以及对人工岛屿、设施和结构、海洋科

---

① 参见《海洋法公约》第55条；R.R.Churchill and A.V.Lowe, *The Law of the Sea 166*, 3th ed., Manchester University Press, 1999.

② See https://www.itlos.org/cases.

③ 北极日出号案目前有国际海洋法法庭关于临时措施的裁决、仲裁庭关于管辖权的裁决、仲裁庭的实体裁决，这里只对北极日出号案实体裁决中的实体部分进行分析。

④ See The Arctic Sunrise (*The Netherlands v. The Russian Federation*), PCA Case No.2014-2, Award (Merits) of 14 August 2015, para.235.

⑤ 本文中的“沿海国的执法权”所针对的船舶仅指外国船舶，并不包括本国船舶，也不包括外国非商业用途的公船。

学研究、海洋环境的保护和保全的管辖权,并因此享有一定范围内的执法权。

第一,人工岛屿、设施的安全区。根据《海洋法公约》第60条的规定,沿海国在专属经济区的人工岛屿、设施等周围的500米安全区的专属管辖权应当通过"适当措施"加以建立,而设立安全区的"适当措施"被仲裁庭解释为通过特定的国内立法明确具体的人工岛屿、设施和结构的安全区并公告之。① 因此,俄罗斯通过航海通告的方式建立该石油平台3海里的安全区的方式被仲裁庭明确为不适当的方式,故俄罗斯在3海里的区域中不能享有专属管辖权。同时,仲裁庭又在沿海国未采取这些"适当措施"的时候建立了例外情况,要求具备两个条件:一是沿海国必须已清楚无误地将人工岛屿、设施及结构周围500米实际作为安全区来进行管辖,二是与之有争议的国家承认该区域为安全区。由此可推定沿海国在人工设施周围享有500米的安全区,②也在500米安全区内享有专属管辖权。

第二,登临权。根据《海洋法公约》第58条的规定,公海一章中从第88—115条可适用于专属经济区,因此有关登临权的第110条的规定亦可适用于专属经济区。俄罗斯在本案中以北极日出号从事海盗行为而登临的理由未被仲裁庭接受。仲裁庭认为:根据第110条,海盗行为只能是对另一船舶或飞机,或对另一船舶或飞机上的人或财物实施。显然本案中的钻井平台并非这样的对象,所谓的海盗行为不符合此定义,故俄罗斯根据110条登临北极日出号的行为侵犯了船旗国的管辖权。

第三,紧追权。在本案中仲裁庭称尽管俄罗斯未采取适当措施告知位于其专属经济区的石油钻井平台和周围500米为安全区,但是由于俄罗斯确信其在平台周围500米有安全区,且实际对其如此管理,而荷兰也承认俄罗斯在平台周围有500米安全区,因此仲裁庭推定500米为俄罗斯的安全区,在此区域享有管辖权,故当北极日出号在此区域内时,俄罗斯有权行使紧追权。仲裁庭于是根据《海洋法公约》第111条的规定明确当俄罗斯开始行使紧追权时,尽管俄罗斯发出信号的时间可能有片刻迟于北极日出号的最后一个小艇驶出安全区,但是仍视其位于500米安全区内,并根据"推定在场原则"视其母船——北极日出号——也位于俄罗斯所管辖的安全区,而俄罗斯军舰发出的无线电信息属于第111条所规定的视听信息,因此,俄罗斯开始进行紧追的行动符合紧追权的条件一,即追逐的开始。但仲裁庭认为俄罗斯不符合紧追权条件二,即持续不停地追逐,理由是执行任务的俄罗斯船舶已经停下来等待上级的命令与飞机的参与,没有持续追逐的意图,其追逐行为由于等待而中断。故俄罗斯无法以紧追权作为其对"北极日出号"进行管辖的法律依据。

第四,关于第73条的执法权。仲裁庭注意到《海洋法公约》第73条规定了沿海国在专属经济区可采取登临、检查、逮捕和进行司法程序确保其依照海洋法公约制定的法律和规章得到遵守,但是仲裁庭认为该款只适用于沿海国行使其勘探、开发、养护和管理在专属经济区内的生物资源的主权权利,而本案中是对非生物资源的开发,因此,第73条所规定的执法权不能扩大适用于此。

---

① See The Arctic Sunrise(*The Netherlands v. The Russian Federation*), PCA Case No.2014-2, Award(Merits) of 14 August 2015, paras.212-215.

② See The Arctic Sunrise(*The Netherlands v. The Russian Federation*), PCA Case No.2014-2, Award(Merits) of 14 August 2015, para.249.

第五,关于沿海国依照第234条在冰封海洋限制航行自由的权利。仲裁庭认为俄罗斯未将根据《海洋法公约》第234条规定的限制船舶在冰封海域航行的法令适用于本案中的石油钻井平台所位于的巴伦支海,因此,俄罗斯不能以巴伦支海系冰封的海洋区域限制北极日出号在此区域行使航行自由权。仲裁庭的该解释表明《海洋法公约》给予沿海国的主权权利与管辖权需要通过其国内法予以明确才能行使这些权利。

第六,沿海国在专属经济区对非生物资源的执法权。《海洋法公约》对于沿海国维护其在专属经济区的非生物资源的主权权利并无类似第73条的授权规定,本案仲裁庭指出,尽管在第三次联合国海洋法会议上,曾经有代表建议将沿海国对涉及生物资源的执法权扩展到非生物资源,但未被接受与采纳。鉴于此,仲裁庭称公约第73条规定的沿海国对涉及生物资源的执法权不能扩大到非生物资源。[①] 显然,《海洋法公约》所明确的沿海国的执法权不足以让沿海国享有其对专属经济区内非生物资源的主权权利。仲裁庭在审查涉及非生物资源的第77条的时候,意识到该条款在很大程度上重复了1958年《大陆架公约》的规定,于是援引了联合国国际法委员会对于该公约草案的评注,认为该评注也可以用于《海洋法公约》第77条的解释与适用。[②] 国际法委员会在评注中明确沿海国在大陆架上开发资源拥有不可置疑的权利,因此享有采取所有的必要措施的权利,其中包括为了阻止和惩罚在此区域的违法活动的执法权。[③] 于是,仲裁庭认为沿海国因其对非生物资源的主权权利,在专属经济区内与在大陆架上一样拥有对阻止和处罚妨碍沿海国对非生物资源的勘探与开发之执法权。事实上,仲裁庭突破了《海洋法公约》将沿海国执法权主要在关于生物资源的主权权利与防治环境污染二领域的限制,通过对《大陆架公约》的准备资料的解释,明确了沿海国为实现其非生物资源的主权权利而享有采取登临、逮捕、扣押及提起司法程序等措施的执法权,无疑是一个开创性的也是造法性的解释。

(三) 船旗国的管辖权

《海洋法公约》第58条第2项、第92条(1)所规定的船旗国管辖权在专属经济区内的适用与沿海国的执法权冲突是本案的核心问题。由于第58条第2项规定了公海制度只有在与《海洋法公约》第五部分规定不相抵触时才适用于专属经济区,因此仲裁庭的首要任务是依据《海洋法公约》明晰北极日出号的行为究竟属于谁的管辖范围。本案中,仲裁庭延续了传统的船旗国中心主义。在仲裁庭看来,在专属经济区通常适用船旗国管辖,只有在例外情形下,沿海国才无须船旗国的同意而行使登临、检查、逮捕及扣押等执法权。在本案中,仲裁庭所指的例外实际上即是《海洋法公约》所明确规定的沿海国在专属经济区内所享有的执法权,以及沿海国为了保护其在此区域的权利和利益应当拥有的执法权。除此之外,沿海国扩大其管辖权所进行的执法即被认定为侵犯了船旗国的管辖权。值得注意的是,沿海国在《海洋法公约》下的执法权不仅来自专属经济区一章的授权,还来自第七章"公海"、第六章"大陆架"、第十二章"海

---

① See The Arctic Sunrise (*The Netherlands v. The Russian Federation*), PCA Case No. 2014-2, Award (Merits) of 14 August 2015, paras. 279-281.

② See The Arctic Sunrise (*The Netherlands v. The Russian Federation*), PCA Case No. 2014-2, Award (Merits) of 14 August 2015, para. 278.

③ See The Arctic Sunrise (*The Netherlands v. The Russian Federation*), PCA Case No. 2014-2, Award (Merits) of 14 August 2015, para. 278; M/V "Virginia G" (*Panama v. Guinea-Bissau*), ITLOS Case No. 19, Judgment of 14 April 2014, para. 211.

洋环境保护”、第十三章“海洋科学研究”等章的规定。

（四）非沿海国的航行自由权及与之相关的自由用途

由于《海洋法公约》并无关于外国船舶在专属经济区内的抗议活动是否为与航行自由相关联的合法使用海洋的途径的规定，仲裁庭沿用了 Mox Plant 临时措施案中通过援引其他国际法规则来解释《海洋法公约》的做法①，即引用《公民权利和政治权利国际公约》第 21 条，指出绿色和平组织有权行使个人进行抗议的权利，进而称一些国际组织的决议也表达了支持个人在公海上有抗议的自由。② 尽管仲裁庭指出该权利不是不受限制的，但认为外国船舶在专属经济区进行和平抗议活动系行使与航行自由相关的自由用途。③ 仲裁庭认为，虽然对俄罗斯开发其非生物资源造成了一些微小影响，但是没有构成对俄罗斯开发非生物资源的干预。因此，俄罗斯不能对他们采取登临、逮捕、扣押及依据国内法追究刑事责任等措施。显然，仲裁庭的解释显示了对绿色和平组织这类非政府组织在专属经济区的抗议活动的支持。

（五）沿海国广义上的执法权

仲裁庭意识到沿海国在专属经济区的管辖权如果仅仅限制于上述的执法权，则无法有效地保护其对自然资源享有的主权权利和海洋环境。于是仲裁庭将沿海国为保护其在专属经济区内的权利与利益可采取的措施划分为两类，把前面所涉及的对侵犯沿海国主权权利与管辖权进行的执法称为严格意义上执法权，把为防止违法行为发生而采取的措施归入广义执法权。尽管本案仲裁庭未对广义的执法权进行定义，但用列举式指出其涉及了预防生态灾难，预防恐怖主义活动，保护沿海国在专属经济区的勘探、开发自然资源的主权权利。这表明沿海国为保护其在专属经济区的权利与利益，依据国际法或国内法，采取适当措施防止其权益遭到侵犯，即为广义上的执法权。

（六）以往裁判事例中的情况

尽管海洋法争端中关于专属经济区的案例较多，但无论是国际海洋法法庭还是其他的国际性法庭在审理专属经济区权益争议案中，并未对沿海国在专属经济区内的执法权进行系统解释。当能够绕开的时候多会回避对专属经济区的条款进行明确解释，而不会对紧追权与登临权进行解释。例如，国际海洋法法庭从最初的“塞加号案”到最近的“弗吉尼亚 G 号案”，都未对案件所涉及的在专属经济区内的外国船舶对沿海国的渔船进行加油的行为是否属于航行自由的问题，作出一个明确的解释。④

---

① See MOX Plant(*Ireland v. United Kingdom*), PCA Case No.2002-01, Procedural Order No.3 of 24 June 2003, para.19; “ARA” Libertad(*Argentina v.Ghana*), ITLOS Case No.20, Order of 15 December 2012, Separate Opinion of Judges Wolfrum and Cot, para.7.

② See International Maritime Organization, MSC 87/26/Add.1 Annex 22, adopted on 17 May 2010, “Assuring Safety during Demonstrations, Protests or Confrontations on the High Seas”: “Affirming the rights and obligations relating to legitimate and peaceful forms of demonstration, protest, or confrontation and noting that there are international instruments that may be relevant to these rights and obligations”; International Whaling Commission, Res.2011-2, “Safety at Sea”: “the Commission and Contracting Governments support the right to legitimate and peaceful forms of protest and demonstration.”

③ See The Arctic Sunrise(*The Netherlands v. The Russian Federation*), PCA Case No.2014-2, Award(Merits) of 14 August 2015, para.228.

④ See M/V “SAIGA”(Saint Vincent and the Grenadines), ITLOS Case No.2, Judgment of 1 July 1999; M/V “Virginia G”(*Panama v.Guinea-Bissau*), ITLOS Case No.19, Judgment of 14 April 2014.

关于抗议行为是否属于与航行自由相关的用途问题,2013 年美国法院就曾经认定绿色和平组织在阿拉斯加附近海域的抗议活动并非属于言论自由与集会自由,而是直接干扰了美国相关公司的石油开发活动。① 荷兰法院也曾两次确定绿色和平组织的海上抗议为非法活动,明确禁止绿色和平组织进入格陵兰专属经济区的 Leiv Eiriksson 石油钻井平台的 500 米安全区,甚至裁决其为进入禁止区域需支付石油钻井平台的操作公司一天 5 万欧元或承担最高达 100 万欧元的罚款。② 可见如由沿海国来解释,外国船舶的抗议活动多被定性为干扰沿海国行使主权权利的违法活动,而不会将和平抗议活动明确为沿海国不能行使执法权的航行自由及与之相关联的活动的范畴内。

(七)判例的射程

北极日出号案实体裁决首次对于沿海国在专属经济区的执法权进行了系统梳理,并对如何行使执法权并适当顾及非沿海国在专属经济区的权利与义务作出了清晰解释。

第一,将船旗国管辖明确为在专属经济区外国船舶管辖的主导原则,沿海国的管辖权只在例外情形下行使。由于公约关于沿海国在专属经济区的执法权的规定不够健全,例外解释模式会较大限制沿海国采取措施保护专属经济区的主权权利。

第二,仲裁庭通过造法性解释,弥补《海洋法公约》缺乏条款明确授权沿海国采取强制措施保护其非生物资源的主权权利的漏洞,并明确沿海国除拥有公约明确规定的严格意义的执法权外还基于专属经济区的主权权利而享有广义上的执法权,借以平衡船旗国管辖权的广泛适用。

第三,明确沿海国依据《海洋法公约》行使立法管辖权颁布专属经济区内的国内法是依法行使执法权的基础。本案仲裁庭明确沿海国严格意义的执法权必须以国内法为基础,海洋环境保护、人工设施及安全地带的管辖、自然资源主权权利的保护、海上安全、反恐活动等均要求以国内法为执法依据,同时还要求相关国内法必须符合《海洋法公约》的相关规定。

第四,对于广义的执法权,仲裁庭认为是指可根据《海洋法公约》为预防生态灾难,预防恐怖主义活动,防止外国船舶干扰沿海国在专属经济区的勘探、开发自然资源的主权权利。仲裁庭实际上明确了沿海国在专属经济区内更广泛的执法权,与狭义执法权不同的是,沿海国也可在缺乏相关的国内法的时候,依据国际法为预防侵犯海洋权益行为的发生进行执法活动。

参考文献:

1. 张湘兰、郑雷:《论"船旗国中心主义"在国际海事管辖权中的偏移》,载《法学评论》2010 年第 6 期。

2. 鄂振辉:《执法权研究》,文津出版社 2008 年版。

3. 沈宗灵:《法理学》,北京大学出版社 2004 年版。

4. Robert Beckman and Tara Davenport, "The EEZ Regime: Reflections after 30 Years", Paper from *the Law of the Sea Institute, UC Berkeley-Korea Institute of Ocean Science and Technology Confer-*

---

① *Shell Offshore, Inc. v. Greenpeace, Inc.*, No. 12-35332 (USCA 2012), Judgment of 12 March, 2013.

② Recht bank Amsterdam, 491901/KGZA 11-870 Pee/PV (Netherlands), Judgment of 9.06.2011, pp. 8-9.; Recht bank Den Haag, 09/797035-13 (Netherlands), Judgment of 23 August 2013.

ence, May 2012.

5. Natalie Klein, "Legal Limitations on Ensuring Australia's Maritime Security", *Melbourne Journal of International Law*, 7 (2006).

6. D. M. McRae, "The Negotiation of Article 234", in Franklyn Griffiths, ed., *Politics of the Northwest Passage*, McGill-Queen's University Press, 1987.

7. R.R.Churchill and A.V.Lowe, *The Law of the Sea*, 3th ed., Juris Publishing, Manchester University Press, 1999.

8. Horace B.Robertson, "Navigation in the Exclusive Economic Zone", *Virginia Journal of International Law*, 24 (1983).

西南政法大学国际法学院

杨永红

第三节 法的效力

26. 法的效力的范围
——法的溯及力和从旧兼从轻原则

白恩培受贿、巨额财产来源不明案[①]

一、 案情概要

2016年6月16日，河南省安阳市中级人民法院一审公开开庭审理了全国人大环境与资源保护委员会原副主任委员白恩培受贿、巨额财产来源不明一案。经审理查明，2000年至2013年，被告人白恩培先后利用担任青海省委书记、云南省委书记、全国人大环境与资源保护委员会副主任委员等职务上的便利以及职权和地位形成的便利条件，为他人在房地产开发、获取矿权、职务晋升等事项上谋取利益，直接或者通过其妻非法收受他人财物，共计折合人民币2.4亿余元。白恩培还有巨额财产明显超过其合法收入，且不能说明来源。

法院认为，被告人白恩培身为国家工作人员，利用职务便利为他人谋取利益，利用职权和地位形成的便利条件，通过其他国家工作人员职务上的行为，为他人谋取不正当利益，非法收受他人财物，其行为构成受贿罪；白恩培的财产、支出明显超过合法收入，差额特别巨大，不能说明来源，构成巨额财产来源不明罪，应数罪并罚。白恩培受贿数额特别巨大，犯罪情节特别严重，社会影响特别恶劣，给国家和人民利益造成特别重大损失，论罪应当判处死刑。鉴于其到案后，如实供述自己的罪行，主动交代办案机关尚未掌握的大部分受贿犯罪事实；认罪悔罪，赃款赃物已全部追缴，具有法定、酌定从轻处罚情节，对其判处死刑，可不立即执行。同时，根据白恩培的犯罪事实和情节，依据《刑法》第386条、第383条第4款的规定，决定在其死刑缓期执行二年期满依法减为无期徒刑后，终身监禁，不得减刑、假释。

二、 法理评析

（一）判决的意义

本案是《刑法修正案（九）》规定"终身监禁"的刑罚措施后，犯罪嫌疑人被判处终身监禁的第一案，也是法的溯及力之从旧兼从轻原则的典型适用。

所谓法的溯及力，又称法的溯及既往的效力，是指新法对其生效前发生的行为和事件是否适用的问题。如果不适用，就没有溯及力；如果适用，新法就有溯及力。对于法律的溯及力问题，各国曾经采取的做法有这样几种：（1）从旧原则，就是新法没有溯及力；（2）从新原则，就是新法有溯及力；（3）从轻原则，就是比较新旧两法，选择对被处罚人有利的法律予以适用；

---

① 参见河南省安阳市中级人民法院一审判决书。

(4) 从新兼从轻原则,就是新法原则上溯及既往,但旧法对行为人的处罚较轻时,适用旧法;(5) 从旧兼从轻原则,就是原则上新法无溯及力,对行为人适用旧法,但新法对行为人的处罚较轻时适用新法。当代中国法律,采取的是第五个原则,即从旧兼从轻原则。《立法法》第93条规定:"法律、行政法规、地方性法规、自治条例和单行条例、规章不溯及既往,但为了更好地保护公民、法人和其他组织的权利和利益而作的特别规定除外。"

从旧兼从轻原则看似清晰,但在实际裁判中操作起来有时并不简单,尤其是关于旧法和新法之轻重判断。所以,在此判例公布之前,虽然因为历次刑法修正案的颁布也导致了一些涉及新法之溯及力问题案件的出现,但本案为从旧兼从轻原则例证了具体适用标准,同时也符合罪刑相适应的刑法基本要求。

(二) 终身监禁及其溯及既往的适用

根据《刑法》第383条第1款和第386条的规定,受贿数额特别巨大,并使国家和人民利益遭受特别重大损失的,处无期徒刑或者死刑,并处没收财产。这里的关键是白恩培受贿数额是否达到"特别巨大"的程度。2016年4月颁布的《最高人民法院、最高人民检察院关于办理贪污贿赂刑事案件适用法律若干问题的解释》(以下简称"《贪污贿赂解释》")第3条第1款规定,贪污或者受贿数额在300万元以上的,应当认定为刑法第383条第1款规定的"数额特别巨大",依法判处10年以上有期徒刑、无期徒刑或者死刑,并处罚金或者没收财产。《刑法修正案(九)》颁布实施后,理论界倾向于掌握的可以判处死刑立即执行的受贿数额是1亿元以上(当然还要同时具备第4条规定的其他条件)。而白恩培受贿数额达2.4亿余元,数额特别巨大,为近年来此类案件所罕见,也许可以说是创下了中国迄今查处的贪污、受贿犯罪的数额纪录,完全具备受贿罪适用死刑要求的数额特别巨大的条件;而且一审法院还认定其受贿犯罪行为之犯罪情节特别严重、社会影响特别恶劣、使国家和人民利益遭受了特别重大的损失。因此,白恩培完全符合判处死刑的标准和条件。

白恩培最终被判处终身监禁。首先要指出的是,终身监禁并不是针对贪污和受贿罪的一种新的刑罚,而是刑罚的执行方式。具体来说,根据《刑法修正案(九)》修正后的《刑法》第383条第1款规定,对犯贪污罪的,根据情节轻重,分别依照下列规定处罚:(1) 贪污数额较大或者有其他较重情节的,处3年以下有期徒刑或者拘役,并处罚金;(2) 贪污数额巨大或者有其他严重情节的,处3年以上10年以下有期徒刑,并处罚金或者没收财产;(3) 贪污数额特别巨大或者有其他特别严重情节的,处10年以上有期徒刑或者无期徒刑,并处罚金或者没收财产;数额特别巨大,并使国家和人民利益遭受特别重大损失的,处无期徒刑或者死刑,并处没收财产。对多次贪污未经处理的,按照累计贪污数额处罚。第2款规定,犯第1款罪,在提起公诉前如实供述自己罪行、真诚悔罪、积极退赃,避免、减少损害结果的发生,有第一项规定情形的,可以从轻、减轻或者免除处罚;有第2项、第3项规定情形的,可以从轻处罚。第3款规定,犯第一款罪,有第3项规定情形被判处死刑缓期执行的,人民法院根据犯罪情节等情况可以同时决定在其死刑缓期执行二年期满依法减为无期徒刑后,终身监禁,不得减刑、假释。

根据一审法院在查明案件事实基础上的认定,白恩培到案后如实供述了自己的罪行,尤其是主动交代了办案机关尚未掌握的大部分受贿犯罪事实,认罪悔罪,赃款赃物已全部追缴,可以从轻处罚,也即判处死缓,同时决定在死缓期满依法减为无期徒刑后,终身监禁,不得减刑、假释。但是,白恩培受贿发生于2000年至2013年,而《刑法修正案(九)》是全国人大常委会于

2015 年 8 月 29 日通过并于 2015 年 11 月 1 日起施行的，此前《刑法》中并没有关于终身监禁的规定。也就是说判处白恩培终身监禁是溯及既往地适用《刑法修正案（九）》的结果。那么这就涉及一个问题：刑法领域在时间效力方面的通行原则是“从旧兼从轻”原则，也即“有利追溯”原则，白恩培案的处理符合这一原则吗？

（三）从旧兼从轻原则的适用标准

从旧兼从轻原则是现代法治国家的通行标准。适用这一原则时要确认两个要素：

第一是时间，即特定事件或行为发生时有效的是旧法抑或新法。如果特定事件或行为发生时新法已然生效，那么根据“新法优于旧法”的原理，自然适用新法，也就没有适用“从旧兼从轻”原则的余地。只有特定事件或行为发生时新法尚未生效，才需要进行下一要素的判断。刚才已经提及，白恩培案显然是符合时间条件的。

第二是轻重判断，也就是新法与旧法相比哪个对于当事人处罚较轻或更为有利。在刑法中，新法与旧法相比对于当事人更有利的情形包括两种，一种是旧法规定是犯罪而新法规定不是犯罪，另一种是新法与旧法相比法定刑较轻。白恩培案属于第二种情形。关于终身监禁新规的时间效力即其能否溯及既往的问题，在《刑法修正案（九）》颁行后的相关研讨中，学界出现了三种主张：一是认为终身监禁的规定不应具有溯及既往的效力，其主要理由是认为终身监禁的规定实质上提高了对贪污受贿犯罪刑罚处罚的严厉程度，即新法较重。二是认为终身监禁的规定应当具有溯及既往的效力，其主要理由是《刑法修正案（九）》提高了贪污受贿犯罪被判处死刑的门槛，并将犯罪后被提起公诉前如实供述罪行，真诚认罪、悔罪，积极退赃以及避免、减少损害结果发生等原来的酌定从宽情节改定为法定从宽量刑情节，其有关贪污受贿犯罪量刑的规定（包括终身监禁）从总体上看更有利于被告人，即新法较轻。三是主张区分情况分别对待，认为应当结合终身监禁慎用死刑立即执行的立法本意、贪污受贿定罪量刑标准的立法修改与司法规则调整、贪污受贿案件酌定从宽情节修改为法定从宽情节等方面，来综合衡量终身监禁新规与原有刑法规范规定的刑罚轻重，主张对依照修正前刑法应当判处死刑立即执行而依照修正后刑法可判死缓暨终身监禁的即适用新法，而对依照修正前刑法本就应当判处死缓的不应适用终身监禁的新法。

上述第三种看法看似最为合理，其实误解了旧法与新法比较轻重之基准的性质。因为《刑法修正案（九）》之前的刑法中，并没有关于贪污受贿罪的法定从宽量刑情节。对于死刑缓期两年执行这一从轻处罚的条件，只有总则第 48 条中一个一般性的规定：对于应当判处死刑的犯罪分子，如果不是必须立即执行的，可以判处死刑同时宣告缓期二年执行。这里的“如果不是必须立即执行的”事实上是一种对法官的授权，尽管在实务中长期以来形成了大体一致的观点，即真诚认罪、悔罪，积极退赃以及避免、减少损害结果发生都属于可以不立即执行的条件，但它们只是酌定从宽量刑情节。也就是说，法官并没有法律义务将它们作为从轻处罚的标准。当出现这些情节时，法官“可以”而非“应当”判处死刑同时宣告缓期二年执行。所以，没有什么“本应判处死缓”的情形。当然，可能有另一种理解，由于实务中一直以来都将这些作为从宽量刑的情节，先前的很多类似案件都是这样判的，所以久而久之就形成了惯例，这就有一个预期保护的问题，它承载着法的安定性的价值，具体体现为“同案同判”这种司法义务。但同样的，同案同判尽管是一种值得追求的司法伦理，却不是司法裁判的构成性义务，法官没有法律义务去遵从它。[①] 所以，站在法定刑和法定从宽量刑情节的基准点来衡量，新法（终身监禁）相较于旧法（死刑立即执行）整体上依然对于被告人更有利、更轻。

（四）根据立法精神判断“轻重”

事实上，立法机关在《刑法修正案（九）（草案）》审议过程中曾对终身监禁的立法精神和立法原意予以阐明，即对贪污受贿数额特别巨大、情节特别严重的犯罪分子，特别是其中本应当判处死刑（立即执行）的，根据慎用死刑的刑事政策，结合案件的具体情况，对其判处死刑缓期二年执行依法减为无期徒刑后，采取终身监禁的措施，有利于体现罪刑相适应的刑法原则，维护司法公正，防止在司法实践中出现这类罪犯通过减刑等途径服刑过短的情形，符合宽严相济的刑事政策。可见，从立法原意上看，此项规定首先是旨在对属于非暴力犯罪的贪污受贿犯罪慎用死刑立即执行，对本应判处死刑立即执行的重特大贪污受贿犯罪分子，综合案件各种从宽情节（主要是法定、酌定从宽情节）判处其死缓，同时又综合案件各种从严情节（主要是法定、酌定从严情节）对其死缓二年期满减为无期徒刑后附加终身监禁（不得减刑、假释）的严惩措施。从而，在慎用、少用死刑立即执行的基础上从严惩处重特大贪污受贿罪犯，力图贯彻宽严相济的刑事政策精神。《贪污贿赂解释》第 4 条进一步规定：(1) 贪污、受贿数额特别巨大，犯罪情节特别严重、社会影响特别恶劣、给国家和人民利益造成特别重大损失的，可以判处死刑；(2) 符合前款规定的情形，但具有自首，立功，如实供述自己罪行、真诚悔罪、积极退赃，或者避免、减少损害结果的发生等情节，不是必须立即执行的，可以判处死刑缓期二年执行；(3) 符合第一款规定情形的，根据犯罪情节等情况可以判处死刑缓期二年执行，同时裁判决定在其死刑缓期执行二年期满依法减为无期徒刑后，终身监禁，不得减刑、假释。同时，根据 2015 年 11 月 1 日起施行的《最高人民法院关于〈中华人民共和国刑法修正案（九）〉时间效力问题的解释》第 8 条规定，对于 2015 年 10 月 31 日以前实施贪污、受贿行为，罪行极其严重，根据修正前《刑法》判处死缓不能体现罪刑相适应原则（即原本应当判处死刑立即执行），而根据修正后《刑法》判处死缓同时附加终身监禁可以罚当其罪的，适用修正后《刑法》第 383 条第 4 款。此种情况下，《刑法修正案（九）》修正后的死缓犯被附加终身监禁的新规定较原刑法要判处死刑立即执行为轻，因而采“从轻”原则，新规定具有溯及既往的效力。

就白恩培案而言，根据一审法院审理查明的事实，其受贿数额特别巨大，犯罪情节特别严重，若依据《刑法修正案（九）》修正前的《刑法》第 383 条之规定及当时的司法实务标准，其受贿犯罪应当判处死刑立即执行，但由于其具有法定、酌定从宽处罚情节，判处其死缓附加终身监禁可以罚当其罪，所以法院本着“从轻”的溯及力原则选择适用了死缓附加终身监禁的新规定。判决符合从旧兼从轻原则，也即根据法定情节适当从宽的要求，也兼顾了严惩贪腐犯罪和罪刑相适应的要求。

参考文献：

1. 林维、王明达：《论从旧兼从轻原则的适用——以晚近司法解释为中心》，载《法商研究》2001 年第 1 期。

2. 贺栩栩：《法的时间效力界限与法的稳定性——以德国民法为研究视角》，载《环球法律

① 参见陈景辉：《同案同判：法律义务还是道德要求》，载《中国法学》2013 年第 3 期。

评论》2011 年第 5 期。

3. 朱力宇:《关于法的溯及力问题和法律不溯既往原则的若干新思考》,载《法治研究》2010 年第 5 期。

中国政法大学法学院

雷 磊

第五章 法律关系

第一节 法律关系的概念和分类

27. 法律关系的概念
——法律事实的特点与认定

李某、郭某阳诉郭某和、童某某继承纠纷案①

一、案情概要

1998年3月3日，原告李某与郭某顺登记结婚。2002年，郭某顺以自己的名义购买了建筑面积为45.08平方米的306室房屋，并办理了房屋产权登记。2004年1月30日，李某和郭某顺共同与南京军区南京总医院生殖遗传中心签订了人工授精协议书，对李某实施了人工授精，后李某怀孕。2004年4月，郭某顺因病住院，在得知自己患了癌症后，向李某表示不要这个孩子，但李某不同意人工流产，坚持要生下孩子。5月20日，郭某顺在医院立下自书遗嘱，在遗嘱中声明不要这个人工授精生下的孩子，并将306室房屋赠与其父母郭某和、童某某。郭某顺于5月23日病故。李某于当年10月22日产下一子，取名郭某阳。原告李某无业，每月领取最低生活保障金，另有不固定的打工收入，并持有夫妻关系存续期间的共同存款18 705.4元。被告郭某和、童某某居住在同一个住宅小区的305室，均有退休工资。2001年3月，郭某顺为开店，曾向童某某借款8 500元。

原告李某诉称：位于江苏省南京市某住宅小区的306室房屋，是其与被继承人郭某顺的夫妻共同财产，郭某顺因病死亡后，其遗产应当由李某、儿子郭某阳与郭某顺的父母即被告郭某和、童某某等法定继承人共同继承；法院在析产继承时，应考虑郭某和、童某某有自己房产和退休工资，而李某无固定收入还要抚养幼子的情况，对李某和郭某阳给予照顾。

江苏省南京市秦淮区人民法院认为，本案争议焦点主要有两方面：一是郭某阳是否为郭某顺和李某的婚生子女；二是在郭某顺留有遗嘱的情况下，对306室房屋应如何析产继承。

关于争议焦点一，《最高人民法院关于夫妻离婚后人工授精所生子女的法律地位如何确定的复函》中指出："在夫妻关系存续期间，双方一致同意进行人工授精，所生子女应视为夫妻双方的婚生子女，父母子女之间权利义务关系适用《中华人民共和国婚姻法》的有关规定。"郭某

① 参见最高人民法院指导案例50号。

顺因无生育能力,签字同意医院为其妻子即原告李某施行人工授精手术,该行为表明郭某顺具有通过人工授精方法获得其与李某共同子女的意思表示。只要在夫妻关系存续期间,夫妻双方同意通过人工授精生育子女,所生子女均应视为夫妻双方的婚生子女。《民法通则》(已失效)第 57 条规定:“民事法律行为从成立时起具有法律约束力。行为人非依法律规定或者取得对方同意,不得擅自变更或者解除。”因此,郭某顺在遗嘱中否认其与李某所怀胎儿的亲子关系,是无效民事行为,应当认定郭某阳是郭某顺和李某的婚生子女。

关于争议焦点二,《继承法》(已失效)第 5 条规定:“继承开始后,按照法定继承办理;有遗嘱的,按照遗嘱继承或者遗赠办理;有遗赠扶养协议的,按照协议办理。”被继承人郭某顺死亡后,继承开始。鉴于郭某顺留有遗嘱,本案应当按照遗嘱继承办理。《继承法》(已失效)第 26 条第 1 款规定:“夫妻在婚姻关系存续期间所得的共同所有的财产,除有约定的以外,如果分割遗产,应当先将共同所有的财产的一半分出为配偶所有,其余的为被继承人的遗产。”《最高人民法院关于贯彻执行〈中华人民共和国继承法〉若干问题的意见》(已失效)第 38 条规定:“遗嘱人以遗嘱处分了属于国家、集体或他人所有的财产,遗嘱的这部分,应认定无效。”登记在被继承人郭某顺名下的 306 室房屋,已查明是郭某顺与原告李某夫妻关系存续期间取得的夫妻共同财产。郭某顺死亡后,该房屋的一半应归李某所有,另一半才能作为郭某顺的遗产。郭某顺在遗嘱中,将 306 室全部房产处分归其父母,侵害了李某的财产权,遗嘱的这部分应属无效。此外,《继承法》(已失效)第 19 条规定:“遗嘱应当对缺乏劳动能力又没有生活来源的继承人保留必要的遗产份额。”郭某顺在立遗嘱时,明知其妻子腹中的胎儿而没有在遗嘱中为胎儿保留必要的遗产份额,该部分遗嘱内容无效。《继承法》(已失效)第 28 条规定:“遗产分割时,应当保留胎儿的继承份额。”因此,在分割遗产时,应当为该胎儿保留继承份额。综上,在扣除应当归李某所有的财产和应当为胎儿保留的继承份额之后,郭某顺遗产的剩余部分才可以按遗嘱确定的分配原则处理。

二、 法理评析

(一) 判决的意义

本案主要涉及法律关系与法律事实之间的关系问题。就法律关系而言,它首先是一种基于法律规范而产生的权利与义务关系,是一种通过法律规则界定的人与人之间的关系。但是,法律关系只有依赖一定的法律事实才会产生、变更和消灭。所谓法律事实,是指现实生活中发生的能够引起法律关系产生、变更和消灭的具体的行为或事件。在一个法律关系的演变过程中,这种具体的行为或事件可能是单一的,如双方当事人签订合同;也可能是多个事实组合,如一个商品房买卖关系的建立,既需要双方当事人签订买卖合同,还需要在房产管理部门办理过户登记手续,缺少任一行为,都不能产生有效的法律后果。

就本案而言,它主要涉及郭某顺与郭某阳之间是否成立亲子关系和郭某阳与郭某顺之间是否成立继承关系两个法律关系。从理论上讲,亲子关系既可以依据出生这一事实而形成,也可以依据收养这一法律行为而形成。而出生又可以分为自然分娩和人工授精两种情形。在该案中,郭某顺因无生育能力,签字同意医院为其妻子即原告李某施行人工授精手术而生产郭某阳这一事实,足以在郭某顺与郭某阳之间形成亲子法律关系。在此案继承关系的形成过程中,《继承法》(已失效)第 19 条有关“遗嘱应当对缺乏劳动能力又没有生活来源的继承人保留必要的遗产份额”的规定为郭某阳与郭某顺形成继承关系提供了法律规范依据，而郭某顺的死亡这一事实构成了继承关系产生的具体条件。倘若郭某顺死亡这一事实没有发生，郭某阳与郭某顺之间的继承关系就不会形成。

（二）法律事实的特点

法律事实是能够引起法律关系产生、变更和消灭的具体的行为或事件。在性质上，法律事实具有规范性、客观性、具体性和具有法律意义等特点。

第一，法律事实是一种规范性事实。法律事实虽然是现实生活中发生的行为或事件，但它更是法律规范社会的产物。法律规范的存在是现实生活的行为或事件上升为法律事实的前提之一，没有法律也就不会有法律事实。它在一定程度上体现了法律规范所设计的事实模型。[①] 在本案中，郭某阳是郭某顺和李某通过人工授精而生产的孩子。从血缘关系上讲，郭某阳与郭某顺之间不存在亲子关系。但是，《最高人民法院关于夫妻离婚后人工授精所生子女的法律地位如何确定的复函》在实际上构造了一种法律上的亲子事实，并能够通过这种法律事实来形成一种亲子法律关系。

第二，法律事实是一种客观性事实。虽然法律事实是一种规范性事实，但它来源于现实人的现实生活，应当满足客观性的要求。以法律事实涉及的“物”为例，它既可表现为自然物，也可表现为人的劳动创造物，还可表现为支票、汇票、存折等财产的一般表现形式。但不管是什么形式的“物”，它必须是客观存在的。例如，“永动机”就不具有客观性，人们不能就“永动机”来成立合同，并基于这种合同而形成债权债务关系。在本案中，胎儿、房屋、借款等都是客观存在的事实，法院能够通过一定的认定方法将这些客观事实上升为法律事实，并经由这些法律事实来形成相应的法律关系，确定当事人各自的权利和义务。需要强调的是，法律事实所强调的客观性是一种相对的客观性，它必须有证据来加以证明。特别是在法庭上，法官所获取的法律事实主要来自双方当事人的举证和描述，这些描述和举证只能提供有关过去案件事实的不完全的信息，是一种相对的客观真实。

第三，法律事实是一种具体性事实。从法律规范的结构来看，法律事实属于法律规范假定条件的范畴。只有出现法律规范事先假定的具体条件，法律关系才会产生、变更和消灭。在本案中，郭某顺与李某就人工授精达成一致这一法律事实，是郭某顺与郭某阳之间形成亲子关系的条件。郭某顺死亡这一法律事实，是郭某顺与郭某阳之间继承关系开始的条件。人工授精、死亡等法律事实都是非常具体的，并能够以一定的客观形式表现出来。在实践中，一个法律事实可能会对应多个具体性的事实。在本案中，要想在郭某顺和郭某阳之间成立父子法律事实，必须具备郭某顺与原告李某夫妻关系存续和双方一致同意进行人工授精这两个具体性的事实。

第四，法律事实是一种具有法律意义的事实。在一个案件中，有多个客观事实。但是，并不是案件中出现的所有客观事实都是法律事实，都能够产生法律关系。例如，南京军区南京总医院、郭某顺因病住院等在本案中就不能成为法律事实，因为这些事实在本案中并不具有法律意义。在实践中，人们主要根据以下两个标准来判断某一事实是否具有法律意义：一是事实和法律规范有没有关系，事实只有和法律规范有联系才能产生法律意义；二是事实和法律关系能

① 参见陈金钊：《论法律事实》，载《法学家》2000年第2期。

否挂钩,只有从结果上能够引起法律关系产生、变更或消灭的事实才能产生法律意义。

(三) 法律事实的认定

法律事实是法律规范与法律关系联系的中介和连结点。人们正是通过对具体法律事实的认定和把握,来厘清相应的法律关系,找到相应的法律条文,明确各方权利和义务。因此,认定法律事实对于确定法律关系具有重要意义。在本案中,双方一致同意利用他人的精子进行人工授精这一事实对于认定郭某顺与郭某阳之间的亲子关系至关重要。“1973 年美国统一亲子法指出,如果已婚妇女使用第三人精子通过人工授精怀孕,且经过其丈夫同意,由有资格的医生实施手术,该子女即被视为丈夫的婚生子女,捐精者在法律上不视为该子女的自然父亲。1988 年英国家庭法改革条例指出,如果妻子因捐精人工授精而产下婴儿,丈夫应被视为孩子的父亲,除非丈夫不同意妻子接受人工授精。”①《最高人民法院关于夫妻离婚后人工授精所生子女的法律地位如何确定的复函》也坚持采取夫妻双方同意这一立场。本案中,李某在进行人工授精之前和郭某顺达成了一致,并签订了人工授精协议书。这一事实能够在郭某顺与郭某阳之间建立亲子关系。在具体实践中,我们可能通过以下方法来认定法律事实。

第一,经验的方法。对于人类生活而言,经验作为生命活动的历程,体现了人与自然相互交融的关系。人们通过经验契入自然,从而使得自然的丰富意义在经验的历程中呈现出来。②经验的方法也是人们认定法律事实的一项重要方法,它强调从现实人的日常生活经验出发,将现实生活中发生的现象涵摄进法律概念,并经由这些法律概念进入法律关系。在本案中,郭某顺病故 5 个月后,郭某阳才出生。从经验的角度看,郭某阳显然属于《继承法》第 19 条规定的缺乏劳动能力又没有生活来源的情形。从这一具体事实出发,法院认为郭某顺与郭某阳之间存在继承关系。最高人民法院也高度重视经验方法在法律事实认定中的作用。例如《最高人民法院关于民事诉讼证据的若干规定》就规定对于自然规律以及定理、定律、众所周知的事实、根据法律规定推定的事实或者已知事实和日常生活经验法则推定出的另一事实等,当事人无须举证证明。

第二,逻辑的方法。在法律事实认定过程中,逻辑的方法也是较为常见的方法。这种方法主要通过归纳推理和演绎推理将某种行为或事件纳入法律事实的概念体系中,从而形成法律关系的具体条件。例如,我们在判断合同订立过程中是否存在欺诈时,可以从以下四个方面来判断:(1) 一方当事人实施了欺诈行为;(2) 当事人存在欺诈的故意;(3) 另一方当事人因此陷入错误的认识;(4) 该当事人基于该错误认识而与欺诈的一方订立了合同。法官可以根据欺诈的概念内涵将各式各样的欺诈行为纳入欺诈概念中,并结合后面三个方面的要素来判定是否存在合同欺诈关系。本案中,法院从李某在进行人工授精之前和郭某顺达成了一致这一事实,推导出郭某顺是认可与人工授精而生产的孩子之间的亲子关系的。这符合运用逻辑方法来认定法律事实的基本原理。

第三,价值的方法。法律事实的发现和认定并非完全客观的过程,它还需要接受法的价值和法律精神的指引。因此,价值的方法既是经验方法和逻辑方法科学展开的重要保证,也是一种重要的法律事实认定方法。例如,在刑事诉讼过程中,通过刑讯逼供而发现的事实,就不符

---

① 杨遂全等:《婚姻家庭法新论》,法律出版社 2003 年版,第 176 页。

② 参见陈怡:《试论杜威经验的方法对传统经验概念的重建》,载《哲学研究》1999 年第 3 期。

合法律尊重和保障人权的基本价值和精神,这种事实就不能成为法律事实。又如,法官在运用很多种方法以后仍然无法认定的法律事实,需要运用价值方法来对事实进行选择和评价。无罪推定就是这种价值方法运用的一种典型。在本案中,法院就运用了价值的方法将被告童某某主张的欠款认定为夫妻共同债务,应以夫妻共同财产清偿。

参考文献:

1. 陈金钊:《论法律事实》,载《法学家》2000 年第 2 期。
2. 杨建军:《法律事实的概念》,载《法律科学(西北政法大学学报)》2004 年第 6 期。
3. 常鹏翱:《法律事实的意义辨析》,载《法学研究》2013 年第 5 期。
4. 崔建远:《论法律关系的方法及其意义》,载《甘肃政法学院学报》2019 年第 3 期。

山东大学法学院
郑智航

第二节　法律关系的主体和客体

28. 法律关系的客体
——基于法律真实的客体认定

刘雪娟诉乐金公司等化妆品使用标识案①

一、案情概要

2004年1月,刘雪娟购买了乐金公司生产的海皙蓝O2时光嫩肤液一瓶。该化妆品外包装盒底部标注“限用日期:记载于底部或侧面”,内置玻璃容器底部标注“限用合格2007.11.21.”。刘雪娟购买该化妆品后即开瓶使用。当年3月8日,刘雪娟以该化妆品外包装上没有标注开瓶后的使用期限和正确的使用方法,致使自己难以正确使用该化妆品为由提起诉讼。乐金公司在审理期间提供了企业标准,其中规定讼争产品的贮存条件是:“符合规定的贮存条件,产品在包装完好,未经启封条件下,保质期为四年。”审判过程中该案的事实认定主要围绕以下三个问题展开:

第一,本案化妆品包装上标注的“限用合格日期”,是否包括开瓶后的使用期限。一般而言,化妆品开瓶后即接触空气,加之温度、环境的变化,以及使用人的使用习惯和卫生条件不同,其活性成分容易发生变化,开瓶后的保质期必将大大缩短。据此,再结合乐金公司提供的企业标准,可以认定本案讼争产品标注的“限用合格日期”,应该是指该产品在符合规定的贮存条件、包装完好、未开瓶状况下的保质期,不包括开瓶后的使用期限。

第二,在本案化妆品上标注“限用合格日期”,是否会误导消费者。消费者购买化妆品,其目的不是为了长期收藏,而是要用它来清洁、保护、美化肌肤。化妆品一旦变质,通过肌肤的吸收、渗透,必将对消费者的身体产生伤害。因此,消费者真正关心的不是化妆品在未启封条件下的保质期,而是启封后的使用期。但是,乐金公司仅标注了“限用合格日期”,而未说明该日期是指产品未启封状态下的保质期。消费者不是专业人员,在无特殊说明的情况下,将“限用合格日期”理解为其所关心的开瓶后安全使用期是情理之中的事情。因此,仅仅标注“限用合格日期”,不同时说明该日期真实含义的做法,不能使消费者正确了解该化妆品的安全使用期,对消费者有误导作用。

第三,乐金公司对本案化妆品的标注方法,是否侵害了消费者知情权。《产品质量法》规定,限期使用的产品应当在显著位置清晰地标明生产日期和安全使用期或者失效日期。消费者享有知悉其购买、使用的商品或者接受的服务的真实情况的权利。限期使用产品的生产者,应当将该产品的安全使用期标注在显著位置,清晰地告知消费者。乐金公司只是按国家标准

---

① 参见《中华人民共和国最高人民法院公报》2005年第6期。

的规定标注了“限用合格日期”,没有按《产品质量法》的规定标注产品的安全使用期,侵害了刘雪娟依法享有的知情权。

据此,法院判决乐金公司应以书面形式向刘雪娟告知其购买产品的开瓶使用期限。

二、法理评析

(一)客体的辨析

该案传达的核心信息是,化妆品的生产者有义务向消费者告知化妆品开瓶后的安全使用期,否则,就要为不履行告知义务的行为瑕疵承担责任。本案中法院并不是查明化妆品开瓶后多长时间,才会发生影响人体健康的变质真相,而是把生产者不履行安全使用期告知义务的行为瑕疵,视为延伸意义的产品缺陷,并将之认定为侵犯消费者知情权的依据。说到底,这里事实认定的思路,不是沿着生产者的产品缺陷行为与消费者的知情权受侵犯结果之间是否存在因果关系,来论证生产者是否存在主观过错,以及是否应为此承担责任,而是直接认为生产者这种义务不履行的消极行为本身,导致了侵犯知情权而承担责任。换言之,案件中的客观真实是什么并不重要,法律只要求依据产品缺陷的法定无过错归责原则,作出法律上是否真实的判断即可。

那么,为什么产品的生产者即使没有过错,也要承担产品缺陷的无过错责任呢?从表面上看,这种事实认定不管真相而只看结果的归责,与人类始祖的“同态复仇”颇为相似,所注重的不是侵权人的主观意识,而是客观的损害结果。但是,两者有着根本的区别。同态复仇的结果责任弊端在于束缚人的自由行动,造成常人在生活中畏首畏尾,因而早已被过错责任所取代。所谓过错责任,就是每个人都有行为自由,除了因为自身的过错承担责任外,不应受其他的外在限制,这是至今仍在侵权责任中有举足轻重地位的归责原则。不过,随着与社会发展相伴生的危及社会安全问题的出现,过错责任也开始受到挑战。许多损害发生时侵权人已尽谨慎注意义务,所以很难证明侵权人有何过错,这就使得受害人实现损害赔偿产生困难。为了平衡社会利益,侵权法对于包括产品缺陷在内的一些特殊侵权行为加以修正,引入了无过错责任。显然,基于危险性采取的无过错责任,并不是要回到同态复仇的结果责任老路上去,它在判断是否承担侵权责任时,除了结果以外,实际上还要考虑侵权人的抗辩、受害人的过错以及不可抗力等。其实,无过错责任的产生也是侵权理论发展的必然选择。社会经济发展必然带来危险活动,不法行为和损害发生已是常态,一味制裁乃至消灭侵权行为的努力都是不甚明智的。无过错侵权责任的本意在于“合理分配不幸损失”,也就是通过损害转移和分散机制,尽可能兼顾侵权人的行为自由和受害人的保护之需。

产品缺陷的无过错归责,正是基于这种“合理分配不幸损失”而具有合理性,进而印证了法律蕴涵让人们内心服膺的内在方面。结合刘雪娟案件,作为生产者的乐金公司仅仅标注“限用合格日期”而未在显著位置说明安全使用期,会误导消费者及侵犯知情权,构成了产品缺陷。因此,法院不需去验证这种产品缺陷是否客观上造成了消费者刘雪娟的损害后果,而是只要认定产品缺陷的事实,就足以依据无过错责任的归责原则作出法律真实意义上的判断。其背后所隐含的要义,就是当受害人的健康权(生命自由)、无过错生产者的财产不受剥夺(朴素的正义)以及社会稳定的秩序(秩序)三者相互冲突时,价值位序的排列应当是生命自由高于朴素的正义,朴素的正义高于秩序。更重要的是,它可从客观上敦促和培育所有人尽合理注意义务以避免对他人造成损害的责任感。了解了这一要义，就不难理解为何选择无过错责任的归责原则。

反过来，假如放弃旨在填补损害的无过错责任，所滑向的危险事实就是现代风险社会所产生的许多危险的副产品，比如工业灾害频发、环境污染加剧、核泄漏损害、食品药品安全和产品质量问题凸显等，随时可能使得遭遇者成为孤独无援的不幸受害人。当他们难以举证来证明常态的法律责任构成，自担风险的他们就只能自我消化损害。久而久之，全球性风险的不断扩张与损害结果不能转移和分散之间所形成的紧张，将使得作为风险社会原子的人们缺少合理的机会通过法律途径获得补偿，无法将受损害的生活恢复原状，进而对法律产生极大的质疑，纷纷寻求法律之外的私力救济。一旦如此，无疑是现代社会发展和法治化进程的巨大悲哀。从这个角度上讲，基于法律真实的原理而适当地扩张责任范围，让或许客观上并不应承担责任的一方承担一定的风险和负担，让侵权责任的填补损害、救济弱者和衡平利益的功能得以充分发挥，乃是一个社会调整和法律调整的全局性问题。

当然，无过错责任也有着无法克服的局限性，即在"动辄得咎"的法律安排中，人们往往谨小慎微、趋向保守，势必会影响和限制某些合理的行为。比如，最高人民法院颁布的司法解释，曾经对医疗事故赔偿实行过错推定，对侵权行为与损害结果之间的因果关系加以推定，所以一旦损害结果发生，医院方几乎难以免除责任，殆同于承担绝对的无过错责任。此举的多米诺骨牌效应是，医院方很多情况下不得已采取保守性的"小病大检查""拒签不手术""宁愿放弃生命绝不风险诊疗"等防范性的医疗手段，或者干脆开列出不断拉升的医疗费用，以规避高昂的损害赔偿，反而让患者无法获得适当的治疗，无端增加了大量的就医成本，违背了原来保护受害病患的初衷。正因如此，《民法典》对此进行了修正。

（二）法律客体的内在方面

法律客体的内在方面，就是人们被要求去做或不做某种行为，指向一种义务，而不管他们愿意与否；在此基础上，所形成的法律客体的外在方面包括用来说明人们为什么可以做某种事情或表达某种意思的承认规则，作为引入、修改或废除相应的第一性规则的立法规则，以及作为控制法律效力范围和运作机制的审判规则。内在方面、外在方面及其相互作用，可以在最大程度上解释清楚法律关系客体的基本特征。

先从理解法律客体的内在方面入手进行分析。既然它是人们被要求去做或不做某种行为，而不管他们愿意与否，它的本质就是与义务规则息息相通的。义务规则与强制命令或指令有根本区别，主要表现为：虽然义务规则往往由严重的社会压力所支持，可这个事实并不意味着是因为体验到规则之下的强迫或者压力而负有义务，还可能出于对规则本身的内心服膺。那种类似于强制命令的规则特征，应当视为规则的外在方面，即站在一个外在观察者的角度，看待人们为何会遵循某种规则，他们可能只是出于担心违反该规则将会遭到随之而来的惩罚而已，也就是这种压力下的担心形成了行为与规则之间的因果预测性；反过来，从内在角度来看，人们遵循规则就不仅是出自压力下的担心，而且是从内心更加确信这些规则对于维护社会生活或社会生活的某种较高价值而言是必需的，即使他们普遍意识到这些规则所要求的行为，可能与相对义务人原来期待去做的事情有所冲突，也仍然认为有益于他人的合乎规则的行为本身，就应当包括部分的牺牲和克己。

问题恐怕不止于此。如果说法律关系客体的外在方面是从形式上提供了一批判断合法与否的标准,那么法律关系客体的内在方面的存在,则进一步强调这些标准应当尽可能让人们从内心出发去自愿服从,而不是简单出于对其不利的担心去被迫服从。这就预示着区别于强制命令的法律设计,出于对内在方面的周全考虑,必然会深谋远虑地构建出一些作为法律应当具有的独特方面,特别是倾向于抵制某些特定的行为或决定。因为支持这种行为或决定,或许会导致今后必须赞同其他一些明显应当予以反对的东西,这就是颇为有趣的"滑坡效应"带来的启示。滑坡效应的核心观点在于,如果某一行为或决定得到支持,可能会接连增加走向其他行为或决定的可能性,而在由此产生的其他一系列的行为或决定中,起码有一个是应当明显加以反对的,我们就需要反对作为起点的行为或决定。

从滑坡理论的这一核心观点来观察法律关系客体,对于法律范畴中事实认定的问题,就不仅要考虑到处于斜坡顶端的正在争论中的当前事实,还要对当前事实引发的一连串事实,特别是沿着斜坡滑至底部的危险事实,也就是对可能产生抵制当前事实的理由加以考虑。与此同时,由于斜坡顶端的当前事实与底部的危险事实之间缺乏明确的界限,所以,斜坡上没有合理的、非任意的停止点。因此,一旦推动当前事实的第一张牌,就会沿着斜坡下滑发生一连串的多米诺骨牌效应,使得某种危险事实不可避免,甚至产生连续性"蝴蝶效应"。

滑坡问题的存在,使得我们对于第一性规则的运用必须采取一种辩证方法。因为一旦只是针对当前事实适用第一性规则的外在方面,而对基于当前事实可能发生的一连串后果,尤其是滑至斜坡底部的危险事实不加以考虑,就很有可能产生极其不良的严重后果,使得人们从内在方面产生疑问,质疑它的合理性,甚至干脆直接否定它存在的价值。而这一连锁效应,是构建法律的概念不应当忽视的。其实,滑坡理论早已被广泛运用于立法辩论或司法判决之中。比如,立法方面,有关安乐死、堕胎、言论自由、枪支控制、助人自杀、人类基因疗法等的立法辩论;司法方面,最为典型的莫过于特定情形下的过错推定、无过错责任的归责原则的适用等。

(三)内在方面与法律真实优先

从滑坡理论出发,作为法律关系的客体必然是内在方面和外在方面的结合。事实上,无论立法还是司法,因为滑坡的可能性,很多时候允许一种行为便会产生比拒绝该种行为还要坏的结果,滑坡理论便为拒绝该行为提供了理由。同时,即使立法者或者裁判者根据滑坡理论找不出产生危险事实的理由,但如果凭借当前事实裁决找不出充分理由,那么,出于对滑坡可能产生的更大危险事实的担心,法官仍会认为允许该行为的风险太大,进而裁决不支持该行为。可以说,滑坡理论对于法律上作出决定具有重要意义。

滑坡效应对刘雪娟化妆品案件的分析清晰地告诉我们,法律要求实现的是使案件事实达到法律所规定的视为真实的标准,即所谓法律真实。因为法律上视为真实的标准,其本身就已经蕴涵了法律关系客体的内在方面和外在方面;同时,对于那种不惜运用一切手段认定的事实,即使更加接近案件发生的事实真相,即所谓客观真实,可由于它不包含第一性规则的内在方面,因此,一旦客观真实与法律真实的标准相互抵触,仍然应当遵从发现法律真实优先,而不是客观真实优先。

法律真实抑或客观真实,都是指向事实认定。毋庸置疑,司法过程是当事人之间利益竞争的延续,他们的诉讼行为都是以最大限度地趋利避害为目标,总是试图通过攻击和防御来影响裁判者的决策。然而,若要试图在相互排挤的利益之间作出公正取舍,案件的事实认定便尤为关键。当然,完美的司法公正是法官让案件的事实认定,既符合客观真实的要求,也符合合法性的要求;既不允许为照顾事实真相而牺牲合法性,也不允许为实现合法性而牺牲事实真相。令人遗憾的是,这是一种让人向往的乌托邦。诚然,服从客观上的事实真相与服从法律上视为真实的合法性标准始终一致,那是再理想不过的事情,不过两者往往会发生冲突,根本无法找到能保证做到两者完全一致的法律制度,也根本无法找到能保证做到两者同时兼顾的"一仆二主"裁判者。所以,作出选择成为必然。

当然,从法律关系客体的内在方面来讲,法律真实优先也绝不仅限于"防官府恶政远甚于防犯罪刁民"这一原因,实际还存在其他复杂的因素。例如,立法上,严格把握不让积极自愿的安乐死合法化,是出于安乐死这一当前事实,目前缺少令人信服的沿斜坡下滑的合理停止点而极难控制,容易导致允许法外的合法剥夺他人生命的方式存在,乃至造成被利用来变相杀人的危险事实;施行枪支管制,是出于枪支使用这一当前事实,同样较难找到合理的平衡控制手段,容易造成枪支滥用,提高不良分子侵害他人生命健康的暴力程度这一危险事实;禁止人类克隆,是出于利用基因技术克隆人类的当前事实,无论在技术控制、伦理道德还是在法律调整上,都尚未寻找出防止被用于邪恶目的的足够论证,因而可能会失控,产生给现有人类社会的方方面面带来灾难的危险事实;等等。又如,司法上,类似于像高空坠物、路面施工侵权、建筑作业侵权、饲养动物侵权、环境污染侵权、产品质量侵权等特殊侵权的过错推定或无过错责任规定,使得哪怕客观上没有过错的当事人,也会由于法律规定而承担不利后果。法律上这样规定,是因为考虑到双方举证能力的合理配置、损害结果的公平承担责任原则或者照顾弱者稳定社会的政策考虑等因素。否则,这些案件中的受害人或受害后果的当前事实,将造成较为极端的不为社会所接受的非正义的危险事实。

参考文献:

1. 郑成良:《法律之内的正义——一个关于司法公正的法律实证主义解读》,法律出版社2002年版。

2. [美]菲利普·津巴多、罗伯特·约翰逊、安·韦伯:《津巴多普通心理学》,中国人民大学出版社2008年版。

上海交通大学智慧法院研究院

杨 力

第三节　法律关系的内容

29. 权利和义务的关系
——作为股东的董事忠实义务与投票权利

库克诉迪克斯案[①]

一、 案情概要

加拿大太平洋铁路公司(以下简称“铁路公司”)设立多伦多建筑有限公司(以下简称“建筑公司”)的主要目的是承接铁路公司发包的铁路建设项目。该项目顺利完工后,铁路公司邀请建筑公司的两位董事迪克斯和亨兹商讨承建另一条铁路项目。当时建筑公司有四位股东,即迪克斯兄弟、亨兹和库克。库克占公司25%的股份,剩余75%的股份由其余三位股东掌控。建筑公司的董事会有四名成员,由这四位股东兼任。

在考虑上述新项目时,建筑公司的三位股东不愿与库克共享新项目的机遇。此后,迪克斯兄弟和亨兹三人私下成立了统领建筑有限公司(以下简称“统领公司”),并以此公司承接铁路新线的建筑任务。迪克斯兄弟和亨兹利用一次股东会,以多数票的方式通过了两项决议:(1)将一部分主要资产变卖给统领公司;(2)以公司的名义宣布建筑公司对铁路新线的项目不感兴趣。随后,统领公司承接铁路新线项目并获得巨大收益。库克作为原告于1916年起诉统领公司、迪克斯兄弟和亨兹。库克主张铁路新线合同应该归属建筑公司,并且认为三位董事运用其股东投票权作为窃取商业机会的手段,建筑公司放弃铁路新线合同的股东会决议应当是无效的。

原审加拿大法院认为股东行使投票权是股东的固有权利,对原告的诉讼请求不予支持。

库克随后上诉至枢密院司法委员会(当时大英帝国最高法院,具有终审权)。枢密院认为,三位董事违反了对建筑公司的忠实义务,鉴于建筑公司的股东会放弃铁路新线项目决议的行为存在欺诈,因此予以撤销,建筑公司对统领公司就铁路新线项目所获之一切利益行使归入权。判决中,法官发表了以下重要见解并被确定为后案遵从之原则:

“……三位董事处心积虑地使多伦多建筑有限公司放弃商业机会。然而作为多伦多建筑有限公司的董事,公司的利益才是他们最优先需要考虑的。统领建筑有限公司因铁路新线项目所获之利益应当转由多伦多建筑有限公司享有。握有控制权的股东董事显然不能用他们的投票权只为自己受惠。允许这样的做法意味着允许大多数股东来欺压少数股东。从来没有任何判例认为这是合法的……控股股东滥用控制权给自己输送利益是对小股东的压迫。如果董事在履行职务中为自己获得财产或者债权,于法应当归公司所有。如果以大股东自肥而剥夺

---

① See *Cook V. Deeks*, [1916] UKPC 10.

小股东权益为目的,通过股东会决议的方式放弃公司的权益,这样的投票权行使方式是违法的……"

二、法理评析

(一) 判决的意义

本案就以压迫小股东的方式行使投票权的有效性作出了判决。

所谓股东压迫问题指的是多数股东在行使表决权或者作出影响公司决策的行为时,以压迫小股东的方式来达到利己的目的。从传统公司法的角度看,股东作为公司的出资者,理应可以自由地行使表决权,"资本多数决"也是公司的议事规则。那么股东压迫制度就存在一个价值判断的问题:如何公正地解决"资本多数决"和保护小股东免受不公平压迫的冲突问题?该问题是一个很难用普世原则来解决的命题,需要通过一系列判例,以类型化的视角作出回答,因此本判例就显得格外重要。

本判例作出之前,公司法的判例中并没有以多数股东运用表决权排除小股东获利权的先例。本判例的作出为之后处理、认定股东间倾轧是否构成非法的压迫提供了依据。

本判例涉及两大主题:一是三位股东身为董事,其做法是否违反了对建筑公司的忠实义务;二是三位股东运用投票权剥夺小股东权利是否构成压迫。

(二) 董事受信义务

董事受信义务是公司法中比较有特色的制度。该制度产生的主要原因是,绝大多数大型公司的股权结构都是比较分散的。因为股权分散,股东们基于成本的考量,常常寄望于他人,而自己却缺乏动力去监督管理层。同时,管理层和股东之间常常存在信息的不对称,即表现为管理层掌握较多的公司相关信息,而股东们因为缺乏相关的专业知识和资源而怠于行使监督权。这种信息不对称常常会被管理层利用以自肥,进而产生长期困扰公司股东的"代理成本"(将管理层假设为股东的"代理人")。董事受信义务制度就是以事前吓阻、事后追责的方式,减少"代理成本"的产生。

董事受信义务的最基本的表述是"受人之托,忠人之事"。也就是说董事是受雇于公司的,那么在管理公司事务时应该尽忠职守,不可中饱私囊。从法经济学的视角看,董事受信义务能补充双方当事人的合同对事后情况应变的不足和为解释该合同增加较为明确的指引,而法定受信义务也可以降低事后重新协商的交易成本。对于董事受信义务的内容有不同的解释,比如有的认为注意义务不是受信义务。对受信义务内涵和外延的理解犹如大树之叶,找不到两片一样的树叶。但是其"树干"是唯一的,即忠实义务。董事受信义务最基础的内容即受信人不能与受益人的利益相冲突,需要将受益人的利益置于首位,同时也不能利用受信地位为自己牟利。

董事忠实义务的法律渊源相当广泛,但是归根结底分为两个方面:制定法(成文法)和一般法。因为本案发生时制定法还不是很普遍,相关的法律渊源是一般法。当时一般法中的董事忠实义务向董事提出了三大要求:(1) 不得侵占公司资产;(2) 不得利用董事身份为自己获利;(3) 不得窃取公司机会。判决认为,本案中董事的行为几乎完美地违反了上述每一个要求。首先,一般法将合同看作财产权的一部分。本案中统领公司取得的铁路新线建筑合同应属于建筑公司。统领公司由三位董事成立,利益归于三位董事。显然三位董事侵占了所服务的建筑公司的财产(此观点学界亦有不同意见)。其次,三位董事明显地利用了董事地位而获利。如果不是因为迪克斯董事身份的关系,铁路公司并不会与之探讨铁路新线开发的合同可能性。故三位董事利用职权获利也违反了第二项的要求。最后,承建铁路新线机会的产生是因为建筑公司之前和铁路公司的合作关系,铁路新线的承包机会应属于建筑公司。董事们另外成立公司窃取该商业机会是对忠实义务的完全违反。

因为受信义务是一种对受益人的相对义务,所以受益人可以决定是否免除受信人的受信义务。实务中,特别在中小型公司大量的商业机会来自管理层的个人社会关系时,如果机械地适用受信义务,管理层就不能够积极地为受益人物色商业机会。正是基于此种原因,受信义务是可以通过受益人的同意来个案免除的。忠实义务既然属于董事受信义务,自然也可以因为受益人的同意而阻却违法性。在公司法的语境下,董事的受信义务是对公司的而不是对个别股东的,也就是说只要公司同意,董事就可以处理铁路新线的商业机会。一般法规定公司的同意不能由管理层做出,而必须由股东会表决同意,因此就出现了本案例中的一幕,股东会上三位董事以绝对多数票作出决议将铁路新线的商业机会排除。三位董事认为该商业机会已不再属于建筑公司,任何人都可以竞争取得,不存在违反董事忠实义务的情况。而股东会貌似合法地放弃商业机会正是本案的症结所在,此时判断该决议是否合法必须要考察决议是否不公正地压迫了小股东。

(三)股东压迫救济

前文提及,因为公司股权结构分散,受信义务相关规则逐步形成。即便如此,股东之间纠纷的解决规则在很长一段时间里是缺失的。正是由于制度上的真空,许多国家努力地发展出非常有弹性和包容性的衡平救济和成文法救济制度。压迫救济是目前最为常用的成文法救济。压迫救济是一套由判例主导,事后被成文法确认的一般性救济措施。该制度主要保护股东不受公司、管理层或者其他股东的不公平压迫。

前文提到,资本多数决是现代公司最基本的决议方式。通过资本多数决得出的决议即代表了公司的意志。长久以来,资本多数决和保护小股东不受压迫成为公司法制中两项相互统一而又对立的原则,共同推动公司法制的发展。因由它们之间对立而产生的受压迫股东救济制度一直不断发展,但也从未至臻完美。压迫救济制度源于衡平法上的"对少数股东欺诈"制度和"善意地修改公司章程"的原则。前者侧重行为的结果,即客观上是否会对公司的财产或者股东个人的财产权利造成不当侵害,而后者关注主观方面,要求修改公司章程必须是出于对公司利益的善意考量。大量的判例都表明普通法法院基于前述两大类原则可以撤销股东会决议,以保护股东和公司的利益。

"对少数股东欺诈"制度的发展是基于"善意地修改公司章程"原则,但较该原则更加具体和有针对性,两者都要求考察行为人的主观方面是否是善意。如果不是善意,就可以构成对少数股东的压迫。当然,"善意地修改公司章程"原则的应用范围也必然大于"对少数股东欺诈"制度的适用情形。因为就结果而言,构成"对少数股东欺诈"包含了两个额外条件:对公司的财产造成损害;侵害了少数股东的财产。相比之下,即使是非"善意地修改公司章程",也可能存在没有造成任何直接损失的情况。也就是说,"对少数股东欺诈"的成立则以有实际损害结果为必需。善意与否的判断历来是公司法的难点,对善意的考察主要有两个维度。首先,需要判断股东行使投票权是否出于善意,而非对公司存在恶意。其次,即使股东的主观方面是完全的善意,决策也必须符合公司的目的。例如,股东会以多数票决定在清算前派发给员工大量的遣散费,致使全体股东无财产可分。这样的决定虽然是善良的但是并不能算是善意的、符合公司目的的,因为英美法系的公司法规定公司的利益最大化和保护股东的利益是公司的主要目的。本案中,三位董事在股东会上行使表决权的目的显然不是善意的。从动机的角度看,三位董事意图窃取商业机会,不让建筑公司获利进而排除库克的预期利益。从公司存续目的的角度看,放弃铁路新线的商业机会会减损建筑公司的可得利益,这与公司的目的不符。因此三位董事在股东会上行使表决权的行为非善意。又因为该行为客观上减损了建筑公司的可得财产,并且通过排除库克的方式导致库克的可得利益减少。所以,股东会放弃铁路新线项目的决议因存在多数股东对少数股东的压迫而无效。进而,三位董事因为不构成违反董事忠实义务的违法阻却事由而需承担对建筑公司的董事忠实义务责任。最后,枢密院判令三位董事违反了衡平法的董事忠实义务,统领公司所持有的铁路新线合同应当被拟制为是为了建筑公司之利益所持有的信托,三位董事和统领公司所既得与项目相关的利益需缴付至建筑公司。

(四)本案的影响

本案确立了因为存在对少数股东的欺诈而使得股东会决议无效的判例。在此之前,绝大多数关于压迫救济的判例都是聚焦在修改公司章程的行为是否存在对少数股东的压迫问题上。本案将对少数股东欺诈的构成要件较为清晰地呈现出来,并给出了否定违反董事忠实义务的违法阻却事由的先例。本案突出了公司法对保障股东间公平正义的重要性,表明了公司法并不只是关注资产运作的效率,对公平正义的维护也是重要的公司法法益。在此后的股东压迫救济立法中,基本上也将本案中的要件固定下来,成为股东压迫救济成文法的构成要件之一。

参考文献:

1. 朱慈蕴:《资本多数决原则与控股股东的诚信义务》,载《法学研究》2004 年第 4 期。

2. 罗培新:《世行营商环境评估之“保护少数投资者”指标解析——兼论我国公司法的修订》,载《清华法学》2019 年第 1 期。

3. 李建伟:《股东压制的公司法救济:英国经验与中国实践》,载《环球法律评论》2019 年第 3 期。

4. Melvin Eisenberg and James Cox, *Corporations and Other Business Organizations, Cases and Materials*, 10th ed., Foundation Press, 2011.

5. Brian Cheffins, “The Oppression Remedy in Corporate Law: The Canadian Experience”, *University Pennsylvania International Law Journal*, 10(1988).

6. Paul Redmond, *Corporations and Financial Markets Law*, 7th ed., Thomson Reuters, 2017.

澳大利亚新南威尔士大学法学院

翁小川

第四节 法律关系的形成、变更和消灭

30. 法律事实

——法律真实与客观真实

中国五起影响较大的冤假错案

一、 案情概要

刑事冤假错案只是中国刑事司法案件中的极少数,但对健全和完善中国司法制度具有极强的启迪意义。毫无疑问,以往片面追求将所谓的被告人口供作为最终认定有罪的主要标准,而不是努力让证据体系完全达到"排他性"标准,直接导致了一桩桩冤案的发生。坚决杜绝刑事冤假错案,已成为中国司法改革的重中之重。

案例一:滕兴善,湖南人,捕前系农民。1987 年,某地相继发现被肢解的六块女性尸块,当地警方认定被害人为石小荣。滕兴善被列为疑犯,因实在不堪逼供而被迫认罪,随后被提起公诉,同年被判处死刑,后被执行枪决。1993 年,"被杀害"的石小荣突然回到了贵州老家,并托人告知滕妻。因为惧怕对抗政府,以及其时一双子女尚小,滕妻直到十年后子女成人,才相告实情。2005 年,滕的女儿提起再审翻案。此时,距腾兴善被执行死刑已达 16 年之久。

案例二:佘祥林,湖北人,捕前系某派出所治安巡逻员。1994 年,佘祥林的妻子张在玉失踪,张的亲属怀疑张被佘杀害。同年,异地发现一具女尸,经张的亲属辨认死者与张在玉特征相符。随后,佘祥林因涉嫌故意杀人罪被逮捕,同样被逼供而认罪,一审被判处死刑。佘提出上诉,二审法院发回重审,检察院也数次退回补充侦查。后一审法院改判 15 年有期徒刑,佘再次上诉。此案前后历时 5 年,佘祥林仍被判决有罪。他在监狱服刑 11 年后,已被认定死亡的妻子张在玉突然归来,佘祥林终获法院宣告无罪。

案例三:杜培武,云南人,捕前系某公安局干警。1998 年,停在路边的车内一男一女被枪杀,死者分别为某公安机关领导和干警。女性死者的丈夫杜培武被认定有嫌疑,后被逼供而认罪,但对于枪杀凶器及死者身上物品去向始终"交代"不明。杜虽当庭翻供,一审仍判决其死刑。杜提出上诉,二审法院认为该案有疑点而改判死缓。两年后某劫车杀人团伙案告破,供认上述枪杀案系他们所为。历时 2 年多,杜培武被无罪释放。

案例四:李久明,河北人,捕前系某监狱干部。2002 年,一歹徒窜入某监狱家属楼,将宋某夫妇二人刺伤。后怀疑系李久明所为,因为李此前与宋的妹妹有两性关系,其妹要求李离婚不成,多次到李家闹事。诉讼中李久明被逼认罪,并因此住进了他无比熟悉的监狱。两年多后,浙江温州一名抢劫杀人犯在临刑前供认,上述入室伤人案系其所为。即使这样,直到中央有关领导直接干预,此案才得以平反。此时,李久明已蒙冤 866 个日夜。

案例五:赵作海,河南人,捕前系农民。1999 年,赵振晌与邻居赵作海打架后失踪。一年后

有人淘井时发现一具无头尸体,疑是失踪的赵振晌。随后,赵作海被传讯带走。审讯中,赵被逼供承认自己是在赵振晌持刀追打过程中,夺刀将其杀死。鉴于此,一审法院判决赵作海死缓,赵未上诉。十余年后,一直在外做生意的“被害人”赵振晌突然回村,使得此案掀起狂澜,赵作海终被洗刷罪名。

二、法理评析

(一)正确对待法律真实与客观真实

上面五起案件只是已发生的冤假错案的一个缩影,毕竟五起错案的被改判都有概率极小的偶然性,要么是因为“被杀”的被害人重新出现,要么就是因为真凶的出现和认罪。分析其原因,刑讯逼供恐怕是制造冤假错案的主要因素。正是刑讯逼供逼出了假口供才产生了错案。虽然这几起案件中参与逼供的警察大都受到了法律制裁,但关键还在于建立起预防刑讯逼供的机制。其中,针对有罪判决实施排他性的证据标准,而不是轻信被告人口供,就是极其重要的环节。简言之,就是在刑事案件中要求实现更高程度的客观真实,对于被告人前后翻供、前后供词不一致以及供词存在疑问等情况,同时通过其他证据不能达到排他性标准的,应当推定为无罪或罪轻,而不是用逼供证词作为达到法律真实标准以形成铁案的依据。

当然,刑事诉讼证明具有一定的限度。比如:部分案件由于各种原因和条件限制,可能根本无法查明案件事实真相,导致不能确证被追诉者为有罪或无罪;已经侦破的案件查明了犯罪行为的实施者,但不可能把一切犯罪事实都查清,有些与定罪量刑有关的情节也难以查清。此时,刑事诉讼中适用两种事实推定:一是有罪证据不足的推定为无罪(无罪推定);二是罪轻、罪重查不清的推定为罪轻(罪轻推定)。显然,这两种推定都不是客观真实,而是法律真实。因此,刑事诉讼中把客观真实绝对化是片面的。

有关客观真实的学说源于苏联早期,是指案件事实认定符合客观的真实。它把哲学认识论上的实事求是置于至高无上的地位,要求司法过程中的一切决定和结论都应服从客观真实的指引。在这种情况下,对于客观真实的服从是法官的最重要义务。如果服从法律会得出违背事实真相的结论,法官就应当放弃对于法律的服从,以保证司法决定与事实真相的一致性,也就是以寻求客观真实为目的。

一般而言,当法律真实与客观真实不可兼得的情况下,要作出一个违反法律而符合事实真相的结论,无非两种可能情况:(1)作出决定的人认为,某一法律制度是不正义的,并且他也正是以此为背景来讨论司法公正,因而就不存在法律应当被服从这样的前提。所以,他期待正义的裁判者应当放弃对不义之法的服从,转而去实现那些被错误排斥在法律之外的正义。(2)作出决定的人虽然承认待援引的法律制度的正义,可并不认为一个正义的法律制度就应当被服从。因此,他对法律的态度是机会主义的,尽管法律制度在总体上合他的意,但他是否会服从法律,仍需看待决案件的处理结论是否与客观真实相一致。如果发现一致,他会作为法律的支持者出现;可是一旦发现不一致,他不是试图在制度和程序内谋求一般规则的改进,而是作为法律的反对者出现,为保证结论符合事实真相而牺牲合法性。① 可以说,面对上述两种

① 参见郑成良:《法律之内的正义——一个关于司法公正的法律实证主义解读》,法律出版社 2002 年版,第 115—116 页。

可能情况，无论是认为法律不正义而放弃服从法律，还是从机会的利己主义角度废法行事，都不符合实现法律之内正义的要求。

值得关注的是，客观真实虽然失去了王者之尊，但并不代表不该受到应有的关注。尤其是只要不与位阶较高的法律真实原则相抵触，它仍不失为事实认定的一项重要原则。因此，刑事诉讼中面对有罪判决时应当抱持客观真实的标准。因为有罪判决涉及人的生命和自由等重要价值，过度推崇法律真实可能导致冤假错案，产生不可逆转的严重后果。换言之，诉讼对于客观真实的要求，往往会因案件类型不同而有所差异。比如，中国刑事诉讼法规定，犯罪事实清楚，证据确实充分，才能作出有罪判决。该规定具体表现在有关事实认定的证据上，就是需要构成严密的排他性证据体系。所谓排他性，就是犯罪实施者是谁必须确证无误，而绝不可能是其他的人。从这个意义上来说，有罪认定必须是绝对真实的，可以经得起实践和历史的检验，能够成为“铁案”。

（二）完全依赖法律真实的缺点

法律毕竟不是类似于科学研究那样的单纯认知活动，其实质不单单是对于事实的认知，而是强调合法性评价，它的目的不是追求事实之真，而是追求法律之善。所以，法律真实优先的思维让我们面对一些情况时，即使没有查明客观真实，也需要作出结论；即使查明客观真实，有时也需要作出相反结论（比如，超过诉讼时效的败诉、非法取证的证据排除等）；限制对事实真相的查明；甚至于强调虚构的事实优位于客观的事实等。

比如，秘密收集视听资料的排除规定。视听资料是随着科学技术的发展和司法实践的需要而诞生的。其收集的过程无非有公开和秘密两种。不过，以何种方式收集的视听资料才具有法律效力，我国诉讼法和其他法律一直未作具体规定。从立法精神上理解，视听资料的收集一般应公开进行。但是，以秘密方式收集的视听资料，是否可以作为证据使用？

以秘密方式收集视听资料，就是制作的一方在对方不知道的情况下，针对特定的人制作的证据。比如，利用变焦电视摄像机、增敏传声器、微波装置等各式各样的窃听器，或通过电话搭线进行监听等获得的证据材料。对于以此种方式取得的视听资料是否合法，各国看法不一，但总的看来，一般都采取了“原则否定”和“例外肯定”的做法。也就是说，原则上都不承认窃听等秘密方式收集的视听资料证据的效力。换句话说，以偷录、窃听等非法手段取得的视听资料，即使能够反映案件事实的真相，一般也应当认定无效。不过，我国民事诉讼同时吸纳了例外肯定的做法，规定以秘密方式取得的证据，只要不侵害他人的合法权益（如侵害隐私）或违反禁止性规定（如窃听），也可作为证据使用。当然，如果是通过侵犯他人隐私或窃听获取的能够反映客观事实的证据，仍然应当依法予以排除，而不能作为定案依据使用。

法律真实的事实推定机制，是在事实真伪不明的情况下，假设事实存在或不存在，并以此为基础，根据高度盖然性的标准作出相应的法律效果判断。事实上，假设本身肯定隐含错误判断的风险。当然，从理论上讲，如果实现法律真实的事实推定是合理的，那么根据自由心证和证明责任的拟制，就是合理及正当的；反之，就等于是在法律没有充分理由的情况下，让一方当事人承担了不利后果，比如，证明责任之所在往往就是败诉之所在。

进一步而言，法律真实与法律公正的特殊品质相一致，能够符合法律之善，但不代表肯定可以被个人伦理所接受。通常而言，个人伦理的是非判断取决于已经发生了什么事实，一旦推定的事实与事实的真相差距甚远，个人伦理往往会发生禁令。可见，法律真实的事实推定，只是对事实状况的或然性所作的盖然性判断，或者是对事实状况的不可解释性的风险所作的分配。虽然它从整体上符合正义的目标，但仍然存在类似于特殊正义存在的合理性那样的情形。

参考文献：

1. 张保生：《刑事错案及其纠错制度的证据分析》，载《中国法学》2013 年第 1 期。

2. 张明楷：《刑法目的论纲》，载《环球法律评论》2008 年第 1 期。

3. 李建明：《死刑案件错误裁判问题研究——以杀人案件为视角的分析》，载《法商研究》2005 年第 1 期。

上海交通大学智慧法院研究院

杨　力

第六章 法律行为

第一节 法律行为的概念

31. 法律行为的界定

——基于证明责任、具体情境乃至环境证据等的行为认定

香港高等法院聆讯龚如心遗产案①

一、案情概要

香港华懋集团主席龚如心是1990年遭绑架而失踪的香港地产商王德辉之妻。1999年9月,香港高等法院宣告王德辉在法律上死亡。王德辉曾于1960年、1968年各订有一份遗嘱。王德辉之父王廷歆要求法院确认王德辉在1968年所立的指明其为遗产唯一继承人及执行人的遗嘱。而龚如心向法院提交了据称是王德辉1990年所立但从未公开的第三份遗嘱,声言将所有财产留给妻子龚如心,并有王家当时管家谢炳炎的见证签名,但谢炳炎在出具证言后不久即病逝。

2001年8月6日,争夺遗产案正式在香港高等法院开庭审理。根据法律,若死者生前先后订立遗嘱,则以后者为准。因此,这场争产案的关键,即为确定龚所持1990年遗嘱是否真实。翁媳对王德辉遗产的争夺形成了两大"战场":其一是争论遗嘱有效性的民事"争产案",其二则是司法部门对龚如心是否伪造文件的刑事调查。2002年11月,香港高等法院原审法庭判定龚如心所持1990年遗嘱为伪造;2004年6月,香港高等法院上诉法庭裁定龚如心上诉失败。然而,这场涉及绑架、隐私、遗产争夺的豪门恩怨最终峰回路转。2005年9月,终审法院法官对世纪争产案作出最终判决,出人意料地推翻此前判决,一致裁定王德辉于1990年所立遗嘱为其生前最后遗嘱,宣告龚如心胜诉,为这位"亚洲最富有的女人"平添近400亿港元的遗产。

其实,龚如心只需证明1990年遗嘱乃王德辉订立即可。但是,一、二审法官要求龚如心举证推翻其所持遗嘱的多项疑点,尤其是法官根据环境证据所作的不利推定。比如,法官认定龚如心所持1990年遗嘱为假的依据在于,王德辉在该份遗嘱第二、三页表达了对自己父母、兄弟姐妹的"失望",禁止龚如心将遗产分与他们;最后一页则仅有王德辉对龚如心的一句表白"one life one love"。一、二审法官认为:王德辉一向家庭观念很强,与家人关系很好,应该不会说出

---

① 参见《香港高等法院聆讯"亚洲女首富"龚如心遗产案》,载网易新闻网,https://www.163.com/news。

对家人“失望”的话；而且王德辉经商多年，生活情调并不浪漫，不会写出这样情感过于直露的话。

而终审法官为了获取让当事人信赖的真实，转而对证明责任、具体情境乃至环境证据等方面进行了颇为周全的综合思量。(1) 就证明责任而言，龚如心只需证明 1990 年遗嘱乃王德辉订立即可，而王廷歆既然对儿媳龚如心所持遗嘱为假的诉讼主张证据不足，应当承担举证不力的后果。(2) 应当综合考虑龚如心与丈夫婚后感情的情况，以及王德辉与王廷歆的关系变化情况，这对分析遗嘱发生逆变的原因、判断 1990 年遗嘱的真实性是有作用的。(3) 证人谢炳炎尽管未能出庭作证及接受质证，但其生前提供的证词前后一致，称自己曾亲见王德辉在 1990 年遗嘱上签字并要求自己作为见证人，证词清晰无可置疑。

二、 法理评析

（一）值得当事人信赖的行为真实

法律行为认定直接涉及法律责任的承担。龚如心一案告诉我们，法律行为涉及的事实认定，实际上往往是需要作出更为周全的证明责任、具体情境乃至环境证据等方面的综合思量的结果。从行为事实认定的角度来看，法律真实或客观真实作为不同类型案件的事实认定目标，都有重要的意义。而在两种真实之间最有争议的民事案件中，作为一种现实主义的真实说，法律真实因相对更能得到认同而成为主流学说，这就是法律真实优先。正是从这一角度，龚如心案的一、二审法官以原告难以举证回应遗嘱疑点为由，裁决原告龚如心败诉。

但是，基于法社会学的角度，就还需要认真对待“值得当事人信赖的真实”。“值得当事人信赖的真实”，是从当事人对裁判中事实认定的信赖程度来评估诉讼中的真实。也就是说，不仅应从国家的立场或者从维护民事法律秩序的立场，还应当从符合当事人的实体和程序利益的立场，来看待事实认定的真实问题，毕竟赢得当事人的满意才是最重要的。在龚如心案件中，终审法官对证明责任、具体情境以及环境证据等方面的周全考量，就是采取了这一方案。说到底，值得当事人信赖的真实归属于法律真实，它不是以追逐客观真实为目标，而是更多从当事人的立场考虑问题。只是，让现代当事人对于真实产生信赖感，绝不是像过去那样单纯地依靠尊重程序选择权、防止诉讼突袭等可以实现的，而是需要将案件置于一个具体的语境中，作出更为实质性的权衡判断。

那么，当事人信赖的真实如何获得？处于风险社会压力之下的法律发展，如何使当事人获得信赖的真实，是一个需要认真对待的问题。一方面，那种单纯从社会利益出发的立场，可能会割裂当事人所处的具体情境，片面地把社会利益视为一个抽象概念，而风险情境下的社会利益在每个案件中的具体指向都可能有所不同。相反，风险社会下的整体利益本身所包容的多元道德观念，会成为随意增大或缩小当事人所处情境理由强度的借口，造成得出的结果表面公平，但实质不公正。另一方面，拘泥于从当事人利益出发的观点，也难以同时从宽阔的视野上结合风险社会的复杂性作出恰当的判断。尤其是当现实的立法或司法陷入对当事人双方具体利益的细微衡量后，极易导致利益的取舍陷入“保护谁的利益可以或不保护谁也可以”的尴尬境地。显然，有关事实认定那种“绝对化”的从所谓的整体社会利益出发的权衡，或围绕当事人的具体利益的权衡，都存在一些问题。

（二）法律行为所处的风险社会

那么，上文提到的“具体的语境”是什么？社会学理论认为，整体社会可分为互动、组织和社会系统。就社会系统而言，当今世界从能源危机到金融风暴，从气候变化到粮食短缺，从信息安全到恐怖袭击等，已经出现乌尔里希·贝克（Ulrich Beck）所说的风险社会迹象。与此同时，当前中国无论是宏观的物价上涨、食品安全、房价高企、医疗改革、失业率上升，还是微观的歧视待遇、谷贱伤农、拆迁纠纷等，市场经济和社会转型所蕴含的风险，都让人们充满了不确定性，并承受了较大的压力，社会性不满情绪正在积累，一旦超出了人们对于社会公正的容忍与接受程度，比较严重的危机事件就可能发生。

处于风险社会这个具体的语境，法律是固守既有的核心价值，还是接纳现代文明的普世价值，何去何从的抉择问题日益凸显。不过，无论采取的是什么立场，更加关注于实质判断都成为一个核心。从事实认定的角度，这个实质判断不是寻求客观真实或法律真实，而是如何取得当事人的信赖。其原因在于，试图取得当事人信赖的实质判断，仍然单纯依靠那种简单地指向法律真实或客观真实的做法，已经无法像万能钥匙一样应对日益多元化的矛盾与交错的利益诉求，有效解决风险社会中由于体制、政策和制度带来的许多问题，反而可能助长价值倾向的保守性，或诱发新型的全能主义。这一做法的直接后果就是，现实的法律治理演绎成为一个“正”高于“善”的局面。其中，现代法律所塑造的只是分不清个体属性差异的拟制人格，无法承担公共的、道德的责任和促进社会团结，导致现实的制度运作过程出现不少问题。

面对这一困境，理念的转变正在发生。价值同盟、交叠共识、民主商谈、实践理性、后果论辩主义、合理性证成、疑难案件讨论等“合唱般”地进入我们的视野。理念层面的“地壳变动”，重新突出了多元价值的实质判断。显然，法律的治理突出对多元价值的实质判断，至少可以提醒既有的制度安排应该被不断审视，使得固执于某种实质性价值的态度能够适当相对化，以增强反思的理性。在这种背景下固守事实认定目标的单一化，只会与防范社会风险的目的背道而驰。所以，现代制度的重新设计尤其需要以围绕多元的价值加以实质判断为前提。显然，事实认定只是依靠法律真实或客观真实的博弈，已无法彻底解决问题，而想要彻底解决问题，应寻求值得当事人信赖的真实。

参考文献：

1. 刘旺洪主编：《比较法制现代化研究》，法律出版社 2009 年版。

2. 舒国滢：《法学的知识谱系》，商务印书馆 2020 年版。

3. ［美］劳伦斯·弗里德曼：《大审判：为公众展示的法律》，殷源源、朱元庆译，中国民主法制出版社 2020 年版。

上海交通大学智慧法院研究院

杨 力

第二节　法律行为的结构

32. 法律行为主体
——动物以及人工智能能否被赋予法律主体资格

动物福利立法[①]

一、事例概要

目前，世界上已有100多个国家出台了有关反虐待动物的法案。2002年，德国国会通过了一项决议，要求用宪法来保障动物作为生命存在的权利。德国是世界上第一个把动物权利写进宪法的国家。

其实早在1809年，就有人在英国国会提出禁止虐待动物的提案。这个提案在上院获得通过，但在下院却遭到一片嘲笑。不过没过多久，世界上第一个反虐待动物的法案就在英国诞生了。目前，英国有关动物保护的法律有十多个，不仅对残忍虐待动物的人可以判处刑罚，也不允许主人未尽到责任造成动物额外的痛苦，甚至对饲养以供食用的动物，法律规定要由专职人员实行"无痛感"宰杀。

1866年，美国成立了禁止虐待动物协会，并通过了《反虐待动物法案》。根据这一法案，虐待动物将受到经济处罚甚至被判处徒刑。美国加利福尼亚州一名男子在和女友吵架后，将一腔怒火撒在他的宠物狗身上。他先是用高尔夫球杆击打狗的头部，随后又用烤肉铁钎刺，最后用锁链勒这只可怜的狗。针对这样残忍的虐待行为，加利福尼亚州地方法院对这名男子进行了严厉的宣判，令其在监狱中度过25年，直到他入狱后的第21年才允许其亲属探视。

在亚洲，新加坡、马来西亚、泰国、日本等国和中国香港、中国台湾等地区都在20世纪完成了动物福利立法。其中，新加坡《畜鸟法》中的"动物"概念非常彻底，一个公民不能欺负一只狗，同样也不应恶意地残害一只虫子。其理念就是所有动物都不应该受到虐待。

到目前为止，中国还没有一部真正意义上的动物福利立法，只是在一些单行法律中涉及部分动物保护的内容，还有一些地方性法规涉及动物福利保护。如2003年1月开始实施的《北京市公园条例》(2019年修订)规定：捕捞、捕捉动物，恐吓、投打、伤害动物或者在非投喂区投喂动物的，责令改正，并可以处50元以上100元以下罚款；造成损失的，依法承担赔偿责任；构成犯罪的，依法追究刑事责任。

2004年5月，北京市政府法制办起草了《北京市动物卫生条例(征求意见稿)》，开始征求市民意见。该条例首次将动物福利内容入法，对动物的生活、运输、医疗、屠宰四方面的福利都作出了规定，提出虐待、伤害或遗弃动物，未按人道方式宰杀动物，未对受伤或患病动物给予必

---

① 参见《动物福利立法渐行渐近》，载《北京日报》2012年10月10日，第18版。

要治疗等行为,将被处以最高 1 万元的罚款。

法律人关心的问题是:动物权利是否应该得到保护?动物能否成为法律意义上的主体?为什么?

二、法理评析

(一)“保护动物”与“赋予动物法律主体资格”

动物可以、应当予以必要的保护,但是否一定要承认其享有法律上的权利、进而具有法律上的主体资格是另一回事。正如我们不必赋予自然环境本身以某种权利,但又应当保护环境一样。

从技术上讲,如果承认动物具有法律主体资格、享有某种权利,那么考虑到“子非鱼,安知鱼之乐”①,应如何认定哪些具体内容构成动物的权利(通俗地讲,哪些内容是某动物所欲的利益)?哪些构成其义务?另外,从逻辑上讲,考虑到“没有无权利的义务,也没有无义务的权利”,如果动物享有某些权利并且进而成为法律关系的主体,那么它们又应当对谁承担怎样的义务?并且,应当怎样承担这些义务?相对应地,如果赋予动物以权利,那么,与这些权利相对应的义务,也即为了使这些动物权利得到实现的义务由谁又基于什么来承担?进而当其承担这种义务之后,又应该被配给怎样的权利方能达致权利义务的平衡?

很显然,当前倡导保护动物权利的人们不可能从逻辑上圆满解决如上这些问题。申言之,也许确实应当给予所有动物以必要的保护,甚至也应当促进提升动物福利,但这并不意味着必须赋予其法律权利或承认其法律主体资格,因为赋予动物以法律主体资格,首先从技术、逻辑上就讲不通;更因为,动物根本不具备成为现代社会法律主体的基本条件——自由意志。

(二)现代社会法律主体资格的根基是自由意志

那么,在现代法律体系中,必须具备怎样的条件才有资格成为法律主体?简言之,即自由意志。

康德曾经对自由意志作过精辟的论述。按照康德的观点,人在面对一切外在约束、甚至道德律时仍然完全自由,因为他完全可以不按道德律(绝对命令)办事,但他内心很清楚他本来“应当”怎么做,并且只有他那样做了,而非单纯地被自己的本能所驱使,他才真正是个自由人,才真正具有自由意志。

现代法学、现代法律将这一概念移植进来。按照现代法律,只有具有自由意志才有资格成为法律主体。具体而言:第一,能够预见到自己行为的后果,尤其是法律上之后果;第二,能够自由地控制自己的行为,以使自己的行为更加符合法律的要求——如果一个人仅仅具备这两个条件,还最多只具备法律权利能力,此时只能成为一些特定法律关系中的主体;第三,具备行为能力,即能够自己独立地承受自己行为所带来的法律上之后果。

实践中为了便于操作,各国一般都会作一些外在的、硬性的限定。例如,划定“18 周岁且精神正常”为完全的法律主体资格标准。这样的“一刀切”处理当然可能导致个案的不公正,因为有些人的成熟程度可能确实与生理年龄不相匹配,但作为一种追求普适性的社会调整机制,法律只能作出这样看似机械的安排。换句话说,法律在给大家提供相对普适、大体公平之预期

① 《庄子·秋水》。

的同时,不得不在某种程度上牺牲个性。

显然,对动物而言,只有本能,没有“应当”。因此,它们虽然也如人一样可能在某种程度上具有自我意识,能够实现独立的自我驱使,但它们并不具有道德选择的可能,因而也不可能具有现代哲学意义上的自由意志。因此,动物无法成为法律主体。但可能会有人追问:如果说动物没有自由意志,婴幼儿难道就有?进而言之,是否婴幼儿也没有主体资格?这种反驳看似有力,却忽略了这样一点:动物永远不可能具有自由意志,而婴幼儿长大后会具有自由意志。因此,虽然婴幼儿可能像动物一样并不具备自由意志,但考虑到当前的利益是他(或她)将来更好地发展、完善自身的基础,因此有必要承认婴幼儿的主体地位。现代社会中,一般的通行做法是,通过设定监护人的方式暂时代替婴幼儿进行意志表达,最大限度地维护其合法、合理利益。

(三)人工智能没有也不应有法律主体资格

与动物权利相关联的一个类似问题是,人工智能(AI)是否应该享有主体资格?早在2017年10月,中国香港汉森机器人公司开发的机器人“索菲亚”就被沙特阿拉伯赋予公民身份。[①]有这样的实践不等于AI就可以或应当具有主体资格——只有从逻辑上对它作了充分的证成,我们才能确定地回答AI到底是否应该具有独立的法律主体资格。

尽管对于AI至今都没有一个准确的、被普遍接受的定义,但从整体上可以把其分为两种:一是以没有生物新陈代谢为特征的智能机器人或语音识别、人脸识别等相关软件;二是将碳基生物的人类大脑和“硅基”的人工智能算法对接进而实现人机合一。其中,后一种意义上的AI显然不可能成为独立的主体,因为它根本上只是激发人类大脑潜能的一种方式,因而注定只能依附于人脑。

至于前一种意义上的AI,它目前只是对人脑的功能模仿,而非对人脑的结构模仿——那只有在人类对人脑作出系统而全面的认识和研究之后方有可能实现。如果AI只是对人脑的功能模仿,无论它多么智能,都不可能具有生物那样的自我意识,而只是一种算法,或者说,只是一种高效的信息处理方式或系统罢了。

这决定了当前所谓的AI获取以及处理信息的形式不具有也不可能具有任何的主观性和个体性,而只具有通用性,即在一台计算机、一“个”AI上是如此,换作另一台计算机、另一“个”AI也是如此。在AI需要链接的数据库中,各种知识和经验按照统一的格式被储存,并且被打上时间标记,AI的作用只是提取和分享数据库中已有的内容,并把搜集到的新知识上传回数据库。这其中不包含任何的个体情感,也没有个体体验的参与,一切都是冷静的理性内容。每一“个”相同型号的AI都是一模一样的复制体,在它们的处理模块中找不到任何与“个体”相关的成分。申言之,AI在处理信息的过程中,“我”的意义被去除了,因此,它当然不可能具有独立的意识。

而人类显然不是如此。我们每个人不仅是信息处理者,还是特定的文化及信仰体系的产物。我们以从父母、学校、书本和同伴们那里学到的道德、宗教、政治、传统等价值观念来自我设定并以这种自我设定为基准、为中心去观察和感受世界。

如果AI连自我意识都没有,从法学、哲学角度看,它甚至都不如动物“高明”,又怎么可能

① 《索菲亚成为首位被授予公民身份的机器人》,载搜狐网,http://www.sohu.com。

具有连动物都不具有的自由意志？因此，除非 AI 技术达致一种质的飞跃，由对人脑的功能模仿转变为结构模仿（长远来看当然有可能），否则，当前的各种所谓人工智能就不可能也不应当获得所谓独立的法律主体资格。

当然，否定当前 AI 的法律主体资格，并不意味着法律应当无视 AI 领域的变化。但至少从现在来看，相关法律制度的设计，更多应该针对的不是 AI 本身，而是 AI 的设计者、拥有者和使用者——一如关于动物保护的法律，针对的不是动物而是相关人一样。

另外，关于 AI 的法律主体资格问题，或许还可以作相反的思考。如果基于人脑结构模仿的 AI 被研制出来，那就意味着它已经独立于人的控制了，进而也就意味着人类通过设定各种法律、甚至伦理规范来约束它的任何尝试充其量只是人类的一厢情愿。换言之，AI 的法律主体资格问题其实是一个矛盾或悖谬：如果 AI 终于高明到具有独立的自我意识、自由意志，人类是否承认其具有法律主体资格，以及设计怎样的法律来规制其活动的意图，对于 AI 来讲都没有任何意义，因为它只会按自己的目的、动机和利益来安排自己的活动；如果 AI 始终停留在基于人脑功能模仿的层面，人类根本就不需要考虑其是否具有法律主体资格的问题。对于这一悖谬，我们不妨创设这样一个专门术语来指称——“AI 的法律主体资格悖谬”。

（四）法律拟制主体的逻辑

有人可能会进一步追问，即便承认赋予动物以主体资格确实存在前述技术和逻辑上的矛盾，我们也承认当前的 AI 确实不足以成为法律主体，但为何类似公司或国家等不具有自我意识、本身更不会处理信息甚至也不具有任何物理实在性（我们看不到、听不到、摸不到公司或国家，我们感受到的只是它的载体或外在表现形式）的事物，却反而被现代法律赋予了主体资格，成为法律拟制主体？

对于这种可能的诘问，可以作出如下几个角度的回应：

第一，公司等法律主体的主体资格只是一种“拟制”的产物，换言之，它并非真实的存在，毋宁说，更多地只是基于经济社会政治交往的方便性考虑而作出的一种技术性安排。正是通过拟制相应主体，让组成一个群体的个人与该群体实现了逻辑上的分离、分立，从而大大提升了整个人类交往的效率。也正是在这个意义上，人们常说“法人”术语、概念的出现，意味着人类社会法律技术的一次质的飞跃。

第二，公司等法律拟制主体虽然本身不像动物或 AI 那样具有物理的实在性，但按照有关制度，它其实具有自由意志，只不过它的自由意志由受它所托之人来行使罢了。这大概也正解释了何以法律在承认公司等具有法律主体地位之时，往往会设定一些特定的条件，如必须设定相应的代表、办公机构等。换言之，法律拟制主体背后真正的主体、也即为其提供自由意志支撑的，仍然是“人”。从这个角度看，赋予公司等以法律主体资格，并没有颠覆或破坏“现代社会法律主体资格的根基是自由意志”这一基本判断。

第三，如果赋予公司、国家等以法律主体资格，会带来如赋予动物、AI 以主体资格时所带来的那些无法解决的技术和逻辑难题吗？没有，一个都没有。换言之，法律拟制主体制度的存在，并没有给人类带来额外的、无法解决的麻烦，毋宁说，它带给了人类极大的便利：如果没有法律拟制主体制度，人类的经济社会交往将变得明显更加低效，而人类的政治交往甚至会变得不可能。

参考文献:

1. 周赟:《法理学》,清华大学出版社 2013 年版。

2. 杨立新、朱呈义:《动物法律人格之否定——兼论动物之法律“物格”》,载《法学研究》2004 年第 5 期。

3. [美]汤姆·睿根:《打开牢笼:面对动物权利的挑战》,莽萍、马天杰译,中国政法大学出版社 2005 年版。

4. 赵汀阳:《人工智能“革命”的“近忧”和“远虑”——一种伦理学和存在论的分析》,载《哲学动态》2018 年第 4 期。

5. 沈骊天:《机器人将是一种新的智慧生命形式》,载《世界科学》1987 年第 2 期。

6. 谢晖:《论法律拟制、法律虚拟与制度修辞》,载《现代法学》2016 年第 5 期。

7. [德]康德:《实践理性批判》,韩水法译,商务印书馆 1999 年版。

厦门大学法学院

周 赟

第七章 法律责任

第一节 法律责任的概念

33. 法律责任的含义
——法律责任的界定、要件和种类

刘丹萍与南京仁创物资有限公司劳动争议纠纷案①

一、案情概要

原告刘丹萍于2015年3月10日进入被告南京仁创物资有限公司(以下简称“仁创公司”)工作,担任人事主管,主要负责人员招聘、培训、薪酬管理工作。2015年7月23日,刘丹萍离开仁创公司,并于同日以仁创公司未与其签订劳动合同,未依法给予其哺乳期内每天1小时的哺乳时间,且未足额支付其月度工资,严重侵害其合法权益为由,向江苏省南京市江宁区人民法院提起诉讼,请求法院依法判令:(1)仁创公司足额发放2015年3月至7月预留工资4 165元;(2)仁创公司支付其入职之日起未签订劳动合同的2倍工资11 666元以及经济补偿金2 917元。

被告仁创公司辩称:(1)对于原告刘丹萍主张的预留工资不认可,工资表中并没有给单位所有员工预留工资,也不知情;(2)对于双倍工资不予认可,因刘丹萍系单位人事经理,基本工作职责就是跟员工签订劳动合同等,未签订劳动合同系刘丹萍故意;(3)没有拖欠刘丹萍工资,故对经济补偿金亦不予认可。综上,要求驳回刘丹萍的诉讼请求。

法院认为,双方之间存在劳动关系,被告仁创公司提交的工资表足以确认该公司预留原告刘丹萍2015年5月份工资833元,且经过刘丹萍的同意。同时,刘丹萍作为仁创公司的人事主管,有义务主动向仁创公司要求订立书面劳动合同,但并未提交证据证明其曾主动要求仁创公司与其签订劳动合同,故其主张的未签订书面劳动合同的两倍工资诉求缺乏事实和法律依据。基于上述事实,江苏省南京市江宁区人民法院依照《中华人民共和国劳动合同法》第10条、第30条第1款、第38条第1款第(二)项、第46条第(一)项、第82条第1款,《中华人民共和国民事诉讼法》第64条第1款之规定,于2016年3月4日作出判决:(1)被告仁创公司于判决发生法律效力之日起10日内支付原告刘丹萍2015年5月份工资833元;(2)驳回原告刘丹萍的其

① 参见《中华人民共和国最高人民法院公报》2018年第7期。

他诉讼请求。一审判决后,双方当事人均未上诉,该判决发生法律效力。

二、 法理评析

(一) 判决的意义

此判决就法律责任及其构成要件(责任主体、主观过错)、法律责任的原则(过错原则)作出了判断。

法律责任是指由于责任主体违反法定或约定的义务而必须承担的具有直接强制性的特定义务,亦即由于违反第一性义务而引起的第二性义务。这个定义被法学界称为"第二性义务论"或"新义务论"。① 把作为第二性义务的法律责任与作为其前提的第一性义务区分开来定义法律责任,具有两个突出的优点:既说明了二者之间的区别,又揭示了二者之间的联系;既说明了法律责任的必为性,也说明了法律责任的当为性。法律责任是由国家机关直接运用强制力保障履行的义务,具有必须承担和实现的性质;它也是责任主体侵害他人(第一性义务的相对方)的权利而产生的强制性义务,也是正当的。

就本案而言,被告仁创公司提交的工资表显示其的确预留了原告刘丹萍 2015 年 5 月份工资 833 元,尽管经过了原告刘丹萍的同意,但劳动合同解除之时,依照法律规定,仁创公司有义务(即第一性义务)支付,却没有支付。法院判决其支付的责任,此即不履行第一性义务而产生的第二性义务,而且这种义务也是应当承担的义务,具有当为性。

(二) 法律责任的构成要件

判决涉及了法律责任的构成要件问题。众所周知,尽管不同类型的法律责任的构成要件有所不同,但从总体上说,法律责任的构成要件包括主体、主观心理状态、行为、损害结果以及因果关系这五个基本要素。

第一,主体。主体是指必须承担法律责任的人,包括自然人、法人和国家。本案中,责任主体无疑就是作为法人的被告仁创公司,其从成立时起便具备责任能力。值得注意的是,在多数情形下,责任主体应当是行为主体,即违反法定或约定义务的行为人。但在某些情形下,比如连带责任,责任主体可能不是行为主体。

第二,主观心理状态。主观心理状态是指行为人实施违法行为或违约行为时的心理状态。本案中,被告仁创公司提交的工资表足以证明其预留了原告刘丹萍 2015 年 5 月份工资 833 元,因而应当按照合同约定和国家规定按时足额支付。仁创公司辩称 2015 年 5 月份工资表是刘丹萍恶意制作但未提交证据证明,故法院不予采信。也就是说,仁创公司存在过错。但关于原告刘丹萍主张的经济补偿金 2 917 元,被告仁创公司虽未足额支付刘丹萍 2015 年 5 月份工资,但庭审中刘丹萍亦陈述仁创公司预留其工资经过其同意,仁创公司预留其 2015 年 5 月份工资有正当理由。刘丹萍主张经济补偿金缺乏事实和法律依据,故法院不予支持。也就是说,这里被告并不存在主观过错。而关于原告刘丹萍主张的两倍工资 11 666 元,被告仁创公司确实未

---

① 这一定义区别于传统义务论,即把法律责任定义为责任主体必须承担的某种义务。比如《布莱克法律词典》认为,法律责任是指"因某种行为而产生的受惩罚的义务及对引起的损害予以赔偿或用别的方法予以补偿的义务"。相对于处罚论、后果论来说,义务论对法律责任的解释更为合理,它既能全面地涵盖各类法律责任,也准确地揭示了法律责任的强制性。其缺点在于,没有充分说明法律责任这种后产生的义务与作为其前提的原定义务之间的联系与区别。

与刘丹萍签订劳动合同,但刘丹萍作为仁创公司的人事主管,基于其工作职责有义务主动要求仁创公司与其签订劳动合同,事实上却没有提交有效证据证明其曾主动要求过签订劳动合同,故必须依法承担举证不力的不利后果。也就是说,这里被告仍然不存在主观过错。《最高人民法院公报》对本案归纳出的“裁判摘要”也充分说明了这一点:用人单位未与人事主管订立书面劳动合同,人事主管诉请用人单位支付因未订立书面劳动合同的两倍工资赔偿,因订立书面劳动合同系人事主管的工作职责,人事主管有义务提示用人单位与其订立书面劳动合同,人事主管如不能举证证明其曾提示用人单位与其订立书面劳动合同,则不应支持其诉讼请求。

第三,行为。这里所说的行为,包括违法行为和违约行为。行为是法律责任的核心构成要素,包括作为和不作为两类。本案中,被告仁创公司违约不给予原告应得的 833 元工资,显然属于不作为行为,自然应当承担支付的责任。而原告刘丹萍基于工作职责应当积极要求签订劳动合同,却不做出该种行为,也属于不作为行为,相关的权利主张自然无法得到法律的支持。

第四,损害结果。损害结果是指违法行为或违约行为对他人的合法权益或社会利益所造成的损失和伤害。损害结果既包括既得利益的损害,又包括预期利益的丧失。本案中,因被告仁创公司预留 2015 年 5 月份工资造成原告刘丹萍损失的 833 元显然就是损害结果,应予以支付。原告主张经济赔偿金、双倍工资等诉求因缺乏合法性,不构成损害结果。

第五,因果关系。因果关系主要包括两类:一类是行为与损害结果之间的因果关系,另一类是行为人的心理活动和外在行为之间的因果联系。通常情况下,只有当这两类因果关系成立时,才能追究行为人的法律责任。本案中,被告仁创公司应当支付而未支付 833 元工资的行为与损害结果之间就存在这两种因果关系。

(三) 法律责任的种类

根据不同的标准,对法律责任可以进行不同的分类。常见的主要分类有:(1) 自然人责任、法人责任与国家责任;(2) 过错责任与无过错责任;(3) 直接责任、连带责任与替代责任;(4) 民事法律责任、行政法律责任、刑事法律责任与违宪责任。就本案而言,所涉责任的种类归属于法人责任、过错责任、直接责任以及民事法律责任。

参考文献:

1. 张文显:《法律责任论纲》,载《吉林大学社会科学学报》1991 年第 1 期。
2. 刘作翔、龚向和:《法律责任的概念分析》,载《法学》1997 年第 10 期。
3. 李亮:《法律责任条款规范化设置研究》,中国社会科学出版社 2016 年版。

吉林大学法学院
杜宴林

第二节　法律责任的认定与归结

34. 法律责任认定与归结的原则
——证明责任与证明标准

徐寿兰诉彭宇人身损害赔偿纠纷案[①]

一、 案情概要

本案曾经喧嚣一时,成为举国关注的焦点。此前这类案件并不鲜见,但没有哪一起案件像本案那样引发了一场影响深远的讨论,乃至时任最高人民法院院长肖扬也批示,期望各级法院认真从中汲取教训。

2006年,一位老人在南京一公交站台等车时摔成骨折,后被鉴定构成八级伤残,花去数万元医药费。老人指认撞人者系下车的青年彭宇。而彭宇称当时下车后看到一位老人跌倒,便上前去扶她,并跟随后来也来搀扶的其他人一起送她到医院,还垫付了数百元医药费。此后不久,老人及其家属起诉彭宇侵权,要求其赔偿损害。

本案一审法院认为,根据彭宇自认,其作为下车第一人,撞人的可能性较大;彭宇与对方素昧平生,但在事发当天垫付医疗费后一直未要求返还,有悖常理;彭宇见义勇为的更好办法,是抓住撞人者,而不只是好心相扶;彭宇如果是做好事,应在老人家人到达后言明经过,并让家人送老人去医院,彭宇当时却未如此选择。综合以上分析,一审法院从对彭宇的事后行为的合理性评价出发,认为彭宇的行为违背常理,见义勇为的盖然性不能成立,遂判令彭宇补偿40%的损失即45 876元。

本案的争议焦点是能否适用盖然性标准。(1) 盖然性标准的适用条件是有严格限制的,必须是双方提供了相反证据,但都没有足够证明力否定对方证据。本案中,双方除了各自陈述之外,均没有提供证明力相当的证据证明案发的事实。(2) 该案的客观真实可能性至少有三种:彭宇与老人相撞,老人自己摔伤,老人被第三人撞伤。一审法院只是针对第一种可能性的概率进行事实推定,而忽视了对第二、三种可能性的排除性调查。事实上,三种可能性发生的概率是相当的,不能片面地仅对第一种可能性加以臆测。

二、 法理评析

(一) 高度盖然性的证明责任原理

高度盖然性作为证明责任原理所要实现法律真实的目标,从本质上看,是将人类生活经验和统计上的概率适用于诉讼中,即当待证事实处于真伪不明的情形时,对盖然性较高的事实予

---

① 参见江苏省南京市鼓楼区人民法院(2007)鼓民一初字第212号民事判决书。

以确认。换句话说，凡待证事实发生的盖然性高的，主张该事实发生的当事人即不再负证明责任，而是转由对方证明。通常而言，如果案件审理中双方都不能充分证明自己主张的事实，那么法官将面临两个问题：(1) 当一方提供的证据证明力明显大于另一方提供证据的证明力时，证明力较大的证据能否得到确认？(2) 当一方提供证据的证明力不能明显大于另一方提供证据的证明力时，法官应当裁判哪一方承担败诉的后果？对此，根据法律真实优先的思维，出现第一种情况时，可以借助于自由心证对证明力较大的证据予以确认，哪怕不能保证它毫厘不差地符合客观真实；而针对第二种情况，可以借助于证明责任的分配规则作出裁判，即使它与客观真实的接近程度较第一种情况更差。

可见，高度盖然性的证明标准适用并非如此简单，而是需要关注以下几个原则：其一，运用这一证明标准时不能违背法定的证据规则，更不能只是法官凭空主观臆断；其二，运用这一证明标准加以定案的依据，需要达到足以让人确信的程度，而不是仅凭微弱的证据优势认定；其三，运用的前提是排除其他的可能，而不是就其中一种可能性加以推定；其四，所有的推定依据之间要能够相互印证，形成一条完整的证据链，得出的结论具有唯一性。当然，毕竟高度盖然性只是语言或数据无法精确表达的一个确切程度，它的法律真实的实现，主要取决于某一具体案件本身的复杂程度、当事人举证的难易程度、法官的道德伦理修养、法庭审判的效果（当事人程序权是否落实、攻防手段是否得当等）以及外界的干扰等。

事实上，现代意义上的事实推定，目标是法律真实的实现，方式是自由心证与证明责任的结合，标准是达到高度盖然性。证明过程是：法官运用自由心证和证明责任规则对证据进行审核，展开事实推定。如果认为它达到了高度盖然性的标准，就认定该证据符合法律真实的要求，可以作为裁判定案的依据使用。

而对于法律真实的实现尤其具有关键意义的是，作为自由心证补强的证明责任，以及所达到的高度盖然性的证明标准，它们的本质究竟是什么。证明责任的本质，其实就是当事实真伪不明时，为拟制的利益分配提供法律依据。这一本质决定了与法定证据和自由心证相比，证明责任是在一种确保法律的可预测性前提下，更加接近事实的折中。正是这一折中，赋予了法官在事实真伪不明的状态下，可以依照法律真实优先的思维进行事实推定的权力，而且使得这种事实推定具有合法性。不过，这种事实推定毕竟是建立在事实并未查清基础上的，这与查明事实后作出裁判的理想状态仍有很大差距。从这个意义上讲，证明责任拟制的利益分配结果，又是一种与客观的真实状态分离的风险判决。它的存在使得没有道理的当事人反而有了赢得诉讼的可能。毫无疑问，肯定存在源于证明责任而出现的有理的当事人败诉、无理的当事人反而赢得诉讼的风险，但是，这是案件在出现事实真伪不明的情况下必须付出的代价。当然，事实表明这种极端情况的出现只是少数，毕竟法律上的证明责任分配决不是任意的，而是充分考虑了事实性质、举证能力、法律要素和证据距离等因素，使得主张了客观真实的当事人通常可以更加容易地对自己的主张加以证明。

以环境污染纠纷实行无过错责任为例，《民法典》规定对环境污染案件适用无过错责任，也就是作为原告的受害人只要初步举出受害结果的证据，即转由作为被告的污染方证明其污染行为与受害结果之间不存在因果关系。其理由无非有两点：一是受害人相较于污染方往往处于诉讼中的弱势；二是污染方相对更具有专业知识、资料和手段查明因果关系的有无。比如，城市建筑的玻璃幕墙、釉面砖墙等外立面造成的光污染，专家研究发现，长时间接受白亮光照射的人，视力会急剧下降，白内障发病率高达45%，还会出现失眠、头昏、食欲下降、身体乏力等神经衰弱的症状。不过，白亮光的反射度、诱发身体变化的可能、视网膜和虹膜的耐受程度等，都会因具体情况而有所不同，因此，判断污染与损害之间的因果关系，是一个十分专业和复杂的过程。从根本上讲，把污染方认定为责任方，虽然是让"谁主张、谁举证"的一般原则出现例外，却更加公平地实现了机会均等的正义。更进一步而言，通过适用无过错责任原则，即使出现了"无法证明"而认定由污染方承担责任的情况，从风险归属的角度看也是合情合理的。

归根结底，所谓证明责任就是事实真伪不明且双方所举证据的证明力相当时，事先确定的一种利益分配的拟制。根据这种事先的不利责任的拟制，指向法律真实的推定即使不符合客观真实，仍具有法律拘束力和可预测性。当然，要避免"颠倒黑白"的风险出现，就有赖于更加科学的证明责任分配。

证明责任的分配与当事人的举证义务密切相关。当事人的举证义务包括两个方面：一是行为意义上的举证义务，就是当事人对自己的主张收集和提供证据；二是结果意义上的举证义务，即当事人在举证不能时承担败诉的不利后果。作为一条诉讼公理，我们都知道"谁主张、谁举证"这一举证常识。但是，结果意义上的举证义务是法定的，是由案件性质所决定的；同时，行为意义上的举证义务也会不断移转，有时是法官的自由心证所决定的。可见，"谁主张、谁举证"并不是原告提交了起诉书，就承担所有的举证义务那样简单，甚至可以这样说，"谁主张、谁举证"的原则，如果没有具体的关于证明责任的分配作为基础或支撑，就是空洞而没有意义的。

（二）行为意义的证明责任分配

行为意义的举证义务移转，从理论上讲，就是对立双方为支持己方主张的事实而进行的交替举证的矛盾运动过程，证明责任在双方之间轮流分配。原告对自己的事实主张举证证明，对方反驳或提出新的主张也应举证证明，若原告继续反驳则要再举证，依次类推。但是，现实中的举证义务移转过程不是如此简单的，法官可能会根据当事人的举证能力区别、收集证据的成本差异、取证难度的程度区分乃至诉讼程序设计的不同，通过自由心证进行证明责任的分配。与此同时，事实推定作为法律真实的实现方式，所确定的是一种相对的合理，试图获得这种相对的合理，也绝不是放之四海而皆准的单一方案所能完成的，而是需要形成一个证明责任的分配体系。因此，行为意义上的证明责任分配不是单一的而是多元的。不过，由于证明责任在诉讼过程中具有极强的操作性，又决定了证明责任的分配会有一个主要方案。否则，就会出现同案不同判的情况，这是与事实推定的可预测性目标背道而驰的。

那么，具有可操作性的证明责任分配的主要方案是什么？德国诉讼界"领头雁"罗森贝克(Leo Rosenberg)的"规范说"，提出以事实在法律规范上引起的不同效果为证明责任分配的依据。① 它主要包括五个方面：(1) 要件事实处于真伪不明状态时，法官将不适用当事人请求的对其有利的法律规范；(2) 当事人对有利于他的法律规范所规定的要件事实负证明责任；(3) 通过对法律规范进行分类来区分有利还是不利；(4) 通过实体法形式上的结构、条文上的关系，来识别不同实体法规范；(5) 证明责任分配应当由立法者作出规定。② 可以说，"规范

---

① 参见[德]莱奥·罗森贝克：《证明责任论——以德国民法典和民事诉讼法典为基础撰写》(第四版)，庄敬华译，中国法制出版社2002年版，第6页。

② 参见李浩：《民事证明责任研究》，法律出版社2003年版，第115—118页。

说"以其强有力的逻辑和很强的操作性,获得了极高的声誉,乃至成为大陆法系证明责任分配的主导学说。

我国立法对"规范说"的青睐,最为典型的表现就是《民法典》对许多行为意义上的证明责任分配的规定。(1) 事实真伪不明时,法官不应采用当事人提出的有利于他的法律规范。比如,因同一侵权行为造成多人死亡的,《民法典》规定可以以相同数额确定死亡赔偿金。这意味着在交通事故、矿山事故、环境污染事故等引起的多人死亡案件中赔偿标准统一,即按照"就高不就低"原则进行赔偿,不再"同命不同价"。因此,如果事故责任方提出援引过去对其有利的人身损害赔偿的城乡差别标准进行赔偿,法官不应予以采纳。(2) 当事人应对利己的要件事实承担举证责任。面对社会中出现的越来越多的网络侵权行为,比如侵犯个人信息和知识产权等,《民法典》规定网络用户、网络服务提供者利用网络侵害他人民事权益的,应当承担侵权责任;但是,如果网络服务提供者能够提出,受害人未向其提出采取删除、屏蔽、断开链接等必要措施,或者网络服务提供者知道后已及时采取了必要措施的,可以免予承担连带责任,即所谓"红旗规则""避风港规则"等。(3) 对法律规范进行分类来区分责任的不同情况。"三鹿""苏丹红""三菱帕杰罗"等缺陷产品事件的发生,给人们留下了太多的思考,《民法典》对此建立了召回制度和惩罚性赔偿制度,明确规定,产品投入流通后发现存在缺陷的,生产者、销售者应当及时采取停止销售、警示、召回等补救措施,否则承担侵权责任;如果是在投入流通前就发现存在缺陷的,生产者、销售者将可能被施以更为严重的惩罚性赔偿。(4) 通过实体法结构、条文的关系识别不同规范。比如,《民法典》作出了产品责任、机动车交通事故责任、医疗损害责任、环境污染责任、高度危险责任、饲养动物损害责任、物件损害责任等特殊民事侵权责任规定。(5) 证明责任分配应通过法律作出规定。比如,曾轰动全国的丈夫拒签字致孕妇死亡案,由于患者家属多次拒绝在手术单上签字,导致孕妇及胎儿双亡,事后患者坚持责任在医院,而卫生部门表示医院已经尽责。再比如,不少医疗机构为了创收,迫使老百姓做一些不必要的检查,造成了"看病贵"现象。对此,长期以来由于法律空缺,双方当事人要么各执一词,要么弱势一方无可奈何。而《民法典》的颁布终结了这种困境,规定医院做手术在情况紧急时可不经家属签字同意,还规定医院不得违反诊疗规范实施不必要的检查。

当然,规范说也不是天衣无缝的完美学说,它在提出后也招致了一些尖锐批评,比如过于形式化和教条化而影响实质公正的实现等。其实,任何一种具体制度都不可避免地存在其自身对某种价值的偏好而导致的不足。但是,基于该制度的基本合理性,人们不应因这种不足而驻足或否定该制度,而是应想方设法地加以弥补。所以,对于行为意义上的证明责任分配,在确定了规范说作为主要方案之时,辅之以其他方案,是一个明智的选择。

辅助性的其他方案,首推过错推定。过错推定是"谁主张、谁举证"的过错责任的一种特殊表现形式,是指在某些情况下推定一方有过错,该方需要证明自己没有过错才能免责,其实质仍是过错责任。结合权利义务的法律思维,过错推定就是将原来应由受害人举证的义务倒置给可能的侵权人承担。如果可能的侵权人不能举证自己不应承担责任,就必须承受对自己不利的实体负担。过错推定后的义务承担者,并非是明文规定的义务承担者,而是从法条明文的举证责任倒置规定可以简单推定他应承担相应的隐含义务。

中国法律中的"过错推定"适用于行政案件、刑事案件和民事案件。(1) 行政诉讼法的过错推定。《行政诉讼法》规定了被告对作出的具体行政行为负有举证责任,应当提供作出该具体行政行为的证据和所依据的规范性文件。事实上,“民告官”案件中实行举证责任倒置已成为行政诉讼的最大特色。(2) 刑事诉讼法的过错推定。2010 年 7 月 1 日实施的《最高人民法院、最高人民检察院、公安部、国家安全部、司法部关于办理刑事案件排除非法证据若干问题的规定》第 11 条规定,对被告人审判前供述的合法性,公诉人不提供证据加以证明,或者已提供的证据不够确实、充分的,该供述不能作为定案的根据。(3) 民事基本法的过错推定。《民法典》列举了特殊侵权适用过错推定的若干情形,比如:无民事行为能力人在教育机构遭受人身损害的,推定教育机构具有过错;患者因下列情形之一遭受损害的,推定医疗机构具有过错:违反法律、行政法规、规章以及其他有关诊疗规范的规定,隐匿或者拒绝提供与纠纷有关的病历资料,伪造、篡改或者销毁病历资料;动物园饲养的动物致人损害的,推定动物园具有过错;建筑物、构筑物或者其他设施及其搁置物、悬挂物发生脱落、坠落致人损害的,推定其所有人、管理人或者使用人具有过错(建筑物倒塌适用无过错责任);堆放的物品倒塌致人损害的,推定堆放人具有过错;林木折断致人损害的,推定林木的所有人或者管理人具有过错;地下施工(包括窨井)致人损害的,推定施工人具有过错;以及非法占有高度危险物中所有人、管理人的过错推定责任。

(三) 结果意义的证明责任分配

结果意义上的举证义务,是法律规定在特定情况下当事人即使没有过错,也要承担不利后果的负担。相对于行为意义上的举证义务,结果意义上的举证义务在通向法律真实的事实推定方面涉及的证明责任分配,或许会让人有些费解。因为如果是面对行为意义的举证义务,立法者或司法者考虑证明责任的分配时,至多是把逻辑和价值纠缠在一起进行权衡,从程序上作出谁有举证义务的判断,不利一方仍然可以举证反驳,直到接近于事实真相,所以,它还是可以被朴素的观念所接受的。但是,如果把实体的不利负担直接推定给其中一方,而不论其是否有过错,这就比行为意义上的举证义务只是从程序上把不利负担分配给过错方要难理解得多,它从表面上就与朴素的观念有所抵触。

结果意义上的证明责任分配,最典型的莫过于无过错责任。现实社会中,特殊场合中无过错的合法行为也会造成损害,而要证明过错与损害的关系往往又十分困难,故法律设立了某些情况下适用无过错责任的制度。所谓无过错责任,是指“责任认定的依据”,不考虑行为人是否存在主观过错,即使行为人不存在任何主观过错,只要基于某些特殊情况下的损害事实的客观存在,就必须承担责任。(1) 从性质上看,无过错责任是事实真伪不明最终仍未被打破时,才以不利裁判的现实形态落到一方当事人身上,它并不完全取决于当事人的举证活动,也不是对当事人举证不力的一种制裁,而是一种预先分配的不利负担。(2) 从构成要件来看,无过错责任作为一种严格责任,需要同时满足三个条件:不考虑行为是否存在主观过错,这意味着责任认定时,受害人无需对行为具有过错提供证据,行为人也无需对自己没有过错提供证据,即使提供了,仍应承担责任;损害事实的客观存在;以及特殊侵权行为与损害事实之间存在因果关系。

根据《民法典》的规定,我国法律中的无过错责任一般适用于以下情况:无民事行为能力人、限制民事行为能力人致人损害的,监护人承担无过错责任;用人单位的工作人员因执行工作任务致人损害的,用人单位承担无过错责任;提供个人劳务一方因劳务致人损害的,接受劳务一方承担无过错责任;饲养的动物致人损害的,动物饲养人或者管理人承担无过错责任(但动物园承担过错推定责任）；机动车与行人、非机动车驾驶人之间发生道路交通事故的，机动车一方承担无过错责任；因环境污染致人损害的，污染者承担无过错责任；高度危险责任中，从事高度危险作业者，高度危险物品的经营者、占有人承担无过错责任；因产品存在缺陷造成他人损害的，生产者承担无过错责任；建筑物倒塌致人损害的，建设单位与施工单位承担无过错责任。

行为意义上或结果意义上的证明责任分配，解决的都是案件事实处于真伪不明状态引起的不利诉讼后果的归属问题，现实中也极易混淆。但两者之间仍存在很大差别：(1) 就主观而言，过错推定说到底是一种过错责任，而不是法律预先设定的无过错责任；(2) 从性质上讲，过错推定后的承责方如果能够证明自己没有过错即可免责，涉及的是证明责任的“程序”分配问题，无过错责任则是被认定的承责方都必须承担责任，涉及的是证明责任的“实体”分配问题；(3) 从适用范围看，无过错责任不像过错推定那样，能够适用于行政案件、刑事案件和民事案件，而是不适用刑事责任的认定，即使在民事和行政案件中的适用也被严格控制在法定范围内，不得任意扩大或缩小。

参考文献：

1. 李浩：《民事证明责任研究》，法律出版社 2003 年版。

2. 李建明、杨力：《证据理论与诉讼实践》，黑龙江人民出版社 2001 年版。

3. [德]莱奥·罗森贝克：《证明责任论——以德国民法典和民事诉讼法典为基础撰写》（第四版），庄敬华译，中国法制出版社 2002 年版。

上海交通大学智慧法院研究院
杨　力

第三节　法律责任的承担

35. 法律责任的实现形式

——系争责任限制条款的法律效力及适用

张宇、张霞诉上海亚绿实业投资有限公司商品房预售合同纠纷案①

一、 案情概要

2015 年 8 月 15 日，张宇、张霞与上海亚绿实业投资有限公司（以下简称“亚绿公司”）签订房屋预售合同，约定由于市政配套工程导致延期交房的，亚绿公司不承担违约责任。之后亚绿公司迟延交房，张宇、张霞认为亚绿公司逾期交房应按约定支付违约金，遂提起诉讼。一审法院认为，本案系市政配套工程等因素造成房屋迟延交付，符合约定的免责条款的适用条件，且该免责条款不属于法律规定的格式条款无效的情形，故判决驳回张宇、张霞的诉讼请求。张宇、张霞不服，上诉至上海市第一中级人民法院。

上海市第一中级人民法院二审补充查明，亚绿公司在签订本案商品房预售合同时，已经充分知晓了配套工程延期的显著风险并据此重新规划了交房期限。上海市第一中级人民法院认为，调整后的交房期限充分考虑了亚绿公司已知的延误风险事项，购房者有理由相信亚绿公司已经对交房期限的现实可行性作出了承诺。亚绿公司签约时隐瞒了现实延误风险，故双方达成的免责合意范围仅限于签约后发生的不确定风险，购房者的真实意思表示中不包括承担签约时被隐瞒的风险事项。由于亚绿公司隐瞒的显著风险最终导致了迟延交房，不符合相关免责条款的适用条件，不得适用该条款免除其违约责任，上海市第一中级人民法院遂依法改判支持了张宇、张霞的诉讼请求。

二、 法理评析

（一）判决的意义

该案较好地阐释了法律责任的承担的各种问题，包括承担方式、实现方式以及免责的情形。其中，法律责任的承担方式主要有惩罚和补偿两种方式，而其实现方式主要有自觉履行和强制执行两种形式。免责的情形通常则包括时效免责、不诉免责、不可抗力免责、自首、立功免责、补救免责、协议免责、自助免责、人道主义免责以及赦免等。

本案中，相关争议无疑涉及民事补偿问题，也就是亚绿公司向张宇、张霞支付逾期交房违约金的问题。而且如果不按照判决指定的期间交付，还得承担民事制裁的责任，即加倍支付迟延履行期间的债务利息。也就是说，如果亚绿公司在判决生效之日起 10 日内向张宇、张霞自

① 参见《中华人民共和国最高人民法院公报》2019 年第 5 期。

觉支付了逾期交房违约金，也就自觉履行了法律责任。如果没有，当事人张宇、张霞完全可以依法申请人民法院强制执行法律文书所确定的法律责任。

本案最大的关注点显然在于，设置责任限制型格式条款以规避风险问题，也就是协议免责问题。就事实而言，一审和二审法院均确认如下事实无误：因征收不力使得配套工程延误而导致交房迟延，即本应于 2015 年 12 月 31 日之前交房，而实际交房时间为 2016 年 7 月 1 日。针对这个问题，亚绿公司以系争房屋预售合同存在相应责任限制条款为由行使抗辩权：该系争房屋预售合同补充条款第 8 条约定，导致不能按期交房的"其他难以预计的客观情况"包括供水、供电、煤气、排水、通信、网络、道路等公共配套设施的延误，发生上述情况不属于亚绿公司逾期交房；第 15 条约定，"因市政配套的批准与安装"等"无法预计、无法避免或控制、无法克服的事件和情况"，亚绿公司可以顺延约定的交房日期。对此，张宇、张霞则主张系争责任限制条款属于无效格式条款。

（二）系争责任限制条款是否具有法律效力

上海市第一中级人民法院经审理认为，系争责任限制条款是亚绿公司事先拟定，并在房屋销售中重复使用的条款，属于格式条款的范畴。根据《最高人民法院关于适用〈中华人民共和国合同法〉若干问题的解释（二）》（已失效）第 9 条规定，提供格式条款的一方当事人必须尽到提示和说明义务，如果没有尽到这样的义务，导致对方没有注意免除或者限制其责任的条款，对方当事人申请撤销该格式条款的，人民法院应当支持。由此，系争责任限制条款属于可撤销的格式条款，而非绝对无效之格式条款。本案中，系争责任限制条款使用了小号字体，而且根据当事人陈述的签约过程，亚绿公司并未采取足以引起对方注意的方式对该条款予以说明。如此来看，系争责任限制条款完全可以被张宇、张霞依法申请撤销，相关责任也应由亚绿公司承担。但张宇、张霞在法定的一年除斥期间内并未申请撤销该条款，故该条款仍属有效，对亚绿公司而言，该条款即起到了时效免责的功效。

（三）系争责任限制条款是否应当适用于本案

张宇、张霞主张，配套工程延误并不属于"不可预见"的"不可抗力"，而且亚绿公司在签约时已经知晓配套工程出现延误，但没有及时告知，即使系争责任限制条款有效，亦不能在本案中适用。亚绿公司则主张，配套工程延误属于明确约定的免责事由，而且延误障碍可能在签约后消除，应当适用系争责任限制条款。双方对该条款是否应当适用的争议具体可分为三个层次：第一，该条款将免责事项描述为"不可抗力"是否影响其适用？第二，亚绿公司是否在签约时对配套工程延误风险负有告知义务？第三，亚绿公司的风险隐瞒行为是否导致排除该条款适用？

对这三个问题，上海一中院审理后认为：（1）系争责任限制条款所列举的事项中包括"煤气、道路公共配套设施"，但在对此类事项的概括性定义中使用了甲方（亚绿公司）"难以预计""无法预见"的表述。对于一家专业的房地产开发企业来说，配套工程出现延误的理论可能性是其在建造之初就能够预见的，其制订系争责任限制条款的目的也正是在于防范此类风险。因此，"难以预计""无法预见"的表述不属于法定可免责的"不可抗力"范畴，但在列举事项已经具体明确的前提下，该表述并不影响双方就责任限制所达成的基础合意，故张宇、张霞主张整体排除其适用是不合适的。（2）亚绿公司的陈述及相关证据显示，2015 年 3 月 23 日，政府部门与配套施工单位签约，但由于施工地块未完成土地征收，导致配套工程无法开工，同年 3

月 27 日，亚绿公司得知该情况后便向政府部门发函催促。由此“配套工程延误导致逾期交付房屋”就已经不再是抽象的理论可能性，而是亚绿公司已知的现实存在的显著风险了，故亚绿公司对自 2015 年 3 月 27 日起签约的购房者均负有对配套工程延误风险的告知义务。系争房屋预售合同的签约日期为 2015 年 8 月 15 日，亚绿公司未对张宇、张霞告知相应风险，显然违反了合同约定的告知义务。(3) 配套工程受阻停滞的现实风险产生于系争房屋预售合同签订之前，在后续没有出现新的风险事项的情况下，原有的风险状态持续延展，最终导致系争房屋于 2016 年 7 月 1 日才得以交付。亚绿公司的上述行为违背了对交房期限具有现实可行性的承诺，无权就配套工程延误主张适用系争责任限制条款，即使该系争条款是格式条款，也必须根据《合同法》(已失效)第 41 条的规定，作出有利于相对人的解释。

(四) 判决影响及后续

设置责任限制条款是目前经营者采取的较为普遍的风险规避方法，在司法实践中往往成为群体性案件的争议焦点。本案二审判决后，剩余的 60 余起类似案件均参照该案标准进行了和解撤诉，妥善处理了该批群体性纠纷。该案表明，责任限制型格式条款本质上是一种风险转移约定，根据诚实信用原则，在签约时，经营者除了需要对条款内容进行重点提示外，还应当对免责范围内已经显露的重大风险进行如实告知，以保护相对人的信赖利益。经营者故意隐瞒重大风险，造成相对人在信息不对称的情况下达成免责合意，应当认定相对人的真实意思表示中不包括承担被隐瞒的重大风险，免责合意的范围仅限于签约后发生的不确定风险。在后续履行中，因恶意隐瞒重大风险最终导致违约情形发生，经营者主张适用免责条款排除自身违约责任的，人民法院不予支持。

参考文献：

1. 杜飞进:《试论法律责任的若干问题》，载《中国法学》1990 年第 6 期。

2. 阳建勋:《风险社会中的法律责任制度改变：以经济法为中心》，厦门大学出版社 2014 年版。

吉林大学法学院

杜宴林

第八章　法律方法

第一节　法律方法与法学思维

36. 法理思维
——司法中的利益衡量

李萍、龚念诉五月花公司人身伤害赔偿案①

一、案情概要

1999年，原告李萍、龚念夫妇携子到被告五月花公司所属餐厅吃饭。就餐期间，其座位所靠近的包房内突发爆炸，隔墙木板炸塌后造成原告李萍二级残疾、儿子抢救无效死亡。经查，爆炸是餐厅服务员为顾客开启"五粮液酒"盒盖所引起，该服务员也被当场炸死。伪装成酒盒的爆炸物是当时在包房内就餐的一名医生收受的礼物，已经在家中放置一段时间。之后，制造爆炸物并把它伪装成酒盒送给医生的罪犯被抓获，但其对爆炸危害后果没有能力赔偿。是故，原告李萍等诉至法院，要求被告五月花公司承担全部损害赔偿责任。该案终审认为，虽然不能以违约或侵权的法律事由判令五月花公司承担民事责任，但五月花公司仍应给李萍等补偿30万元。

本案中，被告五月花公司既不违约也无侵权：(1) 不构成违约。法律规定餐厅经营者与用餐者之间形成以服务和消费为内容的合同关系后，经营者有保护消费者不受侵害的法定附随义务。但是，本案的特定情况是顾客自带酒水到餐厅就餐，对此经营者不可能采取机场那样的安检措施，更何况该酒酷似真酒而很难识别，连那名医生将之搁在家中也未察觉，让服务员开酒时作出危险判断显然是强人所难。所以，应当认定五月花公司已履行了合理的谨慎注意义务，不存在违约。(2) 不构成侵权。依照消费者权益保护法，经营者应对自己提供的商品或者服务承担责任，这自然不包括对消费者自带的用品负责。原告一家在五月花公司就餐时，被爆炸造成倒塌的木板撞压致伤、致死，但都是加害人制造的爆炸物所引起，责任应由加害人承担。五月花公司既没有侵权的共同故意，更没有实施共同的侵权行为，不应认定其构成侵权。

既然五月花公司不存在违约亦不构成侵权，不能以此为由承担责任，而本次爆炸中的加害人又没有经济赔偿能力，本案将会出现李萍等无法获得赔偿的局面。但是，法院认为，五月花

---

① 参见《中华人民共和国最高人民法院公报》2002年第2期。

公司是为营利目的才允许顾客自带酒水,并由此引出餐厅爆炸事件。五月花公司虽无法定承担民事责任的过错,但也不是与原告一家的受害事件毫无关系。同时,双方当事人虽同为受害人,可五月花公司所受损害只是经营损失,原告一家的生存利益损害显然更为深重。根据法律规定,当事人对造成损害均无过错,但一方是在为对方的利益或者共同的利益进行活动的过程中受到损害的,可以责令对方或者受益人给予一定的经济补偿。显然,该案的裁决过程是一种情境考察,是从案件当事人所处的客观环境进行论证,此论证过程较为合情合理,能够让人知晓本案的论证为何引入类似于无过错责任的追责机制。显然,其裁判的目的和内涵,就是根据利益衡量的一般意义的内在事实标准,保护相对弱势一方。应当承认,这种具体解释过程中法律理性决策的颠毫之妙,绝不是统一化司法解释所能够达到的。

二、 法理评析

本案是法律实施过程中追寻立法宗旨和目的的最佳注脚,也是登载于《最高人民法院公报》的中国第一个利益衡量案件。事实上制定法语境下的具体法律论证,恪守底线抑或具体解释,都是徘徊于形式主义与规则怀疑之间的通向真理之路。不过,它们只是提供了法律的理性决策框架,从宏观上讨论法律实施应如何修复被破坏的异常和分散关系,尚不足以彻底地解决面临的社会问题。其实,法律实施中相对于获取结论更有优先意义的过程正当性论证,广泛涉及归纳、演绎和类推,法律与道德,原则与后果,逻辑方法与论证模型,合法性与合理性,法律言说与普遍实践,理想情境与交往理性,内部证立与外部证立,单一论辩与复合论证等一系列复杂的问题,目的是让法律实施恪守底线,以保障最终的裁决至少不发生严重偏离。

法律实施的可靠性,“向前”看事实认定,无非来源于据以裁决的信息来源和交流过程的真实;“向后”看法律适用,则集中在获取合法验证过程的论辩原则一致、适用规则一致以及解释体系协调。

第一,法律实施中的事实认定,其用以裁决的信息的来源和交流,不应只以案卷为中心,而是应在类似听证、质证、庭审这样的集约化交换信息的场景中完成。司法过程中,不同阶段都被分配相应任务,以便于将不同的人员搜集到的材料汇总起来供裁决之用,以及将过程中的所有记录保留下来供复核之用。于是,案卷成为传递事实的唯一载体和神经中枢,极大地影响裁决的作出。然而,一旦出现传递中的信息阻隔或丢失,裁决结果难免偏斜甚至错误。于是,案件事实不是在对质、交流中被甄别和认定,而是源自机械的逻辑教条,藉此作出的法律论证及相应裁决往往合法不合理。

为了应对情境事实的复杂性,避免唯案卷证据造成的合法不合理,法律论证的信息来源和交流就不能单以“渐进式”的案卷传递信息,而要以“扁平化”的格局获得和交流信息。虽然前者的裁决人(比如法官、仲裁员、行政主体)有持续行动的能力,可以分散在不同的阶段调查、收集证据,但权力集中化特征明显,裁决人哪怕只是凭借听证、质证或庭审后的调查证据,也可将此前的所有线索串起来作出裁判。反过来,强调扁平化特征的集约化信息交流,即是让不同主体的协商和辩论放在竞争格局之中,近距离、互动地观察证明责任分配给各方及相关人带来的影响,以及协同影响裁判的要素,作出今后类似情况相同处理的判断,避免过于借助案卷造成事实认定的机械性。

第二,法律实施中的法律适用,试图获得协调一致的裁决,不管从规则抑或结论出发,都应完成类似于获取内在事实那样的合法性验证。正是这种合法性验证机制，使得即使法律适用涉及的规则预见性，有时会跨越我们的理解，被现实复杂性裹挟进了许多偶然性，它也仍然可以保证法律适用的妥当性。

完成协调一致论证的合法性验证，主要包括三个方面：(1) 根据确定性原则的判定。虽然立法程序存在征求意见程序，但由于参与者的产生、利益的组织化及意见的传输渠道等方面的问题，涉及法律原则的争议通常是在管理者之间进行，与受众之间难以建立直接关系。因而，许多法律文本直到颁布，对于基本原则的共识仍没有达成，而是后移至施行或裁决过程。正是因为这种不确定性特征，可能让不同的理由从各自角度看都有一定的合理性。所以，有必要让案件中各种不同的理由，先在同一原则下竞争选择所适用的法律规则。换言之，各种不同目标和主张通过争论，竞争出裁判者认为相对更多公众能够接受的原则，然后以胜出的同一原则确定所适用的法律规则。(2) 根据成文规则与判例的判定。案件结论的得出所依赖的裁判规则，无论它的后果的可接受度有多么高，协调一致的要求都让这一后果至少不应与一些生效的成文规则相抵触，否则就不能被采纳。当然，对于貌似抵触的成文规则可以通过解释的方式加以规避，表面上与当下案件看似抵触的前例，也可以通过区分技术避免冲突。不过一旦这些努力都失败了，裁判规则即使同样有道理，根据一致性也应予以排除。(3) 根据整体制度体系的判定。产生的裁判规则符合确定性原则，而且不与成文规则与判例相冲突，仍然不能认为就完成了多边的协调性工作。因为还存在符合原则、规则和前例，却在整体上未必协调的情况。因此，多边的风险应对所带来的相关性问题、解释问题随着制度的运作接踵而来时，那些以前未曾使用过的裁判规则，只有在与既定的整体制度体系不相矛盾的情况下，才能不失其与整个制度的协调性，而这也正是案件裁判得以正当化的必要条件。

参考文献：

1. 杨力：《民事疑案裁判的利益衡量》，载《法学》2011 年第 1 期。

2. [英]尼尔·麦考密克：《法律推理与法律理论》，姜峰译，法律出版社 2005 年版。

上海交通大学智慧法院研究院

杨　力

第二节 法律解释

37. 法律解释的分类
——体系解释

王挺诉南京亮达电子商务有限公司、浙江天猫网络有限公司网络购物合同纠纷案[①]

一、 案情概要

2015年11月16日,原告王挺在浙江天猫网络有限公司(以下简称"天猫")交易平台上购买了由被告南京亮达电子商务有限公司(以下简称"南京亮达")销售的三星手机S4原装数据线4条,共付款47.88元。被告南京亮达发货,原告王挺确认收货。2015年11月21日,原告王挺又在天猫交易平台上购买了由被告南京亮达销售的三星手机S4原装数据线4单,数量分别为80条、81条、82条、81条,共计324条。原告王挺付款3 878.28元,被告未向原告发送324条数据线,而是向原告发送了一空包裹。后被告南京亮达法定代表人通过其支付宝向原告王挺转账3 926.16元,即将原告王挺先后购买的4条和324条三星手机S4原装数据线货款予以退还。另查明,被告南京亮达在天猫交易平台上公示了三份不一致的三星授权证明书,编码分别为SH-003、SH-228、SH-028。

法院判决认为,原告王挺因生活消费需要而购买商品,其合法权益应当受到法律保护,被告南京亮达作为经营者负有诚信经营的义务,不得作虚假宣传。根据《最高人民法院关于贯彻执行〈中华人民共和国民法通则〉若干问题的意见(试行)》(以下简称"《民通意见》"[②])第68条规定:"一方当事人故意告知对方虚假情况,或者故意隐瞒真实情况,诱使对方当事人作出错误意思表示的,可以认定为欺诈行为。"被告南京亮达在天猫销售网站上公示了三份编码不一致的三星授权证明书,其发布虚假信息的行为违反了《消费者权益保护法》相关规定,故应当向原告退还4条三星手机S4原装数据线货款47.88元,并向原告王挺三倍赔偿。因被告按货款47.88元三倍赔偿原告王挺不足500元,按照法律规定应以500元计算。原告王挺在已购买4条三星手机S4原装数据线,知悉被告南京亮达三星授权证明书存在问题的情况下,再次向被告购买324条三星手机S4原装数据线,不属于原告发生错误认识而支付款项的情形。另外,虽然被告向原告发送空包裹的行为有违诚实信用原则,但其已将324条三星手机S4原装数据线货款3 878.28元退还原告王挺,故该324条数据线交易不能认定被告南京亮达构成欺诈。原告要求被告退还该324条数据线货款3 878.28元并要求三倍赔偿的诉讼请求,不予支持。

---

① 参见山东省济南市槐荫区人民法院(2016)鲁0104民初756号判决书。

② 《民通意见》于1988年1月26日经最高人民法院审判委员会讨论通过,随着《民法典》的正式施行,自2021年1月1日起废止。

被告天猫作为网络平台提供者尽到了合理的审查义务,故不应承担连带责任。

济南市槐荫区人民法院于2016年4月作出判决:被告南京亮达于本判决生效之日起10日内赔偿原告王挺损失500元,驳回原告其他诉讼请求。一审宣判后,各方均未提出上诉,判决发生法律效力。

二、法理评析

(一)体系解释方法的分析

法律体系由若干法律部门构成,同一概念或某一条款的相关规定,可能分布于不同法律领域或部门,体现在不同法律文本中。"在有些地方,法律默示地规定规则的相互依赖性。例如,解释刑法盗窃条款,不能不考虑物权法中财产归属的规定。"①如中国《刑法》第263条第7项规定中"枪"的含义,需要参考《最高人民法院关于审理抢劫案件具体应用法律若干问题的解释》第5条获知枪支的概念:该条规定"枪支"的概念和范围适用《枪支管理法》的规定,这就是《枪支管理法》第46条所规定的"以火药或者压缩气体等为动力,利用管状器具发射金属弹丸或者其他物质,足以致人伤亡或者丧失知觉的各种枪支"。这就涉及法律解释方法中常用的体系解释。体系解释可能跨越不同的法律部门,体现于对不同规范性文件相关规定的解释中。

从法律关系来看,本案系网络购物合同纠纷,审理的难点在于《消费者权益保护法》第55条第1款②规定的"欺诈"是否适用民法上的"欺诈",亦即是否以经营者具有故意且购买者因此陷入错误认识为要件。在理论和实践中,该问题往往存有争议。对此,肯定说认为,既然《消费者权益保护法》或者立法机关未特别规定两者有别,《消费者权益保护法》上的"欺诈"自然适用民法上一般欺诈的构成要件。易言之,应依照《民通意见》第68条规定,以经营者具有故意且购买者因该欺诈行为而陷入错误认识为欺诈要件。否定说则强调,《消费者权益保护法》是特别法,有特殊的理论基础和实践机制,民法对欺诈的制度构成不能移植到对《消费者权益保护法》的欺诈解释中。③ 这里的关键在于:如何看待《消费者权益保护法》与民法之间的关系?

这就具体涉及本案使用的体系解释方法。德国法学家拉伦茨(Karl Larenz)强调体系解释应在法律的意义脉络下进行。拉伦茨所论意义脉络的内涵非常丰富,确定意义脉络的标准有多种:"意义脉络的标准首先要求考虑上下文脉络的关系,这是理解任何意义相关的谈话或文字所不可或缺的。此外,它也意指规整脉络中许多条文间事理上的一致性、对法律的外部安排及其内在概念体系的考虑……"④普珀(Ingeborg Puppe)也有类似看法:"在所谓的体系解释中,并不是单独地孤立观察某个法律规范,而是要观察这个规范与其他规范的关联;这个法律

---

① [奥]恩斯特·A.克莱默:《法律方法论》,周万里译,法律出版社2019年版,第57页。

② 《消费者权益保护法》第55条第1款规定:"经营者提供商品或者服务有欺诈行为的,应当按照消费者的要求增加赔偿其受到的损失,增加赔偿的金额为消费者购买商品的价款或者接受服务的费用的三倍;增加赔偿的金额不足五百元的,为五百元。法律另有规定的,依照其规定。"

③ 参见张建肖:《王挺诉南京亮达电子商务有限公司、浙江天猫网络有限公司网络购物合同纠纷案——〈消费者权益保护法〉中'欺诈'的认定》,载最高人民法院中国应用法学研究所编:《人民法院案例选》(2017年第1辑),人民法院出版社2017年版,第96页。司法实践中,也确实存在消费者合同不依《民通意见》第68条认定欺诈行为的实例。例如,"刘春生与重庆爱莲百货超市有限公司、重庆爱莲百货超市有限公司日月光店产品责任纠纷案"。

④ [德]卡尔·拉伦茨:《法学方法论》,陈爱娥译,商务印书馆2003年版,第207页。

规范和其他的规范都是共同被规定在某个特定法领域中,就此而言,它们共同形成了一个'体系'。"[①]"体系"构成法律的意义脉络,体系解释就是在此脉络下进行的。体系解释具有比较丰富的含义,在实际运作中也会展示出多种样态。体系解释的基础是法秩序一体性的理念,"即法秩序自身不应相互矛盾,而应具有内部一致性和'逻辑性',从而形成一个体系,并应在解释过程中被作为一个体系看待"。"基于体系的视角,应将被解释的法律置于其他规范的网络中进行观察,也即是尝试基于联系(语境)去理解。"[②]具体而言,体系解释意味着,将待解释法条置于跟其他相关法律之间的关联中予以理解,就是拉伦茨说的"条文间事理上的一致性"。法谚云:"法律解释之最佳方法,在乎使法律与法律调和。""法律与他法律调和而解释,斯为最佳之解释方法。"[③]这是因为,法律经常由不完全的法条(说明性的、限制性的或指示参考性的法条)所构成,它们与其他条文结合才构成一个完全的法条,或相互结合成一个规整。只有视其为规整的部分,才能获悉个别法条的意义。[④] 这种意义上的体系解释旨在实现不同法律领域之间的协调,经常运用于司法实践中。

(二)结合本案的体系解释要点

本案涉及不同规范性文件的体系解释问题,具体来说:

第一,《消费者权益保护法》与《民通意见》相关条款的解释。有一种观点认为,《消费者权益保护法》是经济法,应属公法的范畴,故不能当然适用《民通意见》。但也有人对此种观点提出商榷认为:[⑤]整体而言,《消费者权益保护法》具有国家对市场行为和经济秩序进行干预、控制的公法色彩,但这并不意味着《消费者权益保护法》的每一条规则均具有公法属性。退一步说,即使将《消费者权益保护法》第 55 条第 1 款定位为公法,也不能推出《消费者权益保护法》中的欺诈不适用民法欺诈的结论。理由是,公法与私法的划分只不过是大陆法系传统的学说。而且这一划分,充其量只能作为法律思维、学科划分、法院管辖权界定的工具,而不宜作为法律位阶厘定和规范适用的确凿依据。以《消费者权益保护法》是特别法、《消费者权益保护法》体现的是国家强制等作为理由从而将消费者保护排斥在民法之外的观点是牵强的。因此,在制度构成上,《消费者权益保护法》第 55 条第 1 款对欺诈的认定宜与民法欺诈保持一致,适用《民通意见》第 68 条,以购买者陷入错误认识为要件。但同时,不认定为《消费者权益保护法》上的欺诈并不影响对经营者的行政处罚或者刑事处罚。因此,本案中,王挺在陷入错误认识情况下购买被告 4 条三星手机 S4 原装数据线,被告应当向原告退还相应货款 47.88 元,并向原告三倍赔偿。但因被告按货款 47.88 元三倍赔偿原告损失不足 500 元,按照《消费者权益保护法》第 55 条规定,应以 500 元计算。

---

① [德]英格博格·普珀:《法学思维小学堂:法律人的 6 堂思维训练课》,蔡圣伟译,北京大学出版社 2011 年版,第 56 页。

② [瑞]贝蒂娜·许莉蔓-高朴、耶尔格·施密特:《瑞士民法:基本原则与人法》(第二版),纪海龙译,中国政法大学出版社 2015 年版,第 50—52 页。

③ 郑玉波:《法谚》,法律出版社 2007 年版,第 15 页。

④ 参见[德]卡尔·拉伦茨:《法学方法论》,陈爱娥译,商务印书馆 2003 年版,第 204 页。

⑤ 参见张建肖:《王挺诉南京亮达电子商务有限公司、浙江天猫网络有限公司网络购物合同纠纷案——〈消费者权益保护法〉中"欺诈"的认定》,载最高人民法院中国应用法学研究所编:《人民法院案例选》(2017 年第 1 辑),人民法院出版社 2017 年版,第 96—97 页。

第二,《消费者权益保护法》与《侵害消费者权益行为处罚办法》①相关条款的解释。对“欺诈”的认定,不仅体现在《民通意见》第 68 条的规定中,《侵害消费者权益行为处罚办法》第 16 条也规定:“经营者有本办法第五条第(一)项至第(六)项规定行为之一且不能证明自己并非欺骗、误导消费者而实施此种行为的,属于欺诈行为。经营者有本办法第五条第(七)项至第(十)项、第六条和第十三条规定行为之一的,属于欺诈行为。”这里所认定的欺诈,是对经营者侵害消费者权益行为实施行政处罚的依据,旨在规范和管理市场秩序。从性质上看,违反该规定所承担的是行政责任,不同于《民通意见》中的民事责任。依照此规定,无须导致消费者陷入错误认识,即可对经营者予以相应处罚。但在民事案件审判中,若依据《侵害消费者权益行为处罚办法》认定欺诈,则从法理上难以说通。因此“王挺案”裁判要旨为:对《消费者权益保护法》第 55 条第 1 款“欺诈”的认定应依据《民通意见》第 68 条的规定,以购买者发生错误认识为要件。民事案件中,不应依据《侵害消费者权益行为处罚办法》认定欺诈。

另有观点认为,《民通意见》作为司法解释,是正式法源,法官在司法裁判中可以直接援引;《侵害消费者权益行为处罚办法》本身属于行政规章,不是行政法规,并非直接法源,在效力层级上显然不可等量齐观。所以,在民事案件中,不应用《侵害消费者权益行为处罚办法》替代《民通意见》认定欺诈。② 这里对所涉两部规范性文件的法源地位进行探讨,有一定道理,但将司法解释作为无可置疑的正式法源,也有值得商榷之处。在司法实践中,司法解释被各级法官直接援引。2007 年 3 月 23 日发布的《最高人民法院关于司法解释工作的规定》第 27 条第 1 款规定:“司法解释施行后,人民法院作为裁判依据的,应当在司法文书中援引。”

第三,《消费者权益保护法》中“欺诈”的认定与《民法典》相关条款的解释。对《消费者权益保护法》中“欺诈”的认定,要遵守《民法典》中非违约一方止损义务的规定。《民法典》第 591 条规定,当事人一方违约后,对方应当采取适当措施防止损失的扩大;没有采取适当措施致使损失扩大的,不得就扩大的损失要求赔偿。该义务内容既包括积极作为,采取措施防止损失扩大,也包括消极的不作为,以避免造成新的损失。购买者在明知或高度怀疑经营者违约后,应当采取适当措施防止损失的扩大。没有采取适当措施,致使损失扩大的,不得就后续扩大的损失要求赔偿。因此,本案中,初次购买可以适用《消费者权益保护法》第 55 条规定,但后续购买不宜适用。③ 可见,《消费者权益保护法》中“欺诈”的认定,还要遵守《民法典》相关规定。就本案而言,对《民法典》中非违约一方止损义务的规定之解释,排除了王挺后续购买行为适用《消费者权益保护法》第 55 条第 1 款的可能性。

---

① 《侵害消费者权益行为处罚办法》自 2015 年 3 月 15 日起施行。2020 年 10 月 23 日,国家市场监督管理总局予以修改。

② 参见张建肖:《王挺诉南京亮达电子商务有限公司、浙江天猫网络有限公司网络购物合同纠纷案——〈消费者权益保护法〉中“欺诈”的认定》,载最高人民法院中国应用法学研究所编:《人民法院案例选》(2017 年第 1 辑),人民法院出版社 2017 年版,第 99 页。

③ 参见张建肖:《王挺诉南京亮达电子商务有限公司、浙江天猫网络有限公司网络购物合同纠纷案——〈消费者权益保护法〉中“欺诈”的认定》,载最高人民法院中国应用法学研究所编:《人民法院案例选》(2017 年第 1 辑),人民法院出版社 2017 年版,第 98 页。

（三）本案需要进一步探讨的问题

本案中，原告在购买4条三星手机S4原装数据线，已知悉被告三星授权证明书存在问题的情况下，再次在被告处购买324条三星手机S4原装数据线。对此，被告辩称，被告店铺经营的产品均是三星官方授权的正品。原告的大量购买行为并非出于"生活消费需要"，其身份并非法律意义上的消费者。之前原告在被告处购买并收到货后，直言"是假货"，并直接要求被告支付2 000元，声称可以"了结此事"，否则就要"投诉"或"起诉到法院"。因被告未按其要求私了此事，随后原告又恶意拍下被告店铺内的324件货物，并要求被告发货。鉴于原告之前行为，被告不敢也不愿与其进行交易，故迟迟未发货，并积极与天猫客服协商解决此事。可见，在后续购买过程中，原告显然并未陷入错误认识，其购买行为是另有所图。在此，就涉及中国司法中存在的"知假买假"如何认定的问题。

关于"知假买假"者能否被认定为消费者，一直以来，各地法院判决不一，备受争议。《消费者权益保护法》第55条规定，经营者提供商品或者服务有欺诈行为的，应当按照消费者的要求增加赔偿其受到的损失，增加赔偿的金额为消费者购买商品的价款或者接受服务的费用的3倍。《食品安全法》（2021年修正）第148条第2款规定，生产不符合食品安全标准的食品或者经营明知是不符合食品安全标准的食品，消费者除要求赔偿损失外，还可以向生产者或者经营者要求支付价款10倍或者损失3倍的赔偿金。2014年实施的《最高人民法院关于审理食品药品纠纷案件适用法律若干问题的规定》（2020年修正）中，将"知假买假""寻假买假"者视为普通消费者，并对其请求赔偿行为予以支持。最高人民法院指导案例23号"孙银山诉南京欧尚超市有限公司江宁店买卖合同纠纷案"的裁判要点也指出，消费者购买到不符合食品安全标准的食品，要求销售者或者生产者依照《食品安全法》规定支付价款10倍赔偿金或者依照法律规定的其他赔偿标准赔偿的，不论其购买时是否明知食品不符合安全标准，人民法院都应予支持。由此，很多人得出结论：食品药品领域并不追究消费者是基于消费需求还是知假买假索赔获利，只要能够证明消费行为和商家存在欺诈的事实，法院就应依法支持索赔。

近些年来，在有关法律的支持及利益的驱使下，"职业索偿"群体逐渐兴起，通过故意买假向经营者索偿，甚至不惜采取敲诈勒索等犯罪手段，这实际上偏离了立法的初衷。本来，按照《消费者权益保护法》第55条规定，在普通消费产品领域，消费者获得惩罚性赔偿的前提是经营者的欺诈行为。但是，在"知假买假"案件中并不存在受到欺诈的情形。比如在某地一案件中，李某等人每次均指定购买无中文标识的商品，故不存在其主观上受到欺诈的情形。而且，李某等人购买商品是以日后实施敲诈勒索为目的，并非用于正常的消费，应与正常的消费者区别对待。说到底，李某等人不是用《食品安全法》《消费者权益保护法》来维护权益，而是以敲诈营利为目的，将法律法规视作敲诈勒索的工具，大肆知假买假索要高额赔款，还设计套路让商家入局转而敲诈勒索。李某等人未受到行政处罚或刑事打击，更使他们有恃无恐、变本加厉地进行敲诈勒索。① 这其实已经涉嫌触犯刑法。

2016年以来，中国对知假买假、职业打假的态度也逐渐发生了变化。职业打假人被称为"恶意打假人"，各种质疑声音不断增多。2016年底，原国务院法制办公室起草的《中华人民共和国消费者权益保护法实施条例（送审稿）》第2条明确规定，消费者为生活消费需要而购买、

① 参见《"职业打假"被列"扫黑除恶"对象，6人被批准逮捕！》，载搜狐网，https://www.sohu.com。

使用商品或者接受服务，其权益受本条例保护。但自然人、法人或其他组织以牟利为目的购买、使用商品或接受服务的，不适用本条例。2018 年 10 月 12 日，上海市工商局、法制办、12345 热线办、公安局等 7 部门联合发布了《关于有效应对职业索赔职业举报行为维护营商环境的指导意见》。《最高人民法院办公厅对十二届全国人大五次会议第 5990 号建议的答复意见》（法办函〔2017〕181 号）也不再支持职业打假人。这可以说是中国对此问题最新的司法态度。

参考文献：

1. 顾祝轩：《体系概念史：欧陆民法典编纂何以可能》，法律出版社 2019 年版。

2. ［德］卡尔·拉伦茨：《法学方法论》，陈爱娥译，商务印书馆 2003 年版。

3. ［奥］恩斯特·A.克莱默：《法律方法论》，周万里译，法律出版社 2019 年版。

4. ［德］英格博格·普珀：《法学思维小学堂：法律人的 6 堂思维训练课》，蔡圣伟译，北京大学出版社 2011 年版。

5. 张建肖：《王挺诉南京亮达电子商务有限公司、浙江天猫网络有限公司网络购物合同纠纷案——〈消费者权益保护法〉中"欺诈"的认定》，载最高人民法院中国应用法学研究所编：《人民法院案例选》（2007 年第 1 辑），人民法院出版社 2017 年版。

浙江大学光华法学院

焦宝乾

第三节　法律推理

38. 法律推理的方法
——简约的力量与两类推定方法

夏斯塔县的习惯法①

一、 事例概要

美国加州夏斯塔县人对于发生在他们之间的多数争议,一直倾向于运用非正式规范而不是正式法律加以解决。以牲畜越界纠纷为例,尽管夏斯塔县内某地区属于开放或封闭区域由法律所规定,但这显然对居民解决纠纷起不到明显作用。当地保险清算人处理侵越损害时,几乎不会注意开放或封闭区域的法律差别;农场主赔偿邻人损失的玉米,也只因他"感到有责任",而不是正式侵权法使然;即使有少数业主知道加州有法律处理边界栅栏费用分担问题,也不会将之作为权利渊源。一旦发生牲畜越界事件,邻人之间几乎不打官司,他们认为一个好邻居比什么都重要,而且努力使自己也成为一个好邻居。显然,这里的生活似乎超越了法律管辖。

夏斯塔县的这种现象,说明了这样一个事实:民间规范(norms)在当地才是权利之源,而非法律规则(rules)。当纠纷出现时,他们并不是援引法律化解,而是首先考虑运用非正式规范维护自己的权利。他们坚信,相互合作就是最好的规范,相互冲突只是例外。只要双方保持长期的合作关系(无限重复博弈),就会在彼此心中记下一笔笔账,最终相互抵消或扯平。双方烙有印记的越界牲畜最终会在牲畜收购站那里还给原始权利人。因此,在夏斯塔县的牧区流行着这样的格言:"所谓好邻居就是不打官司""如果你起诉了,唯一挣钱的就是律师"。

二、 法理评析

(一) 现代社会的习惯法及遵从

不光是传统社会,现代社会相对分散的人们仍可从某个或数个维度上,在某些方面形成交织紧密的群体,从而在民间自发形成一些有约束力的习惯规范。进一步而言,目前有关习惯法的研究还表明,习惯法并不只是一些简单粗糙的规范,诸如不得杀人、信守承诺等,还包括一些作为现代法治核心的程序规范乃至建构组织社会的"宪法"。针对夏斯塔县的边界栅栏问题,美国法学家埃里克森(Robert.C.Ellickson)通过研究发现,"即使在紧密交织的群体内,也有得到普遍遵守或通过社会强制力保证实施的群体性规范、救济规范、程序规范、相当于冲突法的

---

① 参见[美]罗伯特·C.埃里克森:《无需法律的秩序——邻人如何解决纠纷》,苏力译,中国政法大学出版社 2003 年版,第 10 页。

选择控制者的规范以及相当于宪法或宪法一部分的构成性规范”。①

对于像夏斯塔县这样的以习惯法处理纠纷的方式，当代著名经济学家科斯(Ronald H. Coase)借用一位牧主与相邻的一位种植作物的农民之间的冲突作为例子，说明了这样一个深刻的道理：当交易费用为零时，责任规则的改变不会影响资源的配置。这就是著名的科斯定理。其在夏斯塔县事例中的适用情况为：(1) 只要满足了这一定理的大胆假设，即零交易费用，让牧主对自己侵扰他人的牲畜所造成的损失承担责任，不会使牧主减少自己的牲畜数量，他或会建立更多的栅栏防止牲畜跨越，或会更注意看管自己的牲畜；总之，牧主会有法律上的激励，采取一切成本合理的措施来控制自己的牲畜。(2) 但是，如果法律不要求牧主承担这种侵扰的责任，科斯认为潜在的侵扰受害者就会付钱给牧主，让他采取同样的措施防止这种侵扰。简单地说，只要是零交易费用，则不管责任规则如何，市场的力量都会让所有的费用内化。因此，在这样的世界中，“权利”不重要，因为权利不改变资源的配置。

依据科斯定理，不存在交易费用也许会使法律无关紧要。而埃里克森发现，现实中存在的情形却是——正是存在交易费用导致了人们在许多情况下有意不理睬法律的现象。在夏斯塔县的相邻牧区之间出现牲畜越界事件时，受损一方常常不是立即向对方主张“法律权利”，要求金钱赔付，而是采取“容忍”的态度。这种表面上不重视法律的做法，恰恰是基于相邻关系的福利最大化的考虑。这是因为，一方面，对牲畜越界所造成损失的界定费用较高，比如越界牲畜吃了受损方多少草料，往往无法准确估量；同时，将混入受损方畜群中的越界牲畜分离出来的费用也很高。另一方面，更为重要的是，受损方也无法保证自己的牲畜不会越界侵入到对方的牧区。埃里克森的这一发现并不是对科斯定理的否定，而是在科斯定理的边际上进行的创新，从而形成了科斯定理的“升级版”。这让我们对现实生活中存在的法律有了更清醒的认识：在许多情况下法律并非是保持社会秩序的核心，也许起作用的就是那些不起眼的经过人们反复博弈而证明有效的习惯、惯例。

（二）习惯到法律的推定

既然习惯法必然成为法律概念的内涵，其又是如何贯彻于法律之中而得以实现的？这是一个颇难回答的问题。但是，从以权利义务为主线的法律思维来看，“推定”是最常见的一种方式。通常而言，推定分两类：

第一类是简单依据法律规则的推定。这是一种比较简单的推定方式，两个方面因素的共同作用使之成为可能：一方面，法律规则已对某些事实状态及其法律意义作出明确规定。例如，先占无主物可取得对财产的所有权，拾得他人遗失物应当返还，损害他人财产必须赔偿等。另一方面，权利义务存在逻辑上的关联，某一权利的存在意味着相应义务的存在，根据法律规则所明文规定的权利义务，可以较为容易地推定出隐藏在法律文字背后带有习惯法色彩的权利和义务。

以米兰达规则为例。1966年，美国联邦最高法院根据美国宪法第5条修正案“任何人不得在刑事案中被迫对自己作证”的规定，推定出了著名的“米兰达规则”，即嫌犯对于控方提问享有保持沉默的权利以及获得律师帮助的权利，警察则负有提出米兰达警告的义务，否则收集到

---

① ［美］罗伯特·C.埃里克森：《无需法律的秩序——邻人如何解决纠纷》，苏力译，中国政法大学出版社2003年版，第10页。

的证据将不被法院所接受。米兰达警告的内容包括:(1) 你有权保持沉默,你对任何一个警察所说的一切,都将可能被用来作为向法庭提交的对你不利的证据;(2) 你有权利在接受警察询问之前委托律师,律师可以陪伴你接受询问的全过程;(3) 如果你付不起律师费,只要你同意,在所有询问之前将免费为你提供一名律师;(4) 如果你不愿意回答问题,你在任何时间都可以终止谈话;(5) 如果你希望跟你的律师谈话,你可以在任何时候停止回答问题,并且可以让律师一直伴随你询问的全过程。应当说,米兰达规则在当事人和警察之间形成的权利义务关系,不是法律明文规定的,而是美国联邦最高法院依据宪法第 5 条修正案的规定推定而出的。作为这一推定链条核心的当事人所享有的"反对自证其罪"权利,正是基于"任何人在未经证实和判决有罪之前,应视其无罪"的习惯法。

第二类是依据法律原则及常理的推定。相较于依据法律规则的推定,这是一项复杂的法律作业,通常需要深厚的法学理论素养、丰富的司法经验和娴熟的推理技巧才能胜任。这种有关权利义务的推定在下列两种情况下成为必要:其一,存在争议的权利义务关系无法从法律明文规定中简单地推定出来,出现了法律漏洞或法律适用上的疑难。其二,某种行为和利益引起了法律上的争议。有人认为他们从事该行为或获取利益,完全出于所拥有的权利,其他人却对这种行为和利益的合法性或合理性提出质疑,认为当事人有义务不如此行为或获得利益。

以日本行政程序法第 12 条有关不利益处分基准的规定为例。该条规定:"为了根据法令的规定判断是否作出不利益处分或作出怎样的不利益处分,行政厅必须努力制定必要的基准且予以公布。行政厅制定处分基准时,必须依照该不利益处分的性质尽量使其具体化。"不利益处分,是指行政厅依据法令,以特定的人为相对人,直接课以其义务或限制其权利的处分,比如各种指令(设施的整改命令、建筑物的拆除命令等)、禁止(建筑物的停止使用命令、驾驶执照效力的暂停或撤销命令、营业停止命令等)、剥夺权利处分(法人高层管理人员的解除任命命令等)。

出于各种权衡或技术上的综合考虑,该条规定对于处分基准的设定只是规定了努力义务,而没有详细地规定处分的要件以及应该作出的处分内容。显然,行政厅在适用该条时无法直接简单地作出推定,而需要通过进一步的判断和选择来完成。其理由包括预先难以设想到可能发生的全部具体事项、必须迅速应对社会的变化、确实地作出专业技术方面的判断、需要作出政治性判断以及应对不同地域的事项,等等。此外,根据日本判例,行政厅对于由其裁量的事项即使制定了裁量权行使的准则,原本也只是为了确保行政处分合理性。因此,处分即使违背了上述准则,原则上只产生"当与不当"的问题而并非理所当然地构成违法。所以,指涉不利益处分的争讼时常会引起法律上的争议,不同的人会得出不同的结论。也由此,不利益处分不仅要从实体方面考虑行政权行使的公正、透明原则,还要虑及国民的权利利益和社会的基本常理等。①

可以说,在适用法律原则和常理进行权利义务推定的领域里,最主要的问题就是,在一种行为未被法律明文禁止也未被明文允许的情况下,是坚持义务推定优先的原则,还是坚持权利推定优先的原则。前者意味着"法无授权即禁止",后者意味着"法无禁止即自由"。在人治国

① 参见[日]室进力、芝池义一、浜川清编著:《日本行政程序法逐条注释》,朱芒译,上海三联书店 2009 年版,第 117—121 页。

家,法律明文允诺的权利尚且可以被政府随意剥夺,法律未加明文规定的行为自然更属于政府无限制自由裁量的领地。这里,针对国民所奉行的是义务推定优先的原则,即法无明文授权意味着国民有不作为义务;反过来,对政府来说则不存在权利推定或义务推定问题,无论政府行为是否有法律依据,永远是不受法律限制和追究的。而在法治国家,对于国民的行为适用权利推定优先的原则,对于政府的行为适用义务推定优先,因为法治国家的权力乃国民所授予并须依法行使,政府不得强迫国民做法律不强迫的事情,不得禁止国民做法律不禁止的事情。

参考文献:

1. Stewart Schwab,"Coase Defends Coase:Why Lawyers Listen and Economists Do Not",*Michigan Law Review*,87(1989).

2. Ronald. H. Coase,"The Problem of Social Cost",*The Journal of Law and Economics*,3(1960).

3. Robert Ellickson,Carol M.Rose and Bruce C.Ackerman,eds.,*Perspectives on Property Law*,Little,Brown and Company,1995.

4. Jonathan Ocko,"The Missing Metaphor:Applying Western Legal Scholarship to the Study of Contract and Property in Early Modern China," in Madeleine Zelin,Jonathan Ocko,and Robert Gardella,eds.,*Contract and Property in Early Modern China*,Stanford University Press,2003.

上海交通大学智慧法院研究院

杨 力

第四节　法律论证

39. 法律论证的正当性标准
——法律技术方法的论证

张某水盗窃案[①]

一、　案情概要

2013 年 10 月 30 日 20 时 30 分许，被告人张某水用其于 2013 年 9 月 19 日开设的邮政储蓄银行卡到中国邮政储蓄银行惠州市惠阳支行（以下简称“惠阳支行”）ATM 机存款时，存入的现金均被柜员机退回。ATM 机屏幕显示“系统故障”，但张某水的账户余额却相应增加，于是其产生了恶意存款以窃取银行资金的念头。张某水返回惠阳支行 ATM 机，连续恶意存款 17 次，然后到深圳市其他网点对该账户内的存款进行支取和转账，共转移存款 90 000 元并非法占有。同年 12 月 12 日张某水在湖北家中被公安机关抓获。至同年 12 月 15 日止，张某水及其亲属通过转账和汇款方式将人民币 92 800 元退还给惠阳支行。

惠阳区人民检察院认为，被告人张某水采取秘密手段窃取他人人民币 92 800 元，数额巨大，其行为已触犯《刑法》第 264 条的规定，应当以盗窃罪追究其刑事责任，提请法院依法判处。

被告人张某水辩称，自己不是盗窃，而是侵占。辩护人辩护称，张某水的行为并非“秘密窃取公私财物”，不管其当晚存了多少次钱，最后是和银行形成了 9 万多元不当得利的债权债务关系。其存钱取钱行为均为合法，即使构成犯罪，也只能构成侵占罪。同样情形的其他客户经银行通知退清款项不构成犯罪，张某水未及时退款构成犯罪，这不可能是盗窃罪的法律特征，而是侵占罪的法律特征。而且，张某水刚开始对柜员机故障并不知情，屡次存款存不进去，在知道柜员机出故障前的这部分金额，不应计入犯罪金额。此外，张某水的犯罪行为在特定条件下才能实施，柜员机存在故障，银行方存在过错在先，诱发了犯罪，故希望法院对其减轻处罚。

广东省惠州市惠阳区人民法院于 2014 年 10 月 16 日作出（2014）惠阳法刑二初字第 83 号判决：被告人张某水犯盗窃罪，判处有期徒刑 3 年，缓刑 3 年，并处罚金人民币 10 000 元。法院认为：首先，张某水的行为构成盗窃罪，因为犯罪的主客体不存在问题。被告人达到法定责任年龄，也具有刑事责任能力，侵犯的客体是银行财产权。被告人利用机器故障，通过存款方式占有银行资金时，银行并不知晓其非法占有的目的，也不知道存款最后被非法占有的情况，即构成秘密窃取。其次，应当对张某水科以较轻处罚，因为张某水主观恶性较轻，作案方式平和，案发概率极低，且早年生活困苦，以其受教育水平对犯罪缺乏足够认识。法官在判决最后表示，“我们也不能确认和保证本判决是唯一正确的，我们唯一能保证的是，合议庭三名法官作出

---

① 参见广东省惠州市惠阳区人民法院（2014）惠阳法刑二初字第 83 号刑事判决书。

的这一细致和认真的判断是基于我们的良知和独立判断，是基于我们对全案事实的整体把握和分析，是基于我们对法律以及法律精神的理解，是基于我们对实现看得见的司法正义的不懈追求”。

二、法理评析

（一）法律论证的形式

法治是理由之治，法律论证是法律实践的重要组成部分。严格来说，法律论证并不是一种独立的法律方法。法律论证是使人们对法律决定的正当性产生确信的活动，是为寻求法律决定的正当性而作出的努力。一般而言，包括法律解释、法律推理在内的所有法律技术方法都可以用于法律论证。

法律论证的形式多种多样，可以依据不同的标准进行划分，一般可以划分为口头形式和书面形式。口头形式的法律论证包括法律谈判、法庭论辩、法律论辩等，书面形式的法律论证包括起诉书、答辩状、判决书等法律文书。实践中，裁判文书的说理最具代表性和影响力。因此，下面以张某水盗窃案的判决书作为评析对象，分析法律论证的内部证成与外部证成。

内部证成，是指法律决定必须按照一定的推理规则从相关前提中逻辑地推导出来的过程。内部证成关涉的是从前提到结论之间的推导是否是有效的，推导的有效性或真值依赖于是否符合推理规则或规律。外部证成，是对法律决定所依赖的前提的证成，关涉的是内部证成中所使用的前提本身的合理性。

在本案中，法院认定：(1) 张某水以秘密手段窃取银行人民币 9 万多元，符合《刑法》第 264 条对盗窃行为特征的描述，因而判定张某水的行为构成盗窃罪，判处 3 年有期徒刑。(2) 由于张某水认罪态度好，有悔罪表现，没有再犯罪的危险，符合《刑法》第 72 条关于缓刑适用条件的规定，故而判处张某水缓刑 3 年。在这两段推理中，结论均由前提合乎逻辑地推导形成，“张某水的行为构成盗窃罪”与“判处张某水缓刑 3 年”这两个结论的证成都属于内部证成。

然而，正如判决书所体现的，法律界对于此类案件的定性存在很大争议，《刑法》第 264 条在此类案件中究竟是否适用需要论证。在排除《民法通则》第 92 条关于不当得利之规定的适用时，法官指出，“既然后来的 17 次交易都是被告人故意为之，说明被告人已经由意外受益的心理转变为非法占有的意图，其先前不当得利的性质也已经发生变化，由意外被动获得转变为主动故意侵权，严重的侵权行为即可构成犯罪。所以被告后来的 17 次交易行为显然不再构成不当得利”。在确定本案适用《刑法》第 264 条而非第 270 条时，法官指出，“本案不能认定是侵占的关键在于，银行没有同意或授权，所以不构成典型侵占；同时，被告人张某水对银行资金的占有是通过恶意存款取得，不是合法持有，也不构成脱离占有物的侵占……被告人通过故意行为取得的财物，显然与遗失物、不当得利的法律含义不一致。既然银行资金不能认定为遗忘物，那么被告的行为更不可能是替银行保管，因而其行为也不构成侵占罪”。这两段论述都是关于前提的证成，因而都属于外部证成。

（二）法律论证的正当性标准

法律论证的目的是证明法律决定的正当性，法律论证的正当性标准其实就是法律决定的证成标准。这要求言说者的论述应当符合这些基本标准，主要包括融贯性、逻辑有效性、结论可接受性。

融贯性注重的是如何在论证中融贯地联结理由，从而为结论提供有效支持。换言之，法律论证中的融贯关注的是支持某一法律论断的理由能否形成一个融贯的整体，这些理由之间是否生成了一个互相支持的结构。学者们还曾提炼出融贯性的十项标准，包括：存在该理论应当拥有尽可能多的得到强力支持的论断；支持性理由构成的理由链应尽可能长；各种支持链之间存在尽可能密切的联系；等等。在本案的初审判决中，法官就其判断给出了尽可能多的论据，在论证从轻处罚的合理性时，不仅讨论了张某水行为本身的危害性，还讨论了刑罚的目的、此类案件发生的概率甚至人的欲望等问题。这些理由共同支持了法官关于从轻处罚的论断。

逻辑有效性注重的是论述对逻辑规则的遵守。逻辑本质上关注的是从前提推出结论这一过程的可靠性。这一可靠性有时来源于对确定规则（如同一律、排中律、矛盾律等形式逻辑定律）的遵守，有时来源于受众对这一推理过程尤其是理由的认可与接受。

结论可接受性则是指最终的结论能为社会公众所接受。本案法官提出的一系列理由均从人之常情出发，容易赢得社会公众的认同，如“被告人张某水的父母早已病亡，其与几个姊妹相依为命，生活困苦，不然，他也不会早早辍学外出打工谋生，以他的初小学历和人生经历，可以肯定，他对法律及其行为后果不会有高度清楚的认识，更不可能对这一法律界都存在争议的案件会自认为是盗窃犯罪”。最终作出的张某水缓刑3年的判决，也赢得了社会的普遍认可，甚至有人将本判决称为伟大的判决。

参考文献：

1. 焦宝乾：《法律论证：思维与方法》，北京大学出版社2010年版。

2. 刘星：《司法中的法律论证资源辨析——在“充分”上追问》，载葛洪义主编：《法律方法与法律思维》（第3辑），中国政法大学出版社2005年版。

3. 蔡琳：《法律论证中的融贯论》，载《法制与社会发展》2006年第2期。

4. 雷磊：《法律论证中的权威与正确性——兼论我国指导性案例的效力》，载《法律科学（西北政法大学学报）》2014年第2期。

5. 杨贝：《法律论证的能与不能》，载《华东政法大学学报》2017年第2期。

对外经济贸易大学法学院

杨　贝

第九章　中国社会主义法理学的历史文化基础

第一节　中国传统法学思想的形成和发展

40. 秦至清的法学思想
——法律的本我、自我和超我

乔太守乱点鸳鸯谱①

一、 案情概要

北宋年间，杭州医家出身的刘秉义、谈氏夫妇生有一对儿女：其子刘璞已聘孙寡妇之女珠姨为妻；其女慧娘已受聘许嫁药铺裴九之子裴政。另，孙寡妇之子孙润从小聘定徐雅之女文哥为妇。

某日，刘秉义夫妇要求择定吉日聘娶珠姨，孙寡妇同意。及至喜庆，刘璞却因伤风得了重病，谈氏决意娶过珠姨"冲喜"，免得"人财两失"。但是，隔壁李荣素与刘家有隙，便将刘璞有病的实情转告孙寡妇。孙寡妇为免女儿嫁到刘家之后有不测，便设计将儿子男扮女装顶替姐姐珠姨"嫁"到刘家。成亲之夜，谈氏因儿子刘璞尚病，又怕"儿媳"冷清，便让女儿慧娘陪伴"嫂嫂"（孙润）睡觉，结果两人如鱼得水，做成"夫妻"。后来，刘璞病愈，而孙润与慧娘之事也被撞破。此事又被李荣得知，转告裴九。裴九遂告官府，诉刘家"纵女卖奸，恋着孙润，暗招在家，要图赖亲事"；随后，刘秉义也告官府，诉孙寡妇"欺心，藏过女儿，却将儿子孙润假装过来，倒强奸了小人女儿"。面对这起婚姻关系引发的纠纷，乔太守决定升堂问案。

《宋刑统》规定："诸断罪皆须具引律、令、格、式正文，违者，笞三十。"换言之，即要求法官须严守指向"自我"的律条。但是，该案涉及对诸如孙润与慧娘的"本我"权衡，以及中国传统礼常的"超我"考量，于是乔太守因循法意与应合人情，展开了酌情度理的便宜裁夺。

第一，孙润行为的处置。乔太守先是言明："孙润，你以男假女，已是不该，却又奸骗处女，当得何罪？"衡诸律条，慧娘已受聘裴家而为裴政之妻，孙润和慧娘构成有夫和奸，依《宋刑统》应处"徒二年"（自我）。可是，乔太守话锋一转，对此"犯奸罪"并未依法责罚，而是说："姑念孙润年纪幼小，又系两家父母酿成，权且饶恕。"（超我）

第二，孙润与慧娘的关系处置。依南宋《庆元条法事类》规定："诸先奸后娶为妻者，离

---

① 参见冯梦龙：《醒世恒言》（第八卷），人民文学出版社 1995 年版，第 152 页。

之。”即依法禁止先奸后娶(自我)。同时,案中裴九也说,如果将慧娘判归孙润,则“反周全了奸夫淫妇”。但是,乔太守却说:“慧娘本该断归你家,但已失身孙润,节行已亏,你若娶回去,反伤门风,被人耻笑。他又蒙二夫之名,各不相安。今判与孙润为妻,全其体面,令孙润还你昔年聘礼,你儿子另自聘妇罢。”(本我与超我皆有)

第三,乱点裴政(原慧娘之夫)与文哥(原孙润之妻)为配。随后,乔太守摆出“父母官”身份乱点起鸳鸯谱,对裴九道:“孙润原有妻未娶,如今他既得了你媳妇,我将他妻子断偿你的儿子,消你之忿。”其实,这种“乱点”在古人看来,就是乔太守与人“行方便”(超我)。对此,裴九回言:“老爷明断,小人怎敢违逆?但恐徐雅不肯。”乔太守遂对徐雅道:“孙润因诱了刘秉义女儿,今已判为夫妇,我今作主,将你女儿配与裴九儿子裴政,限即日三家俱便婚配回报。如有不伏者,定行重治!”徐雅因见太守作主,怎敢不依,俱各甘伏(本我)。当然,乔太守以父母的婆婆心肠及官长的权威,擅作婚配,虽极富人情味,也颇具喜剧色彩,但所采取的是“如有不伏者,定行重治”的压服方法,当事人的权利丝毫不被尊重,尤其是真正的婚姻当事人(裴政与文哥)根本没被问及,因为他们的人格早被双方家长(裴九与徐雅)吸收,完全没有独立的权利可言。

第四,乔太守的判词。乔太守如此断案,完全是出于人情上的考虑,从而把礼法、律条放在一边。其判词如下:“弟代姊嫁,姑伴嫂眠。爱女爱子,情在理中;一雌一雄,变出意外。移干柴近烈火,无怪其燃;以美玉配明珠,适获其偶。孙氏子因姊而得妇,搂处子不用逾墙,刘氏女因嫂而得夫,怀吉士初非炫玉。相悦为婚,礼以义起。所厚者薄,事可权宜。使徐雅别婿裴九之儿,许裴政改娶孙朗之配。夺人妇人亦夺其妇,两家恩怨,总息风波;独乐乐不若与人乐,三对夫妻,各谐鱼水。人虽兑换,十六两原只一斤;亲是交门,五百年决非错配。以爱及爱,伊父母自作冰人;非亲是亲,我官府权为月老。已经明断,各赴良期。”(本我、自我与超我的融合)

二、 法理评析

(一) 人格理论及法产生的基本规律

根据弗洛伊德(Sigmund Freud)的人格理论,人格被划分为三部分:“本我”“自我”和“超我”。所谓“本我”,就是原始生命本能,它无条件地依照“快乐原则”而行为,没有道德是非和时空限制,无所顾忌地寻求本能需要的最大限度的满足和心理刺激的彻底消除。所谓“自我”,就是使本能现实化和理性化,它已从非理性的“本我”中分化出来,代表了人格中理智和意识的部分,其行为准则是“现实原则”,是根据现实条件和客观环境来调整“本我”与外部世界的关系,在不造成更大的痛苦的前提下满足“本我”的需要。“超我”则是道德化的“自我”,用“自我”理想来确立行为目标,用良心来监督行为过程,使“自我”摆脱“本我”的纠缠,按照社会规范和要求活动。这三部分在人格构成中,各自代表了不同的心理需要,遵循不同的运作原则,因而往往相互矛盾、冲突,而“自我”作为中介,便不得不处在“本我”的驱使、“超我”的谴责、现实的限制的夹缝之中,陷入“一仆三主”的人格困境。①

根据这一理论,从上面的这起中国传统的案例可以看出,反映人性本能及带有道德意味的以义务为主线的法律概念,涉及相应的“本我”“超我”因素,它们在法律实施过程中会适时地

① 参见[奥]弗洛伊德:《精神分析引论新编》,高觉敷译,商务印书馆1987年版,第61页。

融入进来。事实上，诸如习惯性服从的普遍命令、可能付诸实施的威胁以及作为命令发布者的主权者等法律的初步特征，确实不能展现法产生的完整蕴涵。

另外，这里特别强调法产生的概念中的“义务”这一关键词，并不是说讨论法律的概念或思维时，可以忽视权利的存在和作用。其实，有关权利的分配与保护向来是现代法律制度的主题，只不过因为目前对于义务的讨论远不如对权利的研究那样广泛和深入，加之有待区分哈特的“指令”与奥斯丁（John Austin）的“命令”之间的差别，所以，特别突出了有关义务的分析。作为义务的相对方，权利意味着主体在法律上有一项正当理由去做某事或拒绝做某事的资格，当这种要求或拒绝得不到回应时，主体还可以根据此种正当理由请求国家以强制力来迫使对方服从。在这个意义上，义务人就处于与权利人相对的被动法律地位，需要被权利人的权利所约束和支配。

（二）法产生中的“自我”

弗洛伊德还提出过著名的“冰山理论”，他认为人格有意识的层面只是冰山的尖角，而人的心理行为当中的绝大部分是冰山下面那个巨大的三角形底部，是看不见的。然而，恰恰是看不见的这部分决定人类的行为。借助这一理论，“法律是什么”和“法律应当是什么”的问题可以得到较为形象的解释。

哈特曾经借助于阐释祈使命令的特质，指出法律绝不是类似强盗抢劫银行那样，只是简单以威胁为后盾的强制“命令”（command），而是具有“指令”（order）的特征。[①] 于是，具有特定内涵的义务概念被引出来。因为义务虽然也有类似于强制命令的非任意性特征，可是它具有的反映人性本能和道德意味特征，决定了它与强制命令存在很大区别。而体现为义务的法律具有以下特征：（1）法律是被习惯性服从的普遍指令，也就是具有持续性的特征；（2）法律应当能够让人建立一种普遍的确信，即如果拒不服从，这些威胁可能被付诸施行；（3）法律的实施必定存在对内至上、对外独立的主权者以及服从主权者的僚属。

然而，形式上体现为义务且只是具备上述指令特征的法律，仍然是法律“自我”层面的冰山一角，因为它最多只是回答了“法律是什么”这一合法性思维的问题，还不能涵盖法律所应具有的“本我”和“超我”。而法律中的“本我”和“超我”却是“法律应当是什么”的竞争性思维，也是对义务的价值判断所不可或缺的。事实上，法律的“自我”作为“本我”与“超我”的中介力量，发挥了中枢的调节功能。也就是说，法律的制定需要考虑“自我”所要求的理性要素和现实可行性；同时，必须让获得社会持续性认可的“超我”要求得到满足，亦即权衡符合社会接受的程度；此外，还要考虑作为调控对象的社会主体的“本我”意愿。可以说，“本我”和“超我”构成了法律概念具备上述特征的背景原因，从某种角度上，甚至有时还会成为法律之所以能够存在的主要理由。

（三）法产生中的“本我”

法在产生过程中对于社会关系的调整，是通过法律规范、法律事实、法律关系和权利义务这四个顺次相接的阶段实现的。法律规范是国家创制的以权利义务为主线所表达的行为要求；法律经公布进入社会后，当出现法律设定的法律事实时，法律规范所表达的行为要求就转化为对具体主体的行为要求，形成了具体主体之间的权利义务关系。

---

① 参见［英］哈特：《法律的概念》，张文显等译，中国大百科全书出版社1996年版，第24页。

法产生的一般过程，经常被理解为是出现了规则并以强制性威胁为后盾。然而，当反过来能够证明客观上存在没有制裁的法律，这一论点将不再成立。比如，以威胁为后盾的指令颇似现代法律中的刑法和侵权法，刑法规则的要求被称为义务，而依法对违反该义务行为的制裁，就是服从刑法规则的动因；侵权法则是为由于他人行为而遭受的损害设定赔偿，从事该行为被认为是违反义务，应得到以赔偿等方式加以制裁的法律补救。不过法律体系中又确实存在一些与以威胁为后盾的强制命令无干的法律，比如授权规则。

授权规则，包括授予私人权利、授予公共权力两个方面。授予个人以合同、遗嘱、婚约等方式形成与他人的法律关系的私人权利，或者授予社会以立法、行政、司法等方式产生治理社会的公共权力，都不涉及强加责任或义务，而是通过授权人们可根据指定的程序而创设权利或权力，进而提供个人或社会实现愿望的便利。这些权利或权力背后所呈现的是多样化因素，绝不只是以威胁为后盾。比如，许多私人权利或公共权力并不以威胁为后盾而存在，主要包括：（1）确认人们生活中的应有权利，它是来源于人的本性要求或社会的存在需要，而法律又尚未对之予以确认的合理利益，因体现为社会关系中一种伦理道义上的正当关系，必须以法律加以规制，比如人格尊严权、平等交换权、国民待遇权、行政程序权、外交独立自主权、立法各方利益的相互妥协权等。（2）确认因社会经济、科技和文化发展而带来的新生权利或权力，比如网络虚拟财产权、器官捐赠或移植权、外太空空间发展权、人类环境共同生存权等。（3）确认法定权利中派生出的具体权利，作为原来的法定权利的下位权利，虽从属于原来法定权利，但又有独立确认的必要，比如作为选择权的下位权，就有提名权、投票权、选举监督权、补选权等。

可见，授权规则与强制命令存在根本区别，它往往只是设定了原初的、依理循之的权利，许多情况下没有必要限定凡违反皆须制裁，而是侧重于“指导”某种制裁的实施。因此，那种寻求将法律视为以威胁为后盾的指令的简单模式，歪曲了不同类型法律的社会功用。进一步而言，即使有人争辩认为，运用制裁的指令形式来描述法律可以有效阐明“坏人”关于法律想要了解的一切，从而增加透明度，但法律同样需要平等地关注那些愿意去做法律要求之事的“迷惘之人”或“无知之人”。也就是说，法律不应诱使我们认为所要去理解的东西都发生在法院里，法律还存在于法院之外被用以控制、指导和计划生活的各种方式中。

现代法学理论认为，通过法律调整权利义务的方式，大致可以包括允许、积极义务和禁止三种。允许就是赋予人们自己做出某些积极行为的权利，譬如使用财产、处分财产等；积极义务即要求人们做出某种行为，使其承担做出某种积极行为的义务，比如交付某种物品、支付货币等；禁止是要求人们承担不为一定行为的义务，诸如不得侵占他人拥有的合法财产。如果法律仅是被作为强制指令，则这一概念就狭隘地指向了禁止，甚至于连积极义务的内涵都未能完全涉猎，更毋庸论及允许这种纯粹意义上的授权规则了。事实上，法律的概念所蕴含的权利义务形成的法律关系，应当是上述三种调整方式的不同组合。比如，当积极义务与允许相结合时，所形成的法律关系就是相对法律关系，其典型形式是债的关系，权利人的利益是通过义务人的积极行为实现的，法律调整的重心是义务人的行为；当禁止与允许相结合时，所形成的法律关系是绝对法律关系，其典型形式是所有权关系，只要义务人不作为，权利人的利益就能实现，法律调整的重心在于权利人的行为。从这一角度看，以权利义务为主线的法律概念已大大超越了法律指令理论中那种极为简陋的以强制为后盾的学说，进而从反面证明了法律的内容不应局限于强制命令或指令。

（四）法产生中的“超我”

只是基于“本我”的基础，依然还未彻底释明法律的完整内涵。因为“本我”的法律仅仅告诉了我们，法律的内涵应当包括多元规则下的权利义务，而不只是强制指令所指向的纯粹义务。然而，基于多元规则的“本我”法律而设定的诸多权利义务，如何才能够获得民众持续性的服从？比如，作为法律渊源之一的习惯法，能够长期连续性地实现代际传承，不只是“习惯性服从”使然，而是存在之所以遵循的某一法律或习惯形式之外的规则，它既可能是道德，也可能是习俗，甚至可能是宗教，等等。也就是说，法律必须经历道德、习俗或宗教的批判性检视，方能产生具有广泛影响力的客观认同，这就是所谓“超我”。

参考文献：

1. 冯梦龙：《醒世恒言》（第八卷），人民文学出版社 1995 年版。

2. 霍存福：《权力场——中国人的政治智慧》，辽宁人民出版社 1998 年版。

3. ［奥］弗洛伊德：《精神分析引论新编》，高觉敷译，商务印书馆 1987 年版。

上海交通大学智慧法院研究院

杨 力

第二节　近代法理学的探索与变革

41. 对传统法学思想的扬弃
——司法裁判事实认定的“历史三部曲”

法定证据制度、自由心证制度、证明责任制度

一、 事例概要

法定证据制度是法律根据证据的不同形式，预先规定各种证据的证明力和判断证据的规则，法官必须据此作出判决的一种证据制度。法定证据制度的产生是与封建社会经济、政治、科学和文化的发展相适应的。最早把这种制度称为“法定证据制度”的是法国的一位议员，名叫杜波尔（Duport）。16 世纪至 18 世纪欧洲的某些封建国家颁布了一系列重要法典，对证据的审查判断规定了严格的规范，强制法官必须依据这些规范采用证据，而不得按照自己的理解来判断和使用证据。法定证据制度是与当时适用的纠问式诉讼制度相适应的，它对每一种证据证明力的认定，依据的不是证据本身的情况，而是法律事先规定的可靠性。这种证明力完全是由立法者按照证据的外部特征加以规定的。它把证据分为完全的、不完全的、不太完全的、多一半完全的四种类型。几个不完全的相加，可构成一个完全的证据。这种证据制度过分注重证据的表现形式，而不问其内容是否真实，因而又被称为形式证据制度。法定证据制度主要适用于中世纪欧洲大陆各国，而英国自有其民族的传统与习惯，基本上没有受到法定证据制度的影响。中国的封建社会更有自身独特的法律体系，所施行的证据制度，也与法定证据制度有很大的区别。

自由心证制度是证据的证明力一般不以法律加以拘束，而是听任法官的自由裁量的一种证据制度。自由心证是以证据的存在为前提，而不是以空穴来风的“自由”心证来认定事实。所谓允许心证，指向的不是“证据的能力”，亦即何种资料具有证据的资格，而是“证据的证明力”，即证据的价值。基于自由心证，证据证明力的有无及大小不受法律形式上的约束，而是完全依赖于法官的自由判断、选择、取舍。法官根据法庭审理过程中形成的内心信念，自由裁断证据证明力的大小。因为，证明力只能由法官根据长期裁判活动形成的经验，以及结合个案的具体情况作出判断，而无法由一些事先确定的标准加以规定。

现代意义的证明责任，就是针对事实真伪不明的状态，通过举证义务的合理分配，进行一种法律上的普遍性拟制。当然，它不是针对个案的拟制，而是权衡各种因素，并且加以价值排序后作出的一种具有普适意义的决断。从根本上讲，证明责任是在人类不断完善认知手段，以及提高工具质量后，仍然无法发现客观真实情况下所采取的一种克服有限理性的制度性保障措施，是一种无奈的法律技术或方法。从法定证据到自由心证，再到证明责任，现代司法中法律真实的实现，不再是一味依赖过度形式化的证据，也不再是听任法官任意裁量而让法律可以

被轻易绕过，而是通过证明责任对事实真伪不明状态进行“法律上的解决”。它的法理要义在于，既然事实真相无法查明，那么最明智的做法是依据人们能够普遍接受或认同的规则作出判决，尽管它并不能总是保证与客观真实完全吻合，但应被视为一种合乎正义的不得已的妥协。显然，法律真实优先的法律思维下的法律真实问题不再是一个真与假的事实判断问题，而是一个合法与否的判断问题。

二、法理评析

可预测性的事实推定实现，虽然可能存在一定程度上游离于真实状况的风险，但毕竟是建立在一些趋向于正当性的法律装置之上的。而这些装置都是在案件发生之前就预先确定的，不会因为事实推定而发生改变。否则，承受了偏离实际真实状况风险的事实推定，就只能沦为一种或然性判决甚至错判，从而降低法律的可预测性。

从历史上看，现代法律中旨在实现法律真实的装置设计，经过了从法定证据到自由心证，再到证明责任的发展历程。

现代意义法律的信赖获取，不再像过去那样依靠神明裁判或决斗，而是建立了法定证据制度。根据这一制度，事实认定中的法律思维，就是依照法律事先规定的各种证据的证明力和评断标准作出裁判。当然，这时的事实认定权力不在法官，而在立法者那里。虽然法定证据制度由于过分形式化，缺少必要的自由裁量，产生了过分倚重口供、刑讯逼供泛滥等负面效应，但不可否认，它提高了司法裁决的可预测性，从而向审慎和理性裁判迈进了一大步。可以说，从法定证据制度的确立开始，寻求法律真实而非客观真实，正式开始成为现实司法中法官的裁判标准。

但法定证据制度不允许法官自由裁量，所以法官被视为法律奴仆和计算器，只能严格按照法律规定对案件中各种证据的证明力进行数学的运算，寻求所谓的法律真实，很多情况下只是机械性地给出事实“为真”或“为假”的结论。鉴于此，人们开始尝试裁判中的自由心证，逐步摆脱法定的证据资格认定，允许法官自由判断、选择和取舍。然而，这种法官自由判断、选择和取舍，究其本质是“假定”事实存在或不存在，并以此为基础作出产生或不产生相应法律效果的判断。也正是在这个意义上，法律真实不再是循规蹈矩地依据法定证据进行事实认定，而是当事实真伪不明之时，相对合理地进行事实推定。

正如上述，自由心证只是相对合理地对事实真伪加以推定，根本无法承担起消除事实真伪不明这一不确定性的重任。所以，它在很大程度上同时依赖于证明责任，甚至将之作为解决事实真伪不明的核心装置。可以说，正是证明责任概念的出现，使得法官在事实真伪不明时，不可以任意地将不利后果分配给一方当事人，而是需要提供将不利后果归咎于一方当事人承担的正当依据。退一步讲，即使无法揭开案件事实真相的面纱，也可根据某种人们普遍接受的公正性规则作出判决，所以仍然具有可预测性。推出证明责任的装置，使法律真实优先的思维具有了完整意义的蕴涵。因为证明责任的存在，至少使得自由心证中的法官对事实推定保持谦抑的态度，更加理性而谨慎地对待诉讼证明活动，以减少自由裁量可能带来的错误和风险。

参考文献：

1. 樊崇义主编:《证据法学》(第六版),法律出版社 2017 年版。
2. 何家弘主编:《外国证据法》,法律出版社 2003 年版。
3. 陈光中主编:《证据法学》(第四版),法律出版社 2019 年版。

上海交通大学智慧法院研究院
杨 力

第十章 中国社会主义法的产生、本质和作用

第一节 中国社会主义法的产生

42. 借鉴人类法治文明成果是社会主义法产生的重要条件
——从法院的裁判规则到法律制度的健全与完善

南京鼓楼房产经营公司等诉盛名公司侵犯建筑物区分所有权案①

一、 案情概要

2001年,原告江苏省南京市鼓楼房产经营公司及19户居民,起诉所住商住楼的底层所有人被告盛名公司。此前,盛名公司报市建委和规划部门批准,将地面部分下挖准备增建夹层,且市安全鉴定处鉴定认为增建工程符合安全标准。原告以侵犯相邻权为由,诉请盛名公司恢复原状。一审判决驳回了原告诉讼请求。但是,二审法院认为盛名公司所增建夹层系原共有区域,原告等按其专有部分比例享有共有权,盛名公司未经共有人同意,擅自开发共有部分地下空间,构成侵权,故改判支持原告诉讼请求。

二、 法理评析

(一) 建筑物区分所有权被引入裁判

这是一个引入建筑物区分所有权理论作出判决的案例。建筑物区分所有权早已在《德国民法典》中规定。但该案发生时,中国没有相应法律规定,本案创造了一个裁判的先例,之后终于先后写入中国的物权法和民法典。

本案中二审法院展开利益衡量,考虑到了所有业主作为区分所有权人的共同利益,形成的裁判规则是,建筑物有关权利的行使,必将受到全体区分所有权人"共有关系"的限制,而不是像单一所有权关系那样可以任意行使。客观地说,该案利益衡量是成功的。它把其他人遵守的内在事实获得,控制在区分所有权人这一相关的共同体之内,既不是无限放大到社会利益,也不是局限于本案19户居民当事人的狭窄范围内,宽窄适当。不过,该案的一个技术问题在于它所形成的裁判规则,不是法官解释而是立法性质的,它创立了区分所有权中的新的权利义务关系,因为直到2007年颁布实施的物权法才正式确立了建筑物区分所有权关系。而法官通

① 参见最高人民法院中国应用法学研究所编:《人民法院案例选》(2000年第4辑),人民法院出版社2001年版,第80页。

过利益衡量的造法肯定与立法的利益衡量有所差别，毕竟法院无法像立法机构那样，调查、收集和研究所有利益群体的意见，难以对牵涉的权利人、社会公众、政府政策乃至国际利益等问题通盘考虑，订立平衡的法律制度。当然，中国法院的裁判规则极为谨慎，否则将会受到法官造法的指责。

本案中一审、二审之间的判决结果差异，呈现出一种立足于不同视角而产生的疑难问题。“案例中之所以出现疑难问题，正是因为不同的当事人及其律师在我们所谓的相关性、解释和分类问题上持有不同的立场造成的。”①当然，立场的不同可以求助于德沃金（Ronald Dworkin）的“原则论辩”加以解决，但是，现实主义进路基于法律之外理由的论辩是相当复杂的。其中，始终饱受争议也是最关键的问题在于：类似于以上这个案例出现了法律漏洞，那么，在这种疑难案件裁判中的现实主义衡量，从其关键在于有赖于获得其他人遵守的角度，是否就能足以承载和超越法律之外集合性的潜在期待或要求形成可以获得普遍认同的裁判规则，以及对今后类似案件产生预测和指导作用。如果这一问题得不到解决，寻找法律之外理由进行的裁判先行衡量，因为不同情境化理由的千差万别，肯定会使裁判结果难以一致，让诸如本案这样出现法律漏洞时的疑难案件审理结果仅仅具有个案意义，很难指导性地重复适用，甚至会让司法走向“去统一性”而出现碎片化的局面。这不仅有违司法的核心特征，也是与借助于案件权衡寻找内在事实的初衷背道而驰的。

（二）疑难案件衡量的困境与思路

那么，疑难案件审理中为了形成让其他人遵守的内在事实而运用衡量方法时，究竟会遭遇哪些具体的困境呢？归纳而言，主要集中在三个方面：(1) 涉及法律之外社会中的多元道德观念，可能会随意放大或缩小具体案件中内在事实的强度；(2) 反过来，案件衡量一旦过度偏向于具体案件当事人，其内在事实也难以针对整体社会的多元复杂性作出恰当的判断；(3) 可是，如果仅是简单地将整体社会与当事人之外的“其他人”当作理由之一进行权衡，其结果或许是让当事人及整体社会都难以信服，以至于似乎表面恰当的内在事实，恰好成为引发社会冲突的理由。可以说，假如这些问题不能解决，疑难案件裁判的利益衡量将很难达致让当事人乃至其他人遵守的内在事实，形成具有预测和指导意义的裁判规则。

试图走出疑难案件衡量所存在的困境，整体思路应是：为了获得案件衡量的内在事实，需要先确定相对固定的衡量标准，以实现复杂情境的简单化处理，使得产生的“一般意义的内在事实”得以多次重复成为惯常性的判断，便于让类似案件当事人无须重新考量即可直接援引，避免多元化的内在事实被随意放大或缩小。比如，上述案例不能拘泥于房屋修建夹层之后安全与否的视角，而应从房屋所在地下空间的权属角度去判断；同时，对于可能出现的更复杂情况，案件衡量还应当具有加以简约处理的特殊能力，以寻找出具有“更强理由的内在事实”，特别是通过特征之附加烙上接近规则的特征，如上述案例中对“建筑物区分所有权”的归纳。当烙上接近规则特征的内在事实与千变万化的待决案件指向当事人的个性化因素并存时，就能够以规则的一般性从容地应对社会的复杂性。当然，以上“一般意义的内在事实”或者“更强理由的内在事实”，能否真正让其他人遵守而产生合意性，为普适化的裁判规则形成奠定基础，还有赖于内在事实获得的具体机制。此外，极其重要的是，所有的案件权衡在获得法律之外的内

① ［英］尼尔·麦考密克：《法律推理与法律理论》，姜峰译，法律出版社2005年版，第208页。

在事实后及形成裁判规则前，必须经受法律之内合法与否的检验，以推动内在事实的结构格式化，指引类似行为只能以该内在事实为基础，进而使得其他人遵守的预测性大大提高。

参考文献：

1. 梁慧星：《民法解释学》，中国政法大学出版社 1995 年版。
2. [德]卡尔·拉伦茨：《法学方法论》，陈爱娥译，商务印书馆 2003 年版。

上海交通大学智慧法院研究院
杨　力

第二节　中国社会主义法的本质和作用

43. 通过法的立、改、废、释，推动社会变革与进步
——科学立法

2015年《立法法》修改

一、事例概要

（一）《立法法》修改概述

人民代表大会制度（以下简称“人大制度”）是中国的根本政治制度，在中国的政治实践中充当了党的领导、人民当家作主和依法治国三者有机统一的枢纽。改革开放40多年来，人大及其常委会的机构设置、组织制度和工作方式不断完善和创新。机制的完善和进步有力提升了人大及其常委会在履行立法、监督等各项职能时的工作效能，为我国社会主义法治建设和国家治理体系和治理能力现代化作出了重要贡献。

2015年《立法法》的修改，充分体现了人大制度的优化和完善，主要包括两个层面：其一，2015年《立法法》具体内容的修改，是各级人大及其常委会逐步扩展和规范其立法职能的又一“里程碑”；其二，此次修法中一些草案条款所经历的“曲折”历程，深刻反映出人大各项制度建设在推进科学立法、民主立法、依法立法方面产生的效果，也突出了人大在立法过程中的主导作用。

（二）《立法法》修改的内容及意义

《立法法》对规范中国立法活动和立法行为具有重要意义，是中国特色社会主义法律体系的重要组成部分。随着经济社会的发展，《立法法》更需要适应新时代的要求进行修改和完善。党的十八大以来，党在多次会议中都对全面依法治国提出了新的要求。2015年召开的第十二届全国人民代表大会第三次会议对《立法法》进行了修改，顺应了建设社会主义法治国家的需求。《立法法》的修改内容主要有以下四个方面：

第一，规范授权立法。修改后的《立法法》第10条明确了立法机关在进行授权时应当遵循的一些基本原则。同时，第13条从实践的角度明确规定可以根据改革发展的需要决定就行政管理等领域的特定事项授权在一定期限内在部分地方暂时调整或者暂时停止适用法律的部分规定。从第9条和第11条的规定来看，《立法法》严格限制了授权立法的适用范围和使用范围。只有在条件还不成熟、需要通过先行尝试以积累经验的情况下，才可以进行授权立法，并且在条件成熟时应当及时制定法律。

第二，扩大了地方立法权。《立法法》修改前，市级人大立法权范围局限在省会城市、“较大的市”和特区城市。《立法法》修改后，通过赋予设区的市以地方立法权，实现了地方立法权的扩围。针对设区的市的地方立法权权限范围这一问题，曾有过三种意见。支持促进派的专家

认为，以往49个较大的市在实践中总体表现良好，并未出现地方立法混乱的情况，因此地方立法权在扩大时没有必要进行限制。中立派的专家认为，地方立法权应当依据地方的实际情况，逐步向地方公共服务、民生保障等领域扩大。反对派的专家则认为，地方立法权的无限扩大会破坏全国的法制统一，因此必须对地方立法权进行严格限制。

第三，明确细化"税收法定"原则。《立法法》明确以法律的形式对税收活动进行规范。税收立法权成为立法机关的专属权力。《立法法》对"税收法定"原则的确认，既是党的领导在国家立法中的体现，也在很大程度上促进了税收制度的健康发展。同时，由国家权力机关来主导税收的立法，也有助于保障税收制度的民主性和科学性。

第四，界定了部门规章和地方政府规章的权限。行政机关制定规章，是行政机关依法履行职责的有效方式和重要形式。修改后的《立法法》第80条、第82条明确规定了部门规章和地方政府规章的权限，同时明确了部门规章和地方政府规章没有上位法依据不得设定减损公民、法人和其他组织权利或者增加其义务的规范（例如限行、限购等）。这些变化有助于保证地方在执法过程中对法律、法规的正确适用以及法律体系的统一，也有助于行政管理的制度化和规范化，对于提高地方政府的行政效能具有重要意义。

二、法理评析

（一）人大制度在探索中不断前进

人大制度作为中国的根本政治制度有着丰富的内涵。该制度以人民代表大会为核心和主要内容，主要包括四大核心功能：立法、监督、重大事项决策和人事任免。其中，立法功能是最核心的功能。

1954年，第一届全国人民代表大会第一次会议在北京召开，通过了《中华人民共和国宪法》和国家机构组织基本法，并依法产生了一系列国家政权机构。人大制度经过立法程序获得了神圣的立法地位。

人大制度在形成以后历经曲折。1957—1966年间，全国人大共召开了六次会议，人大制度的实际运行逐渐停滞，发挥作用明显削弱。这体现在三个方面：人大制度的规则体系被扭曲、人大制度的组织结构被扰乱、人大制度的权力行使受到阻碍。到了1966—1976年"文化大革命"期间，人大制度形同虚设，其规则体系和组织体系被彻底破坏。国家政权机构在这一时期也脱离人大制度的约束，民主集中制被严重曲解。

"文化大革命"结束之后，人大制度逐渐恢复，并在改革开放时期获得全面的发展。改革开放以来中国法治建设的历程，深刻体现在人大制度的恢复和发展进程中。这一时期，全国人大作为国家的立法机关，在立法职能方面的进步具体体现在两个方面：一是通过不断立法完善中国法律体系。1999年全国人大对宪法进行修改，将"依法治国，建设社会主义法治国家"写入宪法。党的十六届四中全会提出依法执政，实现了中国共产党执政方式的转变。党的十八届四中全会提出"健全有立法权的人大主导立法的体制机制"。二是完善立法制度。主要体现为以人大为主体扩大人大常委会和地方人大的立法权，优化中央和地方立法权的关系，深化专门委员会制度，以及促进人大代表的年轻化专业化。2015年《立法法》修改后，授权立法的规范以及地方立法权的扩大也成为立法制度完善进程中的巨大进步。在此次修改中，人大发挥了重要作用，据理力争维护人大的立法权，维护立法中的民意，而且对完善党领导立法的体制、赋予设区的市立法权、完善授权立法、“税收法定”等问题提出了建设性意见。

（二）《立法法》修改折射出的制度进步

2015年《立法法》的修改，是对人大立法制度以及新中国法治建设成就的一次阶段性总结。整体来看，此次修改紧密围绕科学立法、民主立法的思路进行，人大制度的建设水平进一步保障了立法的科学化和民主化。特别是在“税收法定”原则的细化过程中，“税率之争”凸显了人大各项制度建设在推进科学立法、民主立法、依法立法，以及强化人大在立法中的主导作用等方面产生的实实在在的效果。《立法法》修正案草案三审稿与二审稿相比，删去了“税率法定”等相关表述，采取了更为原则性的表述方式。但在人大代表、立法专家的共同努力，以及全国人大法律委员会（现为“宪法和法律委员会”）和常委会法工委等部门的积极回应下，“税率法定”原则又重被“寻回”。这体现出人大代表在审议中的发言权的扩大、人大立法的透明度的增加、专家学者对立法活动影响的增强。

首先，人大代表在人代会期间充分履行了立法审议权。在《立法法》修改过程中，代表们在代表团会议等场合频频发言，针对草案中“税收法定”条款被临时性修改表达了明确的反对和质疑，这是履行职责的重要体现。人大代表积极参与立法审议过程，是人大代表行为模式变迁的一个重要体现。以往人大代表常被称作“举手代表”“拍手代表”，不作为似乎成为人们对人大代表的固有印象。以往的审议中有相当数量的代表要么只热衷于重复论及已有成绩，不触及问题或矛盾；要么避重就轻，发言缺乏深度。而在《立法法》修改中，代表们从人民群众的利益出发，围绕规范和约束公权力的思路，对草案中“税收法定”条款进行了细致审议。

其次，媒体的持续关注体现了人大立法的透明度。“税收法定”是此次《立法法》修改的重点之一。在“税率之争”的过程中，媒体一方面通过迅速、及时的报道，将修改信息向社会各界传播。另一方面，媒体的报道也促使该条款得到了更加审慎的立法审议。《立法法》草案相关条文出现变动的当天，媒体就迅速切入相关的报道，将信息传递到社会各界。人大通过报刊、电视、网络等多种渠道进行立法信息传播和公开，减少了传播过程中的中间环节和层层过滤导致的信息失真。媒体对相关专家采访以及对“税收法定”相关专题的报道，提升了全民对相关议题的理解，增加了立法的透明度。

再次，专家的意见和建议促进了人大立法的科学性。中国的立法具有明显的行政主导特征。但是在“税收法定”原则的修改中，立法过程中的难点以及立法草案的可行性问题得到了专家的有效论证。党的十八届三中、四中全会以来，社会各界对于落实“税收法定”原则已经有了共同的认识。三审稿与二审稿的区别，体现为在文字上要不要突出税率的问题。为此，来自中国法学会财税法研究会和相关高校法学院的财税法专家从立法精神和各国实践的角度出发，论证了“税收法定”的完整内涵和现实意义。相关的财税法专家建议将“税收法定”分为课税要件法定、课税要素法定以及征税合法三个方面。同时，为了进一步厘清“税率法定”与国务院职责间的关系，专家也以当时的车船税法为例，论证了“税率法定”与国务院对具体税率进行调整之间并不矛盾。这一论证意见在宪法法律委员会的报告中得到采纳。

最后，《立法法》修改反映了人大内部制度建设的提升。在以往的立法中，部门立法的现象饱受诟病。各部门从各自利益出发进行立法尽管有利于提升立法效率，但是往往从管理的角度出发一味限制公民权利，治理往往被管理所替代。这次《立法法》修改过程中，全国人大法律委员会及全国人大常委会法制工作委员会坚持以问题为导向，在议案的起草阶段和审议阶段，对人大代表的修改意见进行重点收集、关注和回应，成为“税率法定”条款最终被“寻回”的关键性因素。

（三）人大制度助推中国特色社会主义事业进步

人大制度作为与时俱进、不断完善和发展的制度，其时代目标就是完善和发展中国特色社会主义制度，推进国家治理体系和治理能力现代化。改革开放 40 多年来，人大制度的不断发展和完善，不仅对国家权力的运行进行了必要的限制和约束，也为促进国家治理现代化奠定了良好的法治基础。

第一，各级人大及其常委会通过对其他国家机关的监督，建立了对权力的制约监督体系。改革开放以来的制度建设任务，重点之一就是防止和解决权力的滥用。20 世纪 90 年代以来，随着依法治国基本方略的推进，人大出台了多部法律对国家机关的预算、审计等行为进行监督，建立起初步的人大监督体系。2006 年《各级人民代表大会常务委员会监督法》的出台，为人大的监督工作提供了重要的制度和法律保障。2010 年专题询问制度的开展成为全国人大常委会加强和改进监督工作的一项重要举措。专题询问不仅可以加强和改进人大工作，也可以将人大工作透明化，引起社会的广泛关注。2015 年《立法法》的修改，完善了规范性文件的备案审查机制和对司法解释的监督，进一步强化了专题询问机制。从实践来看，改革开放以来，通过提高立法质量完善中国特色社会主义法律体系，不断完善权力制约监督体系已经成为人大制度完善的重要方式和重要思路。

第二，人大制度的建设推动了政治参与的有序扩大。改革开放在促进经济发展的同时，也带来了社会结构的变化。人大制度的建设为民众参与公共政治活动提供了必要的渠道。20 世纪 90 年代以来，人大为推动立法民主化采取了开门立法的理念，在多项重要立法过程中向社会公开征求意见。21 世纪以来立法听证制度的建立，增强了民众对相关法案的关注和不同意见的协调，既扩大了民众的政治参与，也提升了立法的科学性。一些地方通过开展参观活动，使民众亲身体验法规表决的全过程，对人大及其常委会的工作流程、职能履行进行深入的了解和学习。

第三，人大制度有效回应了民众的诉求。在中国特色社会主义民主政治中，代表的重要特征是代表的普遍性与真实性。人大制度的回应性，体现在人大代表的代表活动中。人大代表作为活动的主体，通过人大制度将人民的意志输入政治系统，并与其他国家机关形成互动。各级人大通过建立人大代表联络处、设立人大代表工作室、建立微博和微信平台等方式，让人大代表深入基层，走进群众，真实地代表民众的意志和利益。

参考文献：

1. 何俊志：《中国地方人大的三重属性与变迁模式》，载《政治学研究》2016 年第 5 期。

2. 王维国、谢蒲定：《改革开放以来我国人民代表大会制度的发展历程与基本经验》，载《政治学研究》2008 年第 6 期。

3. 武增：《2015 年〈立法法〉修改背景和主要内容解读》，载《中国法律评论》2015 年第 1 期。

4. 阚珂:《人民代表大会那些事》,法律出版社 2017 年版。
5. 冯禹丁:《立法法“税收法定”修订逆转背后》,载《法治与社会》2015 年第 5 期。

华东政法大学政治学研究院
严行健、杨宇霄

第三节 中国社会主义法发展的历史经验

44. 经济发展和法律发展相互促进
——商事仲裁的恢复性功能实现

国内某仲裁委员会两起关联案件①

一、案情概要

(一) 案件事实

该仲裁案申请人为长投公司,被申请人为绿城公司,双方均为目标公司股东。2018 年 5 月 8 日,双方签订股权转让协议,约定长投公司将持有的目标公司股权全部转让给绿城公司,转让对价 2.26 亿元人民币,并约定了各自的权利和义务。

涉及案件争议的是有关部分转让价款支付条件的约定,主要包括:(1) 鉴于目标公司投资建设的平阳高速项目涉及 A、B、C 三条连接支线的补偿费用问题至今尚未与政府部门达成共识,协议约定转让方长投公司应承担上述费用,由受让方绿城公司代为偿还,并在转让对价中暂扣 1 500 万元。根据政府文件或协议,若该费用实际发生额高于 1 500 万元,差额部分由转让方承担;若低于 1 500 万元,则差额部分退还给转让方。(2) 长投公司负责配合解除目标公司与某石油公司之间关于加油站经营权转让的合同,并于股权转让协议生效后一周内提供给目标公司,绿城公司应在目标公司认可后 5 日内支付 1%价款。(3) 长投公司配合目标公司完成在建工程竣工验收工作,绿城公司在竣工验收完成之日起 5 日内支付 10%价款。(4) 长投公司负责取得目标公司投资建设的平阳高速所需的房地产权证,并将原件正式交付目标公司,绿城公司应在目标公司认可后 5 日内支付 1%价款。(5) 自股权转让协议生效后两周内,长投公司负责清理目标公司的劳动用工,协商解除目标公司与超编人员的劳动关系,使用工人数符合政府相关规定,绿城公司应在目标公司认可完成这一事项后 5 日内支付 0.5%价款。

以上股权转让协议签订后,股权转让方长投公司依约将原持有的股权变更登记在绿城公司名下,作为股权受让方的绿城公司支付了 1.49 亿元,剩余款项尚未支付。

(二) 双方请辩论点

2019 年 5 月 11 日,长投公司根据股权转让协议约定的仲裁条款,向某仲裁委提交仲裁申请称,申请人长投公司已依约履行股权变更登记义务,被申请人绿城公司支付部分款项后,以长投公司没有依约先期履行部分条款为由,不再支付剩余款项。

申请人长投公司认为,尚未履行的部分条款属于违法及应予撤销的条款,因此请求绿城公

---

① 鉴于商事仲裁案件的保密性,案情概要及当事人名称已脱敏处理;同时,为便于掌握案件的整体原貌,对内容和争点进行合并梳理。

司继续支付股权转让价款。具体理由为:(1) 债的产生有合同之债、不当得利、无因管理和侵权行为,而在本案中目标公司与当地政府就三条连接支线不存在以上任何一种债的关系,所以原协议有关绿城公司暂扣1 500万元用以抵冲补偿费的约定不成立。(2) 依据《合同法》(已失效)第93、94条规定,加油站经营权合同解除的主体只能是合同当事人即目标公司与某石油公司,长投公司无权解除而仅负有提供移交资料这一配合义务,绿城公司以经营合同没有解除为由拒付于法无据。(3) 同样,长投公司对在建工程的竣工验收只负有配合义务,不影响绿城公司依约付款。(4) 依据《土地管理法实施条例》第5条和《房地产管理法》第61条规定,申请办理房地产权证的主体应是实际使用人。因此股权转让协议约定由"转让方负责取得目标公司投资建设的平阳高速所需的房地产权证"违法,应为无效。(5) 依据《劳动合同法》第36、37条规定,协商或单方面解除劳动关系的主体只能是用工单位和劳动者,股权转让协议约定由"转让方负责清理目标公司的劳动用工"属于无效条款。退一步讲,目标公司拒不采纳长投公司提出的超编人员的裁员方案,反而与超编人员签订劳动合同,致使超编人员的问题没有解决,反证了长投公司已经尽到清理义务。

被申请人绿城公司辩称,股权转让协议是双方充分协商后签订的,意思表示真实,所涉条款均合法有效,且长投公司只是在仲裁事实和理由中简单提及协议的有关条款"违法及应予撤销",并没有明确在仲裁请求中单独对协议条款提出撤销或确认无效,因此仲裁庭不应予以认定。基于此,绿城公司认为在协议约定的股权转让对价支付条件中,因长投公司未能先履行绝大部分约定义务,绿城公司享有先履行抗辩权,有权不支付相关款项:(1) 绿城公司暂扣三条连接支线补偿款1 500万元有充分事实和法律依据。该三条连接支线建设作为平阳高速建设的辅助工程,已报政府批准,是长投公司遗留下来的重大未完成义务;该义务已在股权转让义务中明确,且长投公司在协议签订后甚至还向绿城公司申请过支付100万元补偿费。根据政府会议纪要,仅其中B支线就有补偿费缺口1 800万元,为此政府曾明确向目标公司催索。所以,当长投公司不能举证三条连接支线不应支付或应少支付补偿费时,绿地公司有权暂扣相应对价。(2) 长投公司解除与某石油公司加油站经营合同的纠纷另案处理尚未审结,申请人仍有继续配合义务,亦未达到付款条件。(3) 竣工验收是一个客观的、必须逐步实施的过程。本案中目标公司档案验收及其必需的土地证、环保验收、竣工审计、质量鉴定至今未完成,既有基建验收程序规定的工程运行检验期间问题,也有政府验收延迟问题,更有长投公司未完成工作及前期管理混乱造成的竣工资料不全、工程施工存在诸多问题等因素,使得绿城公司难以付款。(4) 长投公司至今尚未交付作为竣工验收必要条件的房地产权证,导致目标公司资产仍有瑕疵,不符合协议约定的对应付款条件。(5) 长投公司在协议约定的生效时间两周后才提出用工定编方案,且自此再无任何实际行动,没有清理任何超编人员。相反,绿城公司接手目标公司后,从承担央企社会责任的角度,不得不继续与大部分超编人员保留劳动关系,致使长投公司所承诺义务客观上已无法完成,依此绿城公司有权拒付相应对价。

(三) 裁决及后续

针对以上争议,原审仲裁认定股权转让协议合法有效,并根据协议有关债务履行先后顺序的约定,结合客观事实认定,对申请人长投公司以上理由的第(1)—(4)项不予采纳,只接受了其第(5)项理由。

2020年7月19日,长投公司再次依据2018年5月8日达成的股权转让协议,认为其在首次仲裁裁决后继续履行股权转让协议业已达到约定付款条件，遂以第一次仲裁涉及的第（1）—（3）项内容提起新的仲裁。对此，第二次另行组成的仲裁庭认为：（1）1 500 万元暂扣款涉及的 A、B、C 三条连接支线，经查其中 A、B 已列入平阳高速的建设和验收范围，C 尚处不确定状态而暂不认定，根据诸多间接证据综合认定 B 支线实际补偿金为 800 万元，遂裁决低于 1 500 万元的差额 700 万元，依约应由绿城公司退还给长投公司。（2）涉及加油站经营权的合同争议另案终审未能实现解除的目的，丧失了支付该对应股权转让对价的条件，但为了及时彻底解决这一争议，酌情裁决绿城公司减半支付。（3）既然竣工验收业已完成，绿城公司即应依据股权转让协议支付相应对价，以所谓 1500 万暂扣款尚不足以解决连接支线补偿，需从其他股权转让款中弥补的理由不能成立。

二、　法理评析

（一）争议焦点及初步剖析

两次仲裁归纳的争议焦点涉及股权转让协议的效力，以及先履行抗辩权的行使是否恰当。实际上，要恰如其分地评判这两个问题，必须先弄清楚更为重要、更为本质的争议，即契约中约定选择仲裁而不是诉讼作为纠纷解决方式的当事人，签订股权转让协议时的付款条件和履行顺位约定，其根本定位到底是倾向“法律防卫意义上向后看”的权利义务合法性分配，抑或出于股权转让这一同质性目标所对应的相对平等化意识，只是为消化可能发生的对立性紧张提供正当性资源的“共识备忘意义上向前看”。

在此基础上，面对协议规定得事无巨细、极尽完备的条款，一旦仲裁事项完全落入约定范围内，仲裁庭是否可以完全根据约定进行仲裁，即在没有法律乃至惯例适用的情况下根据“友谊仲裁”原则进行自由处分。① 此时，“审理争议的仲裁员所需做的就是力图根据协议的措辞确定当事人实际表达的意愿并付诸实施”。② 基于这一立场，仲裁庭所应做的就是努力让当事人约定的合同目的这一精髓得以实施，毕竟这才能体现商事仲裁对当事人意思自治的“包容性”尊重和执行。

借此延伸的问题是，商事仲裁领域内当事人之间的纠纷本为私权事项，诉之司法终究是公权介入，而商事仲裁作为最为成熟的替代性纠纷解决机制之一，所依赖的主要是“掌握公平的权威力量”。③ 因此，对于以具有专业知识作为权威符号的仲裁员来说，一般不会出现因外行

① 友谊仲裁又称“友好仲裁”，是商事仲裁中比较常见的仲裁方式，是指仲裁庭可以依据它所认为公正与善意或衡平与善良标准对案件作出有约束力的仲裁裁决，而无须适用任何法律。该方式最早见于 1907 年《关于和平解决国际争端的日内瓦公约》，后被广泛适用于解决国际商事争议。目前，这种做法已被许多国际公约、国际常设仲裁机构仲裁规则以及许多国家尤其是大陆法系国家所接受。参见刘想树：《中国涉外仲裁裁决制度与学理研究》，法律出版社 2001 年版，第 140—141 页。

② Julilan D. M. Lew., *Applicable Law in International Commercial Arbitration: A Study in Commercial Arbitration Awards*, Oceana Publications, 1978, pp.493-494.

③ 我国凉山彝族的法律生活中，存在一种民间法官“德古”。德古并不是国家司法人员，其依靠所享有的崇高权威办理案件，尤其是对国内外法制史上极为罕见规模宏大而又详密的彝族习惯法的熟知。德古的威望极高，甚至若有人自称“德古”，便会被认为是自不量力而遭到耻笑。德古处理案件没有公权力的保障，但经德古处理的案子极少反悔。现代仲裁机构在主要依靠专业知识权威的力量而不是国家公权力处理案件这一点上，与德古是相通的。参见杨玲、袁春兰：《彝族民间司法官“德古”刍议》，载《西南政法大学学报》2003 年第 6 期。

人断案而产生令双方当事人匪夷所思的结果；同时这种天然地对案件结果的相对稳定预期，又反过来让仲裁员拥有了更多主导权。假如让他们只能像"第二法院"的法官那样被动接受当事人的证据与争辩，然后只能挑选其一，往往是比较痛苦的，他们可能另有想法或知道双方争辩都不对或不是真相。那么，商事仲裁之特定方法论是可以允准仲裁员在当事人请求范围内，较之法院更大程度上运用公平合理原则，异于当事人请辩提出自己的另一种想法，让仲裁员在这种情形下更像一个"案件管理者"。① 当然，作为"商事仲裁程序的超级主人"，除了以当事人同意加以制衡，仲裁员还必须遵守最低的准则或原则，比如起码的自然公正以及避免不必要的延误与浪费等。②

两次仲裁归纳的两个争议焦点，仲裁庭都逐一给予了法律解释学意义上的阐释，其逻辑思路基本清晰，既有可圈点之处亦存挖掘空间。

（二）第一个争议焦点的法解释学分析

面对第一个争议焦点股权转让协议部分条款的效力，仲裁庭认为如果协议条款存在两种合理的解释（一种是让协议难以执行或违法，另一种反之），就应采用使之能执行且合法的方式加以解释。藉此，仲裁庭提出股权转让方长投公司承担办理房地产权证义务的约定，需还原签约时的原意进行"目的解释"，亦即：目标公司只是承担配合义务，以保证长投公司完成申请流程，比如作为土地使用者向政府部门提出申请，并按要求提供各项所需的文件和委托手续等；长投公司则应承担主要义务，如申请资料的准备和递交、与政府部门的沟通和协调、房地产权证的颁发和接收等。所以，毋宁说《房地产管理法》第 61 条并未限定办证主体，《土地管理法实施条例》第 5 条也只是规定了申请土地证应以"土地使用者"名义提出，并未强制规定整个申请过程应全部由土地使用者办理。因此，以上目的解释不违反任何强制性规定。同理，约定让转让方长投公司解除加油站经营合同，对于长投公司是一项配合性义务，即使其并非经营权转让合同的主体，无法直接行使解除权，但法律并不禁止其作为目标公司的配合方参与到上述合同解除的过程之中。约定并非劳动合同主体的长投公司作为责任方，参与劳动用工的清理，同样不违反禁止性规定。据此，仲裁庭认定以上协议约定合法有效。

根据法与实践理性的外部证立规则，法律解释的一般顺位从文义解释依次推向目的解释、衡量解释和体系解释。那么，何以该案仲裁可以改变顺位径行选择"目的解释"来认定协议条款的效力？答案很简单，肯定是出现了有力到压过文义解释的正当性理由。③

该案中压倒的正当性理由，产生于商事仲裁对合同解释的"可循性"（predictability）特质。商事仲裁不同于法院，除了恪守法律的肯定性（certainty），所援引或解释的规则还须印刻上对权利、责任与争议的可循性，以让商业人士及其法律顾问知道怎样在草拟与谈判时考虑交易风

---

① 以仲裁程序的随机性为例。1996 年以前英国法律规定仲裁应以"对抗制"进行，而根据 1996 年生效的《英国仲裁法》第 34 条规定，仲裁程序已完全放开，目的是让仲裁员能够在当事人同意下拥有更多主导权，即"对抗制""询问制"或"混合制"均可。缘于国际仲裁的惯常做法，又考虑到国际仲裁涉及不同法系当事人的特点，《联合国示范法》（UNTITRAL Model Law）第 19 条早已认可放开仲裁程序的做法，更为深刻的意义是，对于具有专业知识的仲裁员而言，只有在仲裁程序允准一定程度的"询问制"的做法，仲裁员才能主动去向双方当事人提出自己的另一种想法。

② 参见杨良宜、莫世杰、杨大明：《仲裁法：从 1996 年英国仲裁法到国际商务仲裁》，法律出版社 2006 年版，第 976—977 页。

③ 参见颜厥安：《法与实践理性》，中国政法大学出版社 2003 年版，第 148 页。

险及有所应对,比如股权转让中的付款担保、风险投保和条文表述上的谨慎注意等。针对商事仲裁来说,对合同的解释做到可循性,乃是长期无数先例累积而成的特定游戏规则,它们也只能做到可循性,而不应一味仿照法院那样做到无可挑剔的肯定性。恰是这一区别对商事仲裁具有重要意义,否则商事仲裁时刻像个"第二法院"那样以坚守法律适用的肯定性为第一要务,就会大为削弱仲裁的优势及其赋予商法适用的灵活性。

诚然让商事仲裁解释合同具有可循性的优选方案,还是根据文字和措辞给予客观和一般性解释。正如本案中股权转让方长投公司认为,股权转让协议约定的许多付款条件系要求目标公司完成,但此时已由受让方绿城公司而非出让方实际控制,因此约定继续让出让方申请权证、解除加油站经营合同和清理用工超编,不符合相关法律规定而应认定无效。不过这一观点虽然表面上公平合理,可从另一角度分析结论完全相反。因为可能会出现受让方基于交易信息不对称、履约环境不熟悉、决策有限理性等原因,过度承担股权转让约定对价之外的额外成本而产生极大损失的情况,本案中解除加油站经营合同另案历经法院两审后又申请再审均未成功,以及受让方基于转让方怠于履行义务而不得不承担起清理用工超编的义务,即为明证。一旦这样,实际上就让股权转让协议失去了可循性,受让方在事先没有对上述约定有替代履行预期的情况下,约定条款被认定无效后不知道该做什么,就会导致打一场甚至几场昂贵漫长的仲裁或诉讼官司。很显然,这种情况下的仲裁员就不能僵硬地局限于以往的"文义解释"(interpretation of contact),而是需要依赖多元化路径进行公平合理的"结构解释"(construction of contact)。[①] 简单地说,就是找出双方以文字所表达的订约意图、所能享有的权利、作出过的承诺与所要承担的责任。正是基于这一考虑,上述案件中的仲裁庭认为,"推定合同的每一条款具有的意思与意义并且不违法,这是还原双方当事人订立合同当初之目的方式,当初双方肯定不是希望将无意义的条款或违法的条款加入到合同中"。可以说,这种还原订约意图的正当性认定,不仅恢复了股权转让协议的可循性,而且正是商事仲裁特定的内部解释合约的一个主要规则。[②]

其实道理很简单,许多商事仲裁案件中的当事人从事交易时会普遍认为,即使由律师参与或草拟的协议早已假设文字具有法律的定义,也仍然难以摆脱涉及交易因素的不确定性,纠缠于合约文字无休止的分歧、条款之间陷入的循环论证以及可循性理由的无穷倒退等极为复杂的因素,客观上会对交易过程产生潜移默化的影响。所以,通常情况下如果不是最终依照"明希豪森方式"那样依赖于某个特殊理由来武断结束论证的链条,则终究不能走出困境而致使商业交易或谈判本身失去意义。[③] 因此,商事仲裁独有的大尺度柔韧性使得仲裁员可以也应当尽

---

① "construction"是仲裁员全面作出的解释,包括订约时的背景、口头约定、合约变更及默示条文等对该合同明示条文的增加,也包括了"interpretation"。

② 参见杨良宜:《合约的解释》,法律出版社 2007 年版,第 181 页。

③ "明希豪森三重困境"的提出说明了一件事情,即我们传统认为知识的"确定性"上出现了断裂。它包括以下含义:(1) 无限倒退(无穷地递归)。即 A 命题需要 B 命题支持和证明,B 命题又需要 C 命题支持,C 命题需要 D 命题支持,无限后退。由于理论上任何运动的东西都需要被另一个东西推动,这种论证方式的确定性需要建立在一个能够证明其他命题而本身又是不证自明的公理之上,而在人文社会领域这种不证自明的命题又不存在,所以,必然陷入一种无限倒退的境地,以至无法确立任何论证的根基。(2) 循环论证。即用 B 证明 A,用 C 证明 B,用 A 证明 C,命题之间互相证明。(3) 武断地终止论证。在论证过程中,将某个特殊的理由和依据(如某个教条、道德或宗教信条等)作为不证自明的东西,断然地终止论证。如果不能走出这个困境,论证的说服力就会大打折扣。

量支持这种生意上的协议有效，以让协议产生“可循性”，而不是一味埋首于法律适用的“肯定性”去挑骨头，甚至只是出于不太肯定而归于无效。可以与之印证的是，“在最近的三十年，传统解释合约的做法有了很大改变。这倒不是解释合约要考虑什么有了改变，而主要是在侧重点方面有所转移。这就是现在的侧重点是在订约时的背景/语境与合约的本质等方面，比文书合约中的条文/文字更加重要……另外传统做法必须是条文/文字有了含糊才接受外来证据，但现在即使是条文/文字毫不含糊，也要考虑背景/语境与合约的本质”。①

以上的商业协议可循性论证，使得商事仲裁即使面对非疑难案件，也能更为灵活地根据订约背景/语境，直接运用目的解释以及衡量解释、体系解释等结构解释的方法。这一独特方法甚至已被直接冠之以“商业解释”，其目标就是尽量令协议有效而不是无效。

（三）第二个争议焦点的法解释学分析

对于第二个焦点，因两起案件的股权转让协议系争条款均明确规定了债务履行的先后顺序，双方应依约适当履行。第一次仲裁庭依此支持了作为股权受让方的被申请人绿城公司第（1）—（4）项观点，而对于第（5）项支持了申请人长投公司的请求。

针对 1 500 万连接支线的补偿款问题，两次仲裁中的解释有一个递进过程。在第一次仲裁的裁决中，仲裁庭认为“虽然申请人辩称该笔费用不应属于法律意义上的补偿款，但在申请人不愿意支付该笔费用，而政府又发函催讨的情况下，此种状态属于股权转让协议约定的尚未与政府部门达成一致意见，补偿费用数额也尚未确定的情形”。仲裁庭进而认定“申请人并未完全履行其义务，被申请人享有先履行抗辩权，有权暂扣 1 500 万元费用”。这里，仲裁庭排除了双方约定向政府缴纳补偿费在债法中的法律地位认定，实际上是以潜在方式认为政府提出的就连接支线进行补偿已是一种商业惯例，暗含了商事习惯做法上不言自明的默示地位，更何况本案中又有股权转让协议专门针对此的付款条件约定，以及之后长投公司要求绿城公司实际支付 100 万元补偿费的事实加以佐证。

可以说，仲裁庭在此援用了另一个重要并经常遇到的极为独特的商事仲裁解释规则，即“凭借清晰的文字去排除对法律地位的认定”。通常，法律地位被视为公平合理，但当商业协议约定的事情与之相悖时，只要不违背作为“禁区”的法律强制性规定，仲裁员就可以根据对商业惯例的判断，适当排除对法律地位的认定。当然，约定与法相悖而越不合理的事情，就要阐释得越清楚且只能有一种说得过去的解释，而不能滥用这种商事仲裁上的独特方法论去恣意妄为。

面对同一问题，第二次仲裁裁决中涉及 C 连接支线补偿金的分析比较精彩：一是将连接支线已正式列入平阳高速建设和验收范围作为补偿费纳入本案处理的标志，以此排除了未在此范围内的 C 线；二是对 C 线补偿金数额上的争议，已向政府缴纳的款项到底是已全部付完，抑或停工不再建设，还是有待商定后继续支付，存在多种可能；三是鉴于以上两点，认定绿城公司不能以一个不确定状态暂扣股权转让价款，但又不妨碍待补偿金确认后绿城公司另行主张。对于 C 线未纳入平阳高速建设范围，第一次仲裁就已知晓而未予认定，相隔两年后第二次仲裁又何以作了“悬挂”认定而让绿城公司支付转让对价呢？仲裁庭的履约认定关键在于：本案中包括 A、B 两条连接支线在内的平阳高速已作为一个整体通过竣工验收，建设依据和验收范围

① 杨良宜：《合约的解释》，法律出版社 2007 年版，第 181 页。

并未包含C线;同时也并无证据表明,C线的补偿金协议已经签署或必然会签署;另外即便是面对C线的前期付款,也存在多种解释可能。所以,最终认定绿城公司无权继续暂扣款项入情合理。

比较复杂的商业协议往往未约定所有承诺/责任的履约标准①、履约时间②、履约对价③,因此商事仲裁更为灵活运用商业习惯上涉及合理标准、时间和对价的默示这一方法论上的特定解释规则,变得尤为重要。此时的仲裁员只能根据当事人已达成的协议条文本身与协议签订及履行时的背景和环境,默示认定该协议的履行标准、时间和对价。当然这会带来相当的不确定性,毕竟即使是亲自签约的协议各方对什么是"合理性"的理解,也时常会有出入,付诸仲裁后更是如此;让仲裁员进行裁决又须经过一个昂贵与缓慢的过程,正如本案只有事隔数年后,认定条件逐步成熟才能作出相对合理的判断;加上即使违反了支付的合理时间约定,法律的救济也只会是利息的损失。所以,对一些重要的履约标准、时间和对价,以商业上的默示方式对待并不理想。

两次仲裁都涉及以目标公司竣工验收作为股权受让方绿城公司支付相应价款的前设条件及先履行抗辩权的恰当行使条件。一方面,第一次仲裁庭采纳了绿城公司提出的竣工验收未完成时,可以拒付约定的相应价款的理由;另一方面,当竣工验收完成后,第二次仲裁庭又不赞同绿城公司把拒付理由扩展到连接支线补偿款尚有缺口(即使这一事实能够成立)这一事项。可以说仲裁庭对于协议中的这一约定,只是简单以竣工验收时间作为付款符号,而不去判断长投公司在竣工验收中是否已尽义务,符合商事仲裁的特定方法论。因为协议中约定的这一付款条件是要求目标公司完成一定事项,而此时已由受让方而非转让方实际控制目标公司,所以被要求的转让方长投公司协助或合作已并不是该协议履行下所必须,商事仲裁也就不应强行要求一定这样做,只是依照协议双方约定的付款符号作出简单的判断即可。正是基于这一倾向,第二次仲裁庭不允许在竣工验收的付款符号出现后,绿城公司又扩展到另一事项行使所谓"先履行抗辩乃至不安抗辩权"。

现实的合同约定和履行中,双方必须给予协助或合作以让对方顺利履约的情形时有发生。法院通常会根据约定或合理性,适用法律规定的顺序履行抗辩权,即后履行一方可一时中止自己债务的履行,对抗先履行一方的履行请求,以此保护自己的期限利益、顺序利益;在先履行一方采取了补救措施、变违约为适当履行的情况下,顺序履行抗辩权消失,后履行一方须履行其债务。然而,商事仲裁面对这种情形判断先履行抗辩权是否存在的程度会有所不同。除非协议详尽约定先履行一方的义务,否则应判断这一协助或合作义务是否是该合约的履行所"必

① 比如,货物买卖中默示卖方出售的货物之上应没有债务与抵押;制造合同中默示被制造的商品应合理符合其用途;食药化妆品的产品保质期默示的是开封后实际使用的时间;等等。

② 比如,信用证是国际货物买卖支付的主要凭证。对买方必须开出信用证的期限,通常买卖合同都会有明示条文规定,如约定在买卖合同达成后的7日或14日不等。但如果双方没有在合同中明示约定开出信用证的期限,商法就必须作出默示的期限,例如CIF/CFR买卖合同中总会有一段付运期,买方应在付运期之前开妥信用证,毕竟何时付运是卖方的选择,此时买方提出只在卖方付运后要去结汇时才开妥,就是不符合商业惯例的行为。

③ 比如,保单就常会有规定保费是稍后约定(premium to be arranged)或救助合约的救助奖金是要由仲裁员来决定。当然,这并不影响已发生效力的保单或救助合约,只是保费要根据合理价格确定,除非双方能稍后同意。

需”(necessary),①只有在必须的情况下先履行抗辩权才能成立,所以光靠合理不合理的判断是不足够的。

其实,除了该案件的“约定付款符号式”情形,实际中还会经常遇到甚至没有约定但需要对方合作才能履行的情形。这种要求多种多样,包括金钱上加价或减价,或是提供一些文件或资料,或是延误一方要求对方合作去延长销约期或其他期限,甚至是做合约未要求或与合约不符的事情等。被要求的一方往往对自己的法律地位不了解(如可否拒绝),加上怕事或一厢情愿地去合作,就会贸然答应,但事后又反悔而造成可能违约或毁约。这样,商事仲裁方法很重要的一点,就是上述被要求的一方应了解对方提供的协助或合作要求,是否为该协议履行下所必须。

参考文献:

1. 颜厥安:《法与实践理性》,中国政法大学出版社2003年版。

2. 杨良宜:《合约的解释》,法律出版社2007年版。

3. 杨良宜、莫世杰、杨大明:《仲裁法:从1996年英国仲裁法到国际商务仲裁》,法律出版社2006年版。

上海交通大学智慧法院研究院

杨 力

① 例如一起油脂买卖的案件,由于买方没有准时开出准确的信用证,结果买卖合约被卖方取消。买方声称卖方有一个法律责任协助买方去完成信用证的条文与解决问题,因为在该案中的买卖合约有许多不明朗的地方,比如有关信用证的最后有效期。买方也声称这种协助/合作在国际贸易是十分普遍的做法,并提供专家意见。但裁决者拒绝默示卖方需要协助买方开出信用证,认为没有这个必须性,而且默示这种责任会带来严重的后果。参见 *Siporex Trade S.A. v. Banque Indosuez*, (1986) 2 Lloyd's Rep.146.

第十一章　中国社会主义法与民主政治

第一节　法与民主政治的一般关系

45. 法治是民主的保障
——改革不能以牺牲法治推进民主

智利的阿连德改革[1]

一、事例概要

（一）阿连德改革的背景

1818年智利独立，至今已有200多年的历史。到1970年阿连德（Salvador Allende）上台之时，智利无论从民主水平还是从法治水平看，都堪称表率，被称为“南美的英格兰”。过去的200多年中，智利有过两次巨大历史断裂，一次是1891年由议会与总统斗争演变成的内战，另一次也是议会与总统之间的斗争，即1973年由阿连德政府改革引发的政变。

1833年智利宪法是智利进入法治化轨道的标志。该宪法规定，总统由间接选举产生，并有权选择内阁成员。总统任期5年，不超过两届。普列托政府（1831—1841）、布尔内斯政府（1841—1851）、蒙特政府（1851—1861）、佩雷斯政府（1861—1871）相续40年，智利社会政治稳定。1871年，为限制总统权力，1833年宪法第一次修正，限制总统任期为一届，使得总统与议会权力接近平衡。之后，埃拉苏兰斯政府（1871—1876）、平托政府（1876—1881）、圣马里亚政府（1881—1886）、巴尔马塞达政府（1886—1891）相续共20年，亦相对稳定。1891年，智利激进派要求选举自由和真实民主，反对政府操控民意与干预选举，引发了议会与总统之争。海军司令支持议会，并将议会绝大多数议员接到海军舰艇，逃亡智利北方。双方厉兵秣马、决战一年，死亡10 000余人，最后议会军取得胜利，总统巴尔马塞达（Balmaceda）逃亡至阿根廷驻智利大使馆举枪自杀。之后，智利进入了议会制时代。也就是在这个转型时期，随着矿业和工业的发展，劳工等社会问题日渐突出，迫切需要一个强大的中央政府，而受控于议会的内阁软弱无力，更换频仍，从1891年到1915年的24年里，共更换了60届。社会需求与宪政制度之间存在深刻冲突，最后催生了1925年智利宪法。这部宪法增强了总统的权力，使智利又进入了总统制时代，至今仍然有效。

---

[1] 夏立安、周文章：《智利阿连德改革失败探因：基于财产权的视角》，载《拉丁美洲研究》2021年第5期。

1970年,智利大选,参加大选的三位候选人均未过半数,其中人民阵线的候选人阿连德获得了36.2%的选票,得票最多。根据智利宪法,总统将由议会在获得最高票的前两位候选人中选出。在基督教民主党的支持下,阿连德被推举为总统。虽然阿连德当选为总统,但是留下了两个潜在问题:一是他的当选仅仅获得了三分之一强的选民支持,其民主基础十分薄弱;二是基督教民主党支持其获胜的交换条件是同意一项宪法修正案——“民主保障修正案”,承诺坚守民主、不破坏法治。事实证明,阿连德改革的未来走势均与这两个问题有关。

(二) 阿连德改革的过程

阿连德(1908—1973)出生于智利一个中产阶级家庭,本科专业是医学,于1932年获得了智利大学的医学博士学位。1933年,他参加创立了智利社会党,并慢慢成长为一位忠诚于社会主义事业的坚强战士。他曾四次参加总统竞选,愈挫愈勇,最终于1970年当选。这是世界上第一个通过竞选上台的社会主义政权。

前有所述,阿连德是以三分之一强的选票上台的,这就意味着上台后,在议会中很难获得多数支持,而要获得多数支持,就要放弃马克思主义的许多激进主张。受制于党内激进派的压力,阿连德决定通过政府的亲民举措,在实践中提升民众的支持率,从而最终获得议会多数的支持。一方面,阿连德政府选择了赤字财政政策,增加公共开支,向社会下层倾斜分配,从而在短期内使社会下层收入提高了40%。另一方面,阿连德通过国会修改宪法,对美国公司控制的铜矿加以国有化,从而提升智利民众的收入水平。但是要对更多的外国公司或本国私人公司进行征收,必须走法律程序、经过议会的批准,这对于只有三成多民众基础的阿连德政府来说,几乎没有可能性。若绕开议会的批准,又造成对民主的破坏,并引发与议会更为激烈的斗争。而没有更大范围的征收,就很难开展财富的再分配,也就很难获得民众的支持,阿连德力图实现议会多数支持的愿望就会落空。

为了绕开议会,阿连德的法律顾问爱德华多·诺瓦(Eduardo Novaa)提出,1932年智利“社会主义共和国”虽然历时不到两周,但是那时的两部“僵尸法律”值得激活:一是其第520号法令,这条法令规定,企业如出现价格投机、囤积居奇、中断生产,或财产使用不当之时,政府可以对之进行行政征用;二是其第626号法令,即劳动法,这部法律规定,在企业生产异常的情况下,政府可以公共利益为由,暂时占有其私有产品和货物。正是这些法律漏洞,使得阿连德政府既绕开了议会的必经法律程序,又为没收企业财产、占领工厂、分配私有土地提供了法律依据。有了这些法律依据,阿连德政府从两条战线展开了激进的改革:一是没收私营企业、接管私营企业;二是将40公顷以上的大地产主的土地收归社会所有。这些激进改革引发了议会的强烈反对,国会先后弹劾了阿连德政府的多位部长,从而使得政府与议会的关系雪上加霜。

除了与议会打得不可开交外,阿连德政府还与最高法院有激烈的冲突。冲突的起因既与土地征收案件有关,也与接管企业案件有关。对于这些诉讼,尽管受害者进行了艰难的诉讼,法院也作出了艰难的裁判,但是这些司法判决的执行要依赖政府,由于政府拒绝执行这些司法判决,导致了最高法院与政府的紧张与冲突。在政府屡次拒绝执行司法裁判期间,最高法院院长也多次向阿连德发出公函,对政府这类行为进行谴责,其中1973年5月最高院的公函中这样写道:“所有这些不再意味着简单的法治危机,正如我们以前给您的公函中所表明的,这是一场不容置疑的即将到来的国家合法性的崩溃。”

除了与议会和法院的冲突,阿连德政府的经济政策在经历了上台之初的小阳春之后,到

1972年中期遭遇冰雪。政府的赤字财政和补贴民生的政策，导致了外汇枯竭、通货膨胀、生产下降、生活成本提升。到9月，生活成本增加了99.8%，通货膨胀达到了200%。糟糕的经济政策，不只洗劫了中产阶级，还导致无产阶级的分裂，阿连德政权的民众支持不增反降。1972年10月，智利卡车司机开始罢工，持续了一个月，并蔓延到全国。到1973年，智利政治和社会形势更加严峻。6月，发生了一次未遂政变，阿连德政权的悲剧由此拉开序幕。7月，随着形势的紧张，阿连德政府占领工厂的步伐加快，外资撤出加快，生产效率急剧下降，卡车司机罢工浪潮不断。

阿连德政府的工业产权、金融产权改革，剥夺了大量的本国、外国企业的财产，将其推向了政府的对立面；国有化之后，糟糕的经营也并未给中产阶级与无产阶级带来实质利益，其摇摆不定的经济政策使支持改革的群众最终分崩离析。在这场浩大的财产权国有化和社会化改革中，国内外资本家、中产阶级、无产阶级乃至阿连德政府均没有得到自己想要的东西。

1973年9月11日，军人走出军营，围攻了总统府，阿连德拒绝向叛军投降，他选择了用古巴第一任最高领导人卡斯特罗（Fidel Castro）赠给他的那只手枪自杀。得知阿连德殉职后，其好友智利诺贝尔文学奖获得者、诗人聂鲁达（Pablo Neruda）在悲愤中心脏病复发，含恨离世。此后，智利历史进入了长达16年的军人独裁时期，以皮诺切特为首的军人委员会控制了智利政治，这是智利历史上最黑暗的时期。1991年，智利"纪念失踪者和被处决者基金会"在智利中央公墓树立了一座纪念碑，用碑文控诉了皮诺切特政权的罪行：被枪毙者1 395人，失踪者1 044人，总共2 439人。

二、法理评析

阿连德改革的失败留下了深刻的教训，令人深思。仅从法治与民主关系的视角看，改革以牺牲法治来推进民主，无异于拆了东墙补西墙。反之亦然。

首先，阿连德改革对法治造成了破坏。这场改革口头上是和平的，实践中是暴力的；形式上是合法的，实质上是违法的。智利有百年的民主传统，选择和平改革，通过法律的废改，渐次推进改革，几乎是智利除了社会党之外所有政党的要求，也符合广大民众的利益。但是阿连德政府却利用"法律漏洞"，激活了1932年智利"社会主义共和国"的法律，走向了一条激进变革之路。1932年6月，马尔马杜克·格罗韦（Marmaduke Grove）建立的"社会主义共和国"仅存续了短短12天，其颁布的法律事实上随着格罗韦倒台而名存实亡。阿连德与格罗韦有密切交往，其社会主义思想有一部分来自后者，1969年竞选宣言有大量格罗韦的思想成分。因此，激活格罗韦时期的法律也算有迹可循。但问题是，这些法律在格罗韦被推翻之时就已经不再适用。如果承认这些法律仍然具有法律属性，就意味着1970年后的智利仍然受到1932年的法律约束，而且受一部实践中早已不存在的法律的约束，岂不荒唐。

其次，这场改革不仅以违法方式加以推进，而且在与议会民主对抗中进行。众所周知，除了生命、自由之外，财产是任何国家法律都加以保留的事项，没有议会的法律，任何政府和个人都不可以侵犯他人的财产权。阿连德政府依靠40年前的"僵尸法律"、绕开议会的各种财产征收活动，是对议会民主的巨大挑战，最后的结局只能是头破血流。阿连德改革力图将私有制转变为集体所有制和国有制，从而消灭私有制下的阶级剥削和财富不公，无疑是值得肯定的。但是这场改革在社会性的道路上走得实在太远了，以至于它严重伤害了财产的私有性，最终又使得社会性乃至社会主义的追求化为泡影。财产是一切社会关系的基础。财产首先是私人的，然后才有社会性可言，财产的社会性是附着于个体性上的。财产越多，对社会义务就越多。财产一旦脱离了个体所有，社会性就没有了依托。财产私有是正当的，财产国有也是正当的，但是危害乃至消灭私有的国有是一条不归之路，人类在这方面的教训太多了。

总之，智利从“南美英格兰”走向了军人独裁之路，其教训是显而易见的。这就是，一个政权无论有多宏大的梦想，都要面对历史与现实，既不能通过破坏法治来推进民主，也不能靠损害民主来推进法治，更不能靠同时破坏民主与法治，来实现其乌托邦的梦想。不知道阿连德在举起手枪之时，认识到其治国之道的错误了吗？如果阿连德获得的不是医学博士学位，而是法学博士学位，其改革的结局又该如何呢？

“法治”与“民主”是现代国家政治制度的两个关键词。民主保障公民能够享有充分的权利，能够依据反映自己意志的规则生活，能够选择自己满意的公职人员从事公共事务。然而，正如阿连德改革失败的教训所示，如果没有法治的规范和保障，民主的价值会被破坏，抑或所谓的民主还会产生“多数人的暴政”。法治崇尚理性，能够约束民主进程中的行为，法治所追求的平等、正义、自由等价值也是民主所追求的价值。

近现代法治发展史表明，法治与民主有内在的联系和共生性。本质上，作为一种国家制度，民主需要通过法治来体现和保障，必须经由法治来加以确认和巩固。民主不是独立于法治之外的政治运作，而是通过法治实现和运作的一种制度体系或制度结构。法治既是民主的存在形式，也是民主的实现条件。没有法治，民主就无法制度化法律化，民主就只能是一种理想，甚至是以民主之名却让民主被随意践踏。

参考文献：

1. 夏立安、周文章:《智利阿连德改革失败探因：基于财产权的视角》，载《拉丁美洲研究》2021 年第 5 期。

2. Jose Maria Maravall, Adam Przeworski, eds., *Democracy and the Rule of Law*, Cambridge University Press, 2003.

浙江大学光华法学院
夏立安

第二节 中国的民主政治制度是符合国情的选择

46. 社会稳定是社会主义民主政治发展的重要条件
——民主政治的边界

社会公共事件应对的法治保障

一、 事例概要

社会公共事件，一般是指引起传媒和民众高度关注的敏感事件。从外部诱因分析，当前我国公共事件的诱因，以代际断裂和认同错位为典型：一方面，传统与现代的代际断裂造成了缺乏有机联系的几个时代成分并存，有时会因互相难以理解而引发社会公共事件；另一方面，多元群体之间的认同错位造成了行动的分野，事实表明，社会风险压力越是增大，采取行动的群体就越是活跃，他们会在共同压力下采取一致行动直至变成公共事件。

不过仅仅是外部诱因，还难以引起较大规模的社会公共事件。社会公共事件导火线可能是社会转型中难免出现的一些新问题。

其一，制度运作的低效。公共事件中的受害人存在对执行法律规则的抵触心理，这可能是制度运作的低效造成的。比如，群体性的公共性事件纠纷原本可以通过群体诉讼、示范诉讼等方式一次性高效解决，但现实中可能是每一个当事人被单独列成诉讼主体，导致一个案件被分解成几十、上百甚至成千上万的独立个案，让作为受害人的原告的诉讼成本、胜诉难度等大幅度提高。面对强势的被告，相对弱势一方往往不得不借助传媒、上访等非正式控制力量构造公共话语空间，通过社会总动员来恢复力量失衡。

其二，制度运作的胜算很低。受害人通常只有认为自己会赢时才会寻求司法救济，一旦认为制度运作的胜算很低，就会逆向选择其他的纠纷解决方式。所以，本来那些受害人自己无法解决的案件应由司法加以解决，但逆向效应导致司法功能的范围变得有限，使现实中司法在适当场合反而不能发挥应有作用。

面对社会公共事件，“息事”和“摆平”往往成为关键词。人们习惯于指望政府出面解决，却较少有人期待寻找解决问题的法治之道。其实，至少对于公共权力而言，应对处理公共事件的关键除了定分止争，还同时涉及坚守法律的理性决策思维，在程序上保证纠纷处理的正当性，以及作为最后一道防线的司法机构坚守不受外界干扰的底线。

二、 法理评析

（一）社会主义民主政治的一条戒律

社会主义民主政治有一条戒律：除非有紧急状态等极为特殊或充分的理由，否则不能轻易冒犯既定的、有拘束力的法律。不然法律会从根本上失去意义，社会稳定的大厦之基必然会轰然倒塌。换言之,以法治为保障的社会稳定是实现社会主义民主政治的基石。

民主行使的边界是以法治为保障的社会稳定。这里的法治保障在公共事件中最核心的就是如何作出法律的理性决策。从严格逻辑上讲,无非取决于两条进路:(1)恪守形式主义,亦即以法条和推理为轴线,保证稳定的法律预测功能得以实现。不过,不仅法的空缺结构会降低法律的预测功能,而且面对现代风险社会的复杂性,形式主义难以把法律论证建立在一般原则或者合理的后果论辩基础之上,进而限制了从实质上作出决策的空间。(2)恪守问题导向的机会主义,就是强调法律的理性决策应以问题为中心,只要有利于问题的解决,法律规则可以只是作为被选择的对象。毫无疑问,这种做法不仅会造成法律的耗散及权威的降低,而且使许多法外规则被连根拔起,失去滋养的根基。

目前,机械地恪守形式主义者不多,不过机会主义的制度风险尚未被充分认识。表象上,法律之外的规则不完全有效,法律之内的规则也不完全无效,整个社会似乎处于"制度稳定"中。然而,当法律内外的两套规则体系都不是完全有效也不是完全无效时,处于这种混合状态的社会主体其实既不是完全遵守法律规则,也不是完全放弃法律规则,而是更多以问题为中心,趋利避害地根据具体情势来权衡和切换两套规则体系。由于现实情势并不总能判断准确,结果是包括执法者和当事人在内,除了被塑造成机会主义者,又被放在了独特的"制度风险"中。显然,不是一味因循以问题导向的机会主义,而是恪守前文述及的社会主义民主政治强调的制定法语境下那条戒律,必然需要发挥举足轻重的基石作用。

（二）戒律的司法实践启迪

长久以来制度化的行政审批惯性,使得应对社会公共事件的决策方案往往需经过逐级审批,才有可能作出和实施。尚且不论即便是启动应急预案,"层层审批"也有可能会因难以避免的指令流转时间而错过处理事件的最佳时机,更重要的是,上层决策者往往远离现实情境,一般以单纯的息事为思维起点和归宿,上文所提到制定法的那条戒律恐难进入他们的视野成为事件决策的主导思维。于是,处理手段的单一化、处理方式的强制性以及处理方案的随意性,都极易激起人们的不安定感和愤懑的情绪,反而让事态难以平息。

因此,为了修复风险社会的异常化,公共事件应对中的法律决策,应倾向于规则与机会之间的斡旋,不应只是以问题为中心的简单判断。近年来社会公共事件的司法应对处理,取得了长足进步,给我们三个方面的启示:(1)法律理性决策虽抛不开地方知识的效用,但是更加主张法治化的规则治理。所以,一旦遇到法律内外的两套规则,决策方向就不应是简单的局部权力关系重建,而是应具有超越地域的普遍性。(2)法律决策虽不否认各方利益的平衡,但是更加强调以权利义务为轴的比较和权衡。这样论证过程就不是运用模糊语言,一味谋求后果是非之间的平衡,而是从权利义务进路作出决断。(3)法律决策不反对过程的分寸感、操作感和直觉,寻求让各方接受的纠纷解决方式,仍可坚守司法的本质,绝不排斥合法性考量。毕竟论证的结论并不是纯粹的智力成果,它总依赖一系列的权力机制,而法律规范效力和裁判拘束力都有这样的权力强制性。

参考文献:

1. 季卫东、杨力编著:《大城市治理的主要风险及其法律应对》,社会科学文献出版社 2018

年版。

2. [德]乌尔里希·贝克:《风险社会》,何博闻译,译林出版社2004年版。

上海交通大学智慧法院研究院
杨　力

第三节　发展社会主义民主，建设社会主义政治文明

47. 推进社会主义政治文明建设
——司法金字塔顶尖决策的经济和社会考量

农村土地流转问题①

一、 事例概要

村社调地是否有效是当前农村土地流转问题中较为集中的争论。最高人民法院因村社调地不利于基本农田保护，且不少地方存在盲目推行退耕还林或者规模化经营等农村产业结构调整的问题，提出农民通过家庭承包方式依法取得的土地承包经营权作为安身立命之本，其权利性质属于物权，违法收回、调整承包地是对物权的侵害，承包人有权基于物权人的地位寻求法律保护，要求返还承包地。所以颁布的司法解释明确规定，不论侵权人将该承包地与他人另行建立合同关系与否，承包人要求返回承包地的，均应予以支持。但是，村社调地不仅有为实现所在集体的整体利益最大化而优化配置资源的合理一面，存在为实现村社资源共享而限制分化的集体自觉，更加有极其深刻复杂的社会背景。依据中国农村集体共享的惯例，比较土地和人力这两种资源的相对价值，后者能够增益的价值较低，因此在社会规则形成上，对土地的保护自然就会优先于对人力及个人权利的保护。正是历史惯性导致相当多数中国农民的生存更多依赖土地而不是权利交换所产生的价值，所以包括村社调地在内的生存措施倾向于实现集体土地的增值收益，而不是保护个人权利。基于此，村民通常认为人力资源的差异可以忽略不计，关涉土地的权利分配应当均等才是关键。换句话说，村庄内部全体成员都有权利依靠本村的土地资源生活，当承包人的土地财产扩张不符合农民认为均等的集体利益时，即使土地承包的物权合法移转，村社也有义务通过调地保障哪怕并不合乎法律的民间公正观实现。此外，集体土地定期调整之所以得到相当的认可，还在于不断地经由其他相关制度得到强化。事实上，这些制度的作用是在巩固村社整体控制权。目前实行分配和收缴的整体单位计算制，必定使村社专门从事这项工作，从而造就一个“全权性秩序”。如果农户的个人主义行为挑战了集体权利，很容易经由这些方面受到惩罚。这些就是为何即使村社调地与物权属性的土地个体支配权发展相抵触，仍存在强大的社会支持力量的深层原因。显然，最高人民法院在今后继续作出相应的重大政治决策时，必须对此加以全面的考量，而不能简单停留于现有表象的某些因素。

类似情形还包括，涉农司法解释或指导意见中有关未经发包方同意的土地承包经营权转让效力、以土地承包经营权设定抵押的效力认定，以及返乡农民工因土地承包经营权流转费用

① 参见杨力：《最高法院的政治决策过程——以中国农村土地流转问题为视角》，载《政法论坛》2010年第1期。

明显偏低，或返乡后流转合同期限尚未届满而引发的诉讼是否应予支持等问题。以发包方无法定理由不同意转让土地承包经营权是否有效为例，《农村土地承包法》规定，承包方转让土地承包经营权，应经发包方同意，然而，目前的司法解释明确发包方无法定理由不同意转让土地承包经营权的，不影响合同效力。针对这种抵牾，最高人民法院的公开解释是，《农村土地承包法》的立法本意，并不是要限制承包人的流转自主权，而是为了更加充分保护承包方的权益，因为土地承包经营权对农民至关重要，一旦转让，将会让其失去所有生活保障，同时，更应看到的是，不能在没有法定理由情形下干涉承包人的流转自主权。因此，最高人民法院认为这一司法解释规定实际上是运用了立法目的解释论，亦即该规定与《农村土地承包法》的立法本意是一致的。或许从国家公共政策旨在保护基本生存权的整体导向看，最高人民法院的这一政治决策无可非议。但问题在于，在当前征地所引发的大量土地流转中，许多地方的土地确权尚未完成，且一般农民的教育水平不高，信息资源等往往为强势阶层所独占，如果贸然发动大规模的土地流转而缺乏有较强集体谈判能力的发包方干预，那么农民处境将会变得极为不利。具体而言，在提高征地所得的返农比例、项目区土地置换实现集约化后的利益分配以及城市化级差地租引发利润分成的实力博弈等方面，将由于自身作为单一主体的力量薄弱，加之其在土地权益边界模糊问题上的失语，而丧失转让谈判的话语空间。这样，一些客观上不得不发生的农村土地流转很可能成为其他权利主体侵犯农民财产权利的又一轮机会，从而背离最高人民法院作出上述政治决策的初衷。

另外，即便是弃耕撂荒的承包方要求返还承包地这样贴合国家政策的问题，也不宜非此即彼地作出简单判断。由于以往税费负担沉重，农民种田收益微薄甚至亏本，弃耕撂荒承包地外出务工的现象十分普遍。此后，一系列促进农民增收的政策措施相继出台，农民的种田积极性提高，返乡要求拿回承包地的纠纷激增。最高人民法院基于这一历史背景，从维护承包人的利益出发，以《农村土地承包法》并未规定此种情形下发包方可以收回承包地为由，明确规定弃耕撂荒的承包人要求返还承包地的诉请应予支持。诚然，要求恢复承包地的农民可能相对缺乏更好的职业转变的技能、资源和机会，所以选择以耕种土地作为最基本的生存保障。但是，返乡承包人的返地诉请是否一律应予支持，颇为值得商榷。姑且不论新的承包关系的承包人因这种并非预期的土地返还可能遭受的损失，弃耕撂荒土地返还的司法承诺或许会让索回土地的部分投机农民并非从事耕种，而是借助城市化升值变现土地，抑或通过流转以获得丰厚的地租收入、股息房租收入而成为食利者阶层，甚至反向激励了剩余的农村劳动力倒流与沉淀，难以实现城市化进程中劳动力合理转移的国家战略目标。显然，这不是最高人民法院在作出上述弃耕撂荒地应予返还的政治决策时所预想的，却实实在在地影响着决策的广泛认同。

二、法理评析

社会主义政治文明的“人民性”，要求社会主义政治文明建设符合人民群众的意愿和需求，紧密贴合社会主义科学发展观，遵循政治文明的发展规律，这是中国人民全面发展和自由发展的政治写照。其中，农村土地流转就是关乎广大农民切身利益的重大问题。

可以说，中国本轮土地改革是一场涉及中国农村既得利益调整、主流观念改变和体制运行方式演进的深刻变革。最高人民法院正在酝酿的新一轮土地流转政策的司法化进程，需要展开更为积极的政策评估作业并保持必要的“审慎的自制”。那么，中国农村土地流转的司法政治决策究竟存在哪些问题呢？

长期以来，最高人民法院作出一项政治决策前后，都会以各种方式发布涉及重大决策的实证调查报告、颁布背景详析、种类案件数量和征求意见建议等，以彰显其所占有的“充分信息”，并借其司法的最高权威不容置疑地阐述论证决策的充分理性。但是，这种理想型的充分信息下利益最大化的决策模式也面临着挑战。一方面，供以决策的信息是不完备的，即使运用概率决策也需要考虑许多意想不到的复杂因素。比如，土地流转会给各个阶层的人造成不同影响，视土地为财富和地位象征的下层农民会认为是“别无选择”，而对土地依赖感不强的中上层农民来说可能是“最优选择”。显然，弃耕撂荒均可要求返地的规定，忽略了这种会对决策产生重要影响的阶层差异性。另一方面，决策过程中的信息是不对称的，参与决策的各方可以通过策略使用信息实现自己的利益。最高人民法院在关于司法解释工作的规定中确立的“公民动议司法解释立项”及“公开征求意见”机制提供了这种可能性。① 事实上，私营企业为征地通常会被村社过度附加失地农民的安置负担，而产生在司法解释制定过程中的游说动机；当土地权益边界的模糊成为地方政府、村社、村民小组甚至地方家族势力争夺利益的借口时，非对称信息下的相互博弈也可能使得作出的决策无法满足多元化的现实需要。

可见，信息是策略而非中立的，信息量的增加并不意味着决策质量的提高。最高人民法院不能假设自己是一个完备的知识制造者，而应当学会从“法政策学”的视角展开必要的政策评估。政策评估的目的，不仅在于分析比较各种不同的决策方案并指出每个方案的优势和缺陷，而且还在于从法律与社会的横断交叉面，判断既定政策实施后是否会产生预期政策效果及产生哪些效果，还存在哪些问题及问题是如何产生的，并如何解决这些问题。

接下来的讨论是，政策评估的理论基础是什么，以及如何展开这一过程？“垃圾箱决策理论”可以提供合理解释的通道。归纳而言，其要义有三：(1) 决策的投入取决于许多变动不居的过程和因素，就像垃圾箱的“内容”是由许多行人和街道动态过程决定的。而由于组织注意力有限，决策过程可能同时面临不同的机制、流动的参与者，决策结果也会就此产生差异。(2) 总体而言，决策过程的启动机制包括问题导向和答案导向两种。前者是出现不满意状态时产生的，“不同的问题”在决策过程中出现和流动；而后者是得到新的手段、技术或认识角度后便未雨绸缪，有意识地使用它们来寻找和解决问题，决策过程中流动与逗留的是“不同的解决方案”。分类意义在于，作为决策产生的稀缺资源，组织注意力的效用有所不同：问题导向有助于提高决策者的高度注意力，但急于解决问题的时间压力会影响决策质量；答案导向更多是“模仿机制”发生作用，即缺少时间压力的组织注意力会转向从其他制度环境中逐渐学习和寻找答案，可这些答案常为某些部门的利益所驱使。(3) 无论何种启动机制，决策的结果都很难做到面对恰当的问题和时逢合适的参与者，并能够适时顺势地在决策机会中找到恰当的解决方案。在大多情况下是“忽略问题的决策”，即解决方案已作出，却与原来问题没有关系；或者是“与问题无关的决策”，亦即问题与解决方案互动时无法决策，后来问题转移却采纳了原来的方案。这些意味着，决策过程往往受到复杂因素的影响而偏离理性模式规定的轨道。

概言之，最高人民法院的政策评估应当动态地认识决策过程中的参与人员情况、迥异的决策机制、适时的决策机会及其相互间的搭配、协调效用。基于该理论，最高人民法院关于土地

---

① 参见《最高人民法院关于司法解释工作的规定》第 10、17 条。

流转中的许多政治决策难点问题可以得到合理的解释。

比如，村社调地无效的解释较难获得认同，乃至成为当前乡村上访的主题。问题在于，决策过程中最高人民法院的注意力，只是单向性地关注实现国家主导的土地合理分配和防止过度产业化经营，而未认识到实际发生作用的另一种民间利益分配机制。农村土地流转实质上是一个农村各阶层之间的利益再分配过程。前面述及的作为村社调地原因的集体共享惯例、权利分配均等及全权性秩序等背后所隐藏的，正是特殊乡土理念下的利益再分配机制。相当一部分的农民仍然坚持认为，土地资源相较于人力资源对产出的影响是更主要的，这种看法势必对村民有关财产、权利、分配的预期起到引导作用。如果多数农民仍不能正面评价人力资源的差异，并接受其影响的结果差异为公正，最高人民法院为实现个人权利而对村社调地所持的否定性态度就不会得到广泛的支持，旨在建立这一原则的政治决策实施也将困难重重。显然，最高人民法院缺乏对决策负荷的足够关注，没有注意到这种不同的评价机制、参与者的视角变化对决策的重要影响，未能在国家主导价值与民间利益分配机制之间形成注意力的竞争，以致作出的决策难以提供对经验、信息的充分解释。

又如，对于承包人即使未经发包方同意也能转让土地的司法解释与《农村土地承包法》所发生的冲突，作出政治决策的最高人民法院从立法目的解释的视角，提出了“承包方利益保护说”。应当承认，这是一种以保护弱者生存权为答案导向的决策机制。但整个政治决策的过程只体现为在“不同的解决方案”中作出最佳选择，而未从可能出现复杂的“不同的问题”出发加以考量。显然，没有预先的农民土地确权环节，土地流转中的农民就无法对自己的财产取得合法表达；散户与大户之间的土地供求信息不对称，实际上会大幅度增加农户的土地流转交易成本；农民相对素质较低，也可能导致土地转让没有严格履行相关手续，从而存在法律上可寻的漏洞等。这些问题对制度成败起到举足轻重的作用，对此土地流转需经发包方同意的程序装置恰恰能在很大程度上予以解决。然而，这些问题也许因尚未达到令人“不满意”状态，或者因决策者迫于时间压力而无从加以细考，所以没有引起最高人民法院的充分关注。反过来，最高人民法院最终以答案导向作出的决策，可能会被利益集团所利用，导致出现在流转后随意改变土地用途，“以租代征”“先租后征”和“农地入股”等使农村土地变相转为建设用地，以规避用地指标的现象，不仅使流转合同得不到法律保护，所谓承包方利益保护更无从谈起。

再如，弃耕撂荒返还土地的决策悖论也可借此加以解释。最高人民法院作出这一政治决策时，起码对于弃耕撂荒的原承包人与后来的新承包人之间的利益是经过认真衡量的。更何况，土地流转的积极效应也是显而易见的：从土地流出看，土地流转可以使农民得到稳定收益，摆脱土地经营的周期性束缚，长期实现远距离的空间流动，自由地转向非农职业，实现职业地位的向上流动；从土地转入看，土地流转也可使原先从事简单农业耕种的农民转变为拥有广阔农田的经营者，由原来生活空间限于本村社的农民转变为生活空间和际遇远远超越村落社会的有产者，实现社会声望的向上流动。此外，即使弃耕撂荒的部分原承包人可能由于其他职业技能的缺乏而更愿意固守土地，以免发生生活际遇倒转被推到极端边缘地位，但在出现新承包人的情况下，最佳的解决方案或许并不是让原承包人无条件拿回土地，断然废除新承包人合法建立的承包合同，而是应当寻找替代性的社会保障机制或引导农村剩余劳动力的转移。然而，处于复杂问题与多种解决方案之间摇摆不定的最高人民法院，后来直接依据了国务院的两个相关通知精神一锤定音。值得关注的是，最高人民法院所作的这项政治痕迹尤为明显的决策，已经偏离了对决策过程中原承包人本位主义转移后发生的深层问题加以思量的理性轨道。

参考文献：

1. Johan P. Olsen, "Garbage Cans, New Institutionalism, and the Study of Politics", *American Political Science Review*, 95(2002).

2. Terry M. Moe et al., "Recycling the Garbage Can: An Assessment of the Research Program", *American Political Science Review*, 95(2002).

3. James G.March and Johan P. Olsen, *Ambiguity and Choice in Organizations*, Universitetsforlaget Press, 1976.

上海交通大学智慧法院研究院

杨 力

第十二章 中国社会主义法与经济、科技、文化、社会及生态

第一节 中国社会主义法与经济

48. 社会主义法与经济建设

——农民无证收购玉米:非法经营还是建设粮食市场

王力军非法经营案①

一、案情概要

2016 年 4 月 15 日,内蒙古自治区巴彦淖尔市临河区人民法院判定该区白脑包镇永胜村农民王力军无证收购玉米,犯非法经营罪。同年 12 月 16 日,最高人民法院就此案作出再审决定,指令巴彦淖尔市中级人民法院对本案再审。2017 年 2 月 14 日,巴彦淖尔中级人民法院再审,改判王力军无罪。

巴彦淖尔(蒙古语,富饶的湖泊)是内蒙古自治区 2003 年设立的一个边陲地级市,位于河套古地。在玉米丰收季节,不少商贩在河套灌区走家串户,从农民家中收购玉米,然后转卖给粮食加工厂或国家粮库,赚取差价。本案当事人王力军,就是其中一员。从 2008 年开始,王力军在农闲时间收购玉米,并购置了农用运输车和玉米脱粒机。2015 年初,王力军与一名卖粮户发生纠纷,被举报到当地工商所。2 月 13 日,当地工商行政管理局填写了受案登记表等文件,发现王力军未办理粮食收购许可证和工商营业执照,于是将案件交给当地公安局经济侦查大队办理。警方对此案进行了调查,发现王力军未办理粮食收购许可证、未经工商行政管理机关核准登记并颁发营业执照,擅自在巴彦淖尔市临河区白脑包镇附近村组收购玉米,并将所收购的玉米卖给巴彦淖尔市粮油公司杭锦后旗蛮会分库,经营数额 218 288.6 元,非法获利 6 000 元。案发后,王力军主动到公安机关投案自首,并退缴获利 6 000 元。

警方侦查后以王力军涉嫌犯非法经营罪将案件移交检方。2016 年 2 月 2 日,内蒙古自治区巴彦淖尔市临河区人民检察院向法院提起公诉。

2016 年 4 月 15 日,内蒙古自治区巴彦淖尔市临河区人民法院认为王力军违反国家法律、行政法规规定,未经粮食主管部门许可及工商行政管理机关核准登记颁发营业执照,非法收购

① 参见最高人民法院指导案例 97 号。

玉米，非法经营数额达21万余元，数量较大，作出(2016)内0802刑初54号刑事判决：认定被告人王力军犯非法经营罪，判处有期徒刑1年，缓刑2年，并处罚金人民币2万元；被告人王力军退缴的非法获利款人民币6 000元，由侦查机关上缴国库。一审宣判后，王力军未上诉，检察机关未抗诉，判决发生法律效力。

2016年12月16日，最高人民法院就此案作出了(2016)最高法刑监6号再审决定，指令内蒙古自治区巴彦淖尔市中级人民法院对本案进行再审。最高人民法院认为，《刑法》第225条关于非法经营罪的规定中，第四项"其他严重扰乱市场秩序的非法经营行为"是在前三项规定明确列举的三类非法经营行为具体情形的基础上，规定的一个兜底性条款，在司法实践中适用该项规定应当特别慎重。相关行为需有法律、司法解释的明确规定，且要具备与前三项规定行为相当的社会危害性和刑事处罚必要性，严格避免将一般的行政违法行为当作刑事犯罪来处理。就本案而言，最高人民法院认为，王力军从粮农处收购玉米卖给粮库，没有严重扰乱市场秩序，不具有与《刑法》第225条规定的非法经营罪前三项行为相当的社会危害性，不具有刑事处罚的必要性。

2017年2月14日，内蒙古自治区巴彦淖尔市中级人民法院作出(2017)内08刑再1号刑事判决：一、撤销内蒙古自治区巴彦淖尔市临河区人民法院(2016)内0802刑初54号刑事判决；二、原审被告人王力军没有办理粮食收购许可证及工商营业执照买卖玉米的事实清楚，其行为违反了当时的国家粮食流通管理有关规定，但尚未达到严重扰乱市场秩序的危害程度，不具备与《刑法》第225条规定的非法经营罪相当的社会危害性和刑事处罚的必要性，不构成非法经营罪。原审被告人王力军无罪。

王力军非法经营玉米案，发生在内蒙古一个鲜为人知的边陲小城。在2016年一审判决之后，引起了全国媒体的广泛关注和跟踪报道，在社会上产生了很大的反响。不管国家法律和行政法规如何规定，该案例的基本事实一清二楚：农民在农忙之余，买卖玉米，赚取差价，补贴家用。普通人，平常事，竟然触犯了国家刑法。精打细算、勤劳致富的农民，竟成为"扰乱市场秩序"的刑事罪犯，被剥夺人身自由。

最高人民法院指令再审后，巴彦淖尔市中级人民法院作出改判，不仅为被告人王力军洗清了不白之冤，更为在粮食和其他市场流通领域谋生的上百万个"张力军""李力军"们提供了法律保护。以个案推动良法善治，以良法肯定和维护市场秩序，以此为例。

二、法理评析

(一) 法治是市场经济的制度保障

加快完善社会主义市场经济是当前和今后很长一个时期中国面临的重要任务。如何正确使用法律手段，推进良法善治，繁荣市场经济，维护广大人民的经济利益，是所有法律人的光荣职责和历史使命。

1. 依法行政

在现代社会，市场经济取代自然经济，每个家庭都在社会分工和市场交换中谋生，不管是生活在上海、深圳等国际大都市，还是阴山脚下的河套平原。因为社会化专业分工和市场交换释放的前所未有的创造力和伴随而生的巨大物质财富，市场经济成为世界各国人民脱贫致富的不二选择。但是，如何发展市场经济，并没有一成不变的公式。各国人民必须从实际出发，结合自身的历史条件，摸索出一条适合自己的发展道路。

运行市场经济和维护市场秩序，需要相宜的制度环境。首先，作为独立的民事主体，自然人或者法人在法律上平等，享有从事民事活动的自由，包括经济事务。其次，劳动力和生产资料物权化，成为在社会上自由流通的资产。再次，任何市场原则上对所有民事主体开放，他们享有进入或退出市场的自由。最后，市场经济需要法治政府，只有法治政府才可能满足上面三个条件。

从原则上讲，市场经济离不开高效、有限、与时俱进的政府。从实践来看，政府在依法行政过程中滥用权力，干预经济活动时有发生，使市场受到威胁甚至破坏。如何协调市场和政府的关系是一个亘古不变的大难题。中国改革开放40多年的一个重要经验是，立法治国，富民为先。如今，富民安邦，依法治国已经成为我们的治国方略。依法行政，让法律为富民服务，为长治久安服务，是时代的要求。

如何依法行政？首先，在权力面前，法律至上。政府只能在法律界定的权限内行使职权，因此法治政府一定是有限政府。其次，政府作为民事法律关系主体可以进入市场竞争，参与经济活动。但是，市场中的政府必须与一般民事主体地位同等，没有任何特权。不仅如此，政府的市场行为必须主动公开，接受监督。另外，不与民争利，是我们古老相传的治国智慧，自古以来就是政府合法性的基本考量。这个标准对于今天参与市场竞争的政府尤为重要。最后，法有善恶之分；良法善治，恶法弊政。政府因道全法，以道变法，是与时俱进的一个重要表现。

2.“无证经营”不等同于“非法经营”

本案被告人王力军无证经营是个不争的事实。但是，“无证经营”不等同于“非法经营”，二者之间的区别，可以从多个角度来看。首先，从社会认识论来看，“无证经营”和“非法经营”分属不同性质的事实判断。“无证经营”是一种“原始事实”；验证其真实性仅需要客观依据，即被告人在经营收购玉米事务前是否先向粮食主管部门申请粮食收购许可。一旦答案是否定的，“无证经营”便是既成事实。“原始事实”的真伪，较少直接涉及社会标准或行为规范，其依据是较为客观的物理事实。与之不同的是，“非法经营”是一种“社会事实”，“社会事实”的真伪取决于社会规定的标准。判断一个行为是否属于“非法经营”，取决于法律条款的规定以及法官对法律的解释。法律判决，显然属于一种特殊的“社会事实”，法律是判案的准绳。① 因此，“无证经营”和“非法经营”之间存在一条鸿沟；而这条鸿沟的大小，以及跨越它的难易程度，取决于相关法律。

其次，“非法经营罪”的具体规定出现在《中华人民共和国刑法》(2017年)第二编第三章“破坏社会主义市场经济秩序罪”、第八节“扰乱市场秩序罪”之中。这明确说明，“非法经营罪”侵犯的客体是市场经济秩序，而不是任何行政法规。而“无证经营”侵犯的客体是《粮食流通管理条例》中的相关规定，属于国家行政法规。就地位和法律效力而言，刑法远高于行政法规；就入罪的门槛而言，“非法经营”远高于“无证经营”。在法理上，“无证经营”和“非法经营”是不同性质的违法行为，二者之间的界限不能模糊。

这个重要区别也准确地反映在最高人民法院对该案作出的再审决定中。最高人民法院认为，王力军从玉米种植户收购玉米，转卖给粮库，没有严重扰乱市场秩序，不具有刑事处罚的必

---

① 关于“原始事实”和“社会事实”之间的比较，参阅 John Searle, *Construction of Social Reality*, Free Press, 1995, p. 87。

要性。根据最高人民法院的解释,除非严重扰乱市场秩序,无证经营行为不构成“非法经营”。

3. 认清市场秩序

市场经济中有两种截然不同但相互纠缠的秩序。从本质上分清它们的区别,厘清二者间的关系,是认清市场秩序的前提条件。

第一种是人为的组织秩序,为人们在日常生活中所常见。一个典型的例子是一个管理有方的公司所呈现出来的井然有序。在公司里,每一个职位的责任和权力,每一位职员的工作范围和报酬,都是由公司管理人员制定,由部门领导监督、实施的。这种秩序是人为事先设计的,依靠行政指令组织完成。在宏观层面上,这种人为秩序的代表首推德国社会学家马克斯·韦伯所说的,管理现代国家的“官僚制”或“科层制”;科层结构中的所有职位,各自的责任,都是组织设计的结果,其日常运行离不开层层相扣的行政指令。

第二种是市场秩序,它在起源和性质上与第一种秩序截然不同。从某种角度讲,人为的组织秩序是可见的;公司的章程、生产计划、行政指令都见诸文字或图表。而市场秩序,正如亚当·斯密(Adam Smith)所言,是一只“看不见的手”。市场秩序既不是人为预设的,也不是他律的,而是自发的,随着社会分工和交易,在市场中自然而生。换句话说,在公司中,员工闻令而动,秩序来自上层的指令;在市场上,“各任其自为”,秩序自发而生。自发而生的市场秩序,不仅需要市场中的主体能够自律,随心所欲而不逾矩,更需要良法善治,监督权力和保护公民的权利。

在市场经济中,社会分工和市场交换,不仅创造财富、激励创新,而且推动知识大爆炸,从而提供了让人类文明成为可能的物质基础,更为人类社会的进步提供了无止无境的前进动力。市场经济之所以活力空前,在于它一方面利用价格机制,调配物权化的资产,包括人力资本和科技知识,为广大顾客生产他们需要的产品和服务;另一方面,市场给经济主体创造了前所未有的自由空间,鼓励他们竞争,使他们享有买卖的自由、进入和退出市场的自由。竞争迫使经济主体创新,尝试新的产品、新的管理或组织方式、新的技术。创新成功的经济主体,因为产品受到顾客青睐,从而发展壮大;而产品无人问津的经济主体,被市场淘汰。

健康的市场秩序,不是机械的供求平衡,而更像一个欣欣向荣的有机生命体。健康的市场秩序需要开放的市场,经济主体可以自由地进入或退出市场。健康的市场秩序需要竞争的市场,市场竞争才能保证优胜劣汰。健康的市场秩序要求创新的市场,不断创新才能一方面满足消费者逐渐成熟的需求,另一方面为经济持续发展提供源源不断的动力。健康的市场秩序也需要公平、透明的市场规则,在市场规则的规引之下,经济主体自由竞争、追求卓越,企业家精神得到激发,为健康的市场秩序打下坚实的制度根基。

4. 什么是扰乱市场秩序行为

发现市场,使用价格机制,社会分工和市场交换,为人类社会创造了前所未有的财富和知识。但是,价格机制存在一个内在的制约,即交易费用。在市场经济中,公司和市场是不同的合约安排,但共同的目的是节省交易费用。如果交易费用过高,市场和公司都无法生存,社会分工和交换的巨大潜力不能发挥,人们就会不得不向自给自足的自然经济撤退。

在本案中,被告人无证经营收购玉米,违反了《粮食流通管理条例》有关规定。但是,从客观上讲,被告人的经营行为降低了粮食市场上的交易费用,稳定了市场秩序。被告人从分散的种植户手上购买玉米,经过简单加工后,转卖给地方粮库。因为大部分农户离粮库或粮食深加工厂距离远，也没有脱粒机，被告人带着脱粒机上门服务，当场脱粒后，把粮食运走，为玉米种植户提供了加工和运输服务，方便了种植户。而且，众多的玉米经纪人之间相互竞争，种植户可以选择最满意的经纪人，保护自己的利益。对于粮库或者玉米加工厂而言，借助玉米经纪人这一中间桥梁，避免直接与分散的农户打交道，节省了时间。此外，经纪人通过买卖和存储粮食，让玉米在不同时空间流通，协调了时间上和区域间的供求平衡。正因为有千千万万个像被告人一样的玉米经纪人，通过积极的买卖行为，在粮食市场中的种植户和粮库（以及玉米经纪人服务的其他粮食深加工厂）之间建成一座桥梁，才促进了玉米流通，活跃了玉米市场。因此，玉米经纪人的经营活动推动了粮食市场的发展，稳定了市场秩序。

从理论上讲，减少交易费用，可以使市场主体从社会分工和交换中获得更多利益，市场得到扩大和深入发展，进一步刺激社会分工和交换，从而更加促进市场的发展。这个良性循环是经济发展的重要机理。而增加交易费用的行为、法律、政策等，会削弱市场、干扰市场秩序，从而阻碍经济发展。恶法弊政的一个重要表现，就是增加经济运行过程中的制度费用。

在本案中，被告人无证经营，违反了《粮食流通管理条例》。但实践中，该条例的有关规定已严重滞后于中国市场经济的飞速发展。可喜的是，2016 年 9 月实施的《粮食收购资格审核管理办法》明确规定，农民、粮食经纪人、农贸市场粮食交易者等从事粮食收购活动，无须申办粮食收购资格。新的规定降低了粮食流通市场的进入门槛，减少了制度费用，有利于粮食市场的进一步发展。

（二）本案的影响和意义

中国还处于建设社会主义市场经济的过程之中，我们的思维习惯、政策法规还留有不少计划经济的烙印，与市场经济格格不入。在本案中，被告人无证经营收购玉米，一审被判“非法经营罪”。其实，被告人的经营行为，不仅没有“扰乱市场秩序”，反而推动了粮食市场的发展。类似地，在最高人民法院《刑事审判参考》第 1077 号指导案例“李彦生、胡文龙非法经营案”中，被告经营有偿讨债业务，被北京市朝阳区人民检察院以“非法经营罪”起诉，但最高人民法院认为，被告人的行为不构成非法经营罪。

王力军非法经营再审改判无罪案所引发的众多争论的焦点无疑是“非法经营罪”。“非法经营罪”是从 1997 修订的《中华人民共和国刑法》删除的“投机倒把罪”中分解衍生出来的，保留了原有的模糊性和“口袋罪”特征。如何明确“非法经营罪”的性质，界定其适用范围，在法学理论上和判案实践中，都是迫切的挑战。最高人民法院将“王力军非法经营再审改判无罪案”作为指导案例，旨在明确《中华人民共和国刑法》第 225 条非法经营罪第四项的适用问题，表明对尚未严重扰乱市场秩序的经营行为的判罚应谨慎，以防刑事打击扩大化。一般而言，在一个开放、成熟的市场里，单个自然人很少具备严重扰乱市场秩序的能力。如果说一个自然人就能严重扰乱市场秩序，那只能说明该市场本身就十分单薄和脆弱。我们要检讨现行的市场规则，在制度上找出妨碍市场健康发育的真正原因，及时加以纠正。

在本案中，被告人虽然无证或违规经营，但其行为没有扰乱市场秩序，不构成“非法经营罪”。该案涉及的一个基本法理原则是，实定法要为建设社会主义市场经济服务。社会主义市场经济是我国的基本经济制度，是中国人民经过数代人的艰苦摸索之后作出的选择。而且，社会主义市场经济在过去 40 多年的改革中被证明行之有效，彻底改变了近代中国积贫积弱的困境。因此，法律法规包括宪法的修订，要有利于更好地发展和完善社会主义市场经济，切实保障和巩固人民来之不易的幸福生活。

参考文献:

1. Ronald H. Coase, *The Firm, the Market, and the Law*, University of Chicago Press, 1988.

2. F. A. Hayek, *Law, Legislation and Liberty, Volume 1: Rules and Order*, University of Chicago Press, 1973.

3. John Searle, *Construction of Social Reality*, Free Press, 1995.

4. 李步云:《转型时期的中国法治》,载《中国政法大学学报》2008 年第 2 期。

5. [英]罗纳德·哈里·科斯、王宁:《变革中国:市场经济的中国之路》,徐尧、李哲民译,中信出版社 2013 年版。

6. [德]韦伯:《韦伯作品集Ⅱ:经济与历史 支配的类型》,康乐等译,广西师范大学出版社 2004 年版。

7. 王利明:《法治:良法与善治》,北京大学出版社 2015 年版。

8. 张五常:《经济解释》(五卷本)(2019 增订版),中信出版社 2019 年版。

美国科斯研究院

王 宁

第二节　中国社会主义法与科技

49. 社会主义法与科技创新
——数据流通立法的倾斜性

《上海市数据条例》中的公共数据授权经营条款

一、事例概要

2020年4月，数据首次被国家确定为与传统土地、劳动力、资本、技术等并驾齐驱的新型生产要素。① "要素级别"的定位，有利于更大程度推动流通和开发利用，更深层次地释放数据价值，实现经济与社会发展的乘数倍增。尤其在数字化改革前沿的城市中，实时、动态、过程的大数据被更大幅度、更深层次地运用，已经成为衡量精细化城市治理水平的重要标志。但是，国家对制定与之相应的上位法比较审慎，更多鼓励地方先行试点和探索。基于此，2021年以来，上海、深圳、浙江等地方数据立法陆续出台。立法讨论过程中，迈入"无人区"的地方数据立法最大争议焦点在于，推动数据作为要素流动怎么实现，尤其是公共数据的流通是否可行。

可以说，以促进数据流通为主，国家保留必要的剩余控制权，已成为当下地方数据立法的最大公约数选择。《上海市数据条例》正是遵循这一倾斜性立场，在立法名称上未采用"数据管理条例"，而是表述为"数据条例"，以更好兼容"促进"与"规制"，尤其在数据立法上主张更广泛、更深入实现数据要素式流动。

根据这一立法思路，以"促进"为原点的数据流通条款在数据权属认定上，打破了数据所有权一元结构困境，在数据生成、加工者之间建立起恰当的权利分配模式，其核心是对数据生成者赋予数据所有权，对数据加工者设定数据用益权。数据与信息区分而被纳入财产权，敲定数据加工者的财产权益，加强数据流通上的"行为控制"，对促进数据的利用产生了"引擎效应"。但是，考虑到数据流通还处于规划设计阶段，又不宜简单照搬证券交易所模式，因此，虽然直接数据交易更有利于繁荣数据交易，促进数据要素流通，但《上海市数据条例》在公共数据上倾斜性地采取了数据授权经营的模式，渐进式探索数据流通的最远边界，此举更加具有现实可行性。

《上海市数据条例》的核心要义在于，以开放性的数据立法让授权运营有坚实基础，在概念上设定数据权益，在"用益物权"范畴内厘清政府、行业、组织等在数据要素市场中的权责边界。因此，明确授权经营范围是数据服务或产品，而不是原始数据；通过中央授权创新性设定了数据控制权流通、数据使用权流通和数据收益权流通三种类型。为了推动数据流通，又进一步参

① 《中共中央、国务院关于构建更加完善的要素市场化配置体制机制的意见》（2020年3月30日）分类提出了土地、劳动力、资本、技术、数据五个要素领域改革方向，数据作为一种新型生产要素首次正式出现在国家文件。

照自然资源特许经营，建立了比较完善的数据登记、分类分级、质量保障等管理制度和标准规范，确保数据资源的有效供给，同时允许经过特许经营授权认定的机构在一定范围内先行先试，获取和累积经验教训。值得注意的是，立法上重点强调了对政府数据的可控性授权运营，尤其是强调数据在场。毕竟数据流通本质上是数据服务的有偿转让，政府数据直接给需求方，存在转售风险，即使可通过流通协议约束，但实际难以纠正，因此强调授权运营模式下的政府数据“不离场”，有助于实现融合运用。

在此基础上，《上海市数据条例》侧重推动建立政府数据统一授权运营体系，把基础公共数据纳入公共服务予以免费提供，把其他公共数据列入授权经营范围，面向实际需求方提供市场化数字运营机制，从而为不具备数据开放能力的数字企业，提供比较成熟的市场化运营机制。其中，政府或企业均可以定义场景，提供实际的数据需求，以开放包容、资源整合共享的思路，促进公共数据面向人工智能算法训练建立安全可控的开放机制。这样建立的数据统一授权平台通过法定授权、行政授权和会员大会授权，以实际需求为导向，实现公共服务数据、能力、应用资源的融合共享，以最大程度地实现数据增益。

二、 法理评析

（一）数据流通立法的“元问题”

区别于数据开放，数据流通牵涉问题复杂。美国、欧盟等多数国家地区对此持谨慎态度，尤其数据交易机构很少被国家设立，多为民间发起，比如 Acxiom、Corelogic、Datalogix 等。[①] 这些机构所提供的数据交易限于较小范围，政府不参与交易过程。

基于此，作为数字化转型前沿的上海等地推动的地方性数据立法备受关注，尤其在数据流通问题上被赋予很高期待。其中，是否有必要设立、以什么立场设立数据流通规则，成为立法的最大难点。这一问题在国内甚至国际范围内尚无成熟解决方案，亦无可供遵循制度范例，加之国内前期实践还处于探索和初创阶段，使得该领域立法难度较大。

概括来说，数据流通的复杂性在立法上可以还原为三个“元问题”。（1）作为数据流通的基础，数据确权难题仍待进一步破解。从理论上看数据作为基本权利可以成立，但在财产权上作为新兴权利权属不清。比如，加工清洗后匿名化的数据不能简单以财产权益保障，毕竟叠加的多维异构数据仍可能以各种方式识别到个人，一旦涉及人格权等更深层次问题，又会导致数据的使用边界模糊、不确定。（2）数据资产地位和估值标准尚未确定，让数据流通的落地难以实现。数据不同于以往实体商品，其多样来源、整合增值、定价方式、质量管控、管理追踪等，覆盖了法律法规、公共管理和产业规划等各个领域。尤为重要的是，数据流通的核心价值在于减少数据资产的变现时间，以及降低机会成本，所以不能简单以交易量估值，而是应当以整合分析产生的增值程度为评价标准，且具有反复交易后的无限增值特性。（3）数据流通“兜底保障”所依赖的隐私保护体系也不够健全。数据流通机构一般明确标的必须是经过清洗与分析的结果，且明令禁止涉密数据被当成商品交易。但数据治理缺少实际且共通的领域性数据分类分级标准，数据流通之前的脱敏、清洗等环节缺乏技术有效监管，数据流通之后的问责纠错机制又缺少法律的有效保障。所以，当下数据流通机构在本质上只能局限于提供磋商交易功

---

① 参见戴志言、黄佳甯：《中国数据交易现况与发展议题研析》，载《经济前瞻》2019 年第 7 期。

能,且多数还会为自己的监管责任豁免事先作出声明。

(二)授权经营的数据交易模式

《上海市数据条例》的数据流通条款,以公共数据的授权经营为突破点,为数据地方立法设定有限目标、锚定基础命题的思路奠定了基础。毕竟寄望"毕其功于一役"大而全解决以上的元问题,覆盖广、链条长,也会加大立法难度。

这一框架里的授权主体不是政府各个职能部门的分开授权,而是政府统一数据管理机构的集中授权。只有立法上确定数据授权经营主体的集约化,才更可能融合不同部门数据,更大程度应用于跨部门场景,真正使得不同维度数据在叠加之后产生放量的增益价值。只有统一授权经营才能避免各个部门分立运营产生的变现冲动,毕竟授权经营不是给各部门提供一个使内部数据变现的新渠道,而是要让各部门切实担负起数字化转型中的监管职责。只有数据的统一授权经营才可以提供完整、安全规范、自主可控的合规体系,建立标准规范和技术选型,确保数据流通服务得到安全有效的管理和应用。此外,统一授权经营还可以让各个部门不再陷入既是推动内部需求的数字化运动员、又是履行数字化监管职责的裁判员的角色两难困境。

针对这种集约化授权经营的数据治理,数据流通立法上更为关键的是以数据无价、服务有价为导向,进一步探索授权运营的长效机制。例如,推动加快数据开放、加工经营和交易服务,推进数据产品和服务有序流动。尤其关注转变数据服务定价方式,重视产品质效。基于数据可被反复交易、无限增值的特性,运营的服务或产品定价不采取以往的"佣金制",以数据的单一交易行为定价,而是以数据融合所产生的新价值为目标,引入第三方专业机构评估认定,以此形成数据运营加工的可持续发展业态。此外,立法还以数据要素市场化配置改革为突破口,探索建立数据评级、服务产品交易和监管机制,逐步推动形成数据运营加工的新业态,以市场化方式推进试点的重点应用场景落地。

可以说,《上海市数据条例》以公共数据授权经营为突破点,稳健有序推动数据流通立法,正是以社会主义法推动科技创新的典范。

参考文献:

1. 戴志言、黄佳甯:《中国数据交易现况与发展议题研析》,载《经济前瞻》2019 年第 7 期。
2. 申卫星:《论数据用益权》,载《中国社会科学》2020 年第 11 期。
3. 杨力:《论数据交易的立法倾斜性》,载《政治与法律》2021 年第 12 期。

上海交通大学智慧法院研究院
杨 力

第三节　中国社会主义法与文化

50. 社会主义法与宗教
——宗教是人类社会三大规范之一

宗教信仰自由

一、 事例概要

在我国,宗教信仰自由既是公民的一项基本权利,也是国家的一项基本政策。宗教信仰自由属于精神自由的范畴,具有不受强制、不受歧视的特征。是否信仰宗教、信仰何种宗教以及是否改换宗教信仰都属于公民自由的事情。

宗教信仰自由,是法与宗教关系的核心问题。宗教与法律都是调整人们行为的社会规范,两者之间有着复杂关系。人类自从出现之后,就生活在社会规范之中。换言之,是否尊崇社会规范是人和动物的根本区别。除了工具和火的使用外,人类和类人猿的第三个、某种意义上也是最根本的区别是人类生活在社会规范之中。最早出现的人类社会规范是原始习惯。恩格斯说:"在社会发展的某个很早的阶段,产生了这样一种需要:把每天重复着的产品生产、分配和交换用一个共同规则约束起来,借以使个人服从生产和交换的共同条件。这个规则首先表现为习惯……"①随着社会的发展,原始习惯逐渐演变成道德和宗教,进入阶级社会以后,又在此基础上产生了法律规范。道德、宗教和法律构成了人类社会的三大规范体系。在文字出现后,三大规范体系在规范表现形式、强制方式和规范范围上各有不同,但是三者你中有我、我中有你,关系极为复杂。在不同国家和不同的历史时期,三者的关系也不尽相同。中国对法与道德、法与宗教关系的研究中,更注重法与道德关系的研究。但是,宗教仍然是我国重要的社会现象,在局部地区的历史上有过政教合一现象,宗教在人们生活中占据重要地位,因此我国保护宗教信仰自由十分必要。

与法律和道德不同,宗教是通过虚幻的超自然力量对人们进行心灵强制达到调整人们行为的目的。从本质上说,"一切宗教都不过是支配着人们日常生活的外部力量在人们头脑中的幻想的反映,在这种反映中,人间的力量采取了超人间的力量的形式。在历史的初期,首先是自然力量获得了这样的反映,而在进一步的发展中,在不同的民族那里又经历了极为不同和极为复杂的人格化……除自然力量外,不久社会力量也起了作用,这种力量和自然力量本身一样,对人来说是异己的,最初也是不能解释的,它以同样的表面上的自然必然性支配着人"。②

---

① 《马克思恩格斯选集》第3卷,人民出版社2012年版,第260页。

② 《马克思恩格斯选集》第3卷,人民出版社2012年版,第703—704页。

"宗教是人民的鸦片。"[①]尽管如此,"宗教幻想中的各种超现实的事物的构成材料却是现实的、真实的。宗教中的神灵是超现实的,但神灵的各种特性又是人性的折射"。[②] 所以阿克顿勋爵(Lord Acton)说:"宗教是历史的钥匙。"[③]除马克思在诸多论著中涉及宗教问题外,恩格斯也十分重视对宗教的研究,还专门出版了有关基督教的论著《启示录》和《论原始基督教的历史》。他们认为不能用一种简单化的态度对待宗教。恩格斯认为"对于一种征服罗马世界帝国、统治文明人类的绝大多数达1800年之久的宗教,简单地说它是骗子凑集而成的无稽之谈,是不能解决问题的"。[④] 我们不能把对全球大多数人生活十分重要的精神生活和行为规范简单地当成"精神鸦片",视而不见。唯其重要,认真对待法与宗教两大规范的关系才有价值。

因此,我国尊重和保障公民的宗教信仰自由,认为尊重宗教信仰自由与主张辩证唯物论并不冲突。辩证唯物论认为物质是第一性的,从这个意义上讲,辩证唯物论与宗教唯心论是不同的;但"物质的第一性"中,包含着承认客观事物存在、发展和变化有其内在规律等观点,认为任何违反客观存在、客观过程的内在规律的外部干预,任何对复杂问题的简单处置,都是有害的。宗教作为一种社会现象,有其漫长的历史和自身发展的客观规律,在社会主义社会也将长期存在。尊重宗教信仰自由,是基于对客观存在、客观过程、客观规律的尊重。同时,中国特色社会主义建设的一切努力都是为了实现和维护广大群众的基本权利,这些权利体现在诸多方面,当然也包括人民群众对自己宗教信仰的自由选择权利。中国主要有佛教、道教、伊斯兰教、天主教和基督教等宗教,信教公民近2亿人,宗教教职人员38万余人,他们当然都是为促进社会和谐发挥积极作用的基本力量。此外,中国尊重宗教信仰自由也有深厚的历史文化传统基础。中国文化主张以和为贵,求同存异、兼容并蓄,社会对宗教持包容态度。中国各宗教在发展过程中历来与中国优秀传统文化相融合、与社会发展现实需求相适应。今天,中国宗教界坚持宗教中国化方向,践行社会主义核心价值观,弘扬中华民族优良传统,积极探索符合中国国情的宗教思想,努力对宗教教义教规作出契合国情和时代要求的阐释。

二、法理评析

(一)宗教信仰自由的原则

所谓宗教信仰自由实质上就是人们有信仰宗教或者不信仰宗教的自由。人类社会出现后,人们始终追求两个自由,即心灵的自由和行为的自由。但在严酷的自然和社会面前,人们追求自由的努力和实际获得的自由之间总有一定的距离。换言之,自由既是人们追求的价值目标和实在权利,又是人类永恒的理想。

宗教信仰自由问题首先是基督教世界的人们提出来的。西罗马帝国灭亡后,整个西欧陷入了天主教的黑暗统治。天主教会不仅垄断人们的信仰,控制人们的灵魂,把任何与天主教不一致的思想和学说斥之为"异端",而且获得了极大的世俗权力,形成了实际上的"政教合一"统治,禁锢了人们的行为,钳制了思想。11世纪后,逃亡农奴的聚集形成了中世纪城市和商品

① 《马克思恩格斯选集》第1卷,人民出版社2012年版,第2页。

② 牛苏林:《马克思恩格斯的宗教理解》,河南人民出版社2002年版,第311页。

③ 转引自[英]约翰·麦克曼勒斯主编:《牛津基督教史》,张景龙等译,贵州人民出版社1995年版,第1页。

④ 《马克思恩格斯文集》第3卷,人民出版社2009年版,第592页。

经济。商品作为等价交换的劳动产品，必然带来人们自由、平等的价值诉求。商品经济的出现对宗教信仰自由观念和法律制度的形成具有决定性的意义。16 世纪宗教改革的核心就是信仰自由问题，尽管欧洲宗教改革是基督教内部的改革，其信仰自由的讨论也主要限于人们信仰上帝、获得上帝佑护是否需要天主教会和神职人员的中介，而不是人们有无信仰基督教的自由。人们一般把神圣罗马帝国皇帝查理五世(Charles V)同帝国境内德意志新教诸侯于 1555 年缔结的《奥格斯堡宗教和约》视为宗教信仰自由的开端。该和约结束了天主教在德意志境内的一统局面，但仍非现代意义上的宗教信仰自由。《奥格斯堡宗教和约》实际上是德意志宗教改革的结果。

1648 年的《威斯特伐利亚条约》扩大了《奥格斯堡宗教和约》的宗教宽容的范围，尽管仍然是在基督教内部的宽容，但由于该条约实际上确立了国家主权，否定了教廷的绝对领土权，造就了近代欧洲的民族国家，因而对现代意义上宗教信仰自由的产生具有重要意义。

在西方宗教信仰自由历史上具有真正里程碑意义的是 1776 年 6 月 12 日英属北美殖民地弗吉尼亚议会通过的《弗吉尼亚权利宣言》，其中第 16 条宣布："宗教，亦即我们对创世主所负有的责任以及履行这种责任的方式，只能由理智和信念加以引导，不能诉诸武力或暴力；因此，任何人都拥有按照良知的指示，自由信仰宗教的平等权利。"尽管该宣言强调"所有人都有责任以基督教的克制、博爱和仁慈对待他人"，但宣布"任何人都拥有按照良知的指示，自由信仰宗教的平等权利"是史无前例的，它以根本法的形式第一次把人们可以不信仰基督教作为平等权利提了出来。

（二）中国的宗教信仰自由

以儒家文化为典型特征的中华文明是世界几大文明中唯一宗教不占主导地位的文明。在中国历史上，尽管少数时期和少数地区出现过政教合一，但无论是本土宗教——道教，还是传入中国并本土化的佛教以及此后传入中国的基督教、伊斯兰教，均未在中华文明发展史上占据如基督教在中世纪西欧那样的绝对支配地位。当然汉唐以后的儒家文化融入了佛教、道教以及其他宗教的内容，形成了所谓"儒释道合一"的文化本体，但仍以"入世"而非宗教的"出世"为根本特征。所以，宗教信仰自由问题在中国历史上的重要性远不及西方，但这不等于说中国没有宗教信仰自由问题。实际上在新中国成立前，中国就存在局部地区政教合一、宗教压迫，以及帝国主义国家利用宗教侵略中国等复杂的与宗教信仰自由有关的问题。有学者认为，"中国宗教在半封建、半殖民地社会下具有两个突出特征——'封建宗法性'与'洋教'"①。辛亥革命后，孙中山先生主持制定的《中华民国临时约法》第 6 条第 7 款规定"人民有信教之自由"，这是中国历史上第一次用法律的形式规定宗教信仰自由。中国共产党是最广大人民利益的代表者，早在土地革命战争时期就主张并推行宗教信仰自由。"1925 年至 1926 年间，中国共产党历次会议的决议案中都强调对宗教问题要持慎重的态度，告诫党员不要故意制造与宗教徒发生实际冲突的机会。"②1931 年 11 月中华苏维埃共和国第一次全国代表大会通过的《中华苏维埃共和国宪法大纲》第 13 条宣布"中国苏维埃政权以保证工农劳苦民众有真正的信教自由的实际为目的，绝对实行政教分离的原则，一切宗教不能得到苏维埃国家的任何保护和供给费用，

---

① 熊坤新主编：《宗教理论与宗教政策》，中央民族大学出版社 2008 年版，第 346 页。

② 王作安：《中国的宗教问题和宗教政策》，宗教文化出版社 2010 年版，第 93 页。

一切苏维埃公民有反宗教的宣传之自由,帝国主义的教会只有在服从苏维埃法律时,才能许其存在"。即使在今天来看,这一规定也完全符合宗教信仰自由之要义。《共同纲领》及新中国历部宪法均规定了宗教信仰自由。中国现行《宪法》第 36 条规定:"中华人民共和国公民有宗教信仰自由。任何国家机关、社会团体和个人不得强制公民信仰宗教或者不信仰宗教,不得歧视信仰宗教的公民和不信仰宗教的公民。国家保护正常的宗教活动。任何人不得利用宗教进行破坏社会秩序、损害公民身体健康、妨碍国家教育制度的活动。宗教团体和宗教事务不受外国势力的支配。"

根据中国《宪法》规定,中国的宗教信仰自由主要有如下具体内容:

第一,公民有信仰宗教和不信仰宗教的自由。

宗教信仰自由是中国宪法赋予公民的一项基本人权,其本质是信仰自由。"宗教信仰自由,就是说:每个公民既有信仰宗教的自由,也有不信仰宗教的自由;有信仰这种宗教的自由,也有信仰那种宗教的自由;在同一宗教里面,有信仰这个教派的自由,也有信仰那个教派的自由;有过去不信教而现在信教的自由,也有过去信教而现在不信教的自由。"①

(1) 信仰自由涉及三个方面的内容即心灵自由,读经、祷告、参加宗教仪式等行为自由和参加教会活动自由。从属性上说,心灵自由属于意识层面,不受法律调整。换言之,法律不调整人们的思想或灵魂,主体可以信或不信任何东西。但由于思想支配着人们的行为,我们还是倡导积极向上的思想意识,希望人们内心向善。读经、祷告、参加宗教仪式等已经超越了意识的层面,是法律关系主体的行为。从法律意义上说,任何人的行为都要受到法律调整,所以这些宗教行为的实施不得损害国家、社会和他人的合法权益,也不得影响他人。教会是某一宗教信众所组成的社会组织,教会活动既要受到宗教信仰法律调整也要受到社会组织管理法律调整。

(2) 信教群众也是社会主义事业的建设力量。中国坚持政教分离。政府不得资助任何宗教,也不得以任何方式为特定宗教张目;公职人员的任职不能有任何宗教条件;教会不能干预国家政事。但中国宗教信仰自由原则在实施中与许多西方国家相比有重大不同,其中之一是宗教界人士可以参政议政,目前中国各级人大代表和政协委员中均有宗教界人士。宗教界人士参政议政是中国特色社会主义宗教制度和宗教信仰自由的典型特征之一,主要基于如下理由:一是广大信教群众和宗教界人士爱党爱国,是社会主义制度的拥护者和社会主义建设事业的参加者,调动他们的积极性对中国的现代化建设有益无害;二是中国从根本上说是一个世俗国家,宗教界人士参政议政不会动摇中国世俗国家的根基,不会造成政权与神权的结合;三是各宗教、各教派都有平等参政议政的机会,不会形成某种宗教对世俗政权产生支配性影响力的情况。所以宗教界人士参政议政实际上是我们这样一个传统的世俗国家对政教分离原则的发展。作为共产党领导的国家,中国的主流意识形态是无神论,这与宗教对神的信仰是有矛盾的。但新中国成立以来,中国较好地解决了这个问题,那就是在政府保护合法的宗教场所的前提下,不在宗教场所进行无神论宣传。"我们所遵守的约束是不到教堂里去作马列主义的宣传,而宗教界的朋友们也应该遵守约束,不到街上去传教。这可以说是政府同宗教界之间的一

① 中共中央文献研究室综合研究组、国务院宗教事务局政策法规司编:《新时期宗教工作文献选编》,宗教文化出版社 1995 年版,第 59 页。

个协议,一种默契。”①

(3)区分世俗教育和宗教教育。中国有世界上最大规模的世俗教育。中国的宗教信仰自由原则要求严格区分世俗教育与宗教教育。在中国的世俗学校(包括幼儿园),禁止任何宗教元素进入,包括在学校不能有任何宗教仪式和要求,在教材、课堂教学、课外活动中不得以任何方式宣扬宗教信仰,不能有任何宗教标志和播放宗教音像作品,不能接受国内外宗教组织的任何资助,不得设立任何与宗教相关的奖、助学金和授予学生任何与宗教相关的荣誉称号,不得邀请宗教界人士进校举办讲座、对话、访谈等活动。世俗高等院校一般也不得授予宗教界人士荣誉学位、学衔。从平等原则出发,信教群众和宗教界人士可以担任世俗学校老师,但在世俗学校工作中不能以任何方式传播宗教。中国还有一定规模的宗教教育。经国家宗教事务局批准,中国佛教、道教、伊斯兰教、基督教、天主教建立了许多高中等宗教院校,这些宗教院校主要开展规范的宗教教育,为中国宗教界培养了大批人才,对坚持中国宗教中国化方向起到了至关重要的作用。

第二,不得歧视信仰宗教的公民和不信仰宗教的公民。

中国宪法将平等权引入宗教信仰自由,规定“不得歧视信仰宗教的公民和不信仰宗教的公民”,也就是说,中国公民无论信仰还是不信仰宗教,其法律地位是完全平等的。任何人既不能从信仰宗教中获得优待,也不能因为宗教信仰而受到任何歧视。

信教平等最先源自欧洲的宗教宽容主张,“宗教宽容是指对自己所奉行的宗教以外的宗教给予某种承认,允许他们进行活动而不受干涉”②。因此宗教宽容并非为了信教者与不信教者之间的平等,但宗教宽容的思想为信教平等思想的产生创造了条件。代表新教利益的洛克(John Locke)就主张:“无论是异教徒、伊斯兰教徒,还是犹太教徒,都不应当因为他们宗教信仰不同而被剥夺其公民权。”③最早宣布信教平等的是《弗吉尼亚权利宣言》。

中国《宪法》明确规定信教平等,“任何国家机关、社会团体和个人不得限制公民信仰宗教或不信仰宗教的自由,不得歧视信仰宗教或者不信仰宗教的公民。不能因为信仰宗教或者不信仰宗教而出现权利和义务上的不平等现象”。④

第三,国家保护正常的宗教活动。

宗教信仰与宗教活动是既有联系又有区别的两个概念,属于个人心灵自由的信仰只要不影响或不可能影响他人的,一般不受法律调整,但宗教活动包括教会活动必须受到法律规制。新中国成立后,中国政府充分尊重宗教信仰,同时对宗教活动依法进行保护,对宗教事务依法进行管理。

国家保护正常的宗教活动体现在如下几个方面:依法设立的宗教组织和宗教团体受法律保护;依法设立的宗教活动场所受法律保护;具有合法身份的宗教人员受法律保护;在宗教场所或者政府宗教事务部门批准的特定场所开展的符合宗教仪轨的宗教活动受法律保护;任何宗教活动都不得损害国家、社会和他人的合法权益,不能损害公序良俗;宗教团体和宗教事务

① 《周恩来统一战线文选》,人民出版社1984年版,第181—182页。

② 王作安:《中国的宗教问题和宗教政策》,宗教文化出版社2010年版,第101页。

③ [英]洛克:《论宗教宽容》,吴云贵译,商务印书馆1982年版,第21页。

④ 王作安:《中国的宗教问题和宗教政策》,宗教文化出版社2010年版,第109页。

不受外国势力的支配；国家打击邪教。

参考文献：

1.《马克思恩格斯选集》第 3 卷，人民出版社 2012 年版。

2.《马克思恩格斯文集》第 3 卷，人民出版社 2009 年版。

3. 中共中央文献研究室综合研究组、国务院宗教事务局政策法规司编：《新时期宗教工作文献选编》，宗教文化出版社 1995 年版。

4. 牛苏林：《马克思恩格斯的宗教理解》，河南人民出版社 2002 年版。

5. 王作安：《中国的宗教问题和宗教政策》，宗教文化出版社 2010 年版。

6. [美]伯尔曼：《法律与宗教》，梁治平译，中国政法大学出版社 2003 年版。

南京审计大学法学院

程乃胜

第四节　中国社会主义法与社会

51. 社会主义法与社会治理
——扫黑除恶

孙小果案

一、 案情概要

孙小果,男,1977 年 10 月 27 日出生,云南省昆明市人。1992 年 12 开始在武警昆明某部服役,后进入武警某学校学习。

1994 年 10 月 16 日,还在某武警学校就读的孙小果等二人伙同 4 名社会无业青年驾车在昆明市区游荡,在路边强行将两位女青年拉上车,驶至呈贡县境内将其轮奸。1995 年 12 月 20 日,盘龙区人民法院以强奸罪判处孙小果有期徒刑 3 年。但孙小果在监狱未待过一天,1995 年 6 月就被取保候审,后孙小果父母通过伪造病历帮孙小果非法保外就医。

1997 年 4 月至 11 月,孙小果又作案 8 起,犯强奸罪、强制侮辱妇女罪、故意伤害罪、寻衅滋事罪。1998 年 2 月 18 日,昆明市中级人民法院判决:孙小果犯强奸罪,判处死刑,剥夺政治权利终身;犯强制侮辱妇女罪,判处有期徒刑 15 年;犯故意伤害罪,判处有期徒刑 7 年;犯寻衅滋事罪,判处有期徒刑 3 年;加上原因强奸罪所判余刑 2 年 4 个月又 12 天,数罪并罚,决定执行死刑,剥夺政治权利终身。一审判决后,孙小果不服,提出上诉。云南省高级人民法院依法驳回上诉,维持原判。但死刑没被核准,改为死缓。在服刑期间,又启动再审程序,孙小果最终于 2007 年 9 月被改判为有期徒刑 20 年。经数次减刑,孙小果在监狱(包括看守所)待了不到 13 年就于 2010 年 4 月出狱了。此后,孙小果变身“李林宸”,在狱外活动,注册餐饮公司。考虑到本名声名远扬,“震慑”作用大,2013 年注册夜店时就索性用了“孙小果”。至 2019 年第三次落网,孙小果注册的公司不下 10 家。

2019 年 4 月,中央扫黑除恶第二十督导组进驻云南省,孙小果等涉黑涉恶犯罪团伙又被昆明市公安局揪出。全国扫黑办将孙小果涉黑案列为重点案件,实行挂牌督办。2019 年 11 月 8 日,云南省玉溪市中级人民法院对孙小果等 13 人组织、领导、参加黑社会性质组织等犯罪一案当庭宣告一审判决,以被告人孙小果犯组织、领导黑社会性质组织罪,开设赌场罪,寻衅滋事罪,非法拘禁罪,故意伤害罪,妨害作证罪,行贿罪,数罪并罚,决定执行有期徒刑 25 年,剥夺政治权利 5 年,并处没收个人全部财产。一审宣判后,孙小果等提出上诉。二审维持原判。

2019 年 12 月 23 日,云南省高级人民法院对孙小果 1997 年犯强奸罪、强制侮辱妇女罪、故意伤害罪、寻衅滋事罪再审案件依法公开宣判,撤销该院 2007 年 9 月作出的原再审判决以及 1999 年 3 月作出的二审判决,维持昆明市中级人民法院 1998 年 2 月一审对孙小果判处死刑的判决,并与其出狱后犯组织、领导黑社会性质组织等罪被判处有期徒刑 25 年的终审判决合并,决定对孙小果执行死刑，剥夺政治权利终身，并处没收个人全部财产。

2020 年 2 月 20 日，孙小果被执行死刑。

二、法理评析

（一）社会的关注点

对孙小果案可以从政治学、社会学、法学等学科角度进行解读。从社会主义法与和谐社会角度解读，主要包括以下三点。

第一，孙小果为何能一次次逃脱法律的惩处。公正司法是构建和谐社会的题中应有之义，但是，孙小果这个黑恶分子及其亲属，却通过各种关系，私下运作，几次都逃脱了法律的严惩。更令人吃惊的是，孙小果并没有强有力的靠山，没有高干亲戚，也不是豪富之家，却能逃脱死刑。这说明我们存在严重的社会问题，到了不得不正视、不得不解决的地步。

第二，死刑也能变为活刑。多年来，司法腐败属于重灾区。用重金给犯罪分子脱罪的不乏其人，既包括律师，也包括法官、警察、监所人员等。孙小果案让全国人民完整地看到了罪大恶极的犯罪分子是如何从死罪变为活罪，进而以 12 年多的时间就从监狱出来了。“天网恢恢，疏而不漏”，但孙小果案令人们不得不对这话的普遍适用性打上问号。

第三，“苍蝇猛于虎”。“苍蝇”的危害性绝不可低估，孙小果案对社会的冲击不亚于“老虎”。老虎毕竟是珍稀动物，不常见，苍蝇却以量取胜，在自然界中占有重要的一席之地。人类社会中的老虎、苍蝇也是这样。有时，苍蝇的危害性比老虎大得多。所以，“老虎”“苍蝇”一起打的决策无疑是正确的。在一些地方，拍“苍蝇”比打“老虎”还难。“老虎”归中纪委管，而“苍蝇”由地方管；地方政治环境一旦变得恶劣，“苍蝇”就会放飞。

（二）政府依法行政、司法机关公正司法

政府依法行政、司法机关公正司法，这是构建和谐社会的基本要求。依法治国是我国的一项基本国策，是党领导人民治理国家的基本方略。和谐社会是建立在公平、正义基础上的，而公平、正义离不开法律的保障。依法治国所依的法必须是良法，是经过民主、科学程序而制定的法律。改革开放 40 多年来，我国的法律体系已经建立起来，也日趋科学、完善。但是，仅仅有完善的法律并不能保证法治的实现，还需政府依法行政、司法机关公正司法。中国明代政治家张居正说过：“天下之事，不难于立法，而难于法之必行；不难于听言，而难于言之必效。”在当今的社会环境下，公正司法难度不小，这背后既有权钱的影响，也有各种社会关系的影响。从孙小果案就可清楚地看到这一点。

孙小果前后被公安机关逮捕过三次。第一次因强奸罪被判处有期徒刑 3 年，按照法律规定，他应该在监狱待够 3 年。但经过其父母的私下权钱交易，孙小果竟然一天也没在监狱待过，以“取保候审”“保外就医”的名义逃避了法律的惩处。第二次更是上演了令人吃惊的一幕，从“立即执行”的死刑犯，到只在监狱待了不到 13 年的“特殊”犯人，最后竟以“发明人”的身份重新走向社会。第三次被捕遇到了“扫黑打恶”行动，才被作为典型，依法处死。作为恶贯满盈的罪人，孙小果为何多年来如此“逍遥”，视法律为无用之物？

我们知道，改革开放之前的 30 年，像孙小果之流的黑恶势力稍一露头，就会被打掉。因为上令下达，谁也不敢打折扣；群众的监督也起作用，没有哪个干部敢把群众的话当耳旁风，除非他想当人民的公敌。20 世纪 80 年代，虽然社会风气逐渐变坏，但好多底线还不敢撞破。即使很有背景，触犯法律也会受到惩处，朱德元帅的孙子朱国华 1983 年因流氓罪、强奸罪被处决就是例证。但是，到了 90 年代，由于商品经济的发展，人们愈来愈向钱看，为了金钱甚至敢肆意践踏法律。孙小果的父母一路靠行贿，打开了法院、监狱的大门，孙小果不但保住了命，而且仅服刑 12 年多就从监狱出来了。事实证明，在我国，依法治国任重道远，只有从严治党，把党政干部中的害群之马揪出来予以严惩，才会形成良好的社会风气，才会促进依法行政、推进公正司法。"扫黑除恶"，如果只专注于"黑""恶"，而不深挖黑恶势力的保护伞，这一行动就不会深入，依法行政、公正司法就会阻力重重。

（三）以人为本

人是社会的主体。以人为本是科学发展观的核心，"人的价值至上，人的权利至上"的观念必须牢牢树立。建立法治社会，其中一个重要任务就是要保护公民的权利和人权，不能以任何理由剥夺公民合法的权利、侵犯人权。执政党、政府官员要坚持权为民所用、情为民所系、利为民所谋，时时刻刻为百姓着想。从社会主义和谐社会的主要内容也可看出，构建和谐社会必须以人为本。公平的社会环境是人民和谐相处的必要条件，而实现社会公正是法律追求的基本价值目标，所以，法与和谐社会具有内在的一致性。

从孙小果案来看，实现社会公正距离老百姓的要求还很远，以权谋私、以钱践法在一些地方、一些人那里几乎通行无阻，社会弱势群体的正当合法权利无法得到有效保护。在《南方周末》记者余刘文、长平采写的《昆明在呼喊：铲除恶霸》①一文中，受害少女张亭的父亲就曾说："进去了，他还会出来。我们这种人，对他们有什么办法？"果不然，张父的话应验了。这倒不是由于张父能掐会算，而是因为社会上这类事太多了，生活经验告诉他，社会上有些人就是不把法律当回事，他们凭借着权、钱，肆意践踏法律。书本上所讲的公平正义对他们已经不具有吸引力了，他们相信的是自己的眼睛和感觉。要想让张父这样的老百姓相信法律的神圣，就必须用大量事实说话，使他们真切地看到"法网恢恢，疏而不漏"在社会中是如何实现的。

从孙小果案可以看到，在一些地方，公检法内部要想秉公执法非常艰难。孙小果第二次被捕时，执法机关面对的阻力很大，只好求助媒体。昆明市官渡区公安分局的一位民警写了篇标题为《掩盖不住的罪恶》的文章，披露孙小果的恶行，发表在 1997 年 11 月 28 日《云南法制报》上。但是，三天过后，就有人向报社施加压力，于是一篇孙小果父母"危机公关"的文章就在该报刊载了。② 直到《南方周末》刊发了《昆明在呼喊：铲除恶霸》一文，地方势力才无法左右孙小果案。由此可见，实现社会公正在一些地方阻力不小，和谐社会在这些地方的到来还需多方努力，以人为本理念在这些地方变为现实还需时日。

（四）铲除黑恶势力存在的土壤

在和谐社会，人们的生活应该是快乐的，安全是有保障的。但是改革开放后，随着腐败问题增多，某些基层政权涣散，黑恶势力在一些地方有蔓延之势，使构建社会主义和谐社会的目标在实现过程中受到了威胁。

黑恶势力不仅在社会的底层存在，在我们的党内、政府内也有不同程度的体现。例如当前出现的众多腐败"窝案"中，公职人员利用手中的权力，对举报者打击报复，甚至谋害生命。他

---

① 《昆明在呼喊：铲除恶霸》，载《南方周末》1998 年 1 月 9 日。

② 《可怜天下父母心》，载《云南法制报》1997 年 12 月 9 日。

们的倒台，不是一个人，往往是一帮人；与这些人的斗争往往比与底层黑恶势力的斗争更激烈、更困难。

当然，底层黑恶势力对普通百姓的危害更直接、更明火执仗。这些人多是地痞流氓，从打架斗殴开始，形成黑社会性质的组织，进而向经济领域渗透。有些人甚至当上了村支书、村主任，或者人大代表、政协委员。他们之所以能形成势力，往往是因为在政府内有自己的保护伞。因此，即使一时遭到沉重打击，过不多久也会死灰复燃，继续祸害社会。

像孙小果这样的黑恶势力，只能算是"苍蝇"，但我们已经看到，"苍蝇"也能冲破死刑的法网，以"发明人"的身份走出监狱。孙小果的母亲是基层普通干警，继父只是公安分局副局长，却有不少厅局级官员甚至副省级官员为孙小果奔走。孙小果案刚被披露时，有许多人都以为他的背景不一般，肯定有高官亲戚为其"保驾护航"，否则死到临头怎能脱逃。当有关部门把孙小果的社会关系抖搂出来后，人们傻眼了：孙小果亲属中官位最高的只是个正科。正是这个正科官员，有翻江倒海的本领，把孙小果从死亡线上捞救了出来。

因此，必须铲除黑恶势力存在的土壤。由于传统文化的影响以及社会转型的失范，"人情关系网""家族关系网""权力关系网"和"金钱关系网"错综复杂、相互交织，把各种人、各种社会关系都网进来了，给铲除黑恶势力增加了重重阻力，使黑恶势力逃避打击并不断成长。要从根本上铲除黑恶势力，就必须把四张关系网破掉。要以更大的决心和更有力的手段，摧毁黑恶势力及其保护伞；要扶持正义力量，改变官场中的逆淘汰；当然，各种形式的监督不可少，尤其是舆论监督。

参考文献：

1. 余刘文、长平：《昆明在呼喊：铲除恶霸》，载《南方周末》1998 年 1 月 9 日，第 1 版。
2. 邵道生：《中国：阻击腐败》，社会科学文献出版社 2009 年版。

西北政法大学法治学院
何柏生

第五节　中国社会主义法与生态

52. 社会主义法与生态文明建设
——环境民事检察公益诉讼

广州市人民检察院诉张某山、邝某尧环境民事公益诉讼案①

一、 案情概要

2015 年 9 月 17 日，中央电视台报道了广州市从化区某水塘被填埋垃圾污染事件，引起广泛关注。该水塘面积为 5 万平方米、水深约 50 米，属于农用地性质，但水塘承包人张某山、实际管理人邝某尧自 2012 年 11 月开始在涉案水塘从事垃圾收纳作业，垃圾填埋量超过 360 万立方米，造成水污染。对于生态环境损害和后续治理，环境保护部华南科学研究所和广东省微生物研究所依法联合出具《环境损害鉴定评估报告》，认定水塘生态环境损害费用为 1 050 万元[水塘污水虚拟治理成本（水塘受污染水量 250 万吨×污水处理费 1.4 元/吨）×3 倍 = 水塘环境损害值 1 050 万元]，修复费用不少于 1 250 万元。

广州市人民检察院经依法公告，无其他机关和社会组织起诉，遂于 2016 年 2 月 24 日向广州市中级人民法院提起民事公益诉讼，诉讼请求为张某山、邝某尧连带赔偿水塘受污染期间环境功能损失费用人民币 1 050 万元，并连带承担自判决生效之日起 3 个月内将涉案水塘水质恢复至地表水质量标准第 V 类水标准。

张某山、邝某尧二被告认为在水塘污染事故发生后，已按照 C 区环保部门要求，积极采取多种措施消除污染，抽样检测结果也显示水塘的水质达到地表水第 V 类水标准，广州市人民检察院的诉讼目的已实现。另外，由于该水塘是废弃的石灰石矿，不存在生态环境受到损害至恢复原状期间服务功能损失。即使存在损失，也应优先适用替代等值分析方法，而不能以虚拟治理成本法计算出的水塘环境损害额来替代服务功能损失费用。

广州市中级人民法院认为张某山、邝某尧在其污染行为被发现后，积极主动进行垃圾清理，水塘的水质确有改善，但也只是三次抽样检测的结果。根据环境专家提供的专业意见，水塘因污染严重，短时间内难以恢复到第 V 类地表水的状态，按常规生态修复大概需要两年时间才能完成。专家的评估报告选择虚拟治理成本方法符合《环境损害鉴定评估推荐方法（第Ⅱ版）》中的情形，二被告认为本案应适用替代等值分析方法，却未能提供充分依据予以证明。据此，判决支持检察机关全部诉讼请求。

二被告不服，向广东省高级人民法院提出上诉，广州市人民检察院、广东省人民检察院派员共同出席二审法庭并分别发表出庭意见。2019 年 12 月 19 日，广东省高级人民法院作出终

---

① 参见广东省高级人民法院（2018）粤民终 2466 号民事判决书。

审判决，驳回上诉，维持原判。判决生效后，被告主动履行了给付判项，缴纳环境功能损失费用1 050万元。

二、法理评析

（一）判决的意义

公益诉讼在中国属于新生事物，正式的制度始见于2012年修订的《民事诉讼法》，该法第55条明确赋予法律规定的机关和有关组织提起民事公益诉讼的权利。2014年10月，党的十八届四中全会提出“探索建立检察机关提起公益诉讼制度”。2015年7月，全国人大常委会授权最高人民检察院在部分地区开展公益诉讼试点工作。2017年6月，全国人大常委会修订《民事诉讼法》，于第55条增补了民事检察公益诉讼款项，正式建立这一制度。2018年3月，《最高人民法院、最高人民检察院关于检察公益诉讼案件适用法律若干问题的解释》发布并施行。2018年10月、2019年4月，公益诉讼检察职权又被写进修订的《人民检察院组织法》《检察官法》。随着法律规范的发展，2019年10月，党的十九届四中全会提出拓展和完善公益诉讼，说明中央对公益诉讼制度进一步的期许。

可以说，公益诉讼立法和实践探索是中国特色社会主义理论体系的创新发展，是以法治思维和法治方式推进国家治理体系和治理能力现代化的重要制度安排。中国特色社会主义进入新时代，党和人民对维护国家利益和社会公共利益提出新的更高要求，探索建立检察机关提起公益诉讼，目的是充分发挥检察机关法律监督职能作用，严格执法，维护宪法法律权威，维护社会公平正义，更好维护国家和社会公共利益。

环境公益诉讼的案件数量最多、实施效果最佳，最有条件成为检察公益诉讼的“领头羊”，本案作为广东检察机关开展提起公益诉讼试点工作办理的首批案件之一，充分展示了检察机关提起民事公益诉讼的程序要求和具体内容，具有较高的实践价值。生态环境是属于全人类的公共产品，已超出个人利益范畴，对于生态环境造成的损害，属于一种新型公共利益损害。生态环境损害发生后，仅仅对致害行为进行惩罚和禁限是不够的，修复受损环境才具有根本意义，但由于《环境保护法》《大气污染防治法》《水污染防治法》《民法典》等并未对“生态环境损害”作出界定，与此相关的“生态环境服务功能损失”等概念在司法实务中也缺乏清晰认识，导致环境民事公益诉讼中责任人应被追究承担的责任内容和计算依据较为混乱。本案准确界定生态环境损害，除要求污染者承担恢复原状责任外，还充分考虑受损生态环境从损害发生到其恢复至基线状态期间提供生态系统服务的损失，为今后同类型案件的办理提供了参考。

（二）生态环境损害的界定及其责任类型

目前中国除了《海洋环境保护法》之外，[①]法律上并无对生态环境损害进行明确的定义。学理上，生态环境损害是指因环境权利和环境法益受损而产生的一种不利益状态。规范文本上的界定见诸生态环境部于2014年发布的《环境损害鉴定评估推荐方法（第Ⅱ版）》第4.5条：生态环境损害指由于污染环境或破坏生态行为直接或间接地导致生态环境的物理、化学或生物特性的可观察的或可测量的不利改变，以及提供生态系统服务能力的破坏或损伤。也就是

① 《海洋环境保护法》第94条第1项规定：“海洋环境污染损害，是指直接或者间接地把物质或者能量引入海洋环境，产生损害海洋生物资源、危害人体健康、妨害渔业和海上其他合法活动、损害海水使用素质和减损环境质量等有害影响。”

说,生态环境损害可分为两种情形:一是因污染环境或破坏生态行为导致生态环境物理、化学或生物特性的不利改变,这些不利改变是可以观察或测量的个别化现象;二是因污染环境或破坏生态行为导致的对生态系统服务能力的破坏或损伤,这是由于生态环境的物理、化学或生物特性的不利改变而产生的整体性后果——生态系统功能退化,对这种功能退化程度的认识需要对生态系统的平衡性或整体性功能进行比较分析。

据此,生态环境损害发生后,侵权人至少应承担以下两方面的责任:

一是生态环境损害的修复责任,包括生态环境损害修复的本位责任和替代责任两种形式。如果生态环境在物理、化学或生物特性方面的不利改变能够被修复,侵权人应在合理期限内承担修复责任,即本位责任;如果生态环境能修复但侵权人未在合理期限内修复,国家规定的机关或者法律规定的组织可以自行或者委托他人进行替代修复,并由侵权人负担所需全部费用,即替代性修复责任。《最高人民法院关于审理环境民事公益诉讼案件适用法律若干问题的解释》第 18 条和第 20 条关于侵权人承担修复生态环境责任及替代性修复方式的规定,即体现了生态环境修复责任的要求。

二是生态环境损害的赔偿责任,该项责任以生态环境损害能否修复而有所区别。如果生态环境损害能够修复,在生态环境修复完成之前,该生态环境系统功能处于退化状态,侵权人须承担生态环境受到损害至修复完成期间因生态环境服务功能丧失而导致的损失;如果生态环境损害无法修复,侵权人就需要赔偿生态环境功能永久性损害造成的损失。《最高人民法院关于审理环境民事公益诉讼案件适用法律若干问题的解释》第 21 条对此均作了规定,即原告可以请求被告赔偿生态环境受到损害至修复完成期间服务功能丧失导致的损失、生态环境功能永久性损害造成的损失。此外,还可同时要求侵权人赔偿"生态环境损害调查、鉴定评估等费用""清除污染以及防止损害的发生和扩大所支出的合理费用""合理的律师费以及为诉讼支出的其他合理费用"。

总之,在生态环境修复之前,社会公众丧失所应享有的生态系统服务利益,仅对生态环境进行修复是不能实现上述服务利益损失的救济的,损害的修复责任与赔偿责任是并列的两种独立责任类型,而非相互包含关系。本案被告主张生态环境损害费用主要是环境修复或生态恢复费用,实质上是将生态环境损害的修复责任与生态环境损害的赔偿责任混为一谈,其抗辩不能成立。

（三）生态环境损害费用的计算

环境有价,污染担责。对生态环境的侵害究竟要达到何种程度才能被确认为造成损害,实践中一般是通过标准来确定的。对环境公益损害的确定要依据生态环境的原来状态并以此作为"基线"来进行比较判断,具体的生态环境损害额由鉴定机构根据自然科学原理和技术路线进行鉴定评估。而鉴定意见和评估报告属于民事诉讼中的证据形式,须经法定的程序方可作为定案根据。本案对生态环境损害额事实的认定,即通过审查环境学专家对生态环境损害出具的评估报告来确认,这也是实践中常见的损害额确定方法。

本案检察机关提供的《环境损害鉴定评估报告》运用虚拟治理成本法对生态环境损害进行量化,确定了涉案水塘的生态环境损害的赔偿费用为 1 050 万元。被告对此持反对意见,认为应当按照《环境损害鉴定评估推荐方法(第Ⅱ版)》的原则规定,在本案中优先适用替代等值分析方法。但根据上述评估鉴定方法的适用规定可知,鉴定机构所采用的评估方法并非绝对如此,在例外情形时可以采用环境价值评估方法。本案中,该水塘由于长期被倾倒建筑垃圾和生活垃圾等固体废物,水塘中的污染物浓度水平比较高,预计长时间内难以通过一次性的恢复工程完全恢复至基线浓度水平,且恢复成本远远大于其收益,故《环境损害鉴定评估报告》选择环境价值评估方法中的虚拟治理成本法进行生态环境损害量化核算,符合《环境损害鉴定评估推荐方法(第Ⅱ版)》的有关规定。被告只是援引了一般原则,未能就本案更适用采用替代等值分析方法提供有力论证。

《突发环境事件应急处置阶段环境损害评估推荐方法》对于虚拟治理成本法的计算方法进行了规范:虚拟治理成本是指工业企业或污水处理厂治理等量的排放到环境中的污染物应该花费的成本,即污染物排放量与单位污染物虚拟治理成本的乘积;单位污染物虚拟治理成本是指突发环境事件发生地的工业企业或污水处理厂单位污染物治理平均成本(含固定资产折旧);在量化生态环境损害时,可以根据受污染影响区域的环境功能敏感程度分别乘以1.5—10的倍数作为环境损害数额的上下限值。根据上述规范,运用虚拟治理成本法对生态环境损害进行量化,涉及污染物排放量以及受污染影响区域的环境功能敏感系数的确定。如前所述,因涉案水塘的水质在受污染前为地表水,考虑到涉案水塘长期收纳的建筑垃圾和生活垃圾产生的环境危害大、时间跨度长等因素,确定以3倍计算环境损害数额并未超出上述规定的范围,在被告未能提供充分的证据推翻上述结论的情况下,对被告要求酌情减少环境功能损失费的意见应不予采纳。

(四)以往裁判中的情况

在各地环境民事公益诉讼的案例中,生态环境服务功能损失费用的表述是逐渐明确的。例如,最高人民检察院发布的许建惠、许玉仙环境民事公益诉讼案(检例第28号),判决有一项为两被告"赔偿对环境造成的其他损失150万元",但"其他损失"包括了哪些具体项目并不清晰。《最高人民法院关于审理环境民事公益诉讼案件适用法律若干问题的解释》明确了公益诉讼原告的诉讼请求可以包括"生态环境服务功能损失"后,环境公益诉讼中涉及"生态环境服务功能损失赔偿"的判决明显增多,但仍有一些地方法院的判决将两种损害予以合并,例如荆州市沙市区人民检察院诉刘某福水污染责任纠纷环境民事公益诉讼一案,法院判决被告"赔偿因其违法排放电镀废水造成的生态环境损害损失202 050元"。但更多判决与本案保持了一致,区分出环境民事公益诉讼案件中的损害额,对生态环境修复费用和生态环境受到损害至修复完成期间的服务功能损失分别计算,案件损害额的标准也趋于统一。当然,在一些个案中,生态环境服务功能损失难以确定或者确定具体数额所需鉴定费用明显过高,法院对损失额进行了酌情确定,例如浙江省开化县人民检察院诉衢州瑞力杰化工有限责任公司环境民事公益诉讼案(人民法院环境资源审判保障长江经济带高质量发展典型案例)就是如此。在"酌情确定生态环境损害额"的情形下,法官自由裁量的空间应比司法审查要广阔些。

(五)案例的射程

环境民事公益诉讼制度实现了诉因由"对人的损害"转变为"对环境的损害"的重大转变,回应了新时期生态文明建设和绿色发展的现实需求,为以司法的力量保护生态环境提供了法律依据,有力推动了司法参与环境治理的进程,已经成为我国环境法治体系的重要组成部分。生态环境服务功能损失是生态环境损害的重要内容,但是由于生态环境自身具有一定的自净和恢复能力,并非每个生态环境侵权行为都会造成生态环境服务功能的损失。所以,在生态环境民事公益诉讼中,要正确认定环境损害的后果。本案由于侵权行为发生在广州的战略水源所在地,涉及地下水安全问题,造成的危害较为严重,因此环境服务功能更加受到重视。在各地后续的环境民事公益诉讼案件中,办案机关从本案得到启发,对环境服务功能有了具体、深刻的认识,能够准确地提出诉讼请求。环境损害后果评估是对环境损害进行定量分析,以量化的方法来判断和说明环境的受损程度,为环境污染和生态破坏行为的损害赔偿提供了具体的依据。

本案围绕专业技术问题,引入专家辅助人,也为其他公益诉讼所借鉴。环境民事公益诉讼案件中,对于损害后果的测量、因果关系、环境修复等大量的专业技术问题,检察机关可以通过甄选环境专家协助办案,厘清关键证据中的专业性技术问题。专家辅助人出庭就鉴定人作出的鉴定意见或者就因果关系、生态环境修复方式、生态环境修复费用以及生态环境受到损害至修复完成期间服务功能的损失等专门性问题,作出说明或提出意见,经质证后可以作为认定事实的根据。当然,法院不能唯鉴定是从,要对鉴定人是否有资质,鉴定程序是否合法,鉴定方法是否科学,鉴定依据的技术规范和标准是否有效依法审查。在判决书中,释明对鉴定评估意见中计算方法的选择,及对虚拟治理成本法中单位治理成本等关键变量适用的审查意见。

另外,需要说明的是,2020 年通过的《民法典》在"环境污染和生态破坏责任"一章中,对污染环境和生态破坏责任进行了类型化。所新增的生态环境损害的规定,也反映了本案的裁判思路,将其明确为生态环境损害的修复责任及生态环境损害的赔偿责任(《民法典》第 1234、1235 条),有助于提高违法成本,及时修复生态环境,并以严格法律责任威慑潜在加害人,防范损害发生。

参考文献:

1. 吕忠梅、窦海阳:《以"生态恢复论"重构环境侵权救济体系》,载《中国社会科学》2020 年第 2 期。

2. 江必新:《中国环境公益诉讼的实践发展及制度完善》,载《法律适用》2019 年第 1 期。

3. 竺效:《论环境侵权原因行为的立法拓展》,载《中国法学》2015 年第 2 期。

4. 张新宝、庄超:《扩张与强化:环境侵权责任的综合适用》,载《中国社会科学》2014 年第 3 期。

华南理工大学法学院
黄旭东

第十三章　中国社会主义立法和法律体系

第一节　中国社会主义立法的指导原则

53. 民主立法
——多数人意见的利与弊

防止民主的多数人暴政[①]

一、事例概要

民主的一般意义就是按照多数人的意志决定,即多数人比少数人更有决定的资格。当然,由于人性的弱点,多数决定并不能确保意志的合法性与正义性,即多数人不一定总是对的,所以会有所谓多数人暴政的问题。历史上,完整地提出民主会产生暴政观念的是法国人托克维尔。时年仅25岁的托克维尔谈到民主的缺陷,论及多数人暴政问题时说道:"民主政治的本质,在于多数对政府的统治是绝对的,因为在民主制度下,谁也对抗不了多数。"[②]

怎样防止多数人的暴政,对此没有人提出完整系统的预防体系。托克维尔提出了两个方法:一是在多数人权威与个体公民或者少数人之间建立一个缓冲地带。这个缓冲地带由无数的公务员和法官构成,使得多数人不可能真正有能力伤害到少数人。二是通过司法权威防止民主暴政。相对于一般不懂法律的民众而言,法官更加熟悉法律程序、法律规则,因此民众作为旁观者在案件审理中不一定是被蒙蔽而出现认识错误,实际上常常是由于观念的非职业性带来的对法律事务的陌生,使得他们无法对案件作出法律上正确的判断。司法的权力不能简单地以人头数来赋予,法官不是通过投票选出,而是通过特殊的优选程序来选出的。法官借助于对案件的专业判断和边界设防,防止多数人意见所可能产生的失误和偏见。

二、法理评析

强调正常人的理解,有时会让人落入"多数人的意见"的窠臼。比如,在司法裁判中的判例法解释并不像成文法解释那样,有详尽的立法准备资料或立法背景介绍,以及以较为成熟的法律解释理论作为基础,而只是法官在个案裁判中的一种法律思维。所以,判例法解释所形成的

---

① 参见郑来春:《马克思主义民主理论及其当代价值》,载《光明日报》2019年12月10日,第16版。

② 参见[法]托克维尔:《论美国的民主》(上卷),董果良译,商务印书馆1995年版,第384—385页。

裁判规则更加倾向于所谓正常人的理解，以获得裁判的正当性。但是，这种正常人的理解，还需要结合权利义务主线的法律思维，坚决恪守个人权利至上的信条，进而防止将正常人的理解简单等同于“多数人的意见”。判例法解释中，多数人的意见可能成为最终的裁判结果，不过多数人意见永远不能代表个人权利。事实上，法律意义上的个人权利独立于任何多数人，哪怕是多数人的团体也是没有权利的。个人的权利不会因为加入或退出某个多数人群体而获得或失去，甚至可以说，个人权利原则是所有正常人理解指向的唯一道德基础。所以，其实“个人权利”的说法是累赘的，而“集体权利”的说法则是矛盾的。因为个人权利不受公众投票的制约，多数人无权借投票的方式否决少数人的权利，法律权利的作用就是保护少数人免受多数人的压迫，而个人正是“最少的少数人”。因此，法官应当秉持独立的专业判断，以权利义务主线的法律思维加以判断，尤其是权利至上的底线，而不是轻易被裁判过程中可能发生的公共舆论、媒体评论等任意干涉，形成传媒审判的被动局面，造成个人权利可能被舆论宰杀的非法律后果。

很多情况下，倾向于多数人趋向的流行不会造就真理，反而会错上加错。因此，无论人数多少，都不能把错误转化为真理。有时错误的观点广为流行后，人们可能倾向于接受它，可这不能改变错误的本质，乐于接受不代表能够产生真理。唯有一个要素能够使多数人的意见变成正确的真理，那就是意见同现实之间的精确一致。那种认为多数人的意见往往比个人的观点更真实的立场，不应当成为判断是否为正常人理解的信条，因为多数人的意见有时示伪而非真。坚持某个意见的人数越多，可能对有关问题的专业程度认识力就越低，结果是同一类型判例的增长与洞悉真理的能力成反比。许多人经常只能把特定主题一般化，所以，他们的意见难以像专家那样准确。

因此，对于民主的立场应当坚持唯物辩证法。民主不是完美无缺，其所具有的瑕疵甚至可能酿成多数人暴政。如果认为多数人的利益理应优先于少数人的道义，这一错误的思想也就为多数人暴政的民主恶果播撒下了种子。所以，民主与法治相辅相成。法治若不以民主为基础，就可能会被作为滥用权力的幌子，沦为专断的有力工具；但是若民主不以法治为根本形式，民主就只能停留在愿望之中，甚至成为多数人的暴政。

参考文献：

1. 郭丽兰：《马克思民主观的文本研究》，人民出版社 2014 年版。
2. 俞可平：《关于“民主是个好东西”的辨正》，载《北京日报》2006 年 10 月 23 日，第 18 版。
3. 杨中旭：《俞可平再论“民主是个好东西”》，载《中国新闻周刊》2009 年第 33 期。
4. [法]托克维尔：《论美国的民主》(上卷)，董果良译，商务印书馆 1995 年版。

上海交通大学智慧法院研究院
杨 力

第二节　中国的立法体制

54. 统一而又分层次的立法体制
——司法判决中的经济特区法规与法制统一

亚太石油国际有限公司诉海南太平洋石油股份有限公司、中国化工进出口总公司、三亚凤凰国际机场总公司、中国航空油料总公司参股合同纠纷案[①]

一、案情概要

海南太平洋石油实业股份有限公司(以下简称“太平洋公司”)发起人为中国化工进出口总公司(以下简称“中化公司”)、三亚凤凰国际机场总公司(以下简称“机场公司”)、中国航空油料总公司(以下简称“中航油公司”)。1994 年 3 月 8 日,太平洋公司获海南省工商局颁发企业法人营业执照,注册资金为 27 000 万元人民币。

1994 年 7 月 11 日,太平洋公司与亚太石油国际有限公司(以下简称“亚太公司”)签订了亚太公司参股太平洋公司的合同,约定:“太平洋公司股本 3 亿元,每股面值 1 元,将其中占股本总额 25.5%即 7 650 万股以每股 1.2 元的价格转让给亚太公司,总值 9 180 万元。太平洋公司应尽力着手注册资金更改及与合同有关股权的登记。如果亚太公司不能够支付合同规定的股份金额或太平洋公司已全部支付了股份但不能提供注册及股份修改,则双方同意合同失效,太平洋公司立即归还亚太公司支付的股份金额。”同年 7 月 14 日,海南省证券委以琼证(1994)38 号函复太平洋公司,同意亚太公司对太平洋公司参股。太平洋公司于 1994 年 8 月 4 日向海南省工商局申请变更注册资金,1995 年 5 月 30 日海南省工商局颁发了变更后的企业法人营业执照,注册资金为 3 亿元。1997 年 11 月 10 日,海南省证券委批复太平洋公司总股本由 3 亿股调整到 367 200 246 股。

截至 1995 年 4 月 6 日,亚太公司投资 10 813 895 美元,以 100 美元比 848.91 元人民币汇率计为 91 890 000 元人民币,该投资已用于太平洋公司建设项目中。1995 年 4 月 24 日,太平洋公司召开临时股东大会,一致通过决议,同意公司章程修改稿,将公司改组为中外合资经营股份有限公司,上报中华人民共和国对外经济贸易合作部(以下简称“外经贸部”)批准后办理变更登记手续。1995 年 10 月 20 日,海南省经济合作厅(以下简称“海南省合作厅”)以琼经合发(1995)148 号文件请求外经贸部外资司批准太平洋公司转为外商投资股份有限公司。1996 年 3 月 28 日,外经贸部外资司批复海南省合作厅,提出初步意见,要求海南省合作厅将该意见告知太平洋公司,请其速与外经贸部外资司联系。后亚太公司与太平洋公司多次召开会议,就如何尽快完成公司注册及完善文件进行了商讨,但未见成效。亚太公司一直处于未被法律所

---

① 参见最高人民法院(1999)经终字第 283 号判决书。

承认的参股人地位，难以向泰国国家银行说明有关情况，公司发起人之间的矛盾无法解决。亚太公司无法依照中国法律参加经营，遂于 1997 年多次致函太平洋公司，请求尽快处理退股事宜，返还已投资美元 10 813 895 元。

1998 年 1 月 20 日，亚太公司致函外经贸部询问该项目能否得到批准。外经贸部以(1998)外经贸资一函字第 95 号批复海南省合作厅称：该项目经营范围不符合国家产业政策导向，不同意太平洋公司转制为外商投资股份有限公司。1998 年 7 月 20 日，海南省合作厅以琼经贸外字(1998)59 号文件再次要求外经贸部审批太平洋公司转为外商投资股份有限公司。1998 年 7 月 23 日、8 月 10 日，亚太公司两次致函太平洋公司称：不同意年底前完成注册的意见，坚持要求退股。因太平洋公司始终未能获得外经贸部的批准，亚太公司遂起诉到法院。

海南省高级人民法院一审判决认为，亚太公司同太平洋公司签订的参股合同，实为设立新的外商投资股份有限公司的协议，未获外经贸部批准，故该参股合同依法应确认无效，太平洋公司收取亚太公司的股金应予返还。发起人中化公司、机场公司、中航油公司应依照公司法的有关规定承担连带责任。太平洋公司、中化公司、机场公司、中航油公司不服海南省高级人民法院(1998)琼经初字第 66 号民事判决，向最高人民法院提起上诉。

最高人民法院认为，本案讼争的参股合同是将全部由中资组成的股份有限公司变更为由亚太公司参股的中外合资股份有限公司，由于《中外合资经营企业法》(已失效，以下简称"《合资法》")规定的设立中外合资经营企业的组织形式为有限责任公司，应适用《公司法》(已多次修正修订)和外经贸部的《关于设立外商投资股份有限公司若干问题的暂行规定》(已失效，以下简称"《暂行规定》")。

首先，太平洋公司与亚太公司缔约是一种代表行为，代表行使股东大会的决议，而股东大会的主要股东即为发起人股东；由于发起人股东是股东大会的主要代表，因此发起人股东应当依据《公司法》第 97 条的规定承担外商投资股份有限公司未能成立的责任，即中化公司、机场公司和中航油公司应直接承担对亚太公司的还款责任。

其次，太平洋公司在扩股前的股东完全是内资股东，增发股份定向募集的对象却是外商投资者亚太公司，导致除太平洋公司的名称未变化外，公司的章程、组织机构、经营活动、财务会计等方面均发生实质性变化。这些变化是由发起人股东最终将太平洋公司定位为外商投资股份有限公司性质的一系列行为导致的，其结果无异于新设公司，也就是说虽然太平洋公司已经成立，但是发起人的责任并未完结。股份有限公司发起人的责任，已经由原来的建立完全由内资股东组成的太平洋公司变成建立外商投资股份有限公司，发起人股东依据《公司法》第 97 条的规定是这一法律后果的权利、义务的承受者。

最后，《暂行规定》规定了股份有限公司转变为外商投资股份有限公司需报请外经贸部批准的强制性条款。本案中参股合同未获外经贸部批准，依据《合同法》(已失效)第 44 条和《暂行规定》的有关规定，该合同是未生效的合同。未生效是指需要由外经贸部审批的内容未经批准而不生效，并不包括合同约定的报批前的内容以及批准不成的处理办法的约定。在未确定亚太公司股东地位的情况下，太平洋公司增加了注册资本，并将亚太公司投资款用于太平洋公司建设项目。亚太公司已经收购的股份就应当由主体适格的人受让，从而维持太平洋公司的注册资本金。除非公司股东外的其他人收购，否则这部分股份就应当由作出增资扩股决议的股东来收购，三发起人股东亦应首先承担向亚太公司支付股本金的义务。参股合同不生效，亚太公司和其他发起人均有责任。其中,中化公司、机场公司、中航油公司应负主要责任;亚太公司承担次要责任。因此,亚太公司应当自行承担30%的利息损失。

最高人民法院判决如下:撤销海南省高级人民法院(1998)琼经初字第66号民事判决;中化公司、机场公司、中航油公司在本判决生效10日内共同连带返还亚太公司人民币9 180万元人民币及70%的利息。

二、法理评析

(一)判决的意义

本案判决中,人民法院并未适用经济特区法规,而是适用《公司法》和外经贸部的《暂行规定》作出裁判。太平洋公司与亚太公司签订的参股合同是依据1991年《海南经济特区外商投资条例》(已失效)"外商占股份25%以上的,可申请将原企业改变为外商投资企业"的规定,由亚太公司投资参股经营此前已经注册成立的太平洋公司。然而《合资法》规定设立中外合资经营企业的组织形式为有限责任公司而非股份有限公司,太平洋公司向外商投资者亚太公司增发股份定向募集导致除公司名称未变化外,公司的章程、组织机构、经营活动、财务会计等方面均发生实质性变化,因而不能简单适用《公司法》关于增资扩股的规定,应当认定为新设公司的发起行为。若仍然适用《海南经济特区外商投资条例》关于"原企业"的规定,该增资扩股行为将从实质上规避《合资法》设立中外合资经营企业的组织形式为有限责任公司的规定,从而引发市场管理的负面效应、影响法制统一。故最高人民法院拒绝适用该经济特区法规,而是回到《公司法》和外经贸部的《暂行规定》,从公司形态转换过程中发起人责任认定的角度作出裁判。

(二)经济特区法规概述

众所周知,经济特区法规进入我国法律体系经历了一个曲折的历史过程。设立经济特区,是以邓小平同志为核心的党的第二代中央领导集体在改革开放之初作出的重大决策。邓小平说:"特区是个窗口,是技术的窗口,管理的窗口,知识的窗口,也是对外政策的窗口。"对其法律意义,1980年《广东省经济特区条例》第1条规定:为发展对外经济合作和技术交流,促进社会主义现代化建设,在广东省深圳、珠海、汕头三市分别划出一定区域,设置经济特区(以下简称"特区")。特区鼓励外国公民、华侨、港澳同胞及其公司、企业(以下简称"客商"),投资设厂或者与我方合资设厂,兴办企业和其他事业,并依法保护其资产、应得利润和其他合法权益。

维持经济特区运行,仅靠《广东省经济特区条例》当然是不够的,大量特殊政策需要落实为法规。为此,1981年11月26日第五届全国人大常委会第二十一次会议通过决议,"授权广东省、福建省人民代表大会及其常务委员会,根据有关的法律、法令、政策规定的原则,按照各该省经济特区的具体情况和实际需要,制定经济特区的各项单行经济法规,并报全国人民代表大会常务委员会和国务院备案"。在海南建立经济特区后,全国人大同样授权海南省人大及其常委会制定经济特区法规。进入20世纪90年代,经济特区所在地的市也获得了立法权。全国人大常委会先后授予深圳、厦门、汕头、珠海市的人大及其常委会制定法规之权。2000年《立法法》确认了全国人大常委会对经济特区所在地的市制定经济特区法规的授权,同时又赋予其制定地方性法规的权力,即享有所谓"较大的市"立法权。这也产生了几个经济特区所在地的市"一市两法"的特殊现象,而且两法实施地域有别。

2010年6月起，深圳、厦门、珠海、汕头等经济特区先后扩大范围，经济特区和所在地的市的行政区划终于实现重合，“一市两法”问题才逐步得到缓解。

（三）司法判决中的经济特区法规适用情形

经济特区法规司法适用在涉及频率上最主要的还是土地管理和城市规划、劳动者社会保险范围和标准这两种类型。此外，公司股权、反不正当竞争、物业管理、机动车税费、律师业务等内容也有所涉及。经济特区法规的司法适用具体可以分为两种类型。第一类是法院在判决中直接引用经济特区法规。在经济特区法规不存在与其他法律规范相抵触的情形下，法院可能直接依据经济特区法规进行裁判。第二类是法院仅将经济特区法规作为说理依据。经济特区法规和法律、行政法规、地方性法规的规定相一致时，法官往往优先适用法律等规定，司法判决未直接引用经济特区法规，而其仅存在于诉讼当事人主张或法官说理之中。

司法判决中存在两种拒绝引用经济特区法规的情况。一种情况是地方人民法院根据最高人民法院的司法解释实质缩小了经济特区法规中法律概念的外延。另一种情况则如本案，人民法院直接拒绝引用经济特区法规作出裁判。拒绝的原因，很可能是经济特区法规的变通规定对国家整体法律秩序的冲击过于强烈，司法审判政策难以接纳。

总体而言，无论审判机关是否直接引用经济特区法规并作为裁判依据，法院并未将经济特区法规置于优越地位，即并不先验地认为经济特区法规的效力高于法律、行政法规、地方性法规。当经济特区法规和法律、行政法规、地方性法规一致时，如果前者只是对后者作出具体化规定，那么法院选择引用其一或者并列引用两者，都不影响国家法制统一。

而当经济特区法规实质性地变通了法律、行政法规、地方性法规的规定，或者确实是在“独立造法”时，法院则往往采取高度审慎的态度进行判断和适用。如果认定案件事实并非为经济特区法规变通规定所涵盖，则依据法律、行政法规、地方性法规的一般规定作出判决。对于特别棘手的争议性案件，比如本案，法院则选择不再纠缠于经济特区法规是否和法律、行政法规、地方性法规相抵触的问题，而直接回归一般法律规范中的原理性条款，并据此解决纠纷。

参考文献：

1. 屠凯：《司法判决中的经济特区法规与法制统一》，载《当代法学》2017年第2期。
2. 林彦：《经济特区立法再审视》，载《中国法律评论》2019年第5期。

清华大学法学院
屠 凯

第三节　中国的立法程序

55. 法律案的提出
——民间参与国家立法

《中华人民共和国慈善法》的民间建议稿

一、事例概要

（一）“民间”提交五个版本的《慈善法》建议稿

2014年底，有五部《慈善法》民间建议稿同时公布。它们分别由北京大学非营利组织法研究中心和清华大学公共管理学院非政府组织研究所、中国社会科学院法学研究所、北京师范大学中国公益研究院、上海交通大学第三部门研究中心、中山大学中国公益慈善研究院六家机构提交。

中国青年报记者通过梳理、比较五个版本的《慈善法》民间建议稿后发现，各个版本对慈善组织、慈善募捐、社会组织从事公益慈善行为和商业行为的边界问题、从事公益慈善行为的社会组织信息披露、公益慈善组织享受的税收优惠政策这些多年来公益慈善界多次呼吁、慈善立法无法回避的问题都作出了规定。①

（二）“民间立法”的现实背景

民间提交《慈善法》建议稿具有特殊的历史和现实背景。当时，中国还没有一部慈善领域的基本法，甚至没有一部国家层面的法律法规名称中含有“慈善”一词。中国的社会组织分为社会团体、民办非企业单位和基金会三类，分别由《社会团体登记管理条例》《民办非企业单位登记管理暂行条例》和《基金会管理条例》三部行政法规规定基本的登记注册程序和行为规范。除《基金会管理条例》制定于2004年之外，其余两部条例制定年代较早，规定粗疏，而且立法层级较低。除了这三部行政法规，还有一部已经远远落后于现实需要的《公益事业捐赠法》。一些针对公益慈善组织的税收优惠政策，则散见于一些税收的单行法和规范性文件中。

事实上，民政部早在2005年就开始牵头起草慈善法，其间数易其稿，2008年底曾将草案提交国务院法制办。但这次由政府系统内部启动程序的立法尝试，由于社会各界分歧较大、对慈善的定义未能取得共识，未能顺利提交全国人大常委会审议。“难产”近10年后，在2013年10月30日十二届全国人大常委会公布的五年立法规划中，慈善事业法位列第一类项目，即条件比较成熟、任期内拟提请审议的法律草案，确定由全国人大内务司法委员会（以下简称“内司委”）牵头起草。2014年2月24日，内司委召开慈善事业立法领导小组第一次全体会议，列出了立法时间表和路线图。但是，慈善事业法草案何时能够提请审议，从而正式进入立法程序，

① 参见《慈善法的五个民间版本》，载《中国青年报》2015年1月7日，第8版。

仍是未知数。同时,现实中公益慈善行业的种种事件,一次次冲击着法律缺失的空白和灰色地带。[①] 比如,2015 年 5 月,深圳市社会组织管理局首开国内立法先河——广发“英雄帖”,向社会公开征集《深圳经济特区社会组织条例》优秀草案和立法建议文本。该“开门立法”受到社会各界的广泛支持,共收到来自著名高等院校、知名研究机构、社会组织和广大群众提交的完整立法草案 14 份、立法建议 20 份。专家组评选出最优的 3 份立法草案和 3 份立法建议。[②]

二、 法理评析

(一) 国家与民间互动的民主立法

在近年立法进程中,国家立法活动和民间立法思潮互动有一定的发展和推进:国家立法活动积极,民间的参与形式也较为多样,国家与民众双向立法努力呈现良好态势。

1. 双向立法活动中的吸纳与参与

国家对关于社会组织的立法活动和前立法活动的态度比较积极。这些活动主要是为立法工作做前期准备。这种立法活动与前立法活动能够在很大程度上调动和激发民间提出立法建议、撰写立法文本等参与立法活动的积极性,在客观上也形成了国家与民间立法意愿双向互动、立法思潮多向涌动的局面。总体而言,这种双向活动在多个方面、角度和环节均对既有的立法成果有所突破,是吸纳公众参与立法的重要表现。公众参与立法是享有立法权的机关与公众之间的双向沟通、协商和对话,[③]是民主立法的形式之一。国家与民众之间的双向沟通、协商与对话,既是对二者智慧与力量的凝聚,也是共同促进立法完善所不可或缺的基础条件。

国家与民众力量的双向立法活动,首先表现为国家对民间意见尤其是专家意见的有意吸纳。在这些立法任务开展的过程中,相关部门采取了一系列措施听取来自民间的立法建议。这些措施以不同的形式呈现。其一,召开立法工作座谈会。立法工作座谈会是较为正式的吸纳民间意见的方式。例如,2014 年 5 月 15 日至 16 日,民政部民间组织管理局在重庆召开社会组织法立法工作座谈会。民间组织管理局以及中办法规局、全国人大常委会法工委、国务院法制办等领导听取学者关于社会组织法立法工作的基本问题、非营利组织法立法中的关键问题、社会组织立法的立法技术分析、社会组织法立法的价值取向等方面的主旨发言。其二,听取民间立法版本的意见。在“慈善法民间版本研讨会”中,内司委和全国人大常委会法工委等部门的工作人员全天听取会议,共同探究五个版本的异同和优劣。其三,积极发布征求意见稿。现在几乎每个法律案均是如此。

国家与民众力量的双向立法活动,其次表现为民众对立法活动的主动参与。民众参与立法的重要主体是专家、学者、律师和普通民众,方式呈现出多样性和灵活性。其一,专家、学者撰写立法建议稿民间版本。社会组织领域的专家素有撰写专家建议稿的传统。早在 2007 年,北京大学非营利组织法研究中心就开始了《非营利组织法》专家意见稿的起草工作。较之于《非营利组织法》专家意见稿的单一版本,2014 年的《慈善法》五个民间版本的进步之处在于,能以求同存异的方式容纳许多差异。更重要的是,在五个版本的比较之中,不同版本的核心思

---

① 参见《慈善法的五个民间版本》,载《中国青年报》2015 年 1 月 7 日,第 8 版。

② 参见《社会组织开门立法 优秀草案三强出炉》,载《深圳特区报》2015 年 9 月 10 日,第 A07 版。

③ 参见宋方青、宋尧玺:《论我国公众有序参与立法的模式与实现路径》,载《法制与社会发展》2012 年第 6 期。

想和具体内容发生不同形式的碰撞、冲突与交锋，[1]由此激发了更多的火花与灵感。这些版本之间的静态比较与动态交锋客观上能为国家正式版本提供更多的思路和选择。其二，理论界与实务界对国家立法草案及其审议稿的研讨、批评与建议。这些意见也包含实务界的倾力参与。实务界自身的建议方式则更加直接。这种就立法文本进行建议的方式，在一定程度上反映了民众意图在立法中体现自身诉求、愿望与利益的内在驱动力量，是民众致力于参与立法的外在表现形式。其三，专家、学者以著书立说的方式致力于影响相关法律的立法模式、理论基础与具体规定。在国家立法阶段和前立法阶段，专家、学者在各种杂志、网站和媒体上著书立说、发表言论。这些"立言""立功"的努力，一方面聚焦于对现有法律、立法草案和立法草案审议稿的评价与建议，另一方面则着力于对未来法律的规划、指引与完善。

哈贝马斯（Jürgen Habermas）曾经指出，"立法过程在法律系统当中构成了社会整合的首要场所"。[2] 实际上，围绕立法过程的各种立法参与也是社会整合的重要组成部分，其本质是社会各阶级、阶层、团体、利益集团和共同体之间的角力。无论是国家对民间意见的有意吸纳，还是民间对国家版本的主动参与，其核心在于有效性，即公众是否能通过民主参与对立法产生实际影响。[3] 也就是说，公众是否能够通过参与立法的活动形成客观上的利益表达渠道。

2. 民间版本中的突破与保守

第一，有实务界人士认为民间版本并不比国家版本更新锐、更激进、更先进。一般情况下，与国家立法规划和意图相比，民间的立法意见和建议更加激进。但在此次民间版本讨论会中，也有实务界人士认为，与法工委等国家立法版本相比，民间版本并未走得更远，甚至还往后缩了一点。民间版本比国家版本的规定更保守、对社会组织的规定更严格。

第二，立法是否正当其时、立法是否足堪其重的困惑与忧虑并非少数。相当一部分人对慈善立法出台提出疑虑，诸如"有了良好的法律是不是就能解决当前最核心的障碍和问题""立法是否正当其时""慈善法是否会形成对公益慈善事业的限制"，等等。而另一部分与会者认为，现有慈善立法还存在效力体系不均衡、逻辑体系不周延、制度体系不完整、价值体系不明确等诸多方面的问题，中国慈善法律体系亟待梳理、整合和充实。故而，制定《慈善法》是完善相关立法的大好契机。[4]

（二）立法道路选择中的困境、张力与希望

总体而言，政府向社会放权、充分尊重和发展社会的力量已经成为理论与实务界的基本共识。更为重要的是，这种放权让利已经在一些方面和环节获得一定程度的发展。即使在发展道路上存在一些摇摆、反复甚至后退，国家与民众双方就此还是形成了一些合作与互动，困境、张力与前行都有所展现。近年来，中国改革进入"攻坚期"和"深水区"。社会领域的发展道路在放权、监管、扶植和规制之间不断进行艰难选择，法治与社会治理之路也随之不断遭遇各种困境与挑战。但无论是法治理念与法治行动还是社会组织自身，都在曲折中有所前行。

1. 国家与民众力量交锋与碰撞中立法道路的"不自信"与"不稳定"

---

① 参见《五个民间版本"慈善法"亮相，九方面存争议》，载《京华时报》2015年1月5日，第C02版。

② ［德］哈贝马斯：《在事实与规范之间：关于法律和民主法治国的商谈理论》，童世骏译，生活·读书·新知三联书店2003年版，第39页。

③ 参见宋方青、宋尧玺：《论我国公众有序参与立法的模式与实现路径》，载《法制与社会发展》2012年第6期。

④ 参见邓丽：《论慈善事业的民间性与法治化》，载《法学杂志》2014年第9期。

对于社会组织的发展道路,立法中的“国家与民众”双方有不同的心理预期和路径选择,且二者之间不可避免地会发生道路交锋与实力碰撞。在两个场域中各自发挥作用的“国家与民众”双方均意图掌握更多的主动权,但又必须考虑对方的存在、力量与作用。总体而言,国家与民众各自设定的路径与方式在碰撞和交锋之后形成总体上的发展道路,最终呈现为不彻底的放权之路、不充分的扶植之路、不健全的监管之路、不合理的规制之路和不适当的压制之路。这种道路选择上的不自信和不稳定使得社会组织的发展方向有一定的不明朗和不确定。

2. 放权让利的基本共识已成大势所趋

即使是在“不自信”与“不稳定”的道路摇摆中,社会组织的整体法治状态依然是稳中有升地前行,而国家意识和公民自觉也在日益发展。这是社会组织发展状态与法治道路的曙光与希望。无论是在民众还是国家,放权让利已成基本共识,但是在具体的方面、环节与节奏上还存在诸多分歧。这种分歧,本质上是基于各自立场的观点分歧。由此,在这样的总体方向中,一方面是民众对放权让利的需求与渴望以及在此基础上形成的推动诉求,另一方面是国家对放权让利的处理也常有纠结与反复。前者表现为民众对立法进程的参与、对审批登记放开的倡导、对公益诉讼资格的呼唤、对集体性事件的参与,而后者表现为立法,尤其是境外非政府组织法立法过程中的管制倾向、登记放开之后的实际管控、对公益诉讼资格的限制和对集体性事件的警惕与控制。①

3. 公民权利意识和法治意识日益崛起

日益崛起的公民权利意识和法治意识在民主监督、制度建设和非制度参与方面发挥作用,在推动民众行使知情权、监督权等权利的同时,给社会组织以鞭策、给社会民众以警醒、给法律制度以拷问、给管理体制以挑战。这些是社会力量生生不息的源头活水,也是法治发展的重要动力。

总体而言,中国的社会组织力量在长期积贫积弱的基础上获得了一定的发展契机,在简政放权、社会管理创新的时代背景中逐步增强了自身的力量与活力。在社会组织领域的积极立法行动中,法治初期阶段的特性也得以充分展现。国家和部分民众力量以立法“毕其功于一役”的主观心态与立法时机、立法能力、立法技术的客观现实发生冲突。比如,有法可依的“制度陷阱”与无法可依的“制度尴尬”之间的矛盾、基于立法需要的“立法滞后”与基于立法能力的“立法超前”之间的冲突。本质上,在社会组织领域,中国仍处于立法频繁、立法粗陋与立法纠结并存的法治初级阶段。这种对立法的过分迷信未必会促进法治发展,甚至可能走向相反。如何对这一阶段的冲突与矛盾进行解决、如何对现有阶段性障碍和困境进行初步超越是法学领域与法治建设领域的方向性命题。②

在立法规制层面,政府占据主导地位,但是在立法活动和前立法活动中也会尽量将社会力量吸纳进来,而社会组织和其他社会力量也会以多种方式和途径影响和参与立法理念和立法活动。双方影响力与控制力的博弈与较量会在立法及相关活动中充分体现出来,由于二者之间的力量是比较悬殊的,立法中的力量不对称也显而易见。这就导致与“开门立法”的开放性同时显现出来的是有限性:细节性修正有余、原则性修正不足;形式翻新有余、实质提升不足;

---

① 参见马长山等著:《社会建设与法治发展年度观察报告(2014—2015)》,法律出版社 2016 年版。

② 参见马金芳:《我国社会组织立法的困境与出路》,载《法商研究》2016 年第 6 期。

参与有余、听取有余、采纳不足;官僚化有余、民主性不足。故而,在“开门”与“闭门”之间纠结和徘徊的“开门立法”,需要走向真正的公共立法。

中国当前在社会组织领域正在进行一场转型与变革的艰难探索,一方面亟需法律制度的导引,另一方面也常常对制度变革提出挑战。这些挑战和考验都在立法环节有所体现。立法是科学性与民主性相统一的事业。作为增强民主性、提升科学性的方式之一,“开门立法”的趋势在社会组织领域之中有所增强。立法之“开门”,一方面仰赖立法机关由内而外的吸纳、自上而下的促动,另一方面需要公众由外而内的参与、自下而上的推动。毋庸置疑,在当前中国社会组织领域之中,“开门立法”无论在内容上还是在形式上均表现出更多的丰富性和开放性。但是,在“繁花似锦”的表象之下,其局限性也充分暴露出来。于此理论与实践之紧要关口,展示既有立法之开放性、揭示“开门立法”之不足、探寻“开门立法”之可行性未来,可为当前社会组织立法助益,是谓正当其时。①

参考文献:

1. 宋方青、宋尧玺:《论我国公众有序参与立法的模式与实现路径》,载《法制与社会发展》2012 年第 6 期.

2. 马金芳:《我国社会组织立法的困境与出路》,载《法商研究》2016 年第 6 期。

华东政法大学法律学院
马金芳

① 参见马金芳:《社会组织立法的开放性及其限度》,载《上海师范大学学报(哲学社会科学版)》2018 年第 1 期。

第四节　中国特色社会主义法律体系

56. 中国特色社会主义法律体系的基本框架
——指导性案例对制定法的重要补充

中国指导性案例制度[①]

一、 事例概要

长期以来，中国理论和实务界已经认识到，案例指导制度在未来中国将得到进一步发展和完善。2010年相继印发的《最高人民检察院关于案例指导工作的规定》和《最高人民法院关于案例指导工作的规定》，被视为开辟了中国案例指导制度发展的新纪元。

事实上，从新中国成立后，中国的案例发展史不过短短数十年历程，但发挥了不可低估的重要作用。涉及案例的相关文献主要包括五种：(1) 新中国成立后最高人民法院以案件批复形式发布的文件。其中较有影响的文件有《1955年以来奸淫幼女案件检查总结》及之后基于5 500个典型案例作出的《关于刑事案件的罪名、刑种和量刑幅度的总结报告(初稿)》。(2) 20世纪80年代初最高人民法院正式发布的刑事案例。1985年前最高人民法院通过内部文件下发的刑事案例主要有20世纪70年代末着手纠正"文化大革命"形成的冤假错案选编的"刘殿清案"等9个已纠正的"反革命"案件、1983年指导"严打"分三批选编的75个刑事案例、1985年又选编的"徐旭清破坏军人婚姻罪"等4个案例。(3)《最高人民法院公报》30余年来发布的典型案例。1985年《最高人民法院公报》的创办，标志着新中国的案例制度步入比较规范的轨道。迄今为止，公报共公布了960多个案例。从1998年后，公报案例不再像以往那样须经最高人民法院审委会讨论确认后发布，权威性有所下降。(4) 最高人民法院或下属单位编辑的案例研究连续出版物。主要有1992年起最高人民法院中国高级法官培训中心(国家法官学院前身)与中国人民大学法学院联合编写的《中国审判案例要览》，1992年起最高人民法院应用法学研究所编写的《人民法院案例选》，1999年起最高人民法院各审判庭相继编写的各种审判参考、审判指导(包括《刑事审判参考》《民事审判指导与参考》《审判监督指导与研究》《行政执法与行政审判》)。2005年8月起"两高"联合编写的《中国审判指导丛书》，实际上是最高人民法院发布《人民法院第二个五年改革纲要》首次正式规定有关案例指导制度的改革意见后迈出的试验性的第一步。(5) 指导性案例。依据2010年颁布的《最高人民法院关于案例指导工作的规定》和《最高人民检察院关于案例指导工作的规定》，指导性案例不具有法定拘束力，各级人民法院、人民检察院可以引述相关指导性案例作为释法

---

① 参见《最高人民检察院关于案例指导工作的规定》(2019年修订)、《最高人民法院关于案例指导工作的规定》(2010年)。

说理根据,但不得作为案件处理的直接法律依据。

关于指导性案例制度,有如下几点共识:(1) 根据1981年《全国人民代表大会常务委员会关于加强法律解释工作的决议》,最高人民法院针对审判工作中具体应用法律、法令的问题,选择指导性案例并归纳裁判规则可作为司法解释的一种。不过,归纳案例裁判规则,实质仍是法官释法而不是法官造法。(2) 指导性案例具有"应当参照"的意义,法官在审理类似案件时,要遵照指导性案例的裁判尺度和裁判标准,并将其作为裁判理由引述,但不作为裁判依据引用。(3) 指导性案例须为裁判已发生法律效力的案例。(4) 指导性案例的发布主体限于"两高",而且必须是由审判委员会或检察委员会审议决定后以公报等方式发布。

二、 法理评析

(一) 判例法与制定法的论证差异

事实上,案件中之所以出现疑难问题,归根结底就是对法律思维中的普遍正义与特殊正义、法律真实与客观真实、内在事实与法律规则以及正当程序与实体公正之间的临界点难以权衡和把握。此时,当事人总是试图寻找法律的"特定含义"或"解读方式"支持其主张,期望借此说服法院作出有利于自己的裁决。

一般而言,当事人的寻找途径无非是求助于后果论辩或原则论辩。为了围绕这两种论辩完成法律上的论证,法官必须说明最后的裁决所依赖的裁判规则。当然,如果发现在前面类似的案例中已经有了裁判规则,而且该规则包含待决案件中的裁决问题,法官要么直接适用该裁判规则,要么另行提出新的裁判规则。对于另行提出新的裁判规则,或许是发现前后两案中的某个必要事实存在显著差异,并且这种差异大到适用前面判例中的裁判规则,将使法律论证及相应裁决出现错误;或许是前面判例中的裁判规则只是提供了简单的初始规则,还有赖于待决案件附加一系列的元素,才能使待决案件的裁判规则变得更加具体和细致。可以说,这就是判例法中法律论证的基本路线。

其实,判例法与制定法在法律论证上的差异,只是程度上而不是种类上的。不过,它们之间还是可以找出至少三点不同:(1) 根据制定法寻找法律的"特定含义",以及依据法律进行论证时,法官一般不会明目张胆地违背立法原意,或者随意提出所谓的标新立异理由。即使是在疑难案件的先有结论再找规则的利益衡量中,严格的合法检验也被视为防止法律论证越轨的阀门。判例法的论证则不然,它所确立的裁判规则,不一定是法律出台时的立法原意,而可以附加新的内涵。换言之,法官可以创造法律的特定含义,只要法律论证能够获得后果或原则论辩的认同。(2) 制定法下对法律的"解读方式",需要以刚性法律及其严格解释为论证进路。因为成文法本身作为法律具有正当性,而且这种正当性一般不需要后果或原则论辩作为支持。不过判例法中的判例是否适用,则依赖于对判例与待决案件之间的必要事实能否同一、两案之间的区分理由是否充分、涉及扩张或限缩的解释可行与否等考量。显然,判例法的论证虽不能容纳牵强,但相对柔性成分更多。(3) 判例法语境里形成的"裁判规则"拘束力,只是事实上的约束,亦即只有参考或建议作用。法官不是绝对服从,甚至下级法院对于上级法院的类似判例,仍可弃之不用,因而推翻先例或无视先例司空见惯。制定法中的裁判规则,则具有法定的拘束力,除非有相当理由不得违背同等情况同样对待的正义原则,否则就要面临被当作错判或改判的风险。

（二）指导性案例的适用

围绕上述判例法中法律论证的基本路线，从寻找法律的"特定含义"，到对法律的"解读方式"，再到所形成的裁判规则"拘束力"，判例法和制定法存在程度上的一些不同。不过，它们在判例论证的种类上仍是共通的。下文将介绍这些共通之处，以了解指导性案例运行机制的独特之处。

1. 寻找"特定含义"

判例法和制定法中寻找法律的"特定含义"上的差别，最主要的即为是否允许"法官造法"。但是，为了实现所作出判例的参照、建议效应或法定的拘束力，对于法律的"特定含义"界定，起码应当具有一定的示范性。否则，就谈不上是判例。这里，判例论证法律思维的基本特征在于，赋予某一诉讼具有超越个案的意义，法院就此诉讼所作的判决可成为其他同类案件处理的依据。所以，判例论证寻找"特定含义"，最重要的是有利于对更多案件形成法律的理性决策导向。显然，典型判例的法律论证，根本目的不仅在于弄清法律文本或前案裁判的真实含义，更重要的是判定什么样的法律理性决策能被接受和认同。也就是说，判例的论证思维从实质上就是一个综合性判断，为今后类似裁决提供正当理由的制度实践，有其特定的内涵和功能。

2. 法律"解读方式"

判例论证中先例是否适用的关键，主要是对前后案"必要事实"的判断、"区分"前案的理由是否充分以及后案的"伸缩解释"是否合理。（1）判例论证思维中，前案是否对后案产生影响力，最先是进行两案的事实甄别，找出哪些是实质意义的必要事实。（2）比较两案必要事实是否类同的方法被称为区别技术，其功能是"指出实质性区别，以证明被援引的一个案例是否可以被接受"。① （3）区分理由的论证包括"内在事实"和"案件结论"，如果内在事实适用于后案，隐含其中作为案件结论的一般性原则可以比原来宣布它的法院的意思作更广泛的解释。不过，如果内在事实不适用后案，那么法院可以把原来的意思缩小一点，以把前后两案区别开来。当然，以上只是一个最基本的原则，指导性案例的论证绝非如此简单，毕竟判决理由、实质事实和解释等，都有它们的不确定的边缘。比如，判例的论证在很多情况下具有不确定性，如必要事实为在审法院所确定，决定了所谓的内在事实及相应的裁判规则不是前案的完全复制，而是伴随类似案件的判决积累而不断丰富和成长；后案的决策理由可能不止一个，而是有一系列类似的前案且每个都有说服力，不过这些前案理由恐怕不是总能相互调和。所以，作为核心的"区别技术"如何适用，便成为一个重要问题。通观世界各国判例论证中的区别技术，没有成文的规则可循，主要是经验的归纳和总结，大体上分为三类：应当遵循的判例、应被区别的判例和合理规避的判例。

3. "裁判规则"拘束力

指导性案例论证所形成的裁判规则，其事实或法定拘束力的来源，都是前案中的内在事实及相应形成的裁判规则。虽然制定法与指导性案例在不同语境下的裁判规则拘束力有所不同，但是，不同程度拘束力的裁判规则，要么是被作为成文规则适用，要么是为待决案件提供初步思路供法官参考。然而，作为指导性案例，它们提供的视角和观念都是作为可供操作的假设

---

① See Henry Campbell Black, *Black's Law Dictionary*, 5th ed., West Publishing Co., 1979, p.425.

对待，人们必须根据后案的情况和变化了的现实需要对它们进行检验，并加以必要的限制、扩大和改进。一般而言，前后两案比较中具有拘束力的裁判规则赖以形成的必要事实越多、越详尽，法律论证的理由也就越狭窄、越具体。其实，许多指导性案例根本无须刻意去“发现”裁判规则，只要法官充分说理，使他所作出的价值判断具有正当性即可。因为前案判例展现的完整过程，不仅包括对争议焦点的认定和分析，而且包括对双方论点支持或不支持的理由说明，亦即案例裁判理由涵盖了哪些合理、哪些不合理、为什么合理或不合理的立体论证过程。此时，援引前案作为释法说理根据进行后案论证时，只要融入前案中法律论证的价值判断即可。

参考文献：

1. 胡云腾：《案例指导制度的构建意义深远》，载《法制资讯》2013 年第 10 期。

2. 胡云腾、于同志：《案例指导制度若干重大疑难争议问题研究》，载《法学研究》2008 年第 6 期。

3. 杨力：《中国案例指导运作研究》，载《法律科学（西北政法大学学报）》2008 年第 6 期。

上海交通大学智慧法院研究院

杨　力

第五节 国内法与国际法的关系

57. 国内法与国际法
——条约必须遵守的国际法基础规范

比利时诉塞内加尔案①

一、 案情概要

(一) 案例背景

自 1965 年开始,乍得便长期处于内战之中。侯赛因 · 哈布雷(Hissène Habré)在乍得内战政局动荡之时参加了名为“北方武装部队”的组织且在短时间内成了该组织首领。哈布雷领导该武装组织先后推翻了两届政府,随后于 1982 年 6 月通过军事政变就任乍得总统。哈布雷任职总统后,组建了直属特务部队,并对国内反对党派进行了强力镇压。有关统计显示,在哈布雷执政时期,至少有 4 万名反对派人士被杀害,超过 20 万名平民遭受监禁和虐待,还有公民被迫流亡国外。1990 年 12 月,哈布雷政府被推翻,哈布雷随后逃往塞内加尔首都达喀尔并获得政治庇护,于该地居住至案发。

作为乍得的前总统,哈布雷被指控在其执政期间涉嫌犯有大规模侵犯人权的国际罪行,包括酷刑罪、灭绝种族罪、战争罪等。2000 年 1 月 25 日,7 名乍得公民在达喀尔地方法院对哈布雷提起诉讼,指控哈布雷犯有反人类罪、酷刑罪等,达喀尔地方调查法官在确认哈布雷身份后于 2 月将其软禁。此后,哈布雷向达喀尔上诉法院提起上诉,请求上诉法院判定达喀尔地方法院的初审判决无效。2000 年 7 月,上诉法院以对于发生在塞内加尔领域之外并且针对外国人的行为缺乏管辖权为理由,决定不对哈布雷提起刑事诉讼,该决定也得到了塞内加尔最高法院的支持。

随后,几名受害人于比利时提起了对哈布雷的诉讼。这些受害人在犯罪行为发生时都不具有比利时国籍,但其中一人在起诉时取得了比利时国籍,另外两人同时具有比利时和乍得双重国籍。比利时对哈布雷签发了国际逮捕令,并向塞内加尔提出引渡请求。

塞内加尔决定就是否应当在本国审判哈布雷的问题听取非洲联盟的意见。非洲联盟的法律专家认为,塞内加尔有义务根据《禁止酷刑和其他残忍、不人道或有辱人格的待遇或处罚公约》(以下简称“《禁止酷刑公约》”)起诉或者引渡哈布雷。非洲联盟呼吁塞内加尔改变先前的决定,对哈布雷进行审判。塞内加尔立法机关于 2007 年和 2008 年对其《刑法典》《刑事诉讼法典》和《宪法》作出了修改,确立了对酷刑罪、战争罪和危害人类罪的普遍管辖权,为在塞内加尔

---

① See “Questions Relating to the Obligation to Prosecute or Extradite” (Belgium v. Senegal), Judgement, *I.C.J. Reports*, 20 July 2012.

审判哈布雷提供了必要的法律依据。但在启动刑事审理程序之后，塞内加尔由于严重的经济困境暂停了该案件的审理。

（二）双方诉求及其依据

2009 年 2 月，比利时向国际法院提起诉讼，控告塞内加尔在哈布雷案中未履行其参加的《禁止酷刑公约》的条约义务。至比利时向国际法院提起诉讼为止，哈布雷已在塞内加尔居留将近 20 年。而塞内加尔方始终未履行《禁止酷刑公约》有关相关犯罪的"或引渡或起诉"的条约义务，不但未对哈布雷提起刑事诉讼，也拒绝了比利时的引渡请求。

比利时的其中几个诉求包括：第一，塞内加尔未将《禁止酷刑公约》第 5 条第 2 款所规定的普遍管辖权条款纳入其国内法，未授权其司法机关根据该条文行使普遍管辖权，违反了其条约项下义务；第二，塞内加尔违反了《禁止酷刑公约》第 6 条第 2 款和第 7 条第 1 款的规定；第三，塞内加尔不能援引财政或其他困难作为免除其国际义务的理由。

根据《禁止酷刑公约》第 5 条第 2 款，"每一缔约国同样应采取必要的措施，确立其对在下列情况中发生的罪行的管辖权：被指控的罪犯在该国管辖的任何领土内，且该国不按第 8 条规定将他引渡至本条第 1 款所述的任何国家"。《禁止酷刑公约》第 6 条第 2 款规定，"该缔约国应立即对事实进行初步调查"。而公约第 7 条第 1 款则规定，"缔约国如在其管辖的领土内发现有被指控犯有第 4 条所述任何罪行的人，属于第 5 条提到的情况，倘不进行引渡，则应把该案件交由主管当局进行起诉"。

塞内加尔认为其并未违反《禁止酷刑公约》的任何条约义务。首先，塞内加尔认为哈布雷身为国家元首具有司法豁免权，塞内加尔无权对其进行审判。其次，尽管拒绝了比利时的引渡请求，塞内加尔为了确立哈布雷案的管辖权已作出了修改包括《宪法》在内的多部国内法律的巨大努力，因此不存在违反《禁止酷刑公约》第 5 条第 2 款的情况。再次，塞内加尔认为其在调查过程中采取了限制哈布雷的人身自由等措施，履行了《禁止酷刑公约》第 6 条第 2 款的义务。最后，塞内加尔认为其将案件提交至非洲联盟的举措应被视为对《禁止酷刑公约》第 7 条第 1 款的履行。

（三）国际法院的判决

1. 国际法院在本案中的管辖权问题

国际法院首先对本案的管辖权作出了处理。对于比利时提出的塞内加尔没有将《禁止酷刑公约》第 5 条第 2 款的内容纳入其国内法进而使其国内法院行使普遍管辖权的问题，国际法院认为，起诉时塞内加尔已经修改了本国法律并将《禁止酷刑公约》第 5 条第 2 款纳入其国内法，且比利时也承认塞内加尔修改其国内法律的举措是为了履行这一义务。因此这一争端已不复存在，故不予管辖。而对于塞内加尔是否违反了《禁止酷刑公约》第 6 条第 2 款和第 7 条第 1 款项下的义务，国际法院认为对其具有管辖权。因为比利时的此项主张遭到塞内加尔的反对，这是一项在起诉时就存在的争议。

2. 比利时有权提起诉讼

由于在哈布雷的罪行发生之时受害人均不具有比利时国籍，比利时是否能作为利害关系国享有诉权成为本案的一个焦点。国际法院认为，鉴于《禁止酷刑公约》的目的是促进全世界的反酷刑斗争向前发展，所有成员国在反对酷刑方面应当具有"共同利益"，因此，受害人或者施害人的国籍及其所在地不应该成为反对酷刑的障碍。国际法院判决，作为《禁止酷刑公约》

的成员国,比利时有权援引塞内加尔在《禁止酷刑公约》第 6 条第 2 款和第 7 条第 1 款项下的义务进行起诉。

3. 塞内加尔违反了《禁止酷刑公约》第 6 条第 2 款

根据《禁止酷刑公约》第 6 条第 2 款的规定,任何缔约国国内如果有犯有本公约罪行的人,"该缔约国应立即对事实进行初步调查"。比利时认为该条款要求塞内加尔在起诉前就应该立即对哈布雷进行调查,并应根据第 6 条第 4 款的规定①,将案件的调查结果通知对案件有利害关系的比利时,以便比利时在必要时对哈布雷提出引渡请求。但没有任何证据可以表明塞内加尔已进行过初步调查,比利时因此认为塞内加尔违反了公约第 6 条第 2 款项下的义务。另一方面,塞内加尔认为,调查的目的是获得与案件相关的事实依据,但调查并不必然导致起诉,因为检察官根据调查的结果也可能决定不起诉哈布雷。

国际法院认为,就本案而言,塞内加尔通过了履行公约的有关国内立法,但这并不等同于完全履行公约项下的义务。塞内加尔首都达喀尔地方法院的法官曾讯问过哈布雷,但仅仅是核实其身份和告知其被控诉的行为,这样的讯问并不构成对《禁止酷刑公约》第 6 条第 2 款的履行,因为该讯问并没有调查被控诉的罪行。另外,塞内加尔提供的资料中并没有其他对哈布雷进行调查的内容。塞内加尔应当对有关的酷刑行为切实行使管辖权,并调查相关的事实。因此,国际法院认为塞内加尔没有履行对哈布雷进行初步调查的义务,因而违反了《禁止酷刑公约》第 6 条第 2 款。

4. 塞内加尔违反了《禁止酷刑公约》第 7 条第 1 款

国际法院还判决塞内加尔违反了《禁止酷刑公约》第 7 条第 1 款的条约义务。国际法院认为,塞内加尔将案件提交给非洲联盟的行为以及存在财政困境的辩护,无法为其不履行起诉或引渡哈布雷的义务做出合理的解释。同时,国际法院还认为,根据《维也纳条约法公约》第 27 条②,塞内加尔不能援引其国内法来为不履行公约义务的行为进行辩护。塞内加尔国内法院对于哈布雷案缺乏管辖权的判决,以及塞内加尔国内法院在法律修改之前都缺乏对哈布雷案行使管辖权的国内法律依据,都不能作为塞内加尔不履行《禁止酷刑公约》第 7 条第 1 款的合理辩解。依照《禁止酷刑公约》第 7 条第 1 款的规定,塞内加尔应当在受害者提起诉讼时就立刻采取相应的措施,然而塞内加尔既未立刻起诉哈布雷,又未回应比利时对哈布雷的引渡请求。

基于上述原因,国际法院判决塞内加尔违反了《禁止酷刑公约》第 6 条第 2 款和第 7 条第 1 款的规定,并要求塞内加尔若不对哈布雷进行引渡,则应毫不迟疑地在国内审判哈布雷。

二、 法理评析

有关国际法与国内法关系的理论,传统上有"两派三论",即一元论和二元论,其中一元论又分为国内法优越说和国际法优越说。国内目前流行的观点是国际法与国内法平行的理论,

---

① 《禁止酷刑公约》第 6 条第 4 款规定,任何国家按照本条将某人拘留时,当立即将此人已受拘留及构成扣押理由的情况通知第 5 条第 1 款所指国家。进行本条第 2 款提到的初步调查的国家,应迅速将调查结果告知上述国家,并说明是否打算行使管辖权。

② 《维也纳条约法公约》第 27 条规定,一当事国不得援引其国内法规定为理由而不履行条约。

可以将其理解为一种修正的二元论。一元论的观点忽视了国际法与国内法的本质区别，其中的国内法优越说则是对国际法的否定；二元论的观点过度强调了国际法与国内法之间的区别，而忽视了二者之间紧密的联系。国际法与国内法的平行理论又称协调论，认为国际法与国内法分别属于两个不同的法律体系，二者的对象即规范的法律关系不同，二者的主体不同，二者的效力来源也不同。然而，国际法与国内法之间的联系在于两者均产生于国家，都是由国家制定。国家对内的职能通过国内法实现，国家对外的职能则通过国际法实现。国际法与国内法这两个不同的体系是平行且不冲突的，二者是密切联系、相互渗透和相互补充的。

一国对其国际法上义务的履行最终应落实到有关国内法规定的实施，这被称为国际法在国内法中的适用。这种适用包括采纳和转化两种方式。采纳指的是不改变其作为国际法渊源的性质、主体、内容，国内法直接采纳国际法使其在国内发生直接的效力。而转化的前提是承认国际法本质上不能在国内直接适用，而通过国内立法行为制定相应的国内法规范，使得国际法在国内得以适用。

如果在实践中发生了国内法与国际法相冲突的情况，国际法应当优先于国内法。这是因为，国际法的效力来源于两个以上国家的共同意志，国际法被视为以国家为主体的双方或者多方行为；而国内法是国家的单方行为。从法理上看，双方和多方行为的效力应在单方行为之上，因此国家负有使其国内法与国际法相一致的义务。一国的国内法与国际法相冲突会被视为对国际法上义务的违反，结果是国家应承担相应的国际法律责任。

在本案中，塞内加尔的立法举措、比利时的主张以及国际法院的判决均体现了上述国际法与国内法关系的理论。首先，一国有义务修改或制定有关的国内法律规范以使其符合国际法规范，一国不得以其国内法没有相应规定为由而不履行条约项下义务，这涉及国际法在国内法中的适用问题。塞内加尔最初以国内法院不具有管辖权为由而不对犯下酷刑罪等罪行的哈布雷进行控诉，该行为实际上违反了两条条约义务。哈布雷长期居留于塞内加尔境内，而塞内加尔不将其引渡给任何其他国家，因此塞内加尔应当采取必要措施以对哈布雷行使管辖权。此时，塞内加尔也不得因为国内法律不存在管辖权的有关规定而放弃对犯下酷刑罪等罪行的哈布雷的管辖权。

其次，塞内加尔在听取非洲联盟的意见后修改了国内立法，使其拥有对哈布雷行使管辖权的法律依据。这是对《禁止酷刑公约》第 5 条第 2 款的遵守，是将《禁止酷刑公约》有关规定转化为其国内法律规范的一种做法，也是国际法在国内法上适用的体现。

最后，比利时主张，塞内加尔作为《禁止酷刑公约》的缔约国，应该履行条约义务，即对哈布雷的犯罪行为进行调查和提起控诉，或者将哈布雷引渡给比利时。这一主张的依据是国际法上的“条约必须遵守”原则。汉斯·凯尔森（Hans Kelsen）在一元论观点中主张国际法优越说。他认为法律秩序是一种规范体系，一个规范的效力取决于另一个更高层次的规范，而且最终可追溯到一个最终的“基础规范”。“基础规范”是处于法律规范金字塔顶端的规范，被视为一切法律规范的基础和效力来源。这个“基础规范”便是“条约必须遵守”原则，它决定国际法的效力，而国际法决定国内法的效力。

参考文献：

1. 边永民编著：《国际公法案例选评》，对外经济贸易大学出版社 2015 年版。

2. 王铁崖:《国际法引论》,北京大学出版社 1998 年版。

3. "Questions Relating to the Obligation to Prosecute or Extradite" (Belgium v. Senegal), Judgement, *I.C.J Reports*, 20 July 2012.

香港大学法律学系

赵 云

第十四章　中国社会主义法律实施

第一节　法律实施的意义

58. 法律实施是实现立法宗旨和目的的必然要求和具体体现
——司法应以最小成本实现立法的最大儆戒效应

许霆盗窃金融机构案[①]

一、案情概要

2006年4月21日晚21时许，许霆到广州市天河区黄埔大道西平云路163号的广州市商业银行自助柜员机（ATM）取款，同行的郭安山在附近等候。许霆持自己不具备透支功能、余额为176.97元的银行卡准备取款100元。当晚21时56分，许霆在自助柜员机上无意中输入取款1 000元的指令，柜员机随即出钞1 000元。许霆经查询，发现其银行卡中仍有170余元，意识到银行自助柜员机出现异常，能够超出账户余额取款且不能如实扣账户，于是在21时57分至22时19分、23时13分至19分、次日零时26分至1时06分三个时间段内，持银行卡在该自助柜员机指令取款170次，共计取款174 000元。许霆告知郭安山该台自助柜员机出现异常后，郭安山亦采用同样手段取款19 000元。同月24日下午，许霆携款逃匿。

广州市商业银行发现被告人许霆账户交易异常后，经多方联系许霆及其亲属，要求退还款项未果，于2006年4月30日向公安机关报案。公安机关立案后，将许霆列为犯罪嫌疑人上网追逃。2007年5月22日，许霆在陕西省宝鸡市被抓获归案。案发后，许霆及其亲属曾多次与银行及公安机关联系，表示愿意退赔银行损失，但同时要求不追究许霆的刑事责任。许霆一直未退还赃款。

法院另查明，2006年4月21日17时许，运营商广州某公司对涉案的自助柜员机进行系统升级。4月22日、23日是双休日。4月24日（星期一）上午，广州市商业银行对全行离行式自助柜员机进行例行检查时，发现该机出现异常，即通知运营商一起到现场开机查验。经核查，发现该自助柜员机在系统升级后出现异常，1 000元以下（不含1 000元）取款交易正常，1 000元以上的取款交易，每取款1 000元按1元形成交易报文向银行主机报送，即持卡人输入取款1 000元的指令，自助柜员机出钞1 000元，但持卡人账户实际扣款1元。

---

① 参见广州市中级人民法院（2008）穗中法刑二重字第2号刑事判决书。

一审法院判决认为，许霆以非法占有为目的，伙同同案人采用秘密手段，盗窃金融机构，数额特别巨大，其行为已构成盗窃罪。法院特别释明，许霆的银行卡只有 170 余元，但是发现银行系统错误时，就产生了非法占有的故意，其提款之后，携款潜逃并挥霍花光。这些符合盗窃罪的构成要件。

二审法院认为一审判决事实不清，证据不足，裁定发回重审。

在重审过程中，法院扩充了大量的事实，形成了前文所展现的案件事实版本，以同样的理由认定许霆构成盗窃罪，且数额巨大。法院认为，许霆自以为其行为不会被发现，多次取款，而且取款之后，没有退还之意。因此其行为无论在主观还是客观上，都构成盗窃罪而不是民法上的不当得利。取款机为银行提供金融服务的专有设备，存储金融机构的经营资金，因此其行为属于盗窃金融机构。法院认为，许霆盗窃金融机构，数额特别巨大，依法本应适用“无期徒刑或者死刑，并处没收财产”的刑罚。鉴于许霆是在发现银行自助柜员机出现异常后产生犯意，采用持卡窃取金融机构经营资金的手段，其行为与有预谋或者采取破坏手段盗窃金融机构的犯罪有所不同；从案发具有一定偶然性看，许霆犯罪的主观恶性尚不是很大。所以，根据案件具体的犯罪事实、犯罪情节和对于社会的危害程度，对许霆在法定刑以下判处刑罚。

重审的二审法院维持了重审一审法院的判决，还补充了以下几点理由：(1) 法院首先肯定了许霆案行为的社会危害性。法院认为，许霆的行为已经属于一种严重侵权行为，不仅严重侵犯了公共财产的所有权，给国家财产造成了巨大损失，还危害了国家金融机构正常的金融秩序，损害了金融安全，具有严重的社会危害性。(2) 量刑方面，法院认为既要考虑到许霆的行为具有严重的社会危害性，属于盗窃金融机构，数额特别巨大，构成了盗窃罪，又要充分考虑到许霆犯罪的偶然性及特殊性，对其在法定刑以下量刑既符合刑法关于罪责刑相适应的原则，又充分体现了法律效果与社会效果的统一。中国是适用成文法的国家，成文法难免存在一定的滞后性，无法包罗所有的犯罪现象和犯罪特征，很多酌定从严、从宽的量刑情节无法在已存在的法律中规定。所以对被告人量刑既要考虑到法定情节，又要考虑到酌定情节及个案的特殊情况，只有将二者结合起来，综观全案妥善处理，才能最大限度地发挥成文法的优越性，弥补成文法的滞后性，充分体现法律效果与社会效果的统一。

最高人民法院在核准广东省高级人民法院适用《刑法》第 63 条第 2 款时认为，许霆是在发现自助柜员机发生故障的情况下临时起意盗窃，其行为具有一定的偶然性，与有预谋、有准备盗窃金融机构的犯罪相比，主观恶意相对较小；许霆是趁自助柜员机发生故障之机，采用输入指令取款的方法窃取款项，与采取破坏手段盗取钱财相比，犯罪情节相对较轻，对其可以适用《刑法》第 63 条第 2 款的规定，在法定刑以下判处刑罚。

依照《刑法》第 63 条第 2 款和《最高人民法院关于执行〈中华人民共和国刑事诉讼法〉若干问题的解释》第 270 条的规定，最高人民法院裁定：核准广东省高级人民法院(2008)粤高法刑一终字第 170 号维持第一审以盗窃罪在法定刑以下判处被告人许霆有期徒刑 5 年，并处罚金人民币 2 万元的刑事裁定。

二、法理评析

(一) 法律实施要求实现立法的目的和宗旨

本案的关键在于司法机关作为法律实施的主体，无论是从法教义学还是法社会学角度，从根本上都是应当奉行以最小的成本或代价,实现最大的儆戒效应,这是真正实现立法宗旨和目的的必然要求和具体体现。其中,实行和实现是法律实施的两个阶段、两个层次。例如,在某些案件中法官机械适用法律,虽然作出了与法律规定并不矛盾的判决,但并未达到权利救济或定分止争的立法目的,这时就可以说法得到了实行,但立法宗旨并没有实现,甚至违背了立法宗旨。

发生于2006年的许霆案轰动一时,该案一审以盗窃金融机构罪判处许霆无期徒刑,不仅引爆了舆论,而且引发了大量学术讨论。这一看起来并不复杂的盗窃案件之所以引起公众、媒体、学界以及法律职业界的强烈关注,最重要的原因就是一审法院严格依法判决的结果冲撞了公众的直觉和共识。无期徒刑在人们的心目中通常是与“罪大恶极”联系在一起的,尽管该案在法律上被确定为“盗窃金融机构”且“数额巨大”,然而案犯许霆留给人们的直觉性印象却“并不太坏”。法律说服不了人们的直觉,一个“并不太坏”的青年人被判处无期徒刑会让人感到法律或司法肯定在某个地方出现了问题。

这不仅仅是一种大众思维,实际上大部分法学专家也是这么思考问题的。法学界对许霆案的讨论主要围绕两方面展开:一是如何认识民意对司法裁判的影响;二是应当采取哪种分析进路进行法律适用,以帮助许霆获得一个减轻罪责的裁判结果。

(二)民意对许霆案法律适用的影响

在讨论这一问题时,学界面临的首要问题是司法裁判是否应当考虑乃至吸纳民意。需注意的是,并非在所有案件中都会出现法律与民意的冲突,仅仅在法律或事实不清的难办案件中才会出现如何协调法律与民意的问题。当代中国的快速发展和价值多样化,以及立法者难以预见所有情形的客观限制,都可能出现法律与民意的脱节。在具体个案中,这种脱节会引发激烈的社会争议,而由于司法机关不能拒绝裁判,处理这种脱节就成为司法机关难以逃避的责任。

与此同时,民意的局限性也不可忽视。不仅是因为现实的民意常常不稳定不持久,更因为民意难免具有地方性,如果个案必须关切乃至依据民意,那么法律的统一、法治的统一、国家主权的统一都将成为空话。因此,司法裁判考虑民意往往被视为民意干预司法。

但详细考察司法实践,民意对司法裁判所产生的影响,往往是因为案件引发的社会舆论影响了司法机关乃至其他政府部门的正当性和权威性,导致其他政治部门和社会力量也以各种形式干预司法裁判,这种干预往往比民意对司法裁判的影响更为直接和强烈。因此,通过恰当的制度设计在司法系统内考虑和吸纳民意未必损害了法院依法独立行使其职权,相反,这可能保障法院系统独立行使职权、进一步培育司法权威。

那么,问题就转变为司法机关如何适当地考虑和吸纳民意。许霆案发后,两年间经历四次审判,并且重审判决中罕见援引了《刑法》第63条第2款的规定。该款规定:犯罪分子虽然不具有本法规定的减轻处罚情节,但是根据案件的特殊情况,经最高人民法院核准,也可以在法定刑以下判处刑罚。如果查阅中国裁判文书数据库就会发现,这一核准程序极少使用。但舆论介入以后,许霆案的审理程序不再是原有的四级二审制,而是发生了折叠。最高人民法院、高级人民法院实际上提前介入案件的审理过程,在多方研议后,最后采取重审加核准的程序。这样至少在形式上符合了现有的法律程序的规定。

相比通过立法机关修改滞后的法律以回应民意,许霆案中法院系统的处理方式实际上为处理难办案件提供了一个更可能的制度模式。[1] 许霆案的一审判决公布后，社会和法律共同体实际上在争论互动中形成了法律和道德共识。而二审法院将案件发回重审，给了重审法官重新决定的可能。重审法官在已了解逐渐凝聚的社会共识的基础上，可以平衡且有效地考虑相关法律规定作出判决，并依照制度和程序要求获得最高人民法院对重审判决的认可。因此，这种制度模式，实际上是包括一审法院、二审法院和最高人民法院在内的整个司法系统吸纳民意、形成司法共识的过程，然后根据司法共识作出判决，而不仅仅是某个具体的法官依据民意进行判决。这样的制度模式，无疑使司法系统在民意面前获得了更大的自主。不过，这也表明我们对难办案件正确适用法律的期待，不能依赖法官个体或单一法院，而应依靠整体的司法制度建设来实现。

（三）许霆案的教义分析与社科分析

许霆案成为轰动案件以后，引起了法学界广泛关注。即使案件还在审理过程之中，学者也纷纷在不同媒体上发表意见。在案件定谳以后，更多学者发表论文分析许霆案中的问题。大部分学者的写作目的，都是要给出许霆案的一个解决方案，但他们对案件的看法有很大不同，甚至完全相反。他们立场上的差异，有很多原因，但学科路径依赖是一个重要因素。例如，大多数刑法学者倾向于定许霆有罪，而大多数刑事诉讼法学者倾向于定许霆无罪。即使是刑法学界内部，对罪名如何认定也存在很大分歧。但许霆案中更值得评析的是教义分析与社科分析两种路径存在的差异。

教义分析一侧，有相当数量的部门法学专家热切参与了许霆案的讨论，为了给许霆开脱或减轻罪责，他们提供的法律对策五花八门。其中包括：(1) 许霆的行为符合不当得利的构成要件，应纳入民法的调整范围，主张许霆无罪；[2](2) 主张许霆构成侵占罪或信用卡诈骗罪；[3](3) 否认 ATM 属于金融机构而主张许霆仅犯有普通盗窃罪；(4) 利用“主观恶性不大”“违法程度较轻”“责任程度较轻”以及“期待可能性有所降低”等概念主张对许霆减轻处罚等。[4] 重审法院采取了最后一种法律对策，因此改判许霆 5 年有期徒刑。

然而，不仅重审判决所依据的理由过于表面化和套路化（这些措辞差不多可以适用于所有从轻或减轻处罚的场合），其他的法律对策也都并未成功阐发有深刻洞见或有充分说服力的学术见解。更复杂的是，由于不论哪一种定罪学说都存在一定的合理性与瑕疵，这就表明纯粹的教义学可能无法就某具体案件尤其是许霆案这样的难办案件给出唯一的正确回答。

除了不同类型的教义分析以外，有关许霆案的社会科学分析也不少。针对许霆案的法律适用，有学者认为，正是特殊的作案方式为许霆减轻刑罚提供了理由。[5] 许霆的作案方式有两个特点：一是使用自己的储蓄卡；二是利用 ATM 故障。前者意味着类似案件的破案率趋近于百分之百，因而侦察成本以及其他犯罪控制的成本都很低，并且在破案率极高的条件下，即使

---

① 参见朱苏力：《法条主义、民意与难办案件》，载《中外法学》2009 年第 1 期。

② 参见杨兴培：《“许霆案”的技术分析及其法理思考》，载《法学》2008 年第 3 期。

③ 参见高艳东：《从盗窃到侵占：许霆案的法理与规范分析》，载《中外法学》2008 年第 3 期；刘明祥：《许霆案的定性：盗窃还是信用卡诈骗》，载《中外法学》2009 年第 1 期。

④ 参见张明楷：《许霆案的定罪与量刑》，载《人民法院报》2008 年 4 月 1 日，第 5 版；陈兴良：《许霆案的法理分析》，载《人民法院报》2008 年 4 月 1 日，第 5 版。

⑤ 参见桑本谦：《传统刑法学理论的尴尬——面对许霆案》，载《广东商学院学报》2009 年第 5 期。

较轻的惩罚也能够产生很强的威慑效果；后者意味着类似案件的作案成功率接近于零，因而犯罪给受害人造成的预期损失以及预防犯罪的社会成本都不大。以上两个理由，就足以解释为什么许霆案可以在法定刑以下减轻处罚。这起案件非同寻常，如果盗窃金融机构的罪犯都采用许霆的作案方式，则不仅司法机关会额手称庆，金融机构也可以高枕无忧了。作案成功率和破案率都是刑事法律制度的内生变量，它们不仅影响定罪而且影响量刑。而刑法专家之所以认定许霆"主观恶性不大""违法程度较轻"以及"责任程度较轻"，其深层依据就是许霆的作案方式显著区别于同类犯罪。在作出如上判断之前，刑法专家的道德直觉已经下意识地评估了这种特殊作案方式的破案率和作案成功率，但在"知其然而不知其所以然"的情况下，刑法专家没办法把其中的道理表达出来。

当然，更多的社科分析不是着眼于许霆案究竟应该如何裁判，而是将目光延展到中观和宏观层面。这样的社科分析大多数不是建立在对案件本身深入调查了解的基础上，而是基于裁判文书，甚至媒体的报道。因此，对许霆案本身的社会科学分析的可靠性不强。不少所谓的社科分析其实只是借着许霆案说事，而并不关心案件本身的真实性。因此，这样的社科分析也无助于回答案件本身应当如何进行法律适用。

总的来说，许霆案的法律适用比一般案件要复杂得多。正是由于变成了全国轰动的案件，案件审理的外部环境和内部机制都发生了很大的扭曲。或许也需要从内外两个方面来筑就案件审理的防火墙，从而让许霆案能够在既有的法律框架内从容地审理。这种从容审理不仅能够弱化许霆案的不必要的影响，树立法院的公信力，同时也可以让法学界好好反思什么才是值得研究的好判决。

参考文献：

1. 桑本谦：《从要件识别到变量评估：刑事司法如何破解"定性难题"》，载《交大法学》2020年第1期。

2. 桑本谦：《传统刑法学理论的尴尬——面对许霆案》，载《广东商学院学报》2009年第5期。

3. Richard A. Posner, "An Economic Theory of the Criminal Law", *Columbia Law Review*, 85 (1985).

4. 顾培东：《公众判意的法理解析——对许霆案的延伸思考》，载《中国法学》2008年第4期。

5. 陈兴良：《利用柜员机故障恶意取款行为之定性研究》，载《中外法学》2009年第1期。

6. 张明楷：《许霆案的刑法学分析》，载《中外法学》2009年第1期。

7. 陈瑞华：《脱缰的野马：从许霆案看法院的自由裁量权》，载《中外法学》2009年第1期。

8. 朱苏力：《法条主义、民意与难办案件》，载《中外法学》2009年第1期。

中国海洋大学法学院
桑本谦
中国人民大学法学院
侯　猛

第二节 法 律 执 行

59. 法律执行的基本原则
——行政法的信赖保护原则

24 家烟花爆竹生产企业诉安徽省政府案[①]

一、 案情概要

2013 年底，安徽省政府出台 45 号文，即《安徽省人民政府办公厅转发省安全监管局等部门关于烟花爆竹生产企业整体退出意见的通知》（以下简称"45 号通知"），要求 2014 年底前，全省 75 家烟花爆竹生产企业无论规模大小必须全部关闭。省政府按每家企业 80 万元的标准安排专项补助，其余部分由各市、县根据关停企业资产状况等给予适当补助。

2014 年 6 月 24 日，24 家烟花爆竹企业向安徽省政府提交行政复议申请书，请求省政府确认该决定不成立。一周后，安徽省政府作出《不予受理行政复议申请决定书》，称"45 号通知"是省政府转发给各市、县政府和省政府各部门、各直属机构的文件，属于内部行为，不是对外行政管理行为，不对申请人的权益产生直接影响，不属于行政复议的受理范围，因此不予受理。这一理由无法让企业主们信服，于是他们又向安徽省高级人民法院起诉，但被驳回。2014 年 7 月 21 日，企业主们向合肥市中级人民法院提起诉讼。

2014 年 12 月 26 日，合肥市中级人民法院开庭审理此案。庭审中，争议的焦点主要是"45 号通知"是否是内部行政行为。合肥市中级人民法院认为，"45 号通知"发出的对象虽然是各市、县人民政府和省政府各部门、各直属机构，其性质属于内部指令，但该通知的对象中，部分地方政府、政府部门和机构已直接依据该通知实施了与退出相关的具体行政行为，对原告的利益产生了实际影响。同时，原告已获知了通知的内容，复议机关作出复议决定时亦告知了诉权，因此，"45 号通知"的行为已外化并对外发生了法律效力。此外，"45 号通知"针对的对象是特定的，通知中不仅明确了具体的 75 家烟花爆竹生产企业，还明确了第一批退出和第二批退出的企业名称和具体时间。故被告辩称"45 号通知"不属于行政诉讼的受案范围，法院不予支持。烟花爆竹生产企业整体退出虽然属于产业政策调整范畴，但调整应当符合法律法规的规定，不能因此损害相对人的合法权益。本案中，被告提供的证据除皖政办〔2010〕61 号文件外，其余均是"45 号通知"作出后形成的证据，不能作为证明"45 号通知"合法的证据使用。并且，皖政办〔2010〕61 号文件也只能证明被告在作出"45 号通知"前将烟花爆竹生产企业有序退出纳入产业政策调整范畴，不能证明"45 号通知"合法。故被告作出的"45 号通知"行为，主要证据不足，依法应予撤销。

---

① 参见安徽省合肥市中级人民法院（2014）合行初字第 00077 号行政裁判文书。

但是法院又指出，鉴于“45号通知”决定烟花爆竹生产企业整体退出有利于国家、社会，如撤销会给国家利益或社会公共利益造成重大损失，故依据《最高人民法院关于执行〈中华人民共和国行政诉讼法〉若干问题的解释》（已失效）第58条的规定，作出如下判决：第一，确认安徽省人民政府作出皖政办〔2013〕45号《安徽省人民政府办公厅转发安徽省安全监管局等部门关于烟花爆竹生产企业整体退出意见的通知》行为违法；第二，安徽省人民政府于本判决生效后60日内采取相应的补救措施；第三，驳回原告安徽翔鹰花炮有限公司等24家烟花爆竹生产企业的其他诉讼请求。

二、法理评析

（一）本案与信赖保护原则的契合

信赖保护原则，是指除非出于公共利益的需要，行政机关不得擅自撤销、变更或废止生效的具体行政行为，尤其是授益性行政行为。如果必须撤销、变更或废止，由此给相对人造成损失的，国家应当予以补偿。据此，信赖保护原则有一个基本点，即对于生效行政行为不能朝令夕改，尤其是不能先予后夺，即便要改变也得满足两个“唇齿条款”：其一，改变是出于公共利益的需要；其二，改变行政决定给相对人造成损失的应当予以补偿。

本案之所以应受信赖保护原则制约就在于，在“45号通知”之前省政府及有关部门曾数次出台文件要求相关企业强化标准、提升质量，重点都在于鼓励达标企业做大做强，可是当这些企业投入巨资完成了升级改造后，又一纸令下，在单方面规定极不合理的补偿标准的情况下不由分说全部关闭，这显然是有违信赖保护原则的。

信赖保护原则的适用要件主要涵盖四个方面：一是存在信赖基础，即行政机关作出了相对人赖以产生信任的授益性行政行为；二是有信赖表现，即相对人不仅有信赖的意思表示，而且因信赖而实施了相应的行为；三是有信赖利益，即相对人因为实施了该行为产生了可评估的利益或承受了相应的负担；四是有正当的信赖，该“正当”意味着信赖的发生出于相对人的善意且无过错。①

就本案而言，“45号通知”之所以违反信赖保护原则，在于如原告所说，自2007年省安监局提出“扶持重点、强化基础”和“工厂规模化、生产机械化、管理安全化、产品多样和高档化”的目标之后，他们普遍增加了投入，年产值基本都在千万以上。一位企业主无奈地说：“前几年一直让做大做强，从国家到省里，出了好几个标准。我们都是听话的。厂房盖了拆，拆了盖。屋顶换了好几道，最早是木头和石棉瓦，后来换成耐火等级的钢架和石棉瓦，最后又说石棉瓦不好看，要统一换成绿色的铁皮彩钢瓦，一次次投入很多，一直也都达标。结果再规范，最后还是好人坏人一起毙了。无论大小补得都一样，越听话越吃亏。”

具体而言：第一，本案存在信赖基础。即自2007年到2014年间，政府对于花炮企业不仅没有拒绝其在管辖范围内存在，且还存有期许，希望通过其做大做强为地方经济作出贡献。这样的态度及相应的政策无疑让相对人有了合理期待。第二，本案存在信赖表现。如前所述，在

① 参见吴坤城：《公法上信赖保护原则初探》，载城仲模主编：《行政法之一般法律原则》（二），三民书局1997年版，第239—241页；[波兰]彼得·什托姆普卡：《信任：一种社会学理论》，程胜利译，中华书局2005年版，第239—241页；胡建淼主编：《论公法原则》，浙江大学出版社2005年版，第723—726页。

省安监局做大做强精神指引下，按照具体的标准，相对人不断作出积极的回应，达到了不断升级的标准。第三，本案存在信赖利益。由于确信政府所作出的各种针对花炮行业的指示或标准，各原告不断加大投入，大部分企业投资基本过千万，最大的上亿。第四，本案存在正当的信赖基础。由于原告处于被管理地位，按他们的话来说，他们都“很听话”，言下之意，所有的改造与升级换代都是基于省政府及省安监局的政策而发生，原告本身不存在任何过错。

但另一方面，本案被告坚持存在信赖保护原则中改变生效行政行为的第一个“唇齿条款”：公共利益。那么根据信赖保护原则必须给予补偿，似乎补偿政策也制定出来了。于是，两个问题成为了解析本案的关键：一是如何认定本案中的公共利益，二是本案中的行政补偿是否公平合理。

（二）公共利益在本案中的认定

本案原告有两个诉求，一是请求判决撤销被告在“45 号通知”中作出的责令企业整体退出和吊销注销企业证照的行政决定，二是请求确认被告作出“45 号通知”的行为违法或无效。这两个诉求，后一个获得了法院的肯定，前一个则被驳回，理由是“45 号通知”决定烟花爆竹生产企业整体退出有利于国家、社会，如撤销会给国家利益或社会公共利益造成重大损失。于是，对于“公共利益”的认定成为本案至为关键的问题。

“公共利益”在法律上是一个不确定的概念。对于公共利益的界定标准，中国台湾地区著名公法学者陈新民审慎地认为在多元的社会，弥漫社会的多元价值观，必须经过充分的公共意见的沟通，方可寻出一个同时符合多数价值理念的公共利益概念。①

许多学者尝试从不同的角度给公共利益下定义，但往往相互不能印证甚至相互质疑。在学理定义不能够取得共识的情况下，公共利益的厘定仍然存在相对客观的标准。依罗尔斯的看法，“公共利益具有两个特点，即不可分性和公共性……从不可分性和公共性中所得出的推论是：必须通过政治过程而不是市场来安排公共利益的提供”。②

公权力机关在推动公共利益实现的过程中，可能在同一个有限的资源领域内遭遇个人权利，就会发生两种不能同时实现的权益孰先孰后的排序问题。

出于对被侵损权利的尊重，合理的做法是有条件地限制或剥夺财产。所谓有条件，一是以公共利益需要为前提条件，二是以合理补偿为弥补条件，三是以正当程序为保障条件。当然，如果前提条件不成立，剩余条件也就无须论证了。在满足第一个条件的情况下，后两个条件成为衡量具体措施的正当性与合理性的标准。

在信赖保护原则的制度性规定中，指明“为了公共利益的需要”，可以撤销或变更生效的具体行政行为，此处的“需要”可以理解为“必要”与“合理”，即受到保全的公共利益是为一般社会成员的福利并能被接受的。就本案而言，从形式上看，生产销售烟花爆竹的确有潜在风险，也正因为如此，国家才将此作为高危行业来进行管控。但是，管控不等于禁止和取缔。《南方周末》在报道此事时对相关专家进行了采访，专家也认为，这样一刀切的政策值得商榷。据他们调研，仅安徽及其周边的江浙沪地区每年烟花市场的保守需求量就在 120 亿元以上。但除安徽外只有浙江有两个厂，在保障安全的情况下，安徽保留一些企业是比较合理的。如果各省

① 陈新民：《德国公法学基础理论》（上），山东人民出版社 2001 年版，第 196 页。

② ［美］约翰·罗尔斯：《正义论》，何怀宏等译，中国社会科学出版社 1988 年版，第 226、227 页。

都关停花炮厂，只留下湖南、江西等几个主要产区，长途运输过程中存在很大风险。而一旦地下的黑作坊死灰复燃，安全情况甚至可能更加恶化。而且据他们调查，安徽的一些花炮企业已经具备良好的安全生产条件和基础，改进工艺后可在2016年前达到产品80%无硫、少烟的环保要求。同时燃放烟花爆竹是我们的传统文化，这种强烈的视觉冲击是很难被取代的。①

因此，即便法院认定“45号通知”是出于公共利益的考量，但这里的公共利益是否可以成为维持这一通知效力的理由，在学理层面仍有讨论空间。

（三）对本案中行政补偿决定的评价

信赖保护原则的第二个“唇齿条款”是“行政补偿”，即出于公共利益的需要改变了生效行政行为，由此给相对人造成了损失，代表受益方的政府应当给予补偿。当无法促使行政机关改变行政决定时，相对方往往会将注意力放在补偿的公平性上来。如本案中，安徽翔鹰花炮有限公司法定代表人喻本胜就无奈地表示：“厂肯定得关了。这次跟那么多政府部门都搞得挺僵，不让关也开不下去了。我们只希望能得到合理的补偿，找有资质的第三方机构来评估。如果就补几百万，别说负债了，我连工人的工资都不够付。现在不算利息都欠了两千多万。我哭都哭不出来了。”尽管本案原告并未将补偿问题作为诉求在法庭上提出来，但是其内心的不满显然是出自“45号通知”无差别地关闭花炮企业和执行关闭后政府给予的微不足道的补偿。

行政补偿在信赖保护原则下的功能集中体现在两个方面：一是公平地对待行政相对人；二是积极地构建诚信政府。前者的实现是政府通过合理补偿的形式分担公民个人为社会公共利益所作出的财产上的牺牲，后者的实现是通过行政补偿对政府先予后夺行为从制度上对相对人作出的弥补与慰抚。

在评价行政补偿的正当性时，最为核心的原则是补偿有无体现公平性。衡量行政补偿的公平性的主要因素是补偿标准与补偿程序。

从补偿标准看，本案涉及如此众多的企业，如此巨大的资产，如此庞大的市场，政府仅以一纸公文来结束一个产业，且仅以慰抚性的80万元来补偿企业绝对是善不了后的。如原告所说，作为高危行业，烟花爆竹行业有很强的特殊性，转型基本没有可能。同时，烟花爆竹还是当地人的重要就业渠道，90%以上的工人都是周围的村民，一旦关停，很多人将面临失业。另外，厂子租的他们的地，厂关了以后，就意味着他们没有了工作和租金。

从补偿程序看，通过本案判决书认定的事实也基本上可以看出，被告在作出关闭决定时并未恪守法定程序，当然包括其中的行政补偿也缺乏应有的程序。从行政法治的角度，行政补偿程序大致有四个步骤：相关行政行为目的的确认、补偿范围的确定、补偿标准及金额的确定、行政补偿的兑现。

虽然原告未将补偿的问题提交法庭审理，但是“45号通知”中涉及的补偿事宜，无论是程序上还是实体上都存在非常大的问题。按照自然正义的要求，在对一个人作出不利决定之前就应当听取其意见，那至少应当给相对人一个听证的机会。合肥市中级人民法院判决“45号通知”违法并要求安徽省人民政府采取相应补救措施，维护了行政相对人的合法权益，体现了行政诉讼在实践中的良好适用。

---

① 《政府一纸令下 安徽再无花炮厂?》，载南方周末网，http://www.infzm.com。

参考文献：

1. 王贵松：《行政信赖保护论》，山东人民出版社 2007 年版。

2. 张兴祥：《行政法合法预期保护原则研究》，北京大学出版社 2006 年版。

3. 曾坚：《信赖保护：以法律文化与制度构建为视角》，法律出版社 2010 年版。

4. 吴坤城：《公法上信赖保护原则初探》，载城仲模主编：《行政法之一般法律原则》（二），三民书局 1997 年版。

5. 陈爱娥：《信赖保护原则在撤销授益性行政处分时的适用——行政法院八十六年判字第一二三二号判决评释》，载《台湾本土法学杂志》2000 年第 8 期。

6. 余凌云：《政府信赖保护、正当期望和合法预期》，载廖益新主编：《厦门大学法律评论》（2006 年下卷），厦门大学出版社 2007 年版。

7. 张千帆：《“公共利益”是什么？——社会功利主义的定义及其宪法上的局限性》，载《法学论坛》2005 年第 1 期。

8. 周佑勇：《行政许可法中的信赖保护原则》，载《江海学刊》2005 年第 1 期。

上海财经大学法学院

曾 坚

第三节　法律适用

60. 司法权与司法责任
——程序性违法行为被排除与制裁

夏晶宇贩卖毒品罪申诉案①

一、案情概要

湖南省衡阳市中级人民法院(2015)衡中法刑一初字第8号刑事判决书、湖南省高级人民法院(2015)湘高法刑一终字第185号刑事裁定书,认定夏晶宇贩卖毒品罪成立。夏晶宇对此判决书、裁定书不服,向湖南省高级人民法院申诉。湖南省高级人民法院(2017)湘刑申2号驳回申诉。随后,夏晶宇向最高人民法院提出申诉。

夏晶宇申诉的其中一个理由是:办案人员存在刑讯逼供的情形,其本人和曾某1、曾某2、张某的供述应作为非法证据予以排除。

最高人民法院经依法组成合议庭审查后认为,原审认定犯贩卖毒品罪的事实,有公安机关当场查获的甲基苯丙胺片剂、海洛因、21万元购毒款等物证,夏晶宇与曾某1等人交易毒品时电话联系的手机通话清单以及到酒店开房的住宿登记簿、旅客住宿信息、视频截图等书证,证人黄某、余某等证言,毒品检验报告等鉴定意见,同案犯曾某1、曾某2、张某等的供述及辨认笔录等证据证实。夏晶宇在侦查阶段对贩卖毒品的犯罪事实亦供认不讳。以上证据足以认定犯罪的成立。

关于夏晶宇提出的刑讯逼供问题,合议庭认为:第一,夏晶宇的入所健康检查笔录反映夏晶宇入所时"无明显伤痕";入所当天,管教干部与夏晶宇谈话时,夏晶宇并未反映受到刑讯逼供,且对犯罪事实予以供认;夏晶宇被提出看守所的体检表虽反映夏晶宇回所时"腰部皮肤有轻微的红",但与夏晶宇所称被火烤、皮鞭打等刑讯逼供手段不相符,据此并不足以证实夏晶宇遭受了刑讯逼供。第二,夏晶宇提供的三份证人证言反映听到夏晶宇被刑讯逼供或者看到夏晶宇浑身是伤。但该三名证人中,有的证人与本案有利害关系,有的证言真实性存疑,且均无相关证据予以印证,不能采信。第三,夏晶宇归案后对贩卖毒品的犯罪事实予以详细供认,与同案犯曾某1、曾某2、张某供述的交易时间、地点、品种、数量、价格、付款方式等主要情节均能相互印证,且有扣押在案的毒品、购毒款以及手机通话清单、住宿登记信息、辨认笔录等证据在案佐证,夏晶宇的有罪供述应予采信。故夏晶宇的该项申诉理由不能成立。

合议庭认为,夏晶宇的其他各项申诉理由也不能成立,其申诉不符合《刑事诉讼法》第253条规定的重新审判条件。2019年10月30日最高人民法院驳回夏晶宇的申诉。

---

① 参见最高人民法院(2019)最高法刑申567号驳回申诉通知书。

二、 法理评析

（一）新一轮司法体制改革

以审判权为中心的诉讼机制改革中，刑事诉讼的程序性违法行为被排除，更进一步被强调列入公安司法机关的法定义务；相对而言，犯罪嫌疑人、被告人及其辩护律师则享有排除程序性违法行为，以及相应的更为广泛的一系列诉讼权利。

新一轮司法体制改革确立了司法责任制，建立了案件管理的集约化监督模式、诉讼事务标准化工作机制、院庭长审判监督方式转型、案件全流程监管休系、检察机关三类诉讼监督强化、捕诉一体的捕后跟踪机制、羁押必要性的社会危险性认定、对案件提前介入标准等。随后的司法体制综合配套改革，又进一步在权力规范运行和加强人权保障措施上不断完善，包括审前听证、法律文书说理、类案适用审查、繁简分流、司法巡查、审务检务督察、重大案件终结前讯问合法性的核查、刑讯逼供的源头预防、律师诉讼权利保障强化、刑事辩护全覆盖、律师代理申诉、扩大法律援助范围等。

上述案件涉及非法证据排除适用的认定，正是在司法体制改革中持续建设保障社会公正的司法制度的重要一环。

事实上，国家监督体制改革、检察机关侦查部门转隶、捕诉一体化、司法责任制、内设部门改革、案件集中管辖、检察质效评查等的推进，已经全方位地影响了以往的侦查监督模式。比如，为了加强对刑讯逼供和非法取证的源头预防，最高人民法院、最高人民检察院、公安部、国家安全部、司法部联合出台《关于依法保障律师执业权利的规定》，最高人民检察院出台《关于依法保障律师执业权利的规定》，在审查逮捕环节落实措施，依法保障律师知情权、辩护权、申请权等各项诉讼权利；与监所检察部门加强侦查终结讯问合法性审查的工作衔接，防止刑讯逼供，依法排除非法证据；规范讯问犯罪嫌疑人中诉讼权利告知等程序，充分保障犯罪嫌疑人诉讼权利等。

（二）实体性与程序性的制裁规则

刑事司法实践中之所以会出现非法取证，学理上可从两个方向推断：一是因为进行非法取证，即使恶劣如刑讯逼供，侦查人员也无成本付出。如果加大侦查人员程序性违法的成本，那么其就会权衡利害得失，从而放弃程序性违法。二是因为非法取证行为可以为侦查人员带来收益，该收益刺激侦查人员不惜进行程序性违法。如果将该收益从侦查人员的行为结果中抽取，那么在丧失收益预期后，侦查人员就没有利益诱惑进行程序性违法。这两个方向的学理推断在规范表现上，前者被称为实体性制裁，后者被称为程序性制裁。

对于刑讯逼供这一非法取证最严重情形，1979 年和 1997 年两部刑法都建立了严厉的实体性制裁机制，在“转化犯”的情况下，最高刑可以援引《刑法》第 232 条规定至死刑，刑罚量投入已经耗尽。另一方面，对于侦查人员非法取证等程序性违法行为的程序性制裁，在制度进程中也得到迅速推进。2010 年最高人民法院、最高人民检察院、公安部、国家安全部、司法部联合发布的《关于办理死刑案件审查判断证据若干问题的规定》和《关于办理刑事案件排除非法证据若干问题的规定》，2017 年最高人民法院发布的《人民法院办理刑事案件排除非法证据规程（试行）》，对于非法证据排除规则进行了详细的规范。

当然，实体性制裁和程序性制裁在实践中的启动，都必须基于“已经发生了程序性违法行为”。如果并没有发生程序性违法行为，或者程序性违法行为发生了，但是没有办法发现，或者有人声称发现，却没有办法固定从而向任何第三人加以证实，则信息在事后是不可验证的，任何拥有的程序性违法事实发生的信息都是私人信息无法进入公知领域，“程序性违法行为的发生”的声称仍然等于并不存在。所以，作为两种制裁的前提都是程序性违法行为被识别出来。

（三）非法取证识别

排除非法证据，首要的就是判断是否有非法取证的侦查行为存在。根据刑讯逼供行为的构成形态，能够对刑讯逼供发挥证明作用的证据通常来自以下情形：声称自己被刑讯逼供的犯罪嫌疑人、被告人的陈述；声称自己被刑讯逼供的犯罪嫌疑人、被告人身上的伤痕鉴定；实施刑讯逼供的侦查人员供述；如果没有实施刑讯逼供的侦查人员供认，那么至少要有两个以上无利害关系的目击证人证言；入监当天的看守所值班人员的身体检查记录、证言，同监号在押人员的证言或驻所检察人员的检查、记录等；对于没有物质形态留存的非殴打性的精神性虐待如连续不让睡觉、不让喝水、蹲马步等所可能获得的证据更为苛厉，通常也只能由刑讯逼供者本人、目击证人等证明。如果要证明实施刑讯逼供的侦查人员的行为构成了刑讯逼供罪，那么证据要件就更为严格。姑且不论非殴打性的精神性虐待这种十分难以证明的情况，仅仅是遭受直接暴力性殴打的刑讯逼供，还必须要有确实充分的证据证明某人或某几个人实施了刑讯逼供，在几个人共同实施的情况下还必须以确实充分的证据区分出责任大小，在使用了棍棒、绳索等工具的情况下还必须提取这些物证。

之所以对证据规格、形式进行这样的强调，是因为即使不考虑上述最后一种情形对刑讯逼供犯罪嫌疑人进行刑事责任追究，对刑讯逼供行为发生的指控也必须能够排除以下逻辑分岔。(1) 为逃避处罚的自伤。实践中常有犯罪嫌疑人被抓获后，作出自己将自己鼻子打破，将自己的头往墙上撞，用利刃、硬具将自己扎伤、刮伤，吞服成排的订书钉、纽扣、戒指、侦查人员做笔录使用的钢笔笔帽等行为。其目的或是在送入医院疗伤的时候趁人多混乱逃跑，或是可以日后嫁祸于侦查人员对其进行了刑讯逼供。(2) 在抓捕过程中被围观的群众殴伤。实践中，对于一些盗窃、伤害、流氓性质的犯罪（不是指1979年《刑法》规定的流氓罪），经常有围观群众对被抓获的犯罪嫌疑人拳打脚踢的情况。尤其在农村，对于外来的流窜作案犯罪嫌疑人进行殴打的情况经常发生。(3) 在监管场所，被同号的羁押人员中的所谓“牢头狱霸”打伤或者是监号内犯罪嫌疑人之间的互殴致伤，如“躲猫猫”案件之类的情形。(4) 在作案过程中犯罪嫌疑人攀爬、跌落等导致自己被刮伤、碰伤或者是与被害人搏斗、受被害人反抗受伤。

之所以如此严格要求，是因为程序正义理论是一种无差别的、不区别对待的理论，如果不能排除至少上述四种抗辩，而仅以声称的刑讯逼供指控，或以声称自己被刑讯逼供的犯罪嫌疑人、被告人身上有伤，来作为裁断根据，那么被指控实施刑讯逼供的侦查人员，也可能成为程序正义理论视野下的无辜的犯罪嫌疑人。在对犯罪嫌疑人进行指控时，要遵守“孤证不能定案”这一刑事证明基本规则，在对侦查人员进行刑讯逼供指控时，也要遵守此基本规则，这是理论的彻底性的要求。从逻辑周延要求来看，依靠证据对事实进行还原推理是刑事证明的一个操作规程，推理被当成一种论证，其中有些被设定为前提，另外的判断则必然地由它们发生。“必然地”而不是还具有其他逻辑可能，是证明的基本的要求。“孤证不能定案”之所以成为刑事证明的一个基础定理，在于孤证或少证不能达到逻辑上的闭合，结论具有歧异的多个可能。

因此，居于行为被识别与程序性制裁和实体性制裁之间的是被识别的概率。在美利坚合众国政府诉卡罗尔拖轮公司案(*United States v. Carroll Towing Co.*)中,美国上诉法院法官汉德(Learned Hand)将所有者的责任通过三种变量的设定对该案进行量化处理。汉德法官认为如果谨慎的负担(B)小于损害的概率乘以造成损害结果的危险性(PL),即 B<PL,所有者就是有过错。此为著名的"汉德公式"。

汉德公式延展到程序违法行为的发生预防控制和对违法行为结果的制裁,其启发就是:如果制裁量乘以该违法行为被发现的概率大于该违法行为的预期收益,该行为就会被遏制。因此,当违法行为的预期收益保持不变时,阻遏违法行为的发生取决于制裁量和发现概率这两个变量,只要其中一个变量恒定,另一个变量的提高就会有助于遏制行为发生。这就有两种可能:一是发现概率不变,而提高制裁量;二是制裁量不变,而发现概率提高。

第一种情形只是一种数学乘积上的可能。因为不管是在刑法、行政法等实体法制裁体系中,还是在程序法制裁体系中,制裁量都不可能无限制地提高。而且在阻遏非法取证的实体性制裁上,并不可能无限加大刑罚严苛度,制裁要与违法行为相适应。因此,第一种情形不可取。至于第二种情形,发现概率的提高是可能的。在某一个违法行为的制裁量是确定的时候,提高对违法行为发现的概率是遏制违法行为的逻辑出路。而目前识别刑讯逼供发生的困难点就在于:大量案件是精神折磨,没有或基本没有皮下出血等伤痕,据以定案的被害人伤情这样一种最重要的证据先天缺失;案件一般发生在侦查机关审讯室内部,极少有外界的证人目击到审讯或能听到呼喊,绝大部分案件没有目击证人和证人证言等佐证;能参与、接触到案件的基本上都是侦查机关内部人员,且或多或少参与刑讯或负有不作为责任,因此在侦查刑讯逼供案件时,出于彼此利益一致极易串供,订立攻守同盟,形成辩护证据一边倒而控诉证据匮乏的局面;刑讯逼供案犯罪嫌疑人作为公安、司法人员,对法律熟悉,反侦查能力强,有罪供述口供极难获得;证据体系中犯罪嫌疑人口供、被害人陈述等可变证据多,有较强证明力的物证书证等不变证据少,致使证据易反复,案件证据基础不牢固,翻证、翻供现象多;相当多的案件中,被害人眼睛被蒙住,无法指认犯罪嫌疑人。

所以,目前的司法设计要求对于被告人当庭提出被刑讯逼供的,应停止原案法庭调查转而进行刑讯逼供查证,实际上是不可能的。因为法院庭审对于事实的发现能力绝不比侦查机关高。通过启动强大的侦查手段尚且难确证的事实,依赖于法院当庭询问、质证,不足以查清事实。

(四)提高识别概率

为了提高被发现的概率,就要尽可能地使各种诉讼行为的信息被传递到外部,从而使得任何一种程序性违法行为容易被外部力量识别出来。遏制以刑讯逼供为主要表现的非法取证,制度上的对策方案有四种:

其一,强化对非法取证行为的侦查。2005 年最高人民检察院法纪厅和地方各级检察院的法纪部门、渎职犯罪侦查部门统一更名为反渎职侵权局,其主要职责就是对国家机关工作人员的刑讯逼供、滥用职权、徇私枉法等渎职行为进行侦查。2018 年《监察法》颁布,检察院反渎反贪机构转隶监察委。2018 年 10 月,《刑事诉讼法》修改,对管辖权重新作出规定:"人民检察院在对诉讼活动实行法律监督中发现的司法工作人员利用职权实施的非法拘禁、刑讯逼供、非法搜查等侵犯公民权利、损害司法公正的犯罪,可以由人民检察院立案侦查。"

其二,允许诉讼利益各方主体在场。为保证侦查讯问阶段的合法性,允许犯罪嫌疑人聘请的律师在讯问时在场，被认为是一种有效的遏制行为。而要允许当事人自己信赖的委托人在场，那就不仅仅只是允许犯罪嫌疑人的委托律师在场，也应当允许被害人或者已死亡被害人的近亲属委托的诉讼代理人在场。对此，侦查机关可能会担心信息的泄漏。一个可能的折中方案是将涉及国家安全、贩毒、涉黑等重大案件和普通刑事案件区别对待，或者在律师介入讯问时使被讯问人仅处于律师视线内，以封闭隔音但透明的玻璃将律师与被讯问人隔开。

但是，律师全程介入侦查讯问的方案，遭到了律师的反对。因为一个刑事案件从侦查、预审、审查起诉到判决通常历时多年，如果同意了该方案，则意味着接受委托的律师必须能够做到“随叫随到”，否则就会被投诉。

其三，转换举证责任。即一旦犯罪嫌疑人、被告人提出程序性违法事实的指控，那么侦查机关就成为“程序性意义上的被告”，并且举证责任马上转移，由侦查机关负担没有发生违法事实的证明责任。如果侦查机关不能向中立第三方提出达到证明标准的证据，那么就认定发生了程序性违法事实。在“我主张，你举证”的举证转换规则下，程序性原告对于程序性违法事实没有任何证明责任负荷。这种转换从根本上打破了风险负担的均衡配置，恶化了对方在诉讼中的处境。因为“说有容易，说无难”，否定存在一种事态要比肯定存在一种事态所需要的信息量大得多。侦查机关的证明责任要达到什么界限，证明标准划定到什么程度，都是一种在抽象层面容易提出，在具体操作层面难以确定的命题。

其四，同步录音录像。2005 年 11 月 1 日，最高人民检察院决定在自己立案管辖的反贪、反渎案件中讯问职务犯罪人时实行全程同步录音录像。2014 年公安部出台《公安机关讯问犯罪嫌疑人录音录像工作规定》。本案即调取了同步录音录像，作为驳回申诉的一个依据。

参考文献：

1. [美]威廉 · M.兰德斯、理查德 · A. 波斯纳：《侵权法的经济结构》，王强、杨媛译，北京大学出版社 2005 年版。

2. 徐向东：《怀疑论、知识与辩护》，北京大学出版社 2006 年版。

3. 刘忠：《被识别的几率：非法取证程序性制裁的构成性前提》，载《中外法学》2011 年第 2 期。

中山大学法学院
刘　忠

第四节　法律遵守

61. 法律遵守的概念和意义
——基于垂直切片视角的法律形式主义与实质正义

于欢辱母杀人案①

一、 案情概要

2016 年 4 月 14 日，由社会闲散人员组成的十多人催债队伍多次骚扰苏银霞的工厂，辱骂、殴打苏银霞。后催债的手段升级，苏银霞和儿子于欢，连同 1 名职工，被 11 名催债人员围堵并控制在公司接待室。其间，催债人员用不堪入耳的羞辱性话语辱骂苏银霞，并脱下于欢的鞋子捂在苏银霞嘴上，甚至故意将烟灰弹到苏银霞的胸口。催债人员杜志浩甚至脱下裤子露出下体，侮辱苏银霞。外面路过的工人看到这一幕，让于欢的姑妈于秀荣报警。警察接警后到接待室，说了一句“要账可以，但是不能动手打人”，随即欲离开。看到警察要离开，报警的于秀荣拉住一名女警，并试图拦住警车。被催债人员控制的于欢看到警察要走，情绪崩溃，站起来试图冲到屋外唤回警察，却被催债人员拦住。混乱中，于欢从接待室的桌子上摸到一把水果刀乱捅，致使杜志浩等 4 名催债人员被捅伤。其中，杜志浩因未及时就医导致失血性休克死亡，另 2 人重伤、1 人轻伤。

山东省聊城市中级人民法院于 2016 年 12 月 15 日公开开庭对该案进行了合并审理。法院认为，被告人于欢面对众多讨债人的长时间纠缠，不能正确处理冲突，持尖刀捅刺多人，致 1 名被害人死亡、2 名被害人重伤、1 名被害人轻伤，其行为构成故意伤害罪，公诉机关指控被告人于欢犯故意伤害罪成立。被告人于欢所犯故意伤害罪后果严重，应当承担与犯罪结果相当的法律责任，鉴于本案系由被害人一方纠集多人，采取影响企业正常经营秩序、限制他人人身自由、侮辱谩骂他人的不当方式讨债引发，被害人具有过错，且被告人于欢归案后能如实供述自己的罪行，可以从轻处罚，判处于欢无期徒刑。宣判后，附带民事诉讼原告人杜洪章等人和被告人于欢均不服一审判决，分别提出上诉。经过严格的依法开庭审理，山东省高级人民法院认定于欢行为属于防卫过当，构成故意伤害罪，判处有期徒刑 5 年，大幅度减轻了一审的量刑。

二、 法理评析

（一）实质正义与形式正义

随着法治国家建设的推进，法律的生命在于被自觉遵守已然成为通识，但在具体的司法实

---

① 参见山东省聊城市中级人民法院（2016）鲁 15 刑初 33 号刑事附带民事判决书、山东省高级人民法院（2017）鲁刑终 151 号刑事附带民事判决书。

践过程中,总会有由法律概念、原则及其规则融合组织在一起的律法共同体,囿于立法专业术语过于细腻抑或模糊,造成繁杂众多的社会事实很难与其一一对应。法律遵守者对于规则的歧义、缺失和漏洞,往往按照精致的利己主义原则抉择,由此在立法者和执法者看不到的地方,法律与社会事实之间产生了一个灰色交叉地带,"疑案"由此而生。在某些疑案中,若仅仅只是严格适用法律,作出的司法判决则可能与社会道德中的实质正义产生剧烈碰撞。规则及其严格适用的最显著功能是通过"类似情况类似处理"的通用模式最大化节约人类交往过程中的大量交易成本,避免额外风险叠加。由于个案的纷繁复杂,这种通用模式处置也会造成个案司法判决产生一定的误差损失成本。个案的实质正义要求规则及其适用能够针对每个案件的不同特征量体裁衣,最大程度提高控制的精确度,但法律规则只能总结同类案件的关键特征,忽视细节特性予以"批发式"解决,无法依据每个案件的特殊性予以区别对待,由此造成司法判决贯彻的形式主义无法与社会道德的实质正义完全妥帖匹配,在绝大多数情况下,这种误差损失利大于弊亦可被社会接受容纳。但如果两者强烈碰撞,产生巨大的误差损失成本,则会导致司法公信力受到威胁,甚至陷入"塔西佗"陷阱。①

本案正体现了这一点。如若依照实质正义的要求进行判决,无疑会使法律捍卫的形式正义受到严重挑衅。如何有效降低误差损失成本,从而弥合形式正义与实质正义的裂痕,如何有效减少乃至消解遵守法律形式正义所带来的交易成本与误差损失,这些探究已然成为法学理论派系争议的主要阵地,各种学术观点层出不穷。如"哈贝马斯共识论"试图将疑案审理建立在商谈的基础上,达成交往的共同认知,但缺陷是会创造一种连锁反应,加剧制度的不确定性;②"哈特理论"试图在形式法治和规则怀疑论之间找到第三条道路,通过各式推理弥补法律的缺漏之处,但这是一种包含太多理想成分的理论架构;③"批判法学"把法律直接融入政治、社会的本质,导致法治本身陷入"非法性"严重危机;④"法律修辞学"虽然增加了疑案判决的可接受性,可是并未从实质上解决"灰色交叉地带"的内在紧张矛盾;⑤"经济分析法学"遵循法律实用主义逻辑,通过成本收益对比的基本原理和方法增进司法权威,但理性经济人假设和效率至上价值标准的不合理性使得这一学说的内在根据性备受质疑。⑥

（二）垂直切片视角下各方遵守法律分析

本案引发争议的根本原因在于,规则及其严格适用与个案实质正义结果之间产生了激烈的碰撞,法官对裁判方法的运用与公众对裁判结果的期待之间没有达成一致,罪刑法定原则的刚性与自由裁量权的柔性之间缺乏必要的融洽。影响司法裁判的因素有哪些？或者说据以作出裁判的基础是什么？美国法律人类学家劳拉·纳德(Laura Nader)的"垂直切片"研究提供了很好的分析进路。"垂直切片"研究进路是把社会底层至社会顶端视为一个整体,对社会现象

---

① 参见胡象明、张丽颖:《公共信任风险视角下的塔西佗效应及其后果》,载《学术界》2019 年第 12 期。

② 参见王夏昊:《法律规范视域下的哈贝马斯共识论真理观》,载《人民论坛·学术前沿》2020 年第 17 期。

③ 参见王美舒:《关于哈特"法律规则说"的再思考——读 H.L.A.哈特〈法律的概念〉》,载《政法论坛》2016 年第 3 期。

④ 参见吴玉章:《批判法学评析》,载《中国社会科学》1992 年第 2 期。

⑤ 参见何静秋:《美国司法判决书的可接受性及其启示——法律修辞学的视角》,载《甘肃社会科学》2015 年第 6 期。

⑥ 参见时显群:《西方经济分析法学在中国》,载《现代法学》2002 年第 1 期。

进行纵向的分层研究，观察和分析社会中存在的各个阶层，以获得对社会全貌的认识。①因此，该研究进路可以帮助我们分析此案相关主体的各种表现及其各自得失。

1. 于欢之母苏银霞

于欢之母苏银霞的“源大工贸公司”属于传统制造业小型企业，因其已经欠浦发银行本息800多万元，还存在非法吸收公众存款行为，拖欠其他债权人数百万元，又无力还钱，已经被法院列入失信名单，企业举步维艰。苏银霞不愿看到自己多年的心血毁于一旦，想做最后一搏。她把目光瞄向了高利贷，结果使得自己掉进一个更大的坑，越陷越深。对于本案，其是受害者；对于非法吸储行为，其又是加害者。2018年11月，山东省高唐县人民法院对苏银霞非法吸储案进行了公开宣判，于欢父亲获刑4年、于欢母亲苏银霞获刑3年。

2. 暴力催债方

2014年7月，苏银霞夫妇向吴学占、赵荣荣借款100万元，双方口头约定月息10%，后苏银霞共计还款154万元。2015年11月，苏银霞夫妇再向吴、赵二人借款35万元，后还款29.8万元。2016年4月，本案暴力催债事件发生。如果杜志浩之流不是游走于违法犯罪边缘，采取如此下三烂手段帮人催债，则本案悲剧可以避免。

3. 于欢

评判于欢防卫行为是否过当，应当从不法侵害的性质、手段、紧迫程度和严重程度，防卫的条件、方式、后果等情节综合判定。本案中，多名讨债人在追债过程中并未携带任何器械，对其实施的主要是非法拘禁、侮辱和拍打面颊、揪抓头发等行为。尽管于欢和他的母亲所受到的侮辱以及殴打等行为的社会危害、暴力程度远远超过了道德的底线，但于欢和他的母亲在当时所面临的不法侵害的社会危害性明显低于刑法有关特殊防卫所列行为的严重程度。由此，于欢行为属于防卫过当，在承担刑事责任的同时，承担附带民事诉讼赔偿责任。另外，本案中于欢始终不认罪，也无任何自责悔罪表示，法庭最后陈述甚至扬言，“如果以后遇到类似情况，还会这么干”。对此，于欢个人必须从思想和行为两个方面认罪伏法、悔过自新。

4. 警方

对于高利贷追债，警察正常做法应当是明确告知其行为违法，必须立即停止限制债务人人身自由行为，若再有不当行为，立即对其行政拘留，并告知催债人，民事债权债务应当通过民事诉讼的方式解决，而不是自己采取粗暴、野蛮侵犯对方人格尊严、限制对方人身自由的方式来催要。但可惜的是，警察在多名讨债人员限制苏银霞、于欢人身自由的情况下，存在对案发现场未能有效控制、对现场双方人员未能分开隔离等出警不够规范问题，如果当时警方的措施更得当更坚决一些，这场悲剧就可以避免。基于此，涉事民警、派出所所长、冠县公安局分管领导皆受到了相应的党纪政纪处分。

5. 一审法院

法律作为一套规则体系，在制定过程中有两种对立价值指导原则：一是“水晶原则”，即对各类问题进行极细致化的考察研究并在规则体系中呈现，由于烦琐无比，立法者在规则制定过程中需要消耗大量的立法资源，执法者需要从浩如烟海的法律中寻求依据，增加更多的信息成

---

① 参见张晓辉、华袁媛：《20世纪70年代以来西方法律人类学研究对象及范式的转变》，载《广西民族大学学报（哲学社会科学版）》2019年第2期。

本，守法者则更难了解需要遵守的法律。二是"污泥原则"，以原则性、概括性著称，规则变得更为灵活，但是司法权力滥用的风险也随之大幅度增加。当污泥原则极端化时，无疑使得司法者也成为立法者。现实的情况是在水晶原则和污泥原则之间寻找一个合适的黄金分割点。然而，法院在本案一审中的判决结果明显有失公允，加剧了法律与道德的割裂。一是案件事实认定有缺失。法院有意无意地忽略了苏银霞所欠借款属于高利贷，而之前借款的本金以及合法利息部分，苏银霞已经归还。二是案发当时情况描述模糊。于欢砍伤他人的情节是本案重中之重。于欢的行为是在什么情况下做出的、具体怎么将四人捅伤的，直接影响到于欢行为的定性，而判决书认定的事实并未详细描述。三是判决说理并不充分。法院认为被害人是背部受伤，因此认定于欢属于主动攻击，而非被动防卫；认为催债方未使用工具，而于欢使用了尖刀，因而属于手段过当；警察已经出警，因此未有法益侵害的紧迫性。上述说理显然与现实具体场景差异较大。

6. 金融监管方

德国著名刑法学家李斯特（Franz Von Liszt）说过，"最好的社会政策即最好的刑事政策"[①]，刑法学家认识到了在预防犯罪方面起到更重要作用的不是刑法以及刑事政策，而是社会的大环境。比利时刑法学家普林斯（Adolphe Prins）也同样指出，"对于社会疾病，我们要寻求社会的治疗方法"[②]。血案背后，是地方经济下行带来的融资乱象，以及高利贷团伙横行的局面。苏银霞母子的命运，正折射出当地小微企业经营的艰难与混乱。金融监管机构，尤其是中国人民银行和银监会，应改变资金脱实入虚的不良倾向，要求金融机构的贷款总额中必须有一定比例是向小微企业贷款，小微企业贷款的手续和条件应当比大中型企业的手续更简便、条件更低一些。

7. 网民

对于本案，网民关注非常强烈，当时网易 APP 新闻跟帖达到 273 万[③]，并且这种舆情持续发酵在实质上产生了在同一方向上的观点经过群体讨论后所形成的态度，往往比讨论之前的群体成员个人态度的平均值更加趋向极端化的"群体极化"现象。每个人往往倾向于接受他所认同的看法，随着传播科技的发展，用户过滤所接收信息的力量会随着可以选择范围的扩大而越来越强大，在群体意见中个体往往丧失独立思考、自由评价意识，对已经形成的"权威"意见有盲目从众心理，致使意见往往走向极端、非理性、冒险、暴力，形成公众情绪和行为的失控。如一些言论声称"法律不顾人心，人心何必守法"等，对司法审判产生了较大干预，影响了司法部门公信力，助长了社会偏见和社会分裂，危及社会稳定。

8. 媒体

我国法律法规及有关政策对媒体报道司法案件进行了相应的规制。一是对于正在侦查、

---

① ［德］弗兰茨·骑士·冯·李斯特：《论犯罪、刑罚与刑事政策》，徐久生译，北京大学出版社 2016 年版。

② ［意］恩里科·菲利：《犯罪社会学》，郭建安译，中国人民公安大学出版社 2004 年版。

③ 参见魏永征：《群体智慧还是群体极化：于欢案中的舆论变化及引导》，载《新闻记者》2007 年第 1 期。

起诉或审理的案件，以及尚未作出终审判决的案件，不得公开报道。[①] 但在本案中，刑事附带民事诉讼原被告双方分别提起上诉，案件尚处于“正在审理中”的阶段，《南方周末》就通过其官方微博发表《刺死辱母者》一文而迅速成为舆论热点。二是个别必须见报的，不得超越司法程序抢先报道，更不得利用新闻报道制造对司法机关的舆论压力。但主流媒体罕有地直接为本案改判发声。如澎湃新闻社论说：“……我们期待足以令人信服的正义理据，或者作出正义的修订。”[②]《新京报》认为“办案者……离习近平总书记要求的‘让群众在每一个案件中感受到公平正义’，仍有很长的距离”。[③] 三是没有把握的案件或有争议的案件，不得公开报道。但在本案报道初期，由于事实尚不明确，多数媒体直接援引了《南方周末》报道。后期司法机关公布了具体的辱母情节，并指出网传多项辱母情节与庭审查明的事实不符，却鲜有媒体补充报道这一关键事实，或者忽略新的关键事实。

（三）“于欢案”的影响

尽管本案已终审宣判，但通过对上述各方法律遵守状况的梳理，我们发现这起刑事案件与其他典型影响性诉讼一样，在某种程度上产生了促进法治进步的作用，形成了“于欢案效应”。

1. 从舆论审判到法治公开课

由于本案涉及“辱母”“为母复仇”两个触及民众伦理道德的情节，加上一些媒体报道使用春秋笔法截取部分事实片段为公众设置议题，网络舆论侧重道德审判，超出了舆论监督范畴。但二审法院的精心审理成功地将办案全过程变成了一堂全民遵守法律、共享法治的公开课，实现了从激昂的感性反应到从容的理性思考的转化。

2. 从应急性处置转化为先例性规则

理论界和实务界针对本案法律形式主义与实质正义之争，并没有采取“灭火”式的方式简单应对了事，而是更理智地利用资源，将其中的法律问题挖掘出来，在体现严格精神、关注伦理人情、拒绝司法任性、司法尽量公开、回应社会关切等诸多主题博弈中探求动态利益平衡点。

3. 从多头并立观点争鸣转化为以审判为中心一锤定音

社交媒体和大众传媒的互动推动本案进程，凸显了媒介的公共性实践。在这一过程中法律专家也禁不住各抒己见，一时间各种观点百花齐放，甚至不排除有的主体通过不当手段施加压力。以审判为中心的司法终局功能是法治国家重要特征，各种观点只有通过“法律职业过滤网”之后，方可吸收、转化为法院最终专业判断，这一判断在引导、凝聚民意，再阐释、再表达舆论焦点方面，已然成为意见汇聚和民意形塑的最重要力量。

参考文献：

1. 陈兴良：《正当防卫如何才能避免沦为僵尸条款——以于欢故意伤害案一审判决为例的

---

① 《关于当前报刊在法治宣传方面应当注意的几个问题》（载《新闻与写作》1985 年第 8 期）提到，对于正在侦查、起诉或审理的案件，以及尚未作出终审判决的案件，不要登报纸或上电视；个别必须见报的，要先报道破案、起诉或审理的消息，以后再报道判决结果，不得超越司法程序抢先报道，更不得利用新闻媒体制造对司法机关施加压力的舆论。2019 年修订的《中国新闻工作者职业道德准则》第 6 条第 4 款规定，“维护司法尊严，依法做好案件报道，不干预依法进行的司法审判活动，在法庭判决前不做定性、定罪的报道和评论，不渲染凶杀、暴力、色情等”。

② 《辱母案：期待“正义的理据”》，载澎湃新闻网，https://www.thepaper.cn。

③ 《“刀刺辱母者案”：司法要给人伦留空间》，载新京报网，http://epaper.bjnews.com.cn。

刑法教义学分析》，载《法学家》2017 年第 5 期。

2. 李奋飞：《论司法决策的社会期望模式——以“于欢案”为实证切入点》，载《法学》2019 年第 8 期。

3. 陈璇：《正当防卫、维稳优先与结果导向——以“于欢故意伤害案”为契机展开的法理思考》，载《法律科学（西北政法大学学报）》2018 年第 3 期。

上海社科院法学研究所

彭　辉

第五节　法律实施的正当程序

62. 正当法律程序

——正当程序的构成要素和底线正义

张向阳诉南京大学拒授学位案[①]

一、 案情概要

1989 年,原告张向阳取得南京农业大学学士学位。1993 年,又参加南京大学的法律本科自考,之后申请学士学位,考试科目包括合同法、企业法、学位英语。原告的两门法律专业考试合格,但考虑自己有学士学位,就未参加学位英语考试。南京大学遂以原告缺考英语为由,拒绝授予其学位。万不得已,原告取得毕业证书后又参加了学位英语考试,但南京大学以该成绩并非在学校期间取得,仍旧拒绝授予其学位。原告不服,诉至法院。

一审法院认为,原告未按南京大学规定参加英语考试,不具备英语免试条件,以重考成绩申请学位,依据不足,判决驳回原告诉请。原告不服提出上诉。二审法院认为:(1) 学位是行政机关颁发的学业荣誉。原告虽自认为完成学业、符合学位申请条件,但并不意味着就一定能取得学位,还要借助于南京大学的积极承认。南京大学可以拒绝授予其学位。(2) 学位授予关系是行政法律关系。南京大学获行政授权而有权授予学位。在学位授予关系中,南京大学是以行政主体身份出现,其与原告形成的不是平等的民事法律关系,而是行政法律关系,故本案不属于人民法院受理的民事诉讼范围。故判决撤销一审判决,驳回原告诉请。

本案焦点有二:(1) 程序上的民事案件受理范围。根据《教育法》和《学位条例》的授权,高校可以授予学位。因此,高校在授予学位时是以行政主体身份出现的,其与申请人并不是平等的民事法律关系,而是具有隶属性的行政法律关系,高校完全有权决定是否授予学位。(2) 实体上的学位定性。学位作为一种学业荣誉,其取得必须具备主客观两方面条件,即主观上本人完成学业,客观上学校还要认可。两者缺少其一,都无法取得学位。显而易见,该案诉争的最大瑕疵在于基本的诉讼程序选择不当,而它其实是讨论学校拒绝授予学位是否合理合法的前提。本案中,双方在学位授权中的地位不平等,指向的是授予学位这一具体行政行为,并且申请人对是否授予学位无处分权而完全由高校决定。因此,它不属民事纠纷,而是行政纠纷,其救济途径包括两种方式:一是先向校内学位评定委员会提出异议,对处理决定不服的,可向省学位委员会申请复议;二是直接向人民法院提起行政诉讼。

---

① 参见国家法官学院、中国人民大学法学院编:《中国审判案例要览》(1999 年民事审判案例卷),中国人民大学出版社 2002 年版,第 515 页。

二、法理评析

（一）正当程序的构成要素

无论是从理论还是从实践角度分析，程序是否正当的主观体验，都被认为是决定对结果是否满意的态度的主要因素。整体而言，现代正当程序应具备以下基本要素：

第一，角色的分化。分化在正当程序中占据重要位置。程序本身的首要因素就是完成角色分化，把一定的结构或功能分解成两个以上的角色，将集中于决定者的权力分解于程序的不同角色和各个过程。程序参与人在角色定位后，依据程序规定各司其职，互相配合又互相牵制，这是程序的核心意义所在。比如，诉讼过程中法官、公诉人、辩护人、代理人、书记员、鉴定人、证人、原告、被告、犯罪嫌疑人等，都参与决定的过程，而不是由作为决定者的法官一人决定。程序中的角色分化后，每个角色都以一个符号的形式存在。从法律职业主义来看，程序的分化正是按照法律职业主义的原理形成的，专业训练和经验积累使程序的不同参与角色更为专业和规范化。

第二，有意识的思维阻隔。程序的设置是为了有意识地阻隔对结果、法外目标的过早考虑和把握。这样做的目的，除了防止恣意，还可在结果未知状态下保障程序中的选择自由。正当程序要求决定者有意识地暂时忘却真正关心的实质性问题。从某种意义上讲，程序是决定者对自己观点的抛弃，是对实体内容结论方面的故意忽略，是对案件当事人实际自然身份的置若罔闻。只有在这样的情况下，程序才能凸显具有超越个人意思和具体案件处理的特性，从而把纠纷的解决和决定的作出，建立在“结构化”和“一般化”的制度之上。在程序中，法律的行家里手考虑的都是法律问题，即使有必要对于道德、经济等事实方面加以考虑，也都严格限制在程序之中，不允许决定者个人离开程序来作道义和功利方面的斟酌。显然，这就带来两个效果：决定过程中的道德论证被淡化，以及先入为主的真理观和正义观被束之高阁。

第三，直观的公正。法律的正当程序通过直观的公正，间接地支持结果的妥当性。程序的设置中包含了这样一些要素：对立面、决定者、信息、对话、结果。隐含在这些要素中必然有对立面的设置，它存在复数的利益对立或竞争的主体；多数情况下，决定者是指解决纠纷的第三者或程序的指挥者，对决定者最重要的程序要求是“中立性”；信息是指与待决事项相关的事实、知识、资料、根据等，对于一个事项的决定者来说，足够的信息是十分重要的；对话是指程序主体（特别是在对立面）之间为达成合意，针对争论点所开展的意见交涉方式；结果是指程序中产生的根据事实和正当理由作出的最终决定。这五个方面构成了程序这种“看得见的公正”，即直观的公正。

第四，对立意见的交涉。即纠纷主体之间为达成合意而对争议点所展开的沟通与互动，这种对话成为主体之间调整事实与规范之间的张力的重要方式。但是，这种沟通与互动既有利益的妥协，也有对于正义的博弈。那种与社会利益脱节的正义追求，很容易流于玄谈；而与社会正义脱节的利益妥协，也很容易滑向市侩。为此，必须通过以价值多元化、决断者中立化的程序，把权利设定与互惠性交涉等结合起来。这种双轨制的主体之间的程式化协商过程，构成了一种具有反思理性的现代程序主义的范式，进而成为正确决断的保障。

比如起诉状一本主义。我国刑事诉讼法不断修订的一大亮点，就是起诉方式从过去的“全案移送”到目前的“移送证据目录、证人名单和主要证据的复印件”。其意义在于，全案移送有着不容忽视的缺陷,易导致法官庭前预断、庭审形式化、侦查中心主义、审判不中立等诸多弊端。所以,只移送简要的材料,可以破除法官与检察官的一体化(角色的分化),阻断公诉程序与审判程序的“接力赛式”的连接(有意识的思维阻隔),同时,还保障了庭审对抗制的实现(对立意见的交涉)。但是,修订后的主要证据复印件移送制度仍然存在弊端,集中在它并不能彻底地阻断公诉和审判的连接,反而使得律师庭前证据的先悉权因此而名存实亡。对此,许多人提出借鉴日本的“起诉状一本主义”,也就是除了向法院庭前提交起诉状,其他任何的材料都不提供,从根本上阻断两个司法机关之间的接力连接。而对于律师先悉权,可以配套建立证据开示制度(直观的公正)加以解决。

此外,司法的符号化,其实也是正当程序的重要元素。比如,我国的法官服饰由过去的军警式制服改成了法袍,至少象征着法官应当走向职业化,而不是等级服从的所谓干警;法官的席位上多了个法槌,增加了不少权威感;等等。事实上,司法符号会产生双向的心理作用,它提醒法律职业人、当事人及民众有关程序的特殊性,形成了对司法行为的有效制约;穿上袍子的人不大方便走街串巷、交际应酬,司法权的中立性就能得到更有力保障;法袍、律师袍等以其古老的样式向世人显示,法官在决策时需要尊重传统,他们是维系社会秩序的稳健的保守主义者;同样,法院建筑以及法庭内景的肃穆庄严也是同样重要的。

(二)正当程序的底线正义

现代正当程序应至少遵循以下四个底线正义的原则:

1. 决断中立原则

决断中立原则,即决断者应在发生争议的各方参与者之间保持一种超然和无偏袒的态度和地位,而不得对任何一方存在偏见和歧视,给予各方参与者以平等参与的机会,对各方主张、意见和证据予以同等的尊重和关注。这一原则旨在通过抑制决断者的偏见和给予各方平等参与的机会,使各方受到公正的待遇,不至于产生预断和偏执而作出错误决断。它具体表现为:决断者不应是与案件结果或争议各方有任何利益或其他牵连的人;决断者主观上不应存有任何支持或反对某一方参与者的偏见;各方参与者在争议处理过程中拥有平等的机会、便利和手段;决断者对各方意见和证据给予平等的关注。比如我国的民事诉讼回避制度。回避制度,是指为了保证案件的公正审判,而要求与案件有一定利害关系的人员或其他有关人员,不得参与本案的审理活动或诉讼活动的审判制度。根据《民事诉讼法》第 44 条规定,审判人员以及书记员、翻译人员、鉴定人、勘验人有下列情形之一的,应当回避,当事人有权用口头或者书面方式申请他们回避:是本案当事人或者当事人、诉讼代理人近亲属的;与本案有利害关系的;与本案当事人、诉讼代理人有其他关系,可能影响对案件公正审理的。同时,第 45 条规定,当事人提出回避申请,应当说明理由,在案件开始审理时提出;回避事由在案件开始审理后知道的,也可以在法庭辩论终结前提出。被申请回避的人员在人民法院作出是否回避的决定前,应当暂停参与本案的工作,但案件需要采取紧急措施的除外。

2. 过程正当原则

过程正当原则,即决断者在争议处理过程中,必须符合合法性和合理性的基本要求,而不能是任意和随机的。过程正当能使各方参与者有机会获知程序的进程、决断的结论及其形成的理由和依据,从而让人确信受到了公正对待。它具体表现为:决断者据以裁判的事实必须经过合法、合理的证明;决断者在裁判前必须进行冷静、详细和适当的评议;决断者的裁判必须以法庭调查和采纳的所有证据为根据;决断者应明确陈述其据以制作裁判的根据和理由;当决断者并非一个人时,即使是少数意见,也应当明确告知争议各方。比如判决公布少数意见的不同做法。对于判决书中是否载入参加案件合议法官的少数意见,两大法系的做法不一。英美法系中,反对意见大多随多数意见一起公布,甚至与多数意见结论一致而理由有异的意见,也同样如此。理由在于:出现少数意见的分歧才能谨防多数人的局限;少数意见代表法官不受包括其他法官在内影响的心证独立;以及借助对立意见冲突的透明化赢得对判决慎重的尊重等。而大陆法系与之相佐,主张判决须以法院整体的名义发布,泄露少数意见被视为泄密。理由包括:评议结果公开会影响法官不受外界干扰地作出独立判断;掩饰少数不同意见是为了维护法院的整体权威;可以促使法官比较不同意见而深思熟虑地进行判断等。

3. 程序参与原则

程序参与原则,即那些权益可能受到决断影响的人应有充分的机会参与争议处理过程,并对决断结果发挥有效作用。一个人在对自己的利益有影响的决断形成之前,如果没有机会提出自己的主张和证据,不能与其他各方及决断者展开有意义的辩论、证明和说服,就会产生强烈的不公正感。因此,没有这一原则的保障,程序正当性也无从谈起。它的具体要求是:程序参与人应在决断作出过程中始终到场;程序参与人应富有意义地参与裁判的制作过程;程序参与人有充分机会参与决断过程并有效影响其结果;程序参与人应在参与过程中具有人格尊严,并受到人道对待。比如刑事辩护制度的不同起源。英国中世纪,辩护制度被保留及发展。此时的辩护人仅是协助当事人诉讼,而且几乎全是当事人的亲友。约翰国王时期,辩护人作为一种职业初显端倪。及至亨利三世时期,聘用职业律师参加法庭辩护开始普及。爱德华一世时起,职业法官开始从精通法律知识和司法经验丰富的辩护律师中选任。到 14 世纪初,法官必须从职业辩护律师中任命,已成为一条不成文的习惯法原则。而大陆法系近代的刑事辩护制度出现略晚,是在 18 世纪以后随着启蒙思想家的呼吁而重新建立的。法国大革命后的《人权和公民权宣言》规定了无罪推定原则,从而为刑事辩护制度的确立提供了根据。此后的法国刑事诉讼法典又确认了被告人享有辩护权的刑事诉讼原则。当今世界各国无不把辩护权视为被指控人的最重要权利,从而建立相应的刑事辩护制度。可以说,刑事辩护制度成为保障当事人程序参与权的重要保障。

4. 决断理性原则

决断理性原则,即所作出的决断必须因循理性和审慎,结论对于争议处理具有唯一的决定性作用。这一原则有助于决断者严格依照法律确定的程序,对争议各方所提出的主张和依据给予全面审查,并按照法定次序进行优选,从而准确发现案件的事实真相。它的基本要求有:决断须产生于所有审查活动全部结束之后,而不能在审查之前或审查过程中形成;决断须建立在他们在审查过程中对争议事实和法律适用问题所形成的理性认识基础之上,而不是他们在审查活动之外产生的预断、偏见或传闻的基础上;决断须以各方程序参与者在审查过程中提出的有效意见、主张和证据为根据,而不能任意地将一方或多方参与者的观点和论据排除于决断之外。比如刑事诉讼法中非法证据排除规则。我国《刑事诉讼法》第 52 条规定,“严禁刑讯逼供和以威胁、引诱、欺骗以及其他非法方式收集证据”。第 56 条规定,采用刑讯逼供等非法方法收集的犯罪嫌疑人,被告人供述和采用暴力、威胁等非法方法收集的证人证言、被害人陈述,应当予以排除。对于非法证据能否作为定案依据,有两种不同的观点。一是绝对排除,就是非法取得的言词证据和实物证据一律不得作为定案依据。它的理论基础就是美国的“毒树之果”理论，即程序违法就像有毒的树，它结出的果子也一定是有毒的。二是相对排除，就是虽然言词证据是非法取得的，但如果据此提供的线索能找到其他证据与之相印证，仍然可以作为证据使用。

参考文献：

1. 季卫东：《法律程序的意义：对中国法制建设的另一种思考》，中国法制出版社 2004 年版。

2. 陈瑞华：《刑事审判原理论》（第三版），法律出版社 2020 年版。

上海交通大学智慧法院研究院

杨 力

第六节 法律实施的监督

63. 法律实施监督的性质和功能
——行政执法相对人的实施监督

王某交通违法受行政处罚案[①]

一、案情概要

2020年4月13日16时36分，驾驶人员王某在某市恒丰北路沪太路北约5米处驾驶机动车通过有灯控路口时，被执勤交警拦截。交警以王某未驶入导向车道为由，不耐烦听取王某申辩，亦未作适当劝教引导，即给予行政处罚。其间，王某多次释明其未出示执法证件，但该名交警始终托词不予出示。王某不服，向上海市公安局静安分局提起行政复议。

复议期间驾驶人员王某提出，事发当时，其在恒丰北路由北向南驾驶小客车行驶，临近路口准备小转弯时，才发现该路段地面车道完全不同于一般路口设计：四条车道中只有左侧第一条行车道用于直行，而用于向右小转弯的行车道却多达三条。王某因第一次在此处驾车，完全不熟悉路况，遂在仓促之下选择左侧第二条车道停下等待绿灯。绿灯亮起申请人向右转之后，又突然发现右边竟然又有两条岔路：一条上引桥；另一条是引桥下的旁侧道路。当时，申请人第一反应误解上引桥即是高架路匝口，而王某所驾外牌车辆在高峰时段上高架会构成违法。因此，王某从主观上基于严格遵守合法行车规则的导向，急忙把车辆转向引桥下的旁侧道路行驶。此时，执勤交警将其拦下，指出王某未按照车道导向上引桥行驶，给予其行政处罚。

二、法理评析

（一）执法者的惩罚与劝教选择

本案中，案发地的交通路况复杂、标识不清晰，极易产生误导。基于这一情形，执法者对于主观上不存在违法恶意的王某，到底是简单地采取完成指标式的一“罚”了之，还是以劝教和引导更好解决问题，实质上考量的是城市治理和行政执法水平的高低。从行政执法实体监督角度来看，该案行政执法问题包括：

第一，该路口道路不同寻常，不仅路面设计为“一条直行、三条右转”，而且右转弯之后，又出现两条岔道，同时，该路口地面的右转标识字迹不清。面对如此复杂的路况，交警却对于第一次行车到此完全不熟悉路况的驾驶人员王某，苛刻要求其“能够在驾车行驶中的一瞬间，快速分清头顶的所谓导向标识，并作出右转应导向哪一条车道的判断”。这是强人所难，明显有违常理。

---

① 参见某市公安局交通警察支队公安交通管理简易程序处罚决定书。

第二,过程中,王某及时提出以上客观情况,且言明主观上完全没有违法故意,希望以引导和劝诫处理。执法交警断然拒绝,以"赶工期、完成指标式"的过度惩罚思维,匆忙填好行政处罚决定书。其实,当执法的路况标识向民众展示不够简洁、清晰,容易造成民众误解之时,执法的原则应是在民众没有恶意违法的情况下,"以有利于被执法人的原则释法",而不是简单以"所谓严格执法"为由,简单粗糙执法。

第三,即使执勤交警不能较好把握以上的执法原则,执法中也需要具有起码的同理心,否则会失去审慎行使被赋予的执法权的敬畏之心。执勤交警在行使执法权时,需要懂得起码的"以最小代价实现最大生造效应"的一般原理,而不是所谓"一罚了之",停留于走过场,让处罚结果不具有可接受性,使得结果难以定纷止争。

(二)程序上的明显瑕疵

从行政执法程序监督角度来看,执勤交警在整个执法过程中未出示过任何执法证件,经驾驶人员王某再三提示,仍无动于衷。尤其是该执法交警在亲自动笔修改了行政处罚决定书上载明的行政诉讼管辖地,让申请人开始怀疑其执法身份的真实性,被王某质疑并又一次明确提示后,该执法交警仍不出示证件,开完罚单即扬长而去,程序上存在明显瑕疵。

第一,执法过程中,驾驶人员王某多次要求执勤交警出示执法证件。执勤交警称其穿戴有警号的警服,即可不出示证件。但《行政处罚法》(2017 年修正)第 34 条规定,"执法人员当场作出行政处罚决定的,应当向当事人出示执法身份证件"。此外,2018 年发布的《国务院办公厅关于全面推行行政执法公示制度执法全过程记录制度重大执法决定法制审核制度的指导意见》明确规定,行政执法人员在进行执法活动时,"必须主动出示执法证件"。

第二,执法过程中,让驾驶人员王某开始对执勤交警执法身份产生怀疑的,是该名交警开具行政处罚决定书且在阅读之后,发现决定书上载明提起行政诉讼管辖地是上海市闵行区人民法院,认为这是"错误"的,遂擅自改为"静安区"人民法院。殊不知早在 2016 年,新一轮司法体制改革推动跨行政区划的行政诉讼案件管辖之后,上海市静安区人民法院早已没有行政诉讼一审管辖权,而是集中到了闵行区人民法院。普通民众不知晓这一点尚在情理之中,但每天执法的执勤交警在这一司法改革已达四年之后,仍不知晓且自作主张,任意篡改正式下达的行政处罚决定书这一正式法律文书,缺少对法律生效文书的起码敬畏。

(三)案件的评析

习近平指出,"城市管理应该像绣花一样精细"①。作为国际大都市的上海,在新一轮司法体制综合配套改革的推动下,政法队伍的综合素能实现了大幅提高。但是,本案中执勤交警违反最低的法定附随义务而不出示证件的执法程序,以及在实体的执法理念和执法过程上所出现的问题,仍反映了执法主体的单兵素质有待继续提高,否则会对日益走向精细化的良法善治产生至关重要的影响。

或许执法交警具有一些认知上的不足,抑或站在他的立场也会有一些他认为所谓"对"的东西。但是,这起案件表明,旨在精细化、高水平执法的每一位执法者哪怕在作出执法决定之后,也可以先停下来,回头斟酌一下执法过程到底有无值得改进之处,从而在今后的执法中:不要有那种"执法者简单执法的傲慢",而是能够执法为民,善待每一位普通民众;不再习惯于居

① 李洪兴:《让城市管理像绣花一样精细》,载《人民日报》2019 年 7 月 24 日,第 4 版。

高临下，而是能够修正理念，恪守起码的执法程序底线；不是一味地以惩罚为目标，而是懂得法律的最大效应在于"张弓无箭、不射之射"。当然以上所有的一切，最先要做的是补上执法知识上的短板。

参考文献：

1. 刘杨：《执法能力的损耗与重建——以基层食药监执法为经验样本》，载《法学研究》2019 年第 1 期。

2. 崔卓兰、姜城：《论行政执法风险冲突的预防和控制》，载《吉林大学社会科学学报》2016 年第 2 期。

3. 范如国：《"全球风险社会"治理：复杂性范式与中国参与》，载《中国社会科学》2017 年第 2 期。

上海交通大学智慧法院研究院
杨　力

第十五章　全面依法治国，建设法治中国

第一节　法治的一般原理

64. 法治与治理
——行政综合执法体制与大社会治理

城管执法冲突的社会情境①

一、 事例概要

随着城镇化的快速发展,城市居民各种需求不断增长,城管职能的重要性日益凸显。为此,我国政府逐渐探索出了城市管理综合行政执法体制,但也面临不少挑战。城管执法有其社会需求,但产生争议也有深层原因。城管宋志刚的著作《城管来了》就以一名城管执法人员的视角,以亲历叙事的方式,展现了城管执法冲突的社会情境。

城管执法范围广泛,现实中尤其在治理无证摊贩、切实保障食品安全、疏导城市交通、维护人身财产安全上,成效明显。但是,城管执法暴力、扰民、合法不合理等现象也见诸新闻。因此,高水平推动城管依法行政、合理行政等,便成为一个社会热议问题。

其实,城管执法空间的特点决定了执法过程具有不可预测性,执法人员无法依据固定的程序展开行动,事实上很多冲突的产生并非由城管主导。城管的街头执法主要针对无证摊贩。无证摊贩主要是城管在巡查中发现的,也有上级城管督查部门交办的,还可能是“线人”提供了线索。因此,城管执法的空间多数是在喧嚣杂乱的街头,这种环境本身就有较大不确定性。这种环境中的执法与在办公室里开罚单当然是两回事。城管对执法对象和环境较为陌生,缺乏明确预期,其控制局面的能力当然会受制约。这使城管的工作充满了对立冲突,增加了矛盾纠纷的可能性。

从理论上讲,查处无证摊贩的行政执法步骤应当是:发现违法行为——提取证据——处罚违法行为。但是,倘若在街头空间中按照这一步骤操作,城管执法将面临巨大的风险,甚至可以说,几乎每件查处行为都可能演化为群体性事件。因此,对无证摊贩的查处在现实中就遵照以下程序:控制经营工具——暂扣经营工具——处罚违法行为。充满风险的执法环境常常使法律程序失去意义。

① 参见随风打酱油:《城管来了》,北京理工大学出版社 2011 年版。“随风打酱油”系北京城管宋志刚的网名。

二、法理评析

(一) 执法冲突

在城市管理综合行政执法体制下,其他行政部门没有管好的事情,都会让城管来负责。比如食品安全卫生问题没解决好,警察、城管是负责的终端;土地管理、房屋管理问题没解决好,城管也是负责的终端。在城市管理综合行政执法体制下,很多执法部门的责任被城管执法部门所承接,甚至可以说,城管和警察集中了绝大部分基层一线矛盾。把这种行政决策风险集中向城管部门转移,使得城管执法直接指向了底层人群的基本生存。这一人群当中的很多人为了到城市发展而自谋生路,本来应该是政府扶助的对象,却因为涉嫌违法而成为城管打击的对象。当底层人群的生存碰到盲目的行政决策时,街头执法的风险可想而知。现实中城管被寄予过高的期望,被赋予他们难以完成的任务,进而使他们成为"众矢之的"。上级的要求、市民的抱怨和相对人的抵触,往往成为城管不能承受之重。

除了执法体制会造成执法冲突外,民众利益分化也是重要因素。城管执法往往是对一部分人有利,对一部分人不利;或者说一部分人欢迎,另一部分人反对。比如,某大学门口有摊贩卖食物,方便学生自习后吃饭。校长觉得挡道,因此坚决要求城管取缔,又拒绝了建立有卫生保障的食品点的建议。城管取缔时,只能遭受学生的责骂。同时,一些群众在摊贩侵犯其切身利益时,就积极要求城管开展执法行动,取缔摊点;在摊贩与其切身利益无涉,例如没在自家门口摆摊时,就愿意享受摊贩带来的方便,反对城管的执法行动。而在执法现场,即使受益的群众也不会表态支持城管,受损的群众却可能激烈反对。

(二) 执法体制

2015 年 12 月推出的深化城市执法体制改革,破解了原来的行政执法领域职权交叉、重复处罚、执法扰民、效率低下等顽症,改变多头执法体制,形成执法合力,将城市管理中涉及城市居民生活各个方面、原本分属于城市中多个政府职能部门的行政处罚权,高度集中于城管部门。

毫无疑问,这样的改革把原本分散于社会不同领域、本由政府不同部门执法的各种矛盾,向城管部门集中,无论从民众还是政府的视角,都是"一窗式"解决问题的重要体制改革。但是,过度把相关的并不是在"窗口空间"完成的街头行政处罚权移交给城管部门,实际上让城管部门在现实情境中直接面对民众,执法时发生矛盾冲突的可能性大大超过其他政府部门。

加之城市管理综合行政执法体制的存在,不少地方政府越来越习惯于将城市管理中的复杂难办事务交给城管部门,让这个部门成了地方政府改革的"断后"力量。这样,城管承接了很多并不完全正确的政府决策的风险。比如,一些地方政府领导急于追求政绩,盲目上马"面子工程",罔顾基层社会现实,决策一旦推行,社会矛盾突出,城管又必须冲到第一线,为不良决策承受骂名。一些地方政府完全无视当地的现实,提出建设"无摊贩城市",甚至连郊区农民偶尔上街卖菜也要予以取缔。一些地方政府取缔摊贩,却没有相应的辅助措施,摊贩只能在街头与城管玩起"老鼠与猫"的游戏。很多原本有证的摊贩,变为街头流动的无证摊贩,他们与城管在街头拉锯数年。这一政府改革决策的实质,就是成本和风险实际上由摊贩和城管来承担。

因此,在深化推动"一窗式"改革的同时,还要进一步推动条与条、条与块之间的体制改革。要梳理和优化政府职能部门之间的职权配置,兼顾划清职责边界与综合执法,而不是非此即彼地让综合执法改革从原来的过度分散,又走向城管体制遭遇现实难题的另一极端。要在地方先行先试之后,把更多在职能部门的行政处罚权,以委托、协同或下放方式下沉到块,把条权属地化的基层治理改革,作为精细化城市治理的主要方向。要持续推动跨行政区划的主体功能区一体化行政执法协同,推动整个社会、不同单位、不同利益主体内生性源头化解矛盾纠纷,逐步形成系统集成的高水平城市治理和执法体系。

(三) 社会治理

城管执法往往是在为"沉默的大多数"群众服务。拆除违建就是这样:违建则出现时,周围的人往往碍于情面不会声张,而后得到更多人的效仿,违建逐渐成为普遍情形,直到严重影响公共利益或其他市民利益,城管不得不出来执法。在一起因违建影响了地下水管线路的案件中,面对违建房主不断阻挠城管执法的情形,利益未受损的群众也出面协助违建房主。由于服务对象的沉默,执法缺乏充满正气的环境,违法者可能无所顾忌地抵制执法,作出过激行为,而执法者也可能因缺乏安全感作出过度反应,从而引发执法冲突,甚至暴力冲突。在这种执法环境下,甚至从城管执法中受益的人,也可能因不理解或受违法者的行为表象感染,而反对城管执法。

因此,解决现实情境中的城管执法冲突,既要提高个案执法水平,也要在全社会范围内营建起良好的综合治理生态。

一方面,面对城管执法空间的暴露性、主要执法对象的特定性、执法标准依据的法定性,更多执法的合理性裁量和制度本身的完善十分重要。城管执法人员要尊重执法中的法律真实,又要基于公平原则,对于某些现实中一味执行法律真实反而可能产生负面效应的类型化矛盾及时给予评估,甚至以规范性文件等方式作出回应,让执法人员在现实执法中,以酌定公平、结果可接受性等原则,偏离法律真实作出事实认定时,有规则可循、有标准可据。其法外自由裁量的边界在于,当严格执法会导致结果明显不具有可接受性时,可以援引任何人不因其过错而获得更大收益这样的原则作出判断,且保证以后的相同情况作出相同处理,具有示范和指导意义。

另一方面,城管执法涉及问题的复杂性、尖锐性,使得执法的外部环境要不断优化,需要社会各界的广泛深度参与和认同。在制度体系上一味寻求"大而全",只会让大量的规则停留于纸面,难以在现实中实施见成效,城管执法事项和对象决定了"小而精""场景化""以案释法",实际上对民众的触动会更深更强。同时,相关制度的确立也不能一味迎合多数人的意见,毕竟多数人意见存在暴政的可能性,且"公地悲剧""搭便车"的社会心态,也会让执法大打折扣,所以制度确立是在充分征求民意基础上,但仍是政府关键少数的集体决策,这是公共管理的本质所在。此外,在城市管理的执法部门协同上,城管执法必定会遇到部门之间的悖论问题,这就需要城管更好牵头协同执法,在执法标准和依据的选择上,不是简单的非此即彼,而是更多选择以"先切蛋糕者后取"的程序思维,让更多部门协同参与整个城市综合执法环境的构建。

参考文献:

1. 随风打酱油:《城管来了》,北京理工大学出版社 2011 年版。
2. 张永和等:《小江城管执法》,法律出版社 2012 年版。
3. 陈柏峰:《传媒监督的法治》,法律出版社 2018 年版。

中南财经政法大学法学院
陈柏峰

第二节　全面依法治国的政治方向

65. 坚持以人民为中心
——在司法判决中反映和维护广大人民的共同意志和根本利益

张学英诉蒋伦芳遗嘱继承案①

一、案情概要

（一）事实概要

张学英诉蒋伦芳遗嘱继承案是举国关注的一起热点案件。围绕本案有一系列的媒体报道和各种各样的街边传闻，可谓众说纷纭。但最为重要的事实依据无疑是法院在判决书中的事实认定。本书关于本案的事实概括，也是以四川省泸州市中级人民法院的终审判决书为准。

判决书在事实认定部分指出："本院经审理查明：被上诉人蒋伦芳与黄永彬于1963年5月登记结婚，婚后双方夫妻感情较好。"尽管案件的诉讼请求是"给付受遗赠财产"，争议焦点在于遗嘱效力，法院的事实认定却是从原配夫妻的"登记结婚"和"夫妻感情"开始。这就为整个案情的叙述定下了基调：张学英破坏了蒋伦芳和黄永彬的婚姻。蒋伦芳作为合法配偶，因此具有了张学英没有的法律地位和道德地位。

判决书还揭示了一系列重要信息：本案的被告蒋伦芳是立遗嘱人黄永彬的合法配偶，双方的婚姻到本案发生（2001年4月）时已经存续了38年，并且婚后夫妻感情较好。而婚后夫妻感情较好的"事实"，也就是暗示了夫妻感情破裂是另有原因，比如第三者的介入。随后的叙述中，在第一次提及原告张学英的地方，法院立刻将她的身份定了性："1996年，黄永彬与上诉人张学英相识后，两人开始在外租房非法同居生活。"

在"非法同居"期间，黄永彬罹患癌症，在去世前留下遗嘱，将包括夫妻共同财产在内的一系列财产赠与张学英。张学英在黄永彬去世后，向蒋伦芳索要相应遗产被拒，因此向法院提起诉讼。案件随即引起了广泛关注，媒体基于不同立场做出了倾向截然不同的报道，学界也产生了激烈争议。两审法院均判决张学英败诉。

（二）法院判决

法院查明的第一个事实，不是关于遗嘱内容和遗赠财产的，而是关于婚姻登记和婚后感情的。法院因此将本案的焦点从继承关系转向了婚姻关系，从而将本案的实质定位于一夫一妻制的维护、而非遗嘱效力的确认之上。这就从一开始定下了裁判说理的基调：本案最终的判决基础，是"一夫一妻制"这一基本婚姻制度和生活方式，反映和维护的是广大人民的共同意志和

① 参见四川省泸州市纳溪区人民法院（2001）纳溪民初字第561号民事判决书、四川省泸州市中级人民法院民事判决书（2001）泸民一终字第621号民事判决书。

根本利益。

因此,本案的实质不是以原则否定规则,而是在两个原则之间作出选择,即在“意思自治”和“公序良俗”这两个原则之间作出选择。在本案的核心论证部分(亦即法律理由部分),法院正是由此出发否定了支持遗嘱效力的意思自治原则:“黄永彬可以立遗嘱把这部分钱赠与他的朋友、同事,甚至可以赠与素不相识的人。但在本案中,他赠与了张学英——他的婚外同居者,这一举动就超出了意思自治原则统辖范围……而《民法通则》中的公序良俗原则具有对遗嘱意思自治的限制功能。”

同时,裁判说理不仅需要在原则之间作出选择,而且要求通过法律解释,将一般原则与具体规则结合起来。法院在裁判说理的核心部分,表明了其法律解释的基本立场,将日常生活的伦理道德和法律认定的公序良俗区分开来:“日常生活中的伦理道德往往是模糊不定的,而此处的社会公德已不同于日常生活中的伦理道德,是一种被法律予以认可的较为固定的事物,因而是有强制力的,违反此种社会公德的行为依法应为无效民事行为。”这种“被法律予以认可的较为固定的事物”,就体现在《婚姻法》(已失效)关于“一夫一妻制”的明确规定当中。

这就是本案法院诉诸《立法法》,从《民法通则》(已失效)的“公序良俗条款”(第 7、58 条)入手,最终落在《婚姻法》的“一夫一妻制原则”(第 2、3、4 条)的说理思路。法院首先说明了公序良俗原则的优先地位,进而将《民法通则》的公序良俗条款与《婚姻法》的一夫一妻制条款结合起来:“《中华人民共和国民法通则》第 7 条明确规定‘民事活动应当尊重社会公德,不得损害社会公共利益’”与“《中华人民共和国婚姻法》第 2 条的一夫一妻的婚姻制度和第 3 条的禁止有配偶者与他人同居以及第 4 条的夫妻应当互相忠实、互相尊重这些法律规定”,共同界定了本案所谓的“被法律予以认可的较为固定的事物”。

本案的法院要比许多批评者更为小心、也更为狭窄地界定了公序良俗原则在本案的具体含义。法院并没有涉及其他关于公序良俗原则内容的界定,也没有涉及遗赠行为以外的其他法律行为。本案的判决实际上只是澄清了一个非常具体的公序良俗原则的适用情况:违反一夫一妻制原则的遗赠行为无效。

二、 法理评析

社会主义法反映和维护的是广大人民的共同意志和根本利益。这既体现在人民代表大会制度及其相关立法中,也体现在人民司法制度和人民法院的案件裁判中。张学英诉蒋伦芳遗嘱继承案的两审判决,就是其中很有代表性的一个案例。

必须予以强调的是,选择本案作为例证,不是因为其裁判说理完美无缺——本案在学术上和社会上的争议一直很大,而是本案提供了一个考察社会主义法的本质和作用如何在具体的司法实践中得以体现、社会主义法如何反映和维护广大人民的共同意志和根本利益的鲜活例证。

如同火山喷发会敞开地表,这些重大热点案件也揭示出通常隐而不显的社会主义法的本质和作用。通常,对于这类触动社会深层秩序的疑难案件,法院的做法都是尽力避免作出非此即彼的判断,比如彭宇案的二审以调解结案就很典型。然而,在本案发生的当时当地,双方当事人已然势如水火,法律意见和社会舆论激烈冲突,法院面前已然没有了调解空间,留给法院的只有判决这一个办法。本案也因此成为我们理解司法裁判如何反映和维护广大人民的共同意志和根本利益的一个难得的窗口。

一方面，法院判决必须维护广大人民的共同意志和根本利益。面对道德激愤的社情、举国汹汹的民意，法院给出的判决理由，需要最大限度地体现广大人民的共同意志和根本利益。

在这类热点案件中，裁判说理的对象不再主要是本案的当事人，还包括案件背后的社会公众。对于本案当事人来说，他们是最为直接的利害关系人，案件事实是他们首先关心的：这既是他们人生的档案记录，也直接关系到裁判结果的利益分配。同时，随着案件成为公众关注的焦点，裁判说理的考虑范围就要扩展到全体公众，反映和维护广大人民的共同意志和根本利益。作为一个已将全国民众卷入其中的案件，本案的受众已经不仅是案件当事人，甚至不仅是泸州本地人，而且是全国各地关注本案的普通民众。这意味着判决的结果和理由，不仅是针对张学英和蒋伦芳，而且会影响到广大人民的根本利益，因此必须反映广大人民的共同意志，从而为这个国家大多数公众所理解和接受。

另一方面，法院判决还必须以法律的方式反映广大人民的共同意志和根本利益。这一举国关注的热点案件，同样为法律同行格外看重，要求法院在法律和法理的范围内作出符合社会主义法治原则的判决。法院的判决，因此要经受当事人和全国公众、代理律师和所有同行的多重检验。本案的特殊意义决定了，法院必须给出一个能够兼顾民众诉求和法律规定、协调法律教义和民众情感的判决理由。

因此法院还必须"找法"，给出足以体现和容纳民情的法律依据。法院要履行其司法职责，必须坚持"法律思维"，不能直接把老百姓"反对包二奶"的主张，径直写在判决书里。法院必须是一个好的"翻译"，能够把民众"反对包二奶"的外行诉求，转化为"保护一夫一妻制"的法律主张。因为，广大人民的共同意志和根本利益已经通过国家立法反映在相应的法律条文当中。

从广大人民的共同意志和根本利益出发，综合考虑法律教义和民众情感，寻求法民兼顾和情法协调，是社会主义法在司法裁判中的重要体现。

参考文献：

1. 凌斌：《当代中国法治实践中的"法民关系"》，载《中国社会科学》2013 年第 1 期。

2. 凌斌：《法官如何说理：中国经验与普遍原理》，载《中国法学》2015 年第 5 期。

3. 凌斌：《"法民关系"影响下的法律思维及其完善》，载《法商研究》2015 年第 5 期。

北京大学法学院

凌　斌

第三节　全国依法治国的工作布局与重要任务

66. 统筹推进国内法治和涉外法治
——国际社会权力体系牵引的国内宏观立法逻辑

《中华人民共和国外商投资法》的立法考量

一、事例概要

一国的外商投资立法,没有将国际规则纳入国内法的法定职责,但它是主权国家对接国际社会最密切的领域之一,更是衡量一国对外开放程度的重要标志。区别于一般国内经济立法,一国外商投资立法的突出特点就是高度关注全球治理的国际共同体规则、国家多边与双边协定标准、国际社会权力关系的比对消长,同时,需要充分考量和权衡更多国际共识被纳入国内法的合宪性和合理性。

目前,全球化再次进入转型期。包括美国在内的发达国家为应对霸权衰落,选择性减少承诺与责任,全球化从"全面扩容"走向"局部收缩";以中国为代表的新兴国家,则更多分担了与"权利增量"相应的国际责任。根据这一变化,中国与美欧之间关系更大程度地影响了全球化进程,"区域主义"也不断产生新的动向。在这种全球治理变局中,外商投资立法发展出现了极大的不确定性,更多表现为"竞争"与"互惠"之间不规则的布朗运动模式。其理论基础不再是以往以权力为支点、主张国家外交角力的"卡尔沃主义",当然,也不是图依布纳(Gunther Teubner)以新自由主义为基础提出的"去国家化的自治性、全球性法律"理念所能覆盖。①

基于这一背景,2019 年 3 月中国颁布《外商投资法》,这是集成外资促进、保护、管理多元目标的全国性统一法律,同时配套完善了相关立法(以下统称"外资立法")。整个立法以高水平开放为切入点,设定外国投资者的门槛准入、待遇标准、行为指引、竞争原则等权利空间;同时,为了平衡外资与东道国的利益结构,又让东道国以管理者名义保留了必要的"剩余控制权"。这一立法是随着西方民粹、制裁和单边主义兴起,中国主动对接国际上性质不同、程度有别的投资竞争性标准,尤其以构建人类命运共同体为导向,逐步聚积软实力和话语权的重要方式;这一立法在经济上会推动外资规模扩大和更多行业加入,进一步产生集约、扩展边际的"蝴蝶效应",同时又关注让外资结构实现国内经济、社会和安全之间最大公约数。

二、法理评析

（一）从卡尔沃主义到全球治理变局

面对结构化了的国际社会权力体系,外资立法从逻辑上如何受到外部的宏观影响？法律

---

① See Gunther Teubner, ed., *Global Law Without A State*, Brookfield, Dartmouth Publishing, 1997, pp.3-28.

正当性的追问,一般是该法何以被遵守的法哲学命题。外资立法被遵守的理由,除了国内经济和社会发展推动,最明显就是受到国际元素的深刻影响,表现为国际广泛或局部共识在国内法的合理延伸和恰当适用,以及多元主体、多元利益的实力较量和竞争博弈对立法的影响。它使得该立法具有相当的独特性,需要先从宏观层面上分析国际社会权力体系的变化和牵引,再倒过来反思自身合理性的逻辑,以解决为什么被遵守的诘问。

国际社会主要存在“联系性”和“结构性”两种权力,前者强调对过程和结果的控制,后者是指依赖结构地位来制定和推出规则的能力。以往许多发展中国家为了捍卫主权给外资打上“新殖民符号”,实行差别待遇和当地救济。这些卡尔沃主义的特征承袭了格劳秀斯(Hugo Grotius)的“国际社会”概念,以国家主义为基础,认为国家理性的现实需要对立法具有决定性,即使受到国际的外部影响,也只有国家之间的相互同意,所制定的规则才能被接受和施行。[①]沿着这一逻辑,外资立法虽然从定性上是国内法,但根本上还是受到国家间力量对比的影响,因此起点上具有“联系性权力”的烙印。

随着世界经济发生复杂深刻变化,国家间关系中利益的一致与矛盾、合作与冲突更多并存,使得国内事务与国际关系边界不再清晰,曾被质疑的“国际共同体”理念重新受到关注。深受这一影响,许多国家改变了外资与东道国在契约关系上的定位,认为不只是利己主义契约,而且还包括对共同身份和利益的认同。因此,外资立法的价值不是低层次合作或简单共存所能覆盖,而是围绕外商投资的特定事项,让东道国与外资及其母国,甚至更为多元主体的共同价值真正联结成一体。这种法律认知的重要改变让国内法定位的外资立法在投资主体与东道国之间,从某种意义上具有了那种国际法意义上“强行法”和“共同整体义务”的性质。基于此,外资立法除了不能违反国家间双边协定、国际条约和惯例,还要调整到更加适合外资及相关方的偏好,或者被视为能促进他们的目标。权力的这种联系性使外资立法被“温和突破”地受制于共同一致承认的利益,立法本身也具有了承担起相关的共同整体义务的实在性。

然而,世界金融危机的影响长期存在,全球治理又在深度调整中面临曲折,使得外资立法的共同整体义务基础发生重大变化。霸权国及其伙伴们作为国际上以往公共产品和制度设计的主要供给者,已难以支撑世界经济体系,因国力过度消耗走向了衰落,但选择“卸责”的同时又不能容纳新兴力量,客观上造成了国际共同利益被撕裂为分立、碎片和排他的局部或个体;国际上试图短期内迅速消化这种“空间隔离”,反而进一步引发或扩大了不同国家之间的复杂性、敏感性。变局让中国既有挑战也有机遇,但中国已意识到自己博弈筹码有限,尚不足以独自解决某些重大问题;“另起炉灶”构建新的制度框架,又需承担高昂的沉淀成本。基于此,现实主义利益相沾、荣损与共的“连带效应”,让中国的外资立法必须重点评估对标《跨太平洋伙伴关系协定》(以下简称“TPP”)标准、与美欧的双边投资协定(以下简称“BIT”)谈判,以及《区域全面经济伙伴关系协定》(以下简称“RCEP”)、亚太自由贸易区(简称“FTAAP”)等新的区域性共识产生的全面影响,目的是让国内法与国际法调整事项能达成更多共识、产生更多融合。其中,为了减少国家间的差别、不相合和责任转移带来国际竞争性标准争议产生的立法负面问题,那些对人类、国际关系和东道国有着“特别重要性”的议题,在联系性权力关系中被确定为

① 参见[荷]格劳秀斯:《战争与和平法》(第一卷),[美]弗朗西斯 W.凯尔西等英译,马呈元译,中国政法大学出版社 2015 年版,第 8—9 页。

更高等级在立法中予以优先关注,主要包括经济全球化和对外经济开放、知识产权严格保护标准、国企竞争中立和反垄断、人权与劳工标准对标、气候变化、国际投资争端解决机制、国家本土防御和社会安全等。

(二)结构性权力的四个维度

当下国家间相互依存的程度史无前例,国际社会权力体系对外资立法的牵引除了以上联系性权力的影响,"结构性权力"及其理论发展实际上扮演了更重要的角色。该理论批判了新现实主义权力观,提出对包括外资立法在内的"经济事务起关键作用的不是资源禀赋,而是结构与联系"。[①] 尤其是苏珊·斯特兰奇(Susan Strange)作为该领域的代表性学者,跳出美国学者习惯于从霸权维持出发的"窄巷思维",以全球性相互依存在深化为前提,把结构性权力定义为"制定国际竞争性标准和规则的权力,它存在于隐含和分散的生产、金融、知识和安全基本结构和其他辅助性的次级结构里"。[②] 这一理论在更深层次上构建了外资和利益相关方的相对位置,并在更加多维、具体的社会关系上影响了国际投资标准,引起了国际社会广泛关注,也对国家外资立法产生了深远影响。

第一,以"生产结构"为分析对象,能够挖掘和发现外资立法何以靠拢美欧"范本式"高水平标准的经济根源。法律都是有边界的,只有外资立法本身强化了适用性和覆盖面,才会扩大外资的市场规模而产生集约边际;只有制度有效配置了国内外两种资源,推动了东道国的产业转型和升级,才能增加外资的行业类别而延伸扩展边际。外资立法把"高水平开放"定位成根本目标,就是为了持续提高外资的集约和扩展边际,避免经济的"内卷化"现象出现。问题在于,立法衡量高水平的标准是什么?当下中国正在崛起,但中低收入水平、中低端价值链的"双低",以及外向型经济模式,使得新兴大国在对冲全球治理变局中具有比发达国家更高的脆弱性和敏感度,不足以与美欧之间对等博弈。因此,国内的外资立法在立场上需要"向上看",靠拢美欧的"范本式"高标准。比如,对标 2012 年美国 BIT 范本,把投资对象划定为投资者拥有或控制的、具有投资特征的任何资产,范围延展到了知识产权、授权、许可、允许等权利性投资;在环保上强调,不以鼓励外商投资为目标放弃、减损或不执行国内环保法律标准;门槛准入则采取美国成熟的准入前国民待遇加负面清单模式,让外资凭借技术和营销优势存留下更大的"法律沉默空间"。

第二,作为软权力的"金融结构",以资本话语权进行选择性激励,影响了外资立法中利益相关方力量的消长对比。根据约瑟夫·奈(Joseph Nye)关于"软性同化式权力"的观点,[③]金融作为软权力的重要工具之一,其影响力取决于软性的金融权力本身、权力行使主体是否被认同和接受。20 世纪 80 年代,私人贷款占据发展中国家外资流入的"半壁",之后财政透支让包括美国在内的不少国家发生债务危机,倒过来压缩了发展中国家的资本流入量,使得发展中国家又被迫以投资自由化、加强投资保护、接受国际最低待遇标准等外资立法,换来了外国的直接投资增长。这一惯性使国际投资协议至今仍以发达国家的意志为主,虽然名义上权利和义务

① Kalevi J. Holsti, "The Concept of Power in the Study of International Relations", *Background*, 17(1964), pp.179-194.

② Susan Strange, "International Economics and International Relations: A Case of Mutual Neglect", *International Affairs*, 46(1970), pp.304-315.

③ 参见[美]约瑟夫·S. 奈:《硬权力与软权力》,门洪华译,北京大学出版社 2005 年版,第 107 页。

对等，但实质上又往往是非互惠的，义务主要落在发展中国家。[①] 同时，发达国家掌控的这种软权力进一步通过世界银行、国际货币基金组织等机构衍生出极强的扩展功能，让这种世界金融权力在别国看来是合法的，使得这些国际金融机构哪怕只是在实现与少数国家利益一致的目标，其在实现自己意志之时也较少受到抵抗。出于这一原因，中国在外资立法的体系化配套建设上，特别注重推进人民币国际化、融入和参与国际金融体系改革：前者有利于规避汇率风险、享受大宗商品定价权、约束关键货币国不负责任行为，以及促进多边贸易伙伴之间的内部结算一体化，比如人民币获准国际货币基金组织特别提款权、中俄签署能源本币结算协定等，让人民币在成为世界关键货币道路上迈出坚实步伐；后者包括亚洲基础设施投资银行、金砖国家新开发银行、丝路基金、上海合作组织基金、国际货币基金组织份额改革、世界银行投票权改革等具有里程碑意义的重大事件，实质上构成了新一轮外资立法中更大程度倡导和引领、选择性激励特征明显的金融结构元素，它们作为软权力对有效应对国际金融监管的缺陷和弊端起到不可估量的作用。

第三，权力场域中的"知识结构"，被权力生产又产生权力，在外资立法中发挥了寻找利益契合点的关键作用。这里的"知识"，不是指知识形式或共识理念，而是被设定为条件范畴，代表了"某一时期可以发现的关系总和"。[②] 法文中知识(savoir)与权力(pouvoir)享有同一词根，米歇尔·福柯(Michel Foucault)提出"知识被权力生产出来，随即它又产生权力功能，进一步巩固了权力"。[③] 这一原理在负面清单的利益契合点判定上得以充分体现：现有和未来所有不符措施的列出、行业和地区分类负面清单的提供、不符措施的确定性法律法规依据、高管和董事会成员国籍及业绩要求的门槛、特别管理措施的条件附加说明、[④]限制条件的更多细节描述等，[⑤]这些契合点实际上已是负面清单迭代的关键。在这里知识和权力构成了管理和控制的两位一体，权力对以上契合点知识的影响细致而具体，且不同阶段上可能会由于情境权衡又产生对象和结构不一样的知识，实质上是对东道国和外资之间权力关系的完善和重塑，它为国内负面清单何以只能是逐年迭代和小步快走提供了解释。另一方面，国家间的差别标准同样产生立法上的比例问题。影响外资立法的中美 BIT 谈判在知识产权保护标准上的博弈举足轻重，美国借助于 301 条款的修订把市场准入与知识产权保护相连接，其推出的 BIT 范本中涉及知识产权的标准明显高于世界贸易组织(以下简称"WTO")，且排除了《与贸易有关的知识产权协定》(以下简称"TRIPS")下的弹性空间；[⑥]同时，包括专利法等在内的中国外资配套立法在

---

① See Kenneth J.Vandevelde, "A Brief History of International Agreement", in Karl P. Sauvant and Lisa E. Sachs, eds., *The Effect of Treaties on Foreign Direct Investment: Bilateral Investment Treaties, Double Taxation Treaties, and Investment Flows*, Oxford University Press, 2009, pp.158-174.

② [法]米歇尔·福柯：《词与物——人文科学考古学》，莫伟民译，上海三联书店 2001 年版，第 10 页。

③ [法]米歇尔·福柯：《必须保卫社会》，钱翰译，上海人民出版社 1999 年版，第 23 页。

④ 比如，卫星电视广播地面接收设施及关键件生产、大型主题公园的建设和经营属于"限制类"，但又未具体规定限制什么及怎样限制。

⑤ 比如，外国律所在中国设代表处要经过经济需求测试，电影院设立除了由中方控股外注册资本不得少于 600 万元人民币等。无疑，上述构成了 BIT 谈判在负面清单上的法律难点。

⑥ See Jarrod Hepburn, "Applicable Law in TPP Investment Disputes", *Melbourne Journal of International Law*, 17(2016), pp.350-368.

缩小差距之时，又要避免被强行植入过高标准而陷入美国化。[①] 围绕知识产权的这种国家间标准差别，实际上是中美在“一定条件下对知识的生产，并以此行使制度化了的权力”，[②]本质又是以“权力与知识”为纽带的反复权衡，其结果被作为知识纳入外资立法之后，又会在中美博弈的权力关系中不断调整自己，以使知识和权力的运行达到最理想状态，这一过程决定了立法的实然知识形式及其可能的领域。

第四，根据国内公法原则，东道国以国家主权和竞争中性为基石，建立起覆盖国家安全审查和反垄断审查在内的“安全结构”。依据国内公法对国际法影响的共识，凯尔森揭示了“集中化架构才是确保和平与安全的方式”。[③] 东道国与外资之间关系规模扩大化、内容复杂化和利益多元化，使得建立某种形式的“集中化架构”成为必要，其在外资立法上集中表现为反垄断审查和国家安全审查两大制度。前者入法目的是规制使市场过度集中的垄断，防止竞争受到限制；后者覆盖经济、政治、文化和国防安全等领域，且在具体内容上又被多国立法实践更周延的“列举”加长，包括外资准入的限制或禁止不符措施、东道国有权拒绝披露违反本土安全利益的信息、执行货币和汇率安全的金融干预监管，以及杜绝外资绝对控股的“斩首式并购”[④]、国际财团成片和成行业入股的“中策现象”、削弱被收购当地企业技术创新和品牌影响力等。当然，失之过宽的集中化架构又会被异化为投资者母国对东道国遏制的战略工具，刻意制造出东道国在权利与责任上的非相合性矛盾；甚至以“默示权力”的不当定位，不断运用目的解释来佐证安全审查的合法性，谋求扩大其采取制裁的范围，让“规则之治”又返回“权力之治”。比如，美国 BIT 范本规定了缔约方不能被阻止出于审慎原因，采取或维护与金融机构、支付结算系统有关的措施，此举使得让来自美元和欧元区的外国投资者及其母国，实际上以所谓国家安全审查为由换取先天之利。

参考文献：

1. 徐红菊：《中国知识产权法的美国化？——美国模式的影响与走向》，载高鸿钧主编：《清华法治论衡》（第 14 辑），清华大学出版社 2011 年版。

2. ［荷］格劳秀斯：《战争与和平法》（第 1 卷），［美］弗朗西斯 W. 凯尔西等英译，马呈元译，中国政法大学出版社 2015 年版。

3. ［美］约瑟夫·S. 奈：《硬权力与软权力》，门洪华译，北京大学出版社 2005 年版。

4. Jarrod Hepburn, “Applicable Law in TPP Investment Disputes”, *Melbourne Journal of International Law*, 17(2016).

上海交通大学智慧法院研究院

杨　力

---

① 参见徐红菊：《中国知识产权法的美国化？——美国模式的影响与走向》，载高鸿钧主编：《清华法治论衡》（第 14 辑），清华大学出版社 2011 年版。

② 参见杜小真：《福柯集》，上海远东出版社 2003 年版，第 446 页。

③ Hans Kelsen, *Law and Peace in International Relations*, Harvard University Press, 1942, p.123.

④ 汤欣：《“经济安全”与外资并购审查》，载《当代法学》2008 年第 1 期。

第四节　全面依法治国的重要保障

67. 全国依法治国的人才队伍保障
——法学院校人才培养导向

卓越法律人才的胜任力结构

一、事例概要

胜任力,是指能够区分在特定的工作岗位和组织环境中绩效水平的个人特征,它是能将某一工作中有卓越成就者与绩效一般者区分开来的个人深层次特征。在结构上其要素主要包括动机(个人行为的内在动力)、特质(个体的生理与人格特征)、自我概念(对自身的看法)、价值观、职业角色担当、某领域知识、认知或行为技能等任何可以被测量或计数的,以及能够显著区分优秀与一般的个体特征。其中,知识和技能是可以看得见的,相对较为浅表、外显的特征,当然只是漂浮于水面上的冰山一角;动机、特质、自我概念、价值观以及职业角色担当则是较为深层和内隐的部分,它们作为冰山的主体隐没在水下,却是决定能否胜任的核心要素。事实上,作为冰山一角的基准性特征是对胜任者的基础素质要求,但它不能把表现优异者与表现平平者准确区别开来;而水下冰山部分可以统称为鉴别性特征,是区分出优异者的关键。

法律人才培养以胜任力为导向,就是通过对法律从业绩效卓越者的描述,不断提高法学教育水平。尤其是不再只是一味偏重于知识和技能的训练,而是更多倾注引导或培育法科生们的学习动机、人格特质、自我概念、价值观和涉及职业角色担当的认知力及过程执行能力等,它们共同构成卓越法律人才的胜任力结构。

二、法理评析

在全面依法治国的背景下,中国卓越法律人才培养以胜任力为导向,根据世界范围内已有共识的胜任力模型,它的具体特征包括以下几个方面:

第一,获取成就的目标。除了保守的本性一面,法律的发展有赖于优秀的法律人才具有不断超过既定目标的驱动力。卓越法律人才应当着眼于把自己培养成富于正义感、责任感和高尚情操,具有深厚的教养和专精学识,娴于法律技术又善于进行创造性思考,具有国际眼光的法官、检察官、律师以及企业法律顾问,乃至推动全面依法治国的人才。

第二,拥有极强的自信。法律职业中的自信,尤其体现在问题难度加大,甚至是面对挫折或失败时,能够坚守自己的决定和判断。当然,这种自信不是缺乏明智或不掌握时机的傲慢,而是面对挑战的问题意识;不是排斥异议以炫耀权威的垄断,而是自我信任的法律人格独立;更不是直率式的粗鲁或极强的表现欲,而是具有提出与上级或有权威的人不同意见的专业化思维。

第三，自我控制的调适。自我控制就是在遭受诱惑、阻力、敌意、压力时，保持冷静、抑制负面情绪及行动的能力。毋庸置疑，法律职业共同体成员长期处于矛盾最为激化的漩涡之中。自我控制要求在承受巨压时能正常表现，甚至还可以有效地扩大控制力范围，不仅能通过底线控制避免采取负面行动、调适自己以改善情况，而且还可以让别人的反应也逐步冷静下来。

第四，问题的"双向"思考。善于进行"分析式"思考，把散布在案件中的事实，以问题为中心拆分成可处理的几个焦点；然后，根据法定证据规则、举证责任分配、高度盖然性以及比较证据优势等原理，分别设定它们的重要程度；多角度寻找出事件发生的原因、行为后果，抑或是事件中的多方因果关系链。同时还需要反向的"概念式"思考，即使是在案件事实关联不明显的复杂情况里，仍能够找出他人不易看出的关联，关注到他人难以注意到的不一致性，以及援引类似的判例乃至"经验法则"，快速寻找到关键的议题。

第五，高度关注程序、稳态和精确。降低不确定性以达至稳态，是法律的本质特征。出众的法律职业共同体成员，无论是构建法律体系、颁布司法解释，还是承办具体案件，都会极为讲究程序的品质，以此维持法律实施的稳定性和精确度。当然，这种对过程的公正的寻求绝不是简单恪守程序法本身，还包括对过程持续的监控和追踪、清晰知晓自身的角色及功能、有效管理随时听调的资料及讯息等。此外，还要求能用清晰、简洁的方式表达复杂的意思，用某种方式整合信息以达到理想效果，具备高效地组织理念，采用适宜运作的机制，以及使用的语言、概念适合于潜在受众。

第六，冲突的管理。冲突的管理，包括可以抓住冲突双方的观点差异，导向开放式的讨论；运用适宜的交往技术，阻缓当事人或更多群体之间的紧张；提出解决争端的方案并加以坚持等。必要时，冲突的管理还要求卓越的法律职业者能够在开阔视野里，敏感而精细的把握不同利益，使潜藏的关系规则（包括声誉机制、行业规则、地方习俗、关系网络、乡规民约甚至公众舆论等）不同程度地发挥作用；能够通过法官释明权、赋予分量的信息传递、开放的知识竞争以及让当事人充分论辩等，促进对立面之间的实践商谈以化解冲突。

第七，疑难下的决策力。法律中复杂和不确定状态下的决策，取决于许多变动不居的因素。这就需要清楚说明决策的目标和限制，然后沿着多重进路甚至是法外的原则、标准或方法找出不同选项，充分评估和考虑风险，以及在不同水平上作出最佳选择。此时，胜任力即表现在"问题导向"和"答案导向"的决策中。前一种导向是"不同的问题"在决策过程中出现和流动；后者则是借助于不同的手段、技术或认识角度，有意识地使用它们来寻找和解决问题，决策过程中流动与逗留的是"不同的解决方案"。问题导向有助于提高决策者的高度注意力，答案导向则更多是让他们从其他制度环境中学习和寻找答案。

第八，面对情境的敏锐。任何法律人才都需要利用倾听与观察了解事实。其中，那种具有"情境敏感性"的人，能够洞察到他人没有表达出来或是说明不完整的想法和感觉，预测他人的反应，以及作出不同的因应之策，被视为胜任力的特征。

第九，崇尚服务公众的精神。美国执牛耳于结构与功能学派的帕森斯（Talcott Parsons）等人，早已从系统论、整合功能等角度，揭示了法律职业的"间质"（interstitial）角色，此后，又进一步强调法律职业的社会正义功能。① 卓越法律人才的胜任力特征，不可或缺地需要让自己真正成为一个具有深思熟虑的审慎美德，特别是崇尚为公众服务，代表执掌正义的法律职业共同体成员。

参考文献：

1. 杨力：《中国法学教育的"系统集成"改革》，上海人民出版社 2016 年版。

2. David McClelland, "Toward a Theory of Motive Acquisition", *American Psychologist*, 20 (1965).

上海交通大学智慧法院研究院

杨　力

① See Talcott Parsons, "Professions", In David L.Sills, ed., *International Encyclopedia of the Social Science*, Vol.12, Macmillan and Free Press, 1968.

第五节　建设法治中国

68. 法治中国与国家治理现代化

——公民法规审查建议权与宪法实施机制

孙志刚致死引发的收容审查制度被取消

一、 事例概要

2003 年 3 月 17 日晚，被害人孙志刚未携带任何证件外出，被广州市公安局天河区分局黄村街派出所民警错误收容。3 月 18 日晚，孙志刚称有心脏病被送至广州市收容人员救治站诊治。3 月 19 日晚，孙志刚大声呼叫，引起救治站护工乔燕琴不满。乔遂与吕二鹏、乔志军、胡金艳等人商量，授意李海婴等 8 名被收治人员殴打孙志刚。3 月 20 日凌晨，被告人李海婴、钟辽国、周利伟、张明君、李龙生、韦延良、何家红、李文星等先后两度对孙志刚轮番殴打，致使孙志刚于 3 月 20 日上午经抢救无效死亡。后经法医鉴定，孙志刚系因背部遭受钝性暴力反复打击，造成大面积软组织损伤致创伤性休克死亡。

2003 年 4 月 25 日，《南方都市报》以《被收容者孙志刚之死》一文，披露了孙志刚在收容所被暴打惨死的事件，引起社会广泛关注，并引发人们对收容遣送制度的合宪性、合法性的思考。

2003 年 5 月 14 日，时为北京大学法学院博士生的俞江等三人根据 2000 年《立法法》第 90 条第 2 款规定，向全国人大常委会发出"关于审查《城市流浪乞讨人员收容遣送办法》的建议书"。建议审查事项如下：《城市流浪乞讨人员收容遣送办法》是否属于《立法法》第 87 条第 1 款规定的"超越权限的"和第 2 款规定的"下位法违反上位法的"行政法规。该建议书认为，"国务院没有权力制定以限制公民人身自由为内容的行政法规。我国《宪法》以及《立法法》颁布之后，《城市流浪乞讨人员收容遣送办法》作为国务院制定的行政法规，其中有关限制人身自由的内容与我国现行宪法以及有关法律相抵触，属于《立法法》第 87 条第 1 款规定的'超越权限的'和第 2 款规定的'下位法违反上位法的'行政法规，应该予以改变或撤销"。①

同年 6 月 18 日，国务院总理温家宝主持召开国务院常务会议。会议认为，1982 年 5 月国务院发布施行的《城市流浪乞讨人员收容遣送办法》已经不适应新形势的需要。为从根本上解决城市生活无着的流浪乞讨人员的问题，完善社会救助制度和相关法规，会议审议并原则通过了《城市生活无着的流浪乞讨人员救助管理办法（草案）》。会议决定，该草案经进一步修改后，由国务院公布施行，同时废止《城市流浪乞讨人员收容遣送办法》。

---

① 《关于审查〈城市流浪乞讨人员收容遣送办法〉的建议书》，载新浪网，http://news.sina.com.cn。

二、 法理评析

（一）以法治推动国家治理能力现代化

本案及法规审查制度的发展，充分体现了以法治推动国家治理能力现代化的不懈努力和进步。本案所反映的是法治国家在法治层面所要解决的两个主要问题。

一是国家权力来源的合法性。这要求，依法设定国家权力，使一切国家权力的取得和确认均具有宪法和法律上的依据，即具有规范性；更为重要的是，作为蕴含着良善价值观的法治，赋予国家权力以文明进步、公平正义、以人为本、人民主权之类的先进价值诉求，从而不断强化合乎法律的价值性。建立公权力的合法性基础，是良法善治在国家治理能力现代化上的具体实践要求。

二是国家权力运行的规范化。厉行法治乃治本之策。依法治国的前提在于依法规范和运行好国家权力，无论是公权力的执行原则、方式、途径和程序，还是其义务和责任，都要具有法律根据和法律强制保障，以防止法外用权、有权无责或有责难究。

本案的发生直接推动了在我国施行 30 多年的收容审查制度被废止。在此基础上，又进一步推动公民的法规审查建议权、备案审查制度与宪法实施机制的完善，彰显了我国以法治精神加强法治政府建设的阶段性成果，体现了国家把依法设定权力、行使权力、制约权力、监督权力、将政府活动全面纳入法治轨道，建成法治政府的决心。

（二）公民的法规审查建议权

孙志刚致死引发的收容审查制度被取消，是自 2000 年《立法法》设立法规审查制度以来，由公民提出审查建议并使相关法规最终被废止的首个成功案例。该案例表明，公民可以经由法规审查制度积极参与宪法秩序的维护，从而确保相关下位法与根本法相一致、维护宪法权威及国家法制统一。

公民所享有的此种法规审查建议权来自于《立法法》。该法第 99 条第 1、2 款规定："国务院、中央军事委员会、最高人民法院、最高人民检察院和各省、自治区、直辖市的人民代表大会常务委员会认为行政法规、地方性法规、自治条例和单行条例同宪法或者法律相抵触的，可以向全国人民代表大会常务委员会书面提出进行审查的要求，由常务委员会工作机构分送有关的专门委员会进行审查、提出意见。前款规定以外的其他国家机关和社会团体、企业事业组织以及公民认为行政法规、地方性法规、自治条例和单行条例同宪法或者法律相抵触的，可以向全国人民代表大会常务委员会书面提出进行审查的建议，由常务委员会工作机构进行研究，必要时，送有关的专门委员会进行审查、提出意见。"

我国《宪法》序言指出，"本宪法以法律的形式确认了中国各族人民奋斗的成果，规定了国家的根本制度和根本任务，是国家的根本法，具有最高的法律效力。全国各族人民、一切国家机关和武装力量、各政党和各社会团体、各企业事业组织，都必须以宪法为根本的活动准则，并且负有维护宪法尊严、保证宪法实施的职责"。《立法法》赋予公民法规审查建议权可视为落实上述精神的具体体现。

本案例进一步表明，《立法法》所确立的法规审查建议权并非停留在纸面上，而是可以通过具体个案得以实践和实现的。在本案例中，俞江等三位博士生通过孙志刚的不幸遭遇发现《城市流浪乞讨人员收容遣送办法》所存在的违反宪法、法律的情况，进而向全国人大常委会提出了审查建议。建议书指出,《城市流浪乞讨人员收容遣送办法》分别违反了《宪法》第 37 条(公民人身自由不受侵犯)、《行政处罚法》(1996 年版)第 9 条(限制人身自由的行政处罚只能由法律设定),以及《立法法》第 8 条(限制人身自由的强制措施和处罚,只能制定法律)。此种建议权的广泛实践将在客观上逐渐增强公民的宪法意识,进而有助于在社会上形成尊重宪法、维护宪法权威的良好氛围。

(三)出现准附带性审查的端倪

需要强调的是,尽管《立法法》对于公民行使此项建议权并不设定附加的条件,但本案例及相关事例表明,建议能否真正推动法规被审查还需要诸多其他条件的配合。

《立法法》赋予公民的法规审查建议权类似于一种主观诉讼模式,即只要公民"认为"行政法规、地方性法规、自治条例和单行条例违反宪法或法律,就可以提出相关的建议。建议的提出无须基于某一个具体的诉讼案件,建议者也不受任何资格限制。对此,立法者提供了如下解释:"社会团体、企业事业组织和公民是宪法和法律以及行政法规最广泛的运用者,他们往往能够在具体运用法律的过程中较先发现问题,《立法法》规定他们具有提出审查建议的权利,一方面是考虑到既要保证他们参与对国家的管理,保证他们行使批评建议权,又要避免层层上报、层层批准,减少公文的运转程序,提高对法规的审查效率;另一方面,既拓宽了全国人大常委会的监督渠道,又要切实可行,保证全国人大常委会监督工作的正常运转。"①

然而,与上述开放态度形成强烈对比的是,在历年提出的数千份审查建议中,仅有 3 份建议最终导致相关行政法规被废止。除"孙志刚"案之外,2009 年底,在唐福珍等一系列公民抗争拆迁事件之后,沈岿教授等向全国人大常委会提出审查《城市房屋拆迁管理条例》(已失效)的建议。2011 年,国务院常务会议通过《国有土地上房屋征收与补偿条例》,同时废止《城市房屋拆迁管理条例》。2012 年,在重庆市第三中级人民法院就任建宇案宣判前夕,三位律师向法规审查备案室提交了对劳动教养制度相关法规进行审查的建议。一年后,十二届全国人大常委会第六次会议通过了《关于废止有关劳动教养法律规定的决定》。

从以孙志刚案为代表的三个成功案例可以看出,一份来自公民的请求能否被接纳,能否最终导致审查对象被废止,实际上是由个案背后所暗含的一些实体性要素所决定的。三个个案反映了一些共同或类似的实质性要求。首先,系争法规所限制的权利是公民最重要的人身权或财产权,且所影响的人群甚广。其次,申请的提出往往是由地方政府滥用权力导致的命案、激烈抗争行为、诉讼案件所连带引发的。最后,系争案件及审查建议引起了社会广泛关注及最高领导层的重视。

由此可见,实践中存在某些淘汰、筛选审查建议的隐性条件。否则,全国人大常委会无法应对数量庞大的申请建议。经由这一筛选机制,法规审查制度在某种程度上出现了往准附带性审查转变的迹象,尽管这种迹象最终能否定型还需要进一步观察。

(四)备案审查制度与宪法实施机制的完善

本案例也突显了我国备案审查制度及宪法实施制度从无到有、不断完善的发展历程。简而言之,我国宪法实施制度经历了较为长期的探索过程,备案审查制度则是这一探索过程的重要制度结晶。

---

① 张春生主编:《中华人民共和国立法法释义》,法律出版社 2000 年版,第 258 页。

尽管1982年宪法修改过程中、2004年宪法修正案酝酿过程中均有人提出设立宪法委员会之类的建议及设想，但终因该建议无法同我国人民代表大会制度实现平稳兼容而招致否定。我国现行宪法构建了以主动审查为主要模式的宪法实施及立法监督制度。根据《宪法》规定，全国人大及其常委会共同承担“监督宪法的实施”的职权。具体而言，全国人大有权“改变或者撤销全国人民代表大会常务委员会不适当的决定”；全国人大常委会有权“撤销国务院制定的同宪法、法律相抵触的行政法规、决定和命令”“撤销省、自治区、直辖市国家权力机关制定的同宪法、法律和行政法规相抵触的地方性法规和决议”。

但是，宪法实施至今，全国人大及其常委会从未针对法律、行政法规、地方性法规等行使过改变、撤销权。这在一定程度上表明，单纯依赖主动审查难以实现有效的宪法监督效果，也难以维护宪法的权威。因此，需要通过制度创新进一步推动宪法的实施。党的十九大报告明确提出，完善人大专门委员会设置，加强宪法实施和监督，推进合宪性审查工作，维护宪法权威。这是合宪性审查这一概念首次出现在党的正式文件中。2018年3月，十三届全国人大一次会议通过宪法修正案，将全国人大法律委员会修改为宪法和法律委员会。同年6月，全国人大常委会作出关于全国人民代表大会宪法和法律委员会职责问题的决定。2021年修正的《全国人民代表大会组织法》第39条规定：“宪法和法律委员会承担推动宪法实施、开展宪法解释、推进合宪性审查、加强宪法监督、配合宪法宣传等工作职责。”《立法法》规定的备案审查制度是兑现上述制度建设目标的主要手段。特别值得强调的是，它力图通过构建更具可操作性的被动审查机制有效弥补单一的主动审查造成的监督动力不足。

在此基础上，全国人大及其常委会也从组织、程序、机制等方面不断推进法规审查制度的完善，主要表现在以下方面：

首先，完善组织机构。2004年5月，全国人大常委会在其法制工作委员会内设立法规备案审查室，专门承担对行政法规、地方性法规、司法解释的具体审查研究工作，为全国人大常委会履行备案审查职责提供组织保障。

其次，增加主动审查和审查反馈机制。2015年3月，全国人大对《立法法》进行修改，其中包括对法规审查制度的完善。此次修改主要带来两个方面的变化：其一是规定“有关的专门委员会和常务委员会工作机构可以对报送备案的规范性文件进行主动审查”；其二是要求全国人民代表大会有关的专门委员会和常务委员会工作机构“将审查、研究情况向提出审查建议的国家机关、社会团体、企业事业组织以及公民反馈，并可以向社会公开”。

再次，开展专项审查。专项审查是全国人大常委会法制工作委员会近年来探索出的审查模式，其实是主动审查的一种具体形式，即由法规审查机构就某一个领域的法规集中开展主动审查并促使违反上位法的情况获得消除和改正。近年来，法制工作委员会先后就自然保护区法规、审计条例等开展专项审查。

最后，建立并实践备案审查年度报告制度。从2017年开始，全国人大常委会法制工作委员会在当年最后一次常委会会议上就备案审查工作开展情况进行年度报告，并产生了广泛且良好的社会影响。

从上述变化可以看出，法规审查制度正逐渐脱离个案式推动的发展路径，在制度脱敏的过程中逐步实现常态化。不可否认，孙志刚案等典型个案的确使法规审查制度找到了妥帖且合适的运行支点，使该制度的可操作性得到了验证。然而，单纯依赖于少数个案无法发挥法规审查制度的整体效能。唯有通过建立和运行更加周密的制度群,才能使该制度真正落地生根、日臻完善。

参考文献:

1. 林彦:《法规审查制度运行的双重悖论》,载《中外法学》2018 年第 4 期。

2. 林来梵:《合宪性审查的宪法政策论思考》,载《法律科学(西北政法大学学报)》2018 年第 2 期。

3. 胡锦光:《立法法对我国违宪审查制度的发展及不足》,载《河南省政法管理干部学院学报》2000 年第 5 期。

4. 郑磊:《宪法审查的启动要件》,法律出版社 2009 年版。

上海交通大学凯原法学院

林 彦